GÜTERSLOHER
VERLAGSHAUS

G

Gütersloher Verlagshaus. Dem Leben vertrauen

»Nimm und lies!«

Theologische Quereinstiege für Neugierige

Herausgegeben von Ralf K. Wüstenberg

Mit Beiträgen von Jens Schröter, Hartmut Rosenau, Christoph Markschies, Georg Plasger, Markus H. Wörner, Saskia Wendel, Wilfried Härle, Michael Weinrich, Notger Slenczka, Christiane Tietz, Walter Schmithals, Ralf K. Wüstenberg, Christoph Schwöbel, Renate Wind und Ulrike Link-Wieczorek

Gütersloher Verlagshaus

Bibliografische Information der Deutschen Nationalbibliothek

Die Deutsche Nationalbibliothek verzeichnet diese Publikation in der
Deutschen Nationalbibliografie; detaillierte bibliografische Daten
sind im Internet über http://dnb.d-nb.de abrufbar.

FSC
Mix
Produktgruppe aus vorbildlich
bewirtschafteten Wäldern und
Recyclingholz oder - fasern
Zert.-Nr. SGS-COC-004278
www.fsc.org
© 1996 Forest Stewardship Council

Verlagsgruppe Random House
FSC-DEU-0100
Das für dieses Buch verwendete
FSC-zertifizierte Papier *Munken Premium*
liefert Arctic Paper Munkedals AB, Schweden.

1. Auflage
Copyright © 2008 by Gütersloher Verlagshaus, Gütersloh,
in der Verlagsgruppe Random House GmbH, München

Umschlaggestaltung: Init GmbH, Bielefeld
Umschlagmotiv: Lebanese Courtyard Garden, Chelsea Flower Show 2006, Designer:
Nada Habet, © mauritius images / Garden Picture Library
Satz: SatzWeise, Föhren
Druck und Einband: Těšínská Tiskárna AG, Český Těšín
Printed in Czech Republic
ISBN 978-3-579-08039-0

www.gtvh.de

Inhalt

Vorwort

»Nimm und lies!« Was wie ein rauer Imperativ erscheinen mag, soll eigentlich eine zarte Kinderstimme gewesen sein, die der Kirchenvater Augustin (354–430) im Garten seines Hauses in Mailand im Sommer des Jahres 386 vernommen haben will: »Tolle, lege!« Gemeint war die Bibel, genauer Paulus. »Nimm und lies!« – Das vorliegende Buch lädt zu seiner eigenen Lektüre ein. Es richtet sich an alle, die an theologischen Fragen interessiert sind – in der Hoffnung, dass sie sich beim Lesen hier und da wie in einem Garten fühlen, in den man sich an einem milden Sommerabend zur Lektüre zurückzieht.

Wie es zum Buch kam, ist schnell erzählt. Die Idee zum vorliegenden Buch steht in enger Verbindung zu meiner Lehrtätigkeit an der Freien Universität Berlin. Die Wahrnehmung der einzigen Professur für Evangelische Theologie, der einstigen Gollwitzer-Professur für Hörer aller Fakultäten, fordert die Vermittlung der Theologie über die fachdisziplinären Grenzen hinaus. Zu den großen theologischen Überblicksvorlesungen strömen neben der überschaubaren Zahl der Theologiestudierenden viele Hörerinnen und Hörer anderer Disziplinen sowie eine stetig wachsende Zahl von theologisch interessierten Gasthörern. Was lehrten Paulus, Augustin, Luther? Was dachten moderne Theologen und wohin entwickelt sich die Theologie? Wer den Diskurs über die Bedeutung von Religion in der Gesellschaft verstehen und mitgestalten will, braucht Wissen, vor allem eine christlich-theologische Grundbildung. Dieses Buch soll zu einer anspruchsvollen theologischen Basisbildung beitragen, indem es in handhabbarer Form Quereinstiege zu den zentralen Stationen theologischen Denkens durch die großen Epochen hindurch anbietet. Dieser Anspruch stellt vor allem hinsichtlich der Auswahl der Epochen und der zu porträtierenden Theologen eine Herausforderung dar.

Für diesen Band sind mehrere Leitkriterien maßgebend: Wer sind die Impulsgeber in der Theologie gewesen? Wer die großen Systemdenker? Welche Lebensläufe sind interessant, so dass sie sich für den biografischen Quereinstieg über die ›Hintertreppe‹ eignen? Deutlich ist, dass diese Kriterien nicht immer in Konvergenz zu bringen sind. So sind die großen Impulsgeber in der Theologie eher selten auch die Systemdenker gewesen, und die großen Systemdenker waren nicht immer mit einem biografisch packenden Leben gesegnet. Deshalb werden zu den einschlägigen Epochen der Alten Kirche (der sog. Patristik), der ›Schultheologie‹

des Mittelalters (der sog. Scholastik), dann der Reformationszeit sowie der Neuzeit und Moderne in der Regel mehrere Theologen Quereinstiege bieten. Beispielsweise ist im Rahmen der Scholastik Anselm von Canterbury (1033-1109) eher Impulsgeber und der große Thomas von Aquin (1225-1274) deutlich Systemdenker. Im 20. Jahrhundert wird man Karl Barth (1886-1968) und Paul Tillich (1886-1965) je auf ihre Weise als Systemdenker bezeichnen, während Dietrich Bonhoeffer (1906-1945) und Dorothee Sölle (1929-2003) Impulsgeber waren. Was das 19. Jahrhundert angeht, so trifft man nach der genannten Kriterienkonstellation auf den glücklichen Umstand, dass in Friedrich Ernst Daniel Schleiermacher (1768-1834) eine theologische Größe Epoche prägend ist, die durch ein packendes Leben und eine auf System drängende Theologie zugleich bestimmt ist. Ein Einblick in die reformatorische Theologie wird in diesem Band über Martin Luther (1483-1546) und Johannes Calvin (1509-1564), den reformierten Systematiker der zweiten Generation der Reformation, gewährt. Neben dem wohl alle Epochen prägenden Theologen des lateinischen Westens, dem Kirchenvater Augustin (354-430), wird im Rahmen der Patristik eine Stimme des griechischen Ostens in dem großen spekulativen Systemdenker Origenes (185-254) zu Wort kommen.

Freilich könnten gegen diese Auswahl leicht Einwände geltend gemacht werden. Man kann fragen, warum in der Patristik nicht die innere Bewegung des Geistes nachgezeichnet wird, wonach neben Origenes auf der einen und Augustin auf der anderen Seite zumindest Theodor von Mopsuestia (392-428) behandelt werden müsste, bilden diese doch gemeinsam eine altkirchliche Trias. Man kann weiter fragen, warum im Rahmen der reformatorischen Theologie die beiden anderen Reformatoren Ulrich Zwingli (1484-1531) und Philipp Melanchthon (1497-1560) nicht eigenständig behandelt werden: Zwingli, der seine Bildung eines im Horizont des von Erasmus von Rotterdam (1469-1536) geprägten Humanismus erhalten hat und nachhaltig der von Anselm von Canterbury aufgeworfenen Frage nach dem Verhältnis von Gerechtigkeit und Barmherzigkeit bei Gott nachgegangen ist, und Melanchthon, der Mitstreiter der lutherischen Reformation und Verfasser des Augsburger Bekenntnisses von 1530, dessen Einsichten in die Lehre von Jesu Heilswerk (der sog. Soteriologie) bis in die Theologie des 20. Jahrhunderts, namentlich Rudolf Bultmann (1884-1976) wirkungsgeschichtlich bedeutend waren. An dieser Stelle sei zu diesen und gewiss anderen berechtigten Fragen, die in ähnlicher Richtung aufgeworfen werden könnten, an die Absicht dieses Bandes erinnert: Es sollen Quereinstiege in die Theologie geboten werden, also *Einstiege* in die Theologie *quer* durch die große Geschichte der Lehre von Gott – und keine *geschlossene* Theologie*geschichte*.

Bleibt noch die weitere Herausforderung offen, die sich aus der schlichten Frage nach dem Anfangs- und Endpunkt des Buches ergibt: Wo beginnt die christliche Theologie eigentlich? Und wohin entwickelt sie sich? Wer wird das sagen können, ohne morgen bereits als überholt zu gelten? Und doch kann m. E. ein Buch, das theologische Quereinstiege liefern möchte, nicht völlig auf eine Einschätzung der gegenwärtigen Lage der Theologie verzichten, es muss die eine oder andere Perspektive aufzeigen. Das geschieht vornehmlich in den Perspektivabschnitten der einzelnen Beiträge, in denen in unterschiedlicher Dichte die Wirkungsgeschichte sowie die Perspektiven der vorgestellten theologischen Entwürfe thematisiert werden. Bemerkenswert erscheint bereits die Beobachtung, dass es überraschende Ähnlichkeiten zwischen unserer Situation und der des antiken Christentums gibt. Denn Christen im 21. Jahrhundert haben mit dem 2./3. Jahrhundert vieles gemeinsam: die Minoritätssituation der Kirche, einen äußerst komplexen kulturellen und religiösen Pluralismus, Esoterik und Okkultismus, einen irritierenden Wertewandel in der Ethik und Moral, Großmächte und abhängige Staaten, kolonisierte Völker usw. Insofern dürfte es sich auch im Hinblick auf gegenwärtige Problemlagen lohnen, auf eine theologische Entdeckungsreise durch die Epochen zu gehen und der Einladung »Nimm und lies!« zu folgen. Zum Schluss noch ein Lesehinweis: Wer nicht gleich die Muße zur gesamten Lektüre des Buches findet, der mag eine in der Rezeptionsgeschichte beliebte ›Abkürzung‹ einschlagen und zügig von Paulus zu Augustin und weiter zu Luther voranschreiten, um rasch im 20. Jahrhundert bei Barth, Bonhoeffer und Tillich anzukommen und später an manch einem lauen Sommerabend zur Gesamtlektüre zurückkehren!

Mein Dank gilt allen Autoren dieses Bandes, deren Sachkompetenz die vorliegenden theologischen Quereinstiege erlaubt. Weiter danke ich Herrn Dr. Rüdiger Sachau, der als Direktor der Evangelischen Akademie zu Berlin im Winter 2007/08 zu einem *After Work Forum* in die Französische Friedrichstadtkirche einlud: Hier wurden ein Teil der in diesem Buch abgedruckten Beiträge im Rahmen einer gut besuchten Vortragsreihe präsentiert. Schließlich gilt mein Dank Herrn Diedrich Steen, der als verantwortlicher Ressortleiter des Gütersloher Verlagshauses das Projekt mit anhaltendem Interesse begleitet hat, sowie meinen Mitarbeitern am Lehrstuhl, Frau Annegreth Strümpfel und Herrn René Koch, die sich um die Edition der Beiträge verdient gemacht haben, und Frau Christiane Schröter, die die Last des Korrekturlesens auf sich genommen hat.

Berlin, im Juni 2008   *Ralf K. Wüstenberg*

Wie alles begann – Paulus, der erste christliche Theologe

Jens Schröter

1. Annäherung

Paulus ist die prägende Gestalt des frühen Christentums. In seinen Briefen, den ältesten christlichen Schriften überhaupt, entwickelt er eine Sicht auf Gott und den Menschen, die für den christlichen Glauben bis heute grundlegend ist. Im Mittelpunkt stehen dabei Tod und Auferweckung von Jesus Christus, dem Sohn Gottes. Dieses Geschehen nötigt nach Paulus dazu, das Wesen des Gottes Israels und sein Verhältnis zur Welt von Grund auf neu zu durchdenken. In der Konsequenz führte dies zur Trennung der an Jesus Christus Glaubenden vom Judentum – eine Konsequenz, die nicht in der Absicht des Paulus lag und die für ihn, der selbst einst ein eifriger Verfechter des jüdischen Glaubens war, ein schwerwiegendes theologisches Problem darstellte. Darauf wird am Ende des Beitrags zurückzukommen sein.

Einen Gekreuzigten ins Zentrum der Wirklichkeitsdeutung zu rücken und ihn sogar anzubeten, hat dem Christentum von Beginn an Unverständnis und Verachtung eingetragen. Die älteste Abbildung des gekreuzigten Jesus dient nicht seiner Verehrung, sondern ist eine heidnische Karikatur, die einen gekreuzigten Esel darstellt (s. nebenstehende Abbildung). Als eine Religion der Schwäche und Ohnmacht ist das Christentum auch von dem Philosophen Friedrich Nietzsche verspottet worden. Für ihn verdient der Gott des Paulus nicht »Gott« genannt zu werden, weil ihm jede Erhabenheit und Würde fehlt. Nietzsche hat Paulus dabei durchaus richtig verstanden. Das Ärgernis des Kreuzes gehört tatsächlich ins Zentrum des christlichen Glaubens. Nietzsche und viele andere vor und nach ihm haben sich daran gestoßen. Für Paulus stand dagegen unzweifelhaft fest, dass der Zugang zu Gott nur über den Gekreuzigten führt.

Dabei sprachen die Umstände nicht dafür, dass ausgerechnet Paulus zum wichtigsten Theologen und Missionar des frühen Christentums werden sollte. Das zeigt schon sein sprichwörtlich gewordenes Damaskuserlebnis. »Vom Saulus zum Paulus werden« – das steht noch heute für eine biographische Wende, die aus einem Schurken einen guten Menschen macht. Bei Paulus ist sie der entscheidende Einschnitt in seinem Leben, auch wenn es mit einem Namenswechsel nichts zu tun hat. Das wird zu erklären sein.

Paulus ist Jesus nie persönlich begegnet. Als er von seinen Anhängern hörte, machte er sich auf, sie zu verfolgen und ins Gefängnis zu bringen. Dass ein von den Römern gekreuzigter Wanderprediger als Messias verkündigt wurde, erschien ihm, dem überzeugten Juden, als eine unerträgliche Gotteslästerung. Später bringt er das pointiert auf den Punkt. In seinem ersten Brief an die Gemeinde von Korinth bezeichnet er die Botschaft von Jesus Christus als »Wort vom Kreuz« und nennt sie einen »Skandal« für die Juden und eine »Torheit« für die Griechen.[1] Da war er selbst freilich längst zum überzeugten Anhänger dieser Botschaft geworden. Ausgerechnet den Kreuzestod Jesu, der ihm zuvor so abstoßend erschien, stellt er nun ins Zentrum seiner Theologie. Ein Kontrast, wie er größer kaum sein könnte und der nach Erklärung verlangt. Auch darauf wird einzugehen sein.

Im Neuen Testament tragen 13 Briefe den Namen des Paulus. Vermutlich stammen aber nur sieben davon von ihm selbst, die übrigen gehören bereits zu seiner Wirkungsgeschichte. Die meisten seiner eigenen Briefe, geschrieben etwa in den Jahren zwischen 50 und 56, sind an Gemeinden gerichtet, die Paulus auf seinen Missionsreisen gegründet hat. Das sind der 1. Thessalonicher-, der Philipper- und der Galaterbrief sowie die beiden Korintherbriefe. Dazu kommen der Römerbrief, mit dem sich Paulus einer ihm noch unbekannten Gemeinde vorstellt, sowie der Philemonbrief, ein kleines Privatschreiben, in dem Paulus die Frage der Sklaverei an einem konkreten Fall behandelt. Zu den späteren Briefen, die im Namen des Paulus geschrieben wurden, aber nicht von ihm selbst stammen, gehören mit sehr großer Wahrscheinlichkeit der Epheserbrief, der 2. Thessalonicherbrief, die beiden Briefe an Timotheus sowie derje-

---

1. Vgl. 1 Kor 1,18-25.

nige an Titus, vermutlich auch der Kolosserbrief. Diese Briefe zeigen, dass man bereits sehr früh damit begann, die Theologie des Paulus weiterzuentwickeln und für neue Situationen fruchtbar zu machen. Dass man sich dabei sogar seines Namens bediente, ist ein Hinweis darauf, wie prägend die Person des Paulus gewesen ist.

In seinen Briefen entwickelt Paulus eine Theologie im Dialog. Er geht auf konkrete Fragen und Probleme ein, entwirft eine urchristliche Ethik und denkt darüber nach, was es bedeutet, dass Gott sich ausgerechnet mit einem Gekreuzigten identifiziert hat. Dabei entsteht eine eigene Begrifflichkeit, die für die christliche Theologie prägend wird. Die Botschaft von Jesus Christus nennt er »Evangelium« oder »Wort vom Kreuz«[2]; die zu Jesus Christus Gehörenden heißen »die Glaubenden« oder »berufene Heilige«[3]; sie bekennen sich nicht nur zum Gott Israels, sondern auch zu Jesus Christus als ihrem Herrn.[4] In Christus ist man eine »neue Schöpfung«[5]; die Gerechtigkeit Gottes erhält eine ganz neue Bedeutung, und über den Tod Jesu heißt es: »Christus ist für unsere Sünden gestorben.«[6]

Nicht immer stammen die Begriffe und Wendungen von Paulus selbst. Häufig greift er auf Traditionen zurück, die bereits vor ihm im Urchristentum geprägt wurden. Dazu gehören Herrenworte,[7] aber auch urchristliche Bekenntnisse und Hymnen.[8] Bei den Einsetzungsworten zum Abendmahl und einem urchristlichen Bekenntnis über Tod und Auferweckung Christi weist er sogar ausdrücklich darauf hin, dass er Überliefertes zitiert.[9] Aber es ist Paulus, der diese Überlieferungen zu einer eigenen Sicht vom Handeln Gottes in Jesus Christus zusammenführt.

Aus dem Verfolger christlicher Gemeinden wird so der Missionar und Theologe, ohne den das Christentum nicht wäre, was es heute ist. Große Gestalten des Christentums wie Augustinus, Martin Luther und Karl Barth haben sich an Paulus orientiert, wenn es um das Zentrum des christlichen Glaubens ging. Dabei war er oft umstritten, schon zu seiner eigenen Zeit. Man hat ihm Verrat des jüdischen Gesetzes vorgeworfen, ihn als Verfälscher der Lehre Jesu bezeichnet und ihm eine abstoßende

---

2. Vgl. etwa Röm 1,16; 1 Kor 15,1; Gal 1,6-8 (Evangelium); 1 Kor 1,18 (Wort vom Kreuz).
3. 1 Thess 1,7; 1 Kor 1,2.
4. 1 Kor 8,6.
5. 2 Kor 5,17; Gal 6,15.
6. 1 Kor 15,3.
7. Vgl. 1 Kor 7,10-11; 9,14; 11,23-25.
8. Vgl. etwa Röm 1,3-4; 3,25-26a; 1 Thess 1,9-10; 1 Kor 8,6; Phil 2,6-11.
9. 1 Kor 11,23; 15,3.

Theologie vorgehalten, die aus dem Gott der Liebe einen zornigen Despoten mache, der den Tod seines eigenen Sohnes fordere.

Auch gegenwärtig gibt es eine intensive Diskussion über die Theologie des Paulus. Dabei geht es vor allem darum, wie er innerhalb des Judentums seiner Zeit zu verstehen ist. Hat Paulus mit dem Judentum gebrochen? Hat er es reformiert? Oder hat er zum jüdischen Glauben einfach denjenigen an Jesus Christus hinzugefügt? Eine Entscheidung hierüber ist von grundlegender Bedeutung für den christlichen Glauben und sein Verhältnis zum Judentum. Wenn es um Paulus geht, geht es deshalb immer auch um die Substanz des Christentums. Wie konnte er eine solche Bedeutung erlangen? Nähern wir uns seiner Person biographisch an.

2. Voraussetzungen

Paulus, vermutlich etwa fünf Jahre jünger als Jesus, wird in Tarsus geboren, einer Stadt im Südosten der heutigen Türkei, damals die Hauptstadt der römischen Provinz Kilikien. Er selbst nennt seinen Geburtsort zwar nie, aber er wird in der Apostelgeschichte erwähnt.[10] Die Apostelgeschichte ist die älteste christliche Geschichtsschreibung und schon deshalb eine überaus wichtige Schrift des Neuen Testaments. Sie berichtet in ausführlicher Weise über Leben und Wirken des Paulus: seine Bekehrung, seine Gemeindegründungen und die Konflikte mit Juden und Heiden, die sich dabei zugetragen haben. Hier erfährt man etliche Details, die den Briefen des Paulus nicht zu entnehmen sind – etwa, dass er das römische Bürgerrecht besaß, in Jerusalem ein Studium des jüdischen Gesetzes absolvierte und bereits vor den Reisen, auf denen er seine Briefe verfasste, eine weitere Missionsreise unternommen hatte.[11] Auch dass Paulus am Ende seines Wirkens als Gefangener nach Rom kam, wo er wahrscheinlich hingerichtet wurde, wissen wir nur aus der Apostelgeschichte. Sein Tod wird dort zwar nicht mehr berichtet, aber alle Indizien sprechen dafür, dass er aus dieser Gefangenschaft nicht mehr freigekommen ist. Das Todesjahr liegt zwischen 62 und 64. Vielleicht wurde Paulus aufgrund einer Anklage verurteilt und hingerichtet, vielleicht wurde er auch Opfer einer Christenverfolgung unter dem römischen Kaiser Nero. Genau lässt sich das nicht mehr feststellen. Die Apostelgeschichte ist demnach eine wichtige Quelle für Leben und Wirken des

10. Apg 21,39; 22,3.
11. Der Bericht hierüber findet sich in Apg 13–14.

Paulus. Eventuell wurde sie sogar von einem zeitweiligen Begleiter auf seinen Missionsreisen verfasst. Dafür könnte sprechen, dass einige Passagen im Wir-Stil verfasst sind, was auf eine Beteiligung des Autors an den berichteten Ereignissen hinzudeuten scheint.[12]

Auch wenn die Apostelgeschichte den Eindruck erweckt, die Entwicklung der ersten Jahrzehnte des Christentums insgesamt zu berichten, ist sie tatsächlich zu einem wesentlichen Teil am Weg des Paulus orientiert, der im Verlauf der Erzählung immer deutlicher in den Vordergrund tritt. Damit gehört sie, ebenso wie die oben genannten, im Namen des Paulus verfassten Briefe zu denjenigen Schriften des Neuen Testaments, die sich dem Erbe des Paulus verpflichtet wussten. Dabei zeichnet die Apostelgeschichte, die einige Jahrzehnte nach dem Wirken des Paulus entsteht, ein selbstständiges Bild von seiner Person und seinem Wirken. Dass er Briefe geschrieben hat, wird dabei gar nicht erwähnt. Stattdessen werden des Öfteren Reden angeführt, die er an verschiedenen Orten gehalten haben soll. Am bekanntesten ist die Rede auf dem Areopag in Athen, wo Paulus an prominenter Stelle vor griechischen Philosophen die Botschaft von Gott und Jesus verkündigt. Besonders bei dieser Rede ist deutlich, dass sie kaum tatsächlich von Paulus gehalten worden sein kann. Vielmehr führt Lukas, der Verfasser der Apostelgeschichte, mit dieser Rede vor Augen, wie das frühe Christentum durch das Wirken des Paulus in der griechisch-römischen Welt Fuß gefasst hat.

Mit seiner Paulusdarstellung erklärt Lukas zudem, wie es zur Trennung von Kirche und Israel gekommen ist. Seine Antwort lautet: Paulus hat sich zeitlebens darum bemüht, seine jüdischen Brüder und Schwestern zum Glauben an Jesus Christus zu bewegen. Sie haben sich dem aber – anders als die Heiden – in ihrer überwiegenden Mehrheit verweigert. Am Ende erkennt Paulus, dass die Ablehnung der Christusbotschaft durch die Juden und ihre Annahme durch die Heiden im Heilsplan Gottes selbst begründet ist. Lukas verdeutlicht demnach durch den Weg des Paulus, dass die Kirche dem Plan Gottes gemäß in ihrer Mehrheit heidenchristlich geworden ist.

Die Briefe des Paulus vermitteln einen anderen Eindruck. Demnach hat sich Paulus von Beginn an zu den Heiden gewandt, nicht erst nach der Ablehnung durch die Juden. Bereits in seinem ersten Brief, dem um das Jahr 50 verfassten 1. Thessalonicherbrief, lobt Paulus die Gemeinde dafür, dass sie sich von den Götzen abgewandt hat, um dem wahren und

---

12. Apg 16,10-17; 20,5-15; 21,1-18; 27,1–28,16.

lebendigen Gott zu dienen.[13] Eine solche Aussage kann sich nur an bekehrte Heiden richten, ebenso wie die Mahnung im 1. Korintherbrief, nicht mehr an Götzenopfermählern teilzunehmen.[14]

Zurück nach Tarsus. Zur Zeit des Paulus war Tarsus eine wohlhabende, weltoffene Stadt, in der Philosophen und Rhetoren wirkten und in der natürlich Griechisch gesprochen wurde, die Weltsprache, mit der man sich zu jener Zeit im gesamten Mittelmeerraum verständigen konnte. Griechisch wurde auch von den meisten Juden gesprochen, es war auch die Muttersprache des Paulus, die er in seinen Briefen souverän zu beherrschen weiß.

Aus Tarsus bringt Paulus sein Selbstverständnis als Bürger des Römischen Reiches mit. Sein geographischer Horizont erstreckt sich bis an die Westgrenze des Römischen Reiches, nach Spanien, das er im Römerbrief als Ziel seiner nächsten Missionsreise nennt.[15] Dazu ist es zwar nicht mehr gekommen. Das Vorhaben zeigt jedoch, dass Paulus in weiten geographischen Räumen denkt, in die er das Evangelium bringen will. Auch seine Selbstvorstellung weist in diese Richtung. Paulus nennt sich immer mit seinem griechisch-römischen Namen »Paulus«, das hebräische »Saulus« kennt dagegen wiederum nur die Apostelgeschichte. Ein solcher Doppelname war nicht ungewöhnlich. Juden legten sich häufiger zusätzlich zu ihrem Geburtsnamen einen griechischen-römischen Namen zu, der für die Umwelt vertrauter war. So ist es auch bei Saulus/Paulus. Die Apostelgeschichte verwendet den Namen »Saulus« so lange, wie er sich im jüdischen Kontext bewegt. Das griechische »Paulus« wird dagegen ergänzt, als er zum ersten Mal als selbstständiger Missionar auftritt: »Saulus, der auch Paulus heißt«, heißt es dort.[16] Der zweite Name hat also nichts mit seiner Bekehrung zu tun. Paulus hieß er auch schon zuvor, unter diesem Namen wird er künftig als christlicher Missionar auftreten.

In seinen Briefen zeigt sich Paulus vertraut mit griechisch-römischer Rhetorik und popularphilosophischen Traditionen. So kann er etwa in katalogartiger Form Leiden und Misshelligkeiten aufzählen, die er bei seinen Missionsreisen zu ertragen hatte: Gefangenschaften, Mühsale, Schläge, Todesgefahren, Hunger, Schiffbrüche, Überfälle. In ähnlicher Weise haben auch Wanderphilosophen ihre Bedürfnislosigkeit und das Ertragen von Entbehrungen betont. Damit brachten sie zum Ausdruck,

---

13. 1 Thess 1,9-10.
14. 1 Kor 10,21-22.
15. Röm 15,28.
16. Vgl. Apg 13,9.

dass es dem wahren Philosophen nicht um Annehmlichkeiten, sondern um Wahrhaftigkeit geht. Wenn Paulus in Städten des griechisch-römischen Mittelmeerraums auftrat, wird er seinen Zuhörern wie einer dieser Wanderphilosophen vorgekommen sein, die durch die Lande zogen und sich ihren Lebensunterhalt als Redner und freie Lehrer verdienten. Der Inhalt seiner Lehre war freilich ein ganz anderer. Paulus verkündete den Gott Israels und den gekreuzigten Jesus Christus. Sein dürftiges Auftreten war Ausdruck dieser Botschaft: Der Verkünder des Wortes vom Kreuz tritt nicht wortgewaltig und selbstsicher auf, sondern verkörpert in seiner schwachen Erscheinung den Inhalt seiner Rede.

Grundlegend für das Selbstverständnis des Paulus ist jedoch vor allem seine jüdische Herkunft. Das zeigt sich schon daran, dass er niemals einen heidnischen Autor – etwa Plato oder Homer – zitiert, wogegen die Schriften Israels eine grundlegende Bedeutung für sein Denken und sein Selbstverständnis besitzen. Die Apostelgeschichte berichtet, dass Paulus in Jerusalem, im Zentrum des jüdischen Glaubens, seine Ausbildung erhielt. Hier absolvierte er ein intensives Studium der jüdischen Schriften. Im Zentrum stand dabei das Gesetz als Inhalt des Bundes zwischen Gott und Israel. Der Bund mit Gott und die Gabe des Gesetzes sind die Auszeichnungen, die Israel gegenüber allen anderen Völkern besaß – und nach jüdischem Glauben natürlich bis heute besitzt. Sie bedeuten zugleich, dass Israel als auserwähltes Volk auf ein Leben nach dem Willen Gottes verpflichtet ist. Das war auch die feste Überzeugung des Paulus. Er vertrat sie sogar mit großem Nachdruck, denn er gehörte zu den Pharisäern, einer jüdischen Partei, die sich in besonderer Weise der Beachtung des Gesetzes und der Bewahrung der Reinheit im täglichen Leben verpflichtet wusste.

Die jüdische Herkunft wird auch zum Ausgangspunkt für den Glauben an Jesus Christus. Die Schriften Israels werden nunmehr zur Basis seiner neuen Überzeugung. Hier findet Paulus die Erklärung für das Geschehen um Jesus Christus. Christus ist die Erfüllung der Verheißung an Abraham, er solle zum Vater vieler Völker werden; über die Gerechtigkeit aus Glauben heißt es bereits beim Propheten Habakuk »Der aus Glauben Gerechte wird leben«, und selbst für die schmerzliche Tatsache, dass das Evangelium von der Mehrheit Israels abgelehnt wird, findet Paulus eine Erklärung in den Schriften Israels: die freie Erwählung Gottes, der Menschen aus Juden und Heiden zu seinem Volk beruft.[17]

Im Glauben an Christus ist nach Paulus die Trennung der Menschheit

17. Röm 9,24.

in Juden und Heiden, Beschnittene und Unbeschnittene, überwunden. Wenn er sich mit seinen Gegnern auseinandersetzt, nimmt auch der christliche Paulus für sich in Anspruch, wie sie Hebräer, Israelit und Nachkomme Abrahams zu sein. Im Gegensatz zu ihnen ist er allerdings überzeugt, dass in Jesus Christus Beschneidung und Gesetz keine Voraussetzungen für die Zugehörigkeit zu Gott mehr sind. Aus dem überzeugten Anhänger des jüdischen Gesetzes ist so der Heidenmissionar geworden, für den es keinen Unterschied zwischen Juden und Heiden mehr gibt.

Das Bekenntnis zum Gott Israels bleibt dabei Basis auch für den christlichen Glauben. Die Götter der Heiden, die Paulus nicht einmal mit Namen nennt, sind in Wahrheit tote Götzen und dürfen nicht verehrt werden. Wenn Paulus Heiden zu Jesus Christus bekehrt, bekehrt er sie deshalb immer auch zum Glauben an den einzigen Gott. In einem der zentralen Bekenntnisse des Urchristentums stellt er dem Glauben an den einen Gott den Glauben an den einen Herrn Jesus Christus an die Seite: »Mag es auch viele sogenannte Götter und Herren geben – für uns gibt es nur den einen Gott und den einen Herrn Jesus Christus«.[18] Wer an Christus glaubt, muss auch an den Gott Israels glauben. Das ist so geblieben bis heute. Dass Christen und Juden denselben Gott anbeten und sich auf dieselben Schriften berufen, hat seinen Ursprung nicht zuletzt in der Theologie des Paulus.

Für Paulus und das Christentum insgesamt gilt dabei freilich: Der Glaube an Jesus Christus gehört unverzichtbar zum Glauben an Gott hinzu. Die wahre Bedeutung der Schriften Israels – in christlicher Sicht: das »Alte Testament« – erschließt sich erst, wenn sie von Jesus Christus her gelesen werden. Die Schriften Israels haben so eine zweifache Fortsetzung gefunden, eine jüdische und eine christliche. Diese doppelte Geschichte hat im Kern mit der Wende im Leben des Paulus zu tun. Ausgerechnet mit ihm, dem einstigen Eiferer für die jüdischen Überlieferungen, beginnt eine Entwicklung, die zur Trennung von Judentum und Christentum führt. Was hat es mit dieser Wende des Paulus auf sich?

3. Von der Bekehrung bis zum Apostelkonzil

Wenige Jahre nach dem Tod Jesu, Paulus hatte sich von Jerusalem aufgemacht, um in Damaskus Jesusanhänger zu verfolgen, ereignet sich die

18. 1 Kor 8,5-6.

grundlegende Wende in seinem Leben. Seine bisherige Existenz erscheint ihm fortan in gänzlich neuem Licht. Im Philipperbrief schreibt er dazu: »Ich bin am achten Tag beschnitten worden, stamme aus dem Geschlecht Israels, dem Stamm Benjamin, habe den Pharisäern angehört, voll Eifer die Gemeinde verfolgt … Aber was mir einst Gewinn war, betrachte ich wegen Christus als Schaden«.[19] Im Galaterbrief heißt es, er sei »im Judaismus« gewandelt, einer sehr strengen Richtung des Judentums, sei »Eiferer für die väterlichen Überlieferungen« gewesen, dann habe Gott ihm seinen Sohn offenbart, damit er ihn unter den Heiden verkünde.[20]

Von solchen jüdischen »Eiferern« hören wir gelegentlich in jüdischen Texten. So ist im 4. Buch Mose von einem Pinehas die Rede, der im Eifer Gottes dagegen vorgeht, dass sich Israeliten mit heidnischen Frauen einlassen, und der dadurch die Strafe Gottes von Israel abwendet.[21] In späteren jüdischen Schriften, bei Jesus Sirach und im 1. Makkabäerbuch, wird hierauf Bezug genommen und das Verhalten des Pinehas als vorbildlicher Einsatz für sein Volk gewürdigt.[22] »Eiferer« sind also Juden, die um der Bewahrung der jüdischen Identität willen gegen Abweichler vorgingen. Als solche Abweichler, als abtrünnige Juden also, verfolgte Paulus die Jesusanhänger, denn deren Verkündigung stellte das Gesetz Israels als Lebensnorm in Frage. Bereits vor seiner Bekehrung hat Paulus demnach deutlich erkannt, dass der am Kreuz gestorbene Gottessohn bisherige Maßstäbe außer Kraft setzt. Nach seiner Bekehrung wird er konsequent durchdenken, was dies bedeutet.

Die Wende vom Pharisäer und Christenverfolger zum Heidenmissionar kam für die Christen – und auch für die Juden – völlig überraschend. Schon früh hat sich darum eine Legende gebildet. Paulus spielt selbst darauf an, wenn er im Galaterbrief schreibt, man habe von ihm gehört: »Der uns einst verfolgt hat, verkündigt jetzt das Evangelium«.[23]

Die Apostelgeschichte malt die Wende des Paulus zu einem spektakulären Bekehrungsereignis aus.[24] Ein Licht vom Himmel erstrahlt, Paulus fällt zu Boden und hört eine Himmelsstimme, die sich als diejenige Jesu entpuppt, er erhält den Auftrag, nach Damaskus zu gehen. Er erblindet, geht in die Stadt, fastet drei Tage und wird von einem Jünger Jesu mit Namen Hananias getauft. Fortan verkündet er Jesus als den Sohn Gottes.

19. Phil 3,6-7.
20. Gal 1,13-16.
21. Num 25,6-15.
22. Sir 45,23-24; 1 Makk 2,26.54.
23. Gal 1,23.
24. Apg 9,1-19.

Paulus selbst erwähnt keine derartigen wunderhaften Begleitumstände. Er spricht vielmehr davon, dass Gott ihm seinen Sohn offenbart hat, damit er ihn unter den Heiden verkünde, dass er den Herrn gesehen hat oder dass ihm die Erkenntnis Jesu Christi aufgeleuchtet ist. Für ihn steht also die neue Einsicht im Zentrum, die Gott ihm zuteil werden ließ. Was genau sich zugetragen hat, damit es zu dieser Einsicht kam, schildert Paulus nicht. Die Formulierungen deuten allerdings auf ein visionäres Erlebnis hin, etwa wenn es heißt: »Habe ich nicht den Herrn gesehen?«, »Gott hat mir seinen Sohn offenbart« oder »Gott hat in unseren Herzen die Erkenntnis Jesu Christi aufstrahlen lassen«. Deutlich ist jedenfalls, dass Paulus nach diesem Erlebnis in grundsätzlich neuer Weise über Jesus denkt und sein Leben fortan der Botschaft des gekreuzigten und auferweckten Gottessohnes widmet.

Das tut er zunächst in Antiochia in Syrien. Zu der dortigen Gemeinde hat er in seiner ersten Zeit als christlicher Apostel gehört. Antiochia ist neben Jerusalem die wichtigste Gemeinde der Frühzeit des Christentums. Ihre Besonderheit liegt darin, dass hier zum ersten Mal Juden und Heiden eine Gemeinschaft bildeten. Die Grenzen zwischen beiden Gruppen wurden also programmatisch außer Kraft gesetzt. Für Juden war das besonders provozierend. Schon zur Zeit von Jesus und Paulus lebten die meisten Juden außerhalb Palästinas in der Diaspora. Deshalb war es besonders wichtig, die eigene Identität zu bewahren, um nicht in den Völkern aufzugehen. Der Glaube an den einen Gott, seinen Bund und sein Gesetz war und ist dabei für das Judentum dasjenige Merkmal, mit dem es sich von den übrigen Völkern unterscheidet. Wie provokant musste es da sein, wenn ausgerechnet Juden nicht nur einen Gekreuzigten als Messias verkündigten, sondern noch dazu die Grenzen zu den Heiden programmatisch überschritten! Paulus, einst selbst erbitterter Gegner einer solchen Praxis, hat sie nunmehr aktiv gefördert und theologisch begründet. Dazu ist er von Antiochia aus gemeinsam mit Barnabas zu seiner ersten Missionsreise aufgebrochen, die ihn nach Zypern und ins südöstliche Kleinasien führte. Das war der Anfang der von Antiochia ausgehenden Heidenmission.

Über die Heidenmission kam es zu scharfen Kontroversen, nicht nur zwischen Juden und Christen, sondern auch unter den Christen selbst. War die Auflösung der Grenze zwischen Juden und Heiden tatsächlich eine notwendige Konsequenz des neuen Glaubens? Mussten Heiden, die zum Glauben an den Gott Israels bekehrt wurden, sich nicht auch an das jüdische Gesetz halten, also die Speisegebote beachten, den Sabbat halten und, sofern sie männlich waren, sich beschneiden lassen? Diese Fragen

waren Gegenstand eines Treffens, das etwa im Jahr 49 in Jerusalem stattfand.[25]

An diesem Treffen, dem sogenannten »Apostelkonzil«, nahmen die
führenden Köpfe der ersten christlichen Generation teil. Auf Jerusalemer
Seite waren dies Jakobus, der Bruder Jesu, Petrus und Johannes, ein weiteres Mitglied aus dem Kreis der zwölf Jünger. Aus Antiochia kamen Barnabas, Paulus und Titus, ein unbeschnittener Heide. Man einigte sich
darauf, dass auch Heiden zur Gemeinschaft der Glaubenden kommen
dürfen, ohne dass sie sich beschneiden lassen müssen. Es gab also fortan
ein Evangelium für die Beschnittenen und eines für die Unbeschnitte-
nen.[26] Damit war der Weg frei für die Heidenmission des Paulus. Er
musste sich allerdings dazu verpflichten, für die Gemeinde in Jerusalem
eine Kollekte zu sammeln. Davon ist in seinen Briefen häufiger die Rede.
Paulus hat die Sammlung dieser Kollekte sehr ernst genommen und sie
schließlich auch selbst nach Jerusalem überbracht. Darin kommt seine
bleibende Verbundenheit mit der Gemeinde zu Jerusalem und den dortigen Aposteln zum Ausdruck.

Nicht geklärt war mit dem Jerusalemer Abkommen allerdings, wie das
Zusammenleben von Juden und Heiden in einer Gemeinde zu gestalten
ist. Darum hat es auch nach dem Apostelkonzil immer wieder Konflikte
gegeben. Sie haben letztlich dazu geführt, dass sich Paulus von der Gemeinde in Antiochia trennte und zu eigenen Missionsreisen aufbrach, für
die er sich neue Mitarbeiter suchte und die ihn in diejenigen Regionen
führen sollten, in denen er seine Gemeinden gründete.

4. Mission in Kleinasien und Griechenland

Bei seinen Missionsreisen steuert Paulus gezielt Städte an. Zuerst kommt
er in die römische Kolonie Philippi, wo er die erste eigene Gemeinde
gründet. Mit Thessaloniki, Korinth und Ephesus treten sodann Haupt-
städte römischer Provinzen in den Blick. Auch hier gründet Paulus Gemeinden und vertraut darauf, dass von diesen das Evangelium in die
umliegenden Regionen ausstrahlt. In Korinth und Ephesus hält er sich
längere Zeit auf und lebt mit den dortigen Gemeinden zusammen. Die
Apostelgeschichte stellt es so dar, dass Paulus, wenn er in eine Stadt kam,

---

25. Über dieses Treffen berichten in je eigener Weise Paulus in Gal 2,1-10, und
    Lukas in Apg 15,1-29.
26. Gal 2,9.

immer zuerst in die Synagoge ging, um Juden von seiner Botschaft zu überzeugen. Erst aufgrund von Misserfolgen habe er sich dann den Heiden zugewandt. Das dürfte aber kaum zutreffen. Paulus wusste sich immer auch zu den Heiden gesandt, die deshalb von Beginn an Adressaten seiner Evangeliumsverkündigung waren. Kein allmählicher Übergang, sondern die Botschaft des Evangeliums, das Grenzen überschreitet und zur Freiheit in Jesus Christus führt, war das Programm des Paulus.

Wie muss man sich sein Wirken als Apostel konkret vorstellen? In den

Städten, in die er kam, lebten Menschen unterschiedlicher sozialer und religiöser Herkunft. In den römischen Kolonien Philippi und Korinth hatten sich zusätzlich zur einheimischen Bevölkerung freigelassene Sklaven und Kriegsveteranen niedergelassen. In Thessaloniki und Ephesus war die Bevölkerung vornehmlich griechisch. Überall gab es jüdische Gemeinden, oft auch eine Synagoge. Die Mehrheit der Bevölkerung war aber heidnisch und verehrte viele Götter. So gab es etwa in Korinth eine Stätte für den Heilgott Asklepios, dem in vielen Städten Griechenlands Kultstätten gewidmet waren, an denen Kranke geheilt wurden. Daneben wurde in Korinth der ägyptische Gott Sarapis verehrt, es gab einen Tempel der Liebesgöttin Aphrodite, auch Artemis, Demeter und zahlreiche weitere Gottheiten hatten Tempel und Statuen auf dem Forum, an denen man täglich vorbeiging. Für griechisch-römische Religiosität war es völlig selbstverständlich, viele Götter und Göttinnen zu verehren. Sie standen auch nicht in Konkurrenz zueinander, sondern waren für unterschiedliche Bereiche zuständig, etwa für die Gesundheit, die Jagd oder die Liebe.

Führt man sich dies vor Augen, wird deutlich, wie merkwürdig es den Bewohnern dieser Städte vorgekommen sein muss, wenn Paulus mit der Verkündigung auftrat, es gebe nur einen einzigen Gott. Zwar war für Griechen und Römer eine solche Vorstellung nicht gänzlich neu. Sie kannten sie etwa von den Juden, die aber eher als Sonderlinge galten. Sie kannten sie auch von den Philosophen, die den Glauben an einen Gott oder ein göttliches Prinzip als höherstehende Erkenntnis propagierten. Dieser »philosophische Monotheismus« war aber nur eine Religion der Gebildeten und bestimmte nicht den Alltag. Anders Paulus. Er verlangte eine radikale Abkehr von den vielen Göttern, die er verächtlich »Götzen« nennt, und erwartete, dass die christliche Gemeinde nur noch den Gott Israels und seinen Sohn anbetet.

Wie hat er diese Botschaft unter die Leute gebracht? Vielleicht hat er gelegentlich in Synagogen mit Juden disputiert, aber Heiden hätte er dort kaum getroffen. Eher dürfte er wie ein Wanderphilosoph aufgetreten sein, eine Art Sokrates, der auf dem Marktplatz Menschen in Diskussionen verwickelt und sie zu vertiefenden Gesprächen am Abend einlädt, wo im Anschluss an ein gemeinsames Essen debattiert wird. Diese Tradition kannten Griechen und Römer. Plato und andere berichten von derartigen Symposien, und die Häuser der sozial Bessergestellten boten Räume für solche Treffen.

Paulus war darauf angewiesen, dort aufgenommen zu werden, wo man ihm wohl gesonnen war. Mitunter treten Personen als Unterstützer und Gönner in den Blick. Paulus selbst und auch die Apostelgeschichte erwähnen das Ehepaar Aquila und Priscilla, bei dem Paulus während seines Aufenthaltes in Korinth gewohnt hat. Er bestellt Grüße von ihnen oder trägt welche an sie auf, er lobt sie dafür, dass sie ihm in gefährlicher Lage beigestanden haben. Im Römerbrief, geschrieben in Korinth, grüßt er die Gemeinde von »Gajus, meinem Gastgeber und dem der ganzen Gemeinde«. Offenbar hatte der hier erwähnte Gajus ein Haus, das als Versammlungsort der christlichen Gemeinde von Korinth diente. Die Zusammenkünfte der frühen christlichen Gemeinden fanden in Privathäusern statt. In der Synagoge konnte und wollte man sich nicht versammeln, in heidnischen Tempeln erst recht nicht, Kirchen gab es natürlich noch nicht. So entstanden Hausgemeinden, von denen Paulus mitunter ausdrücklich spricht.

Hielt Paulus sich länger an einem Ort auf, lebte er von seiner eigenen Arbeit. Darauf legte er großen Wert. »Wir haben Tag und Nacht gearbeitet, um keinem von euch zur Last zu fallen« hält er der Gemeinde von Thessaloniki stolz vor, und auch in Korinth war es nicht anders. Das hat sicher mit der Sozialstruktur der frühen Gemeinden zu tun. »Es gibt unter euch nicht viele Weise, jedenfalls an irdischer Weisheit gemessen, nicht viele Mächtige, nicht viele Vornehme« gibt Paulus der Gemeinde in Korinth zu bedenken, um dann fortzufahren: »Aber gerade das, was töricht ist in der Welt, hat Gott erwählt, um die Weisen zu beschämen«. Das Christentum war keine Elitereligion für die Reichen und Gebildeten. Die Gemeinden bestanden mehrheitlich aus einfachen Leuten, die für ihren Lebensunterhalt hart arbeiten mussten. Paulus, ihr Apostel, wollte da nicht nachstehen. Obwohl er sich von den Gemeinden hätte unterhalten lassen können, wie er ausdrücklich betont, hat er dies nicht getan, sondern ist seinem Beruf – er war wohl Zeltmacher oder Lederarbeiter – nachgegangen.

Nicht nur die religiösen, auch die sozialen Grenzen in den christlichen Gemeinden waren durchlässig, und auch das war ungewohnt für die Menschen dieser Zeit. Gewöhnlich organisierten sich sozial Gleichgestellte in Vereinen oder kamen zu Mählern zusammen. Paulus schwebte da anderes vor. Nur eine Gemeinschaft, in der weltliche Unterschiede keine Rolle mehr spielen, in der die Frau genauso viel gilt wie der Mann und der Freie nicht mehr als der Sklave, konnte den Glauben daran, dass Gott alle zur Freiheit berufen hat, glaubhaft verkörpern. Das gemeinsame Mahl war der zentrale Ort, an dem die Gemeinde diese Einheit praktizierte. Darum kritisiert Paulus die korinthische Gemeinde aufs Schärfste, als ihm zu Ohren kommt, dass es dort ausgerechnet beim Abendmahl zu Spaltungen kommt und die Einheit in Christus verletzt wird.

Hatte Paulus eine Gemeinde verlassen, traten oft Fragen und Probleme auf. Die Gemeinden waren verunsichert über Punkte, zu denen Paulus sich nicht eindeutig geäußert hatte: Was wird mit den Christen, die vor der von Paulus angekündigten Wiederkunft Christi gestorben sind? Gibt es überhaupt eine Auferstehung von den Toten oder ist das nicht eine merkwürdige Vorstellung, die jeder Erfahrung widerspricht? Wie soll verfahren werden, wenn von einem Ehepaar nur ein Teil christlich wird, der andere dagegen nicht? Hat die Ehe in einem solchen Fall weiterhin Bestand? Und was wird mit den Kindern?

Von derartigen Irritationen erfuhr Paulus durch seine Mitarbeiter oder durch Abgesandte der Gemeinden. Es kam auch vor, dass man sich mit einem Brief an Paulus wandte und ihm Fragen vorlegte. Das hat die Gemeinde von Korinth getan, die sich in einem sehr lebendigen, oft auch kontroversen Dialog mit Paulus befand. Paulus nimmt darauf im 1. Korintherbrief Bezug, wenn er schreibt »Bezüglich dessen, was ihr geschrieben habt ...«, um sich darauf dem Thema Ehe und Ehelosigkeit zu widmen. Danach hatten ihn die Korinther also offenbar gefragt. Eine gewisse Ausnahme ist hier der Römerbrief, der, wie bereits erwähnt, an eine Gemeinde gerichtet ist, die Paulus nicht selbst gegründet hatte und die er auch nicht kennt. Der Römerbrief, mit dem sich Paulus der römischen Gemeinde vorstellt, hat deshalb über weite Strecken den Charakter einer systematischen Abhandlung. Da es zudem der letzte Brief des Paulus ist, hat man ihn auch als sein »Testament« bezeichnet. Das ergibt sich freilich erst im Nachhinein, denn Paulus selbst wollte sich mit diesem Brief keineswegs verabschieden.

Schwerwiegende Probleme entstanden, wenn andere Missionare Paulus seinen Anspruch streitig machten und in den Gemeinden anderes lehrten, als er selbst es getan hatte – so geschehen in Philippi, Galatien und Korinth. Welcher Lehre sollte man nun folgen? Ist die Verkündigung des Paulus überzeugend? Ist sie die allein gültige? Im Galater-, Philipper- und im 2. Korintherbrief setzt sich Paulus mit solchen Konkurrenten auseinander. Dabei taucht das Problem des Apostelkonzils wieder auf: Muss man, wenn man Christ wird, sich nicht auch an das jüdische Gesetz halten? Die Gegner des Paulus waren – trotz der Vereinbarung des Apostelkonzils – sehr wohl dieser Meinung und belehrten die neu bekehrten Heiden entsprechend. Man kann sich der Plausibilität einer solchen Sicht nicht generell verschließen. Ähnlich wie Juden, die sich nicht mehr an die Reinheitsgebote hielten und mit Heiden zusammen aßen, waren auch Heiden, die sich zum Gott Israels bekannten, sich aber nicht ans jüdische Gesetz hielten, in antiken Augen eine merkwürdige Erscheinung. Sie hielten sich einerseits von heidnischer Religiosität, die sie bisher praktiziert hatten, fern, wollten sich aber andererseits nicht ins jüdische Volk integrieren. So nahmen sie eine eigenartige Zwischenstellung ein und gehörten nirgendwo richtig dazu. Entsprechend wurden sie auch von ihrer Umwelt beurteilt. Die heidnische Gesellschaft nahm sie als Sonderlinge wahr, die sich nicht mehr an den gängigen gesellschaftlichen Vorgängen beteiligten, in jüdischen Augen waren sie suspekt, weil sie sich zwar zu demselben Gott bekannten, sich aber nicht an das jüdische Gesetz hielten. Deshalb wurden sie sogar verfolgt, so wie Paulus es selbst einst getan hatte.

Paulus hält dem eine radikal andere Sicht entgegen: Der Glaube an Jesus Christus kann sich nicht an den Merkmalen jüdischer Identität orientieren. Die Auferweckung des Gekreuzigten verlangt eine grundlegende Neubesinnung. Mag es auch vorher eine Unterscheidung von Juden und Sündern aus den Heiden gegeben haben – angesichts der in Christus erkennbar gewordenen Gerechtigkeit Gottes erweisen sich alle Menschen gleichermaßen als Sünder. Gerechtigkeit kann nur von Gott selbst hergestellt werden. Dies hat Gott bewirkt, indem er seinen Sohn in die Welt gesandt und dadurch die Sünde gerichtet hat. Die Antwort der Menschen auf dieses Geschehen nennt Paulus »Glaube«. Die Gemeinschaft der Glaubenden steht allen Menschen offen, denn alle bedürfen der Gnade Gottes, die die Sünde tilgt. Die Trennung der Menschen in Juden und Heiden, Sklave und Freie, männlich und weiblich ist darum in Christus aufgehoben.[27] Es gibt keinen Unterschied mehr: Alle waren vor Christus unter der Sünde eingeschlossen, alle sind in Christus gerecht gesprochen.

Um dies zu verdeutlichen, greift Paulus zurück auf Abraham und sogar auf Adam, den ersten Menschen. Abraham hat geglaubt, bevor er beschnitten wurde, darum ist er Vater aller Glaubenden, seien sie Juden oder Heiden.[28] Mit dem einen Menschen Adam kam die Sünde in die Welt, in Entsprechung dazu ist nun durch den einen Menschen Jesus Christus die Gnade gekommen.[29] Der neue Glaube muss in diesen grundlegenden Dimensionen beschrieben werden, darum geht jede Sicht fehl, die ihn an die alten Konstellationen binden will.

Ausgangspunkt der Ethik des Paulus ist die Gabe des Geistes, den man in der Taufe erhält. Die Taufe kann Paulus auch als Taufe auf den Tod Christi und Mitbegrabenwerden mit ihm bezeichnen.[30] Der alte Mensch wurde mit Christus mitgekreuzigt, in Christus ist man darum eine »neue Schöpfung« geworden. Im Mittelpunkt der Ethik steht die Liebe (Agape). Besonders eindrucksvoll ist dies in einem der bekanntesten Texte des Paulus ausgeführt, dem sogenannten »Hohen Lied der Liebe« im 13. Kapitel des 1. Korintherbriefes. Der eigene Körper, die Beziehungen zu anderen Menschen – besonders in Ehe und Familie –, die Rücksicht auf den schwachen Mitmenschen sind Bereiche, in denen sich nach Paulus der christliche Glaube durch die Liebe zu bewähren hat.

Für die Gemeinschaft der Glaubenden verwendet Paulus das Bild des Leibes.[31] Wie in einem Leib alle Glieder zusammenwirken müssen, damit der Organismus funktioniert, so ist es auch in der christlichen Gemeinde, die den »Leib Christi« bildet. Jeder hat seine eigene Gabe, jeder nimmt seine eigene Verantwortung in der Gemeinde wahr. Hierarchien kennt Paulus dabei nicht, sondern unterschiedliche Funktionen. Auch spezielle Ämter, wie etwa diejenigen von Aposteln oder Diakonen, begründen keine Vorrangstellung in der Gemeinde, sondern sind Ausdruck besonderer Befähigungen.

Im gemeinsamen Mahl, das Paulus »Herrenmahl« nennt, versammelt sich die Gemeinde, um Jesus zu vergegenwärtigen und mit ihm und untereinander Gemeinschaft zu halten. Das geteilte Brot und der eine Kelch, aus dem alle trinken, stehen dabei als Symbole für die Teilhabe an dem

---

27. Vgl. Gal 3,28; 1 Kor 12,13.
28. Röm 4,1-12.
29. Röm 5,12-21.
30. Röm 6,3-4.
31. 1 Kor 12,12-31; Röm 12,4-8.

einen Jesus Christus und versinnbildlichen zugleich die Einheit der Gemeinde. Das ist so geblieben bis heute.

Manches an der Ethik des Paulus ist überholt, anderes kritikwürdig. Besonders befremdet heute, dass die von Paulus selbst so stark betonte Gleichheit aller wieder unterlaufen wird, wenn er von einer Überordnung des Mannes über die Frau spricht.[32] Nicht minder befremdlich ist seine negative Beurteilung gleichgeschlechtlicher Liebe. Paulus urteilt hier – wie sollte es anders sein – nach den Maßstäben seiner Kultur und seiner Zeit. Aus heutiger Sicht muss hier ein kritischer Dialog mit ihm geführt, müssen seine Gedanken produktiv weiterentwickelt werden.

In seinem letzten Schreiben, dem Römerbrief, kommt Paulus in den Kapiteln 9-11 auf die wohl schwierigste Frage seiner Theologie, wie der christlichen Theologie überhaupt, zurück. Wenn im Glauben an Jesus Christus bisherige Maßstäbe außer Kraft gesetzt sind, weil Gott den Skandal und die Torheit des Kreuzes erwählt hat, wenn Juden und Heiden gleichermaßen Sünder sind und nur in Christus gerechtgesprochen werden können – was wird dann aus Israel? Hat es mit der Ablehnung des Glaubens an Jesus Christus seinen Anspruch auf Erwählung verwirkt, ist es gar von Gott verstoßen?

Paulus legt sich diese Frage vor – und verneint sie ausdrücklich. Israel bleibt Gottes auserwähltes Volk, das Volk des Bundes und der Gesetzgebung Gottes, das Volk, aus dem Christus seiner irdischen Herkunft nach stammt, auch wenn der Mehrheit Israels gegenwärtig der Glaube an Jesus Christus verschlossen bleibt. Diese Tatsache, die wohl schmerzlichste Erfahrung für Paulus, bleibt ihm letztlich ein unergründliches Geheimnis Gottes. Er kann es sich nur damit erklären, dass Gott schon häufiger in der Geschichte auf eine Weise gehandelt hat, die menschlicher Einsicht unzugänglich bleibt. So ist es auch dieses Mal. Paulus erklärt sich die gegenwärtige Verstockung Israels damit, dass Zeit eingeräumt werden muss, damit die Fülle der Heiden zum Glauben kommt. Am Ende wird aber auch ganz Israel von Gott selbst gerettet werden.[33]

---

32. So vor allem in 1 Kor 11,2-16. Die Stelle über das Schweigen der Frau in der Gemeinde (1 Kor 14,34-35) ist vermutlich erst später in den Brief eingefügt worden, stammt also nicht von Paulus selbst.
33. Röm 11,25-26.

5. Die Bedeutung des Paulus

Worin liegt die Bedeutung des Paulus? Seine Person und seine Briefe sind deshalb so wirksam geworden, weil er wie kaum ein anderer die verändernde Kraft des christlichen Glaubens erfahren, die große Hoffnung einer von Jesus Christus herkommenden Sicht auf die Wirklichkeit formuliert und die Herausforderungen der neuen Sicht auf Gott und den Menschen erkannt hat. Die Wende in seinem Leben hat nicht aus dem Juden Saulus den Christen Paulus gemacht. Sie hat ihm vielmehr einen neuen Horizont für den Glauben an den Gott Israels erschlossen. Der jüdische Glaube wird durch den Glauben an Jesus Christus geweitet zur großen Freiheit aller, die an Jesus Christus glauben.

Wo immer in der Christentumsgeschichte die jüdischen Wurzeln des Christentums in Frage gestellt werden – und solche Versuche gibt es seit früher Zeit –, muss dem im Namen des Paulus energisch widersprochen werden. Christlicher Glaube gründet auf den Schriften Israels und lebt aus der Verheißung, dass Gott auch sein auserwähltes Volk zum Glauben an seinen Messias Jesus führen wird. Aber auch wo die Freiheit des Christenmenschen beschränkt werden soll – im Namen welcher Ideologie auch immer –, ist die Theologie des Paulus ein Widerhaken.

Die große Hoffnung des christlichen Glaubens richtet sich darauf, dass die Macht Gottes über den Tod hinausreicht. Paulus spricht von der Auferstehung der Toten, und blickt damit hinaus über den Horizont der gegenwärtigen Welt. Diese Hoffnung speist sich daraus, dass bereits jetzt, in der Vorläufigkeit und Ambivalenz des irdischen Lebens, die Gerechtigkeit und Gnade Gottes erfahren werden. Es war Martin Luther, der dies unter Berufung auf Paulus in die Formel vom Christen, der zugleich Gerechter und Sünder ist, gebracht hat. Damit hat er einen zentralen Aspekt der Theologie des Paulus ins Bewusstsein gerufen, der für den christlichen Glauben bis heute grundlegend ist.

Die große Herausforderung des christlichen Glaubens besteht darin, die Zuversicht auf eine Welt in Frieden und Gerechtigkeit bereits jetzt erfahrbar werden zu lassen. Paulus selbst ist hier bis an die Grenzen dessen gegangen, was er verantworten konnte. Er hat Gemeinschaften gegründet, die nach den Maßstäben seiner Zeit geradezu revolutionär waren, weil sie geltende Grenzen überschritten und sich auf Neues einließen. Konkrete Entscheidungen, etwa über die Rolle von Frau und Mann oder das Verhältnis der Kirche zum Staat, wird man heute nicht einfach von Paulus übernehmen können. Hier gilt es vielmehr, seine Ansätze kritisch weiterzudenken und für unsere Zeit fruchtbar werden zu lassen. Das Evangelium als »Wort vom Kreuz«, das weltliche Maßstäbe unter ein kritisches Vorzeichen stellt, bleibt dabei eine unverzichtbare Grundlage, die Paulus gelegt hat.

Literaturempfehlungen

Lohse, Eduard, Paulus. Eine Biographie, München 1996.
Reinmuth, Eckart, Paulus. Gott neu denken (Biblische Gestalten 9), Leipzig 2004.
Sanders, Ed Parish, Paulus. Eine Einführung, Stuttgart 1995.

Gottes Versöhnung gilt allen –
Origenes oder das Paradies als Hörsaal

Hartmut Rosenau

1. Dem *logos* verpflichtet

Wer sich wie Origenes das Paradies als Hörsaal vorstellt, muss wohl ein besonders veranlagter Intellektueller sein, der den Sinn und die Erfüllung des Lebens ausschließlich in der Erkenntnis und im Wissen sucht. So hat es in der klassischen Antike das philosophische Ideal der *theoria* vorgesehen, und Origenes ist ein solch bemerkenswerter Intellektueller gewesen, der in der griechischen Spätantike, in der Zeit des Hellenismus, auf seine Weise diesem alten Ideal gefolgt ist. So steht entsprechend der *logos* (die ratio, die Vernunft, das begründende Denken und der Intellekt) im Mittelpunkt seines Lebens und literarischen Schaffens.[1] Als neuplatonisch gebildeter Christ, oder, je nach Perspektive, als christlich erzogener Philosoph identifiziert Origenes freilich den *logos* im Sinne des Prologs des Johannesevangeliums (Joh 1,1 ff.) mit dem präexistenten Christus. Daher entwirft Origenes erstmals in der Geschichte des Christentums ein umfassendes System seiner Heilslehre, das vom *logos* geleitet nach den ersten Gründen, nach den Prinzipien fragt und darauf alles aufbaut. So kann »durch logisches Schlussfolgern und konsequente Verfolgung des Richtigen«[2] der Gehalt des christlichen Glaubens in seiner ihm als denkender Glaube zukommenden Form im systematischen Zusammenhang zum Heil der Menschen dargelegt werden. Mit diesem Programm ist Origenes neben vielen anderen Verdiensten um Theologie und Kirche der erste Dogmatiker und Systematische Theologe geworden, und bis heute kann man von ihm vorbildlich lernen, was »Systematische Theologie« ist.

Wenn man wie Origenes ganz und gar auf den *logos* setzt, dann beinhaltet diese Grundentscheidung auch ein ausgeprägtes Bedürfnis nach einer konsequenten Lebensführung im Licht der gewonnenen Überzeugungen.

---

1. Vgl. Wilhelm Weischedel, Der Gott der Philosophen Bd. 1, Darmstadt 1972, 91.
2. Herwig Görgemanns, Heinrich Karpp (Hg.), Origenes, Vier Bücher von den Prinzipien, Darmstadt 1985, 99 (= De principiis Praef. 10).

Eine solche ins streng Asketische gewendete Konsequenz zeigt Origenes in seinem Leben mehrfach auf beeindruckende, ja geradezu erschütternde Art und Weise. Dabei kann man nicht nur an seine ungeheuer harte Arbeitsdisziplin auch unter extremen Bedingungen wie z. B. chronischer Schlafmangel und Fasten denken (was ihm den Beinamen »Adamantios« – der Diamantene einbrachte), sondern auch an seinen frühen Hang zum Martyrium und besonders – auch wenn dies eher legendär als historisch verbürgt zu sein scheint[3] – an seine Selbstentmannung angesichts eines wort-wörtlichen Verständnisses von Mt 19,12. Im Licht seiner später im Anschluss an Philo von Alexandrien, aber auch im Rückgriff auf die griechische Homer-Exegese entwickelten allegorischen Schriftauslegung, die hinter dem wörtlichen (physischen) Verständnis von Bibeltexten auch noch einen wichtigeren moralischen (psychischen) Sinn und darüber einen noch wichtigeren, letztlich entscheidenden geistlichen (pneumatischen) Sinn sucht und findet, wäre dieser Schritt – wenn er ihn denn tatsächlich gegangen sein sollte – vielleicht nicht erfolgt. Mit Hilfe der oft auch zu willkürlichen, unkontrollierbar geistreichen Interpretationen führenden Allegorese kann Origenes z. B. sogar den nüchternen Zahlenangaben zu den Maßen der Arche Noah (Gen 6,15 f.) noch einen schwindelerregenden geistlichen, heilsgeschichtlich-trinitarischen Sinn von der Schöpfung bis zur Vollendung der Welt entlocken.[4]

Dem *logos* folgen, das bedeutet jedoch nicht einfach asketisch-leibfeindlicher Zwang, der bei Origenes wohl eher durch seine wenn auch kritische Nähe zur Gnosis und durch seine Prägung durch den Neuplatonismus als durch biblisch-christliche Traditionen motiviert gewesen ist. Vielmehr geht es in erster Linie um einen Zugewinn an Freiheit und Unabhängigkeit von anderen (und ihren Meinungen oder Urteilen) wie auch von sich selbst und den Wechselfällen des eigenen Lebens. Insofern steht auch und bereits einige Zeit vor Augustinus die (Willens-) Freiheit des Menschen durchgängig im Vordergrund der theologisch-philosophischen Gedankengänge des Origenes.

Nun ist Origenes aber nicht ein kühler, unpersönlicher, ja vielleicht sogar abschreckender Intellektueller und unsympathischer Konsequenzenmacher gewesen, der sich und andere unter die frostigen Gesetze der

---

3. Vgl. dazu Christoph Markschies, Kastration und Magenprobleme? Einige neue Blicke auf das asketische Leben des Origenes, in: Markschies, Origenes und sein Erbe. Gesammelte Studien, Berlin/New York 2007, 15-34.
4. Vgl. Friedrich Julius Winter (Hg.), Origenes und die Predigt der ersten drei Jahrhunderte, Leipzig 1893, 27.

eigenen asketischen Freiheit zwingt. Er hat vielmehr und erstaunlicherweise in seiner ganzen Denk- und Lebensart als ein ungemein sympathischer, anziehender, für sich und seine Sache einnehmender Prediger, Seelsorger, Gelehrter und Kirchenfürst gewirkt, dem die Sorgen und Nöte einfacher Menschen ebenso am Herzen lagen wie die abstrakten Probleme der Wissenschaft. So konnte später, in der 1. Hälfte des 5. Jahrhunderts, Vinzenz von Lerin sogar das bezeichnende Wort prägen: »Lieber mit Origenes irren als mit den andern recht haben«[5], um so für den später verketzerten Origenes, den angeblichen Prototypen aller Häretiker, Partei zu ergreifen.

Dass Origenes mit vielen seiner An- und Einsichten zwangsläufig zum Häretiker werden musste, liegt ebenfalls in der Konsequenz seiner programmatischen und entschiedenen Orientierung am *logos* im Sinne von Wissen, Erkenntnis und Einsicht. Denn wer etwas genau wissen und erkennen will, muss durch das Zurückgehen auf Prinzipien ein- und abgrenzen, muss definieren und kritisch aussondern, was im Licht des *logos* Bestand haben kann und was nicht. Trennungen *(haireseis)* von tradierten Meinungen, Überzeugungen und Dogmen sind dann unvermeidlich. Denn unter den Christusgläubigen herrscht Uneinigkeit (discordia) im Großen wie im Kleinen, nicht zuletzt deswegen, weil die Schrift selbst, auf die sich alle berufen, nicht eindeutig ist. So gibt es unter den Christen und Theologen z. B. Streit um das angemessene Gottesverständnis: Ist Gott auch körperlich oder reiner Geist? Gut oder gerecht? Endlich oder unendlich? Und wie steht es mit Jesus Christus: Ist er Mensch oder Gott, ewig oder geschaffen, wirklich oder nur scheinbar gestorben? Und ist der Heilige Geist gleichursprünglich mit dem Vater und dem Sohn? Wirkt er überall oder nur in den Heiligen, die ihn wirken lassen? Und welchen Status haben die Engel und Dämonen? Sind sie ewig gute oder böse Mächte? Wird schließlich auch der Teufel erlöst oder nicht? Solche Uneinigkeiten machten es schon damals den Ungläubigen wie z. B. dem Platoniker Celsus schwer, den Wahrheitsanspruch des christlichen Glaubens überhaupt ernst zu nehmen, auch wenn umgekehrt die christlichen Apologeten über die konkurrierenden Wahrheitsansprüche der Philosophenschulen gespottet haben.

Aber wenn Origenes auch »häretisch« den überlieferten Bestand des christlichen Glaubens durchmustert und kritisch »Unlogisches« aussondert, um Eintracht (concordia) und somit Glaubwürdigkeit herzustellen und Aberglauben auszusondern, indem er klare Linien und eine deutli-

---

5.   Zit. nach Walter Nigg, Das Buch der Ketzer (1949), 5. Aufl., Zürich 1970, 54.

che Richtschnur vorgibt, so grenzt er doch deswegen und im Unterschied zu vielen Zeitgenossen keine Personen aus, um sie gleichsam in Vorwegnahme des Jüngsten Gerichts zu verurteilen. Im Gegenteil: Gerade die Schärfe seines Denkens bringt ihn – auch das ist ein sympathischer Zug – dazu, erstmals eine umfassende Allversöhnungstheorie *(apokatastasis panton)* in Aufnahme von Anregungen von Basilides, Irenäus und Clemens von Alexandrien zu entwickeln.[6] Dieser in gewisser Weise dem hellenistischen Kosmopolitismus theologisch entsprechenden Theorie zufolge wird letztlich nichts und niemand vom Heil Gottes und seinem Reich, von der Erlösung von allem Bösen ausgeschlossen. Einen doppelten Ausgang der Geschichte – aufgeteilt in Himmel und Hölle, Rettung und Verwerfung – kann und wird es seiner Überzeugung nach nicht geben, sondern nur selige Gottesgemeinschaft für alle. Diese Theorie ist insbesondere gegen die elitäre Einteilung von Menschengruppen in Hyliker, Psychiker und Pneumatiker gerichtet, wie sie die valentinianische Gnosis vorgenommen hatte. Denn bei aller Sympathie für deren Hochschätzung der »Erkenntnis« *(gnosis)* als Weg zum Heil und zur Erlösung teilt Origenes nicht die Auffassung, dass z. B. die Hyliker als solche Menschen, die der dunklen Materie verhaftet seien und daher nur leiblichen Bedürfnissen folgen, per se vom Heil ausgeschlossen wären, und dass die Psychiker, die Seelenmenschen, aufgrund ihrer moralischen Anstrengung wenigstens die Möglichkeit der Erlösung hätten, die den Pneumatikern, den wenigen Gnostikern und wahrhaft Wissenden, von Natur aus zustehe. Auch wenn Origenes ein Intellektueller gewesen ist, so denkt er dennoch nicht elitär. Für ihn ist die Wahrheit und damit das Heil des christlichen Glaubens prinzipiell allen zugänglich. Zwar sind nicht alle Menschen gleich verständig und klug, aber es gibt Grade der Einsicht, die sich nach dem Auffassungsvermögen der unterschiedlichen Menschen richten, ohne dass es deswegen Grade des Heils oder gar Ausschluss von der Seligkeit geben müsse. Auch vor diesem Hintergrund, nicht nur zur Beseitigung von philosophisch »anstößigen« Aussagen der Bibel, wenn sie allzu wörtlich genommen werden, hat Origenes seine Lehre vom dreifach gestuften Schriftsinn in Analogie zur klassischen Einteilung des Menschen in Leib, Seele und Geist entwickelt.

6. Vgl. dazu Hartmut Rosenau, Allversöhnung. Ein transzendentaltheologischer Grundlegungsversuch, Berlin/New York 1993, 113-150.

2. Hellenisierung des Christentums: Exegese und spekulative Theologie

An Origenes scheiden sich bis heute die Geister. Vor allem aus dem 6. Buch der Kirchengeschichte Eusebs von Cäsarea (†339) wissen wir, dass Origenes ca. 185 n. Chr. in Alexandria, in der damals bedeutenden nordägyptischen Hafenstadt zur Welt gekommen ist, die zugleich die multi-kulturelle Bildungsmetropole des Hellenismus schlechthin gewesen ist.[7] Origenes war das erste Kind einer wohlhabenden christlichen Familie, aber sein graeco-ägyptischer Name deutet auf den Gott Horus der alten ägyptischen Mythologie hin (Origenes: der von Horus Abstammende). Nomen est omen: Schon hier klingt die für Origenes typische Verbindung von christlichem Glauben und hellenistischem Geist an, für die er von den einen verehrt und von den anderen verdammt worden ist. Sein christlicher Vater Leonides kam als Märtyrer unter Septimius Severus im Zuge einer lokalen Christenverfolgung ums Leben. Der Legende nach wollte es der junge Origenes seinem Vater nachtun und suchte geradezu das Martyrium durch Selbstanzeige. Aber seine Mutter soll listig seine ganze Kleidung versteckt haben, so dass er sich nicht nackt auf die Straße traute, sondern zuhause blieb.

Aber auch wenn Origenes den Gedanken an das eigene Martyrium aufgegeben hatte und später in einer eigenen Schrift über das Martyrium eine durchaus kritische und differenzierte Sicht entwickelte, so blieb er doch in seiner alexandrinischen Zeit den Märtyrern und verfolgten Christen nahe, besuchte sie im Gefängnis und begleitete sie seelsorgerlich auf ihrem letzten Weg. Doch zumindest indirekt ist Origenes schließlich auch selbst Märtyrer geworden, als er im Zusammenhang der groß angelegten Christenverfolgung unter dem römischen Kaiser Decius im Jahr 250 n. Chr. gefangen genommen und gefoltert wurde. Wohl an den Folgen dieser Tortur ist Origenes im Jahre 254 n. Chr. gestorben und in Tyrus begraben worden.

Aufgrund seiner hervorragenden Begabung wurde der junge Origenes nach dem Tod seines Vaters und der Konfiszierung des Familienvermögens durch eine reiche Gönnerin der Familie mit einem Stipendium

---

7. Eine umfassende Biographie sowie einen Überblick über das Gesamtwerk bietet Robert Sträuli, Origenes – der Diamantene, Zürich 1987. Kürzere, aber auch informative Darstellungen bieten z. B. Heinrich Kraft, Die großen Denker der christlichen Antike, Augsburg 1999, 165-222 u. Josef Vogt, Origenes. Theologie des Wortes Gottes, in: W. Geerlings (Hg.), Theologen der christlichen Antike, Darmstadt 2002, 53-66.

versehen, so dass er eine umfassende klassische Bildung genießen konnte. Schon als 18-Jähriger wurde er vom Ortsbischof Demetrios zum Leiter der Katechetenschule in Alexandria bestellt. Auf diese Weise konnte Origenes nun – neben Privatstunden in christlicher Religion für Christen und Heiden und dem Erlös aus dem Verkauf einiger »unnützer« Bücher aus der Bibliothek seines Vaters – mit bescheidenen Mitteln für den Unterhalt auch seiner Mutter und seiner jüngeren Geschwister leidlich aufkommen.

An dieser Katechetenschule unterrichtete Origenes bis zum Jahre 231 n. Chr. die Anfangsgründe des christlichen Glaubens. Daneben studierte er vermutlich bei Ammonius Sakkas, dem Lehrer Plotins, (neu-) platonische Philosophie, um sie mit seiner christlichen Theologie zu verbinden. So ist in dieser Zeit, um 220 n. Chr., auch und neben zahlreichen Auslegungen und Kommentaren biblischer Schriften sein Hauptwerk »Peri archon« (De principiis) entstanden, die bereits erwähnte erste systematische Begründung und umfangreiche Entfaltung des christlichen Glaubens und seiner Dogmen (allein schon das Vorwort, die praefatio, bietet eine Dogmatik in nuce und empfiehlt sich daher als Lektüre zum Kennenlernen).[8] Aber nicht nur als überragender spekulativer Systematiker hat sich Origenes seit seiner alexandrinischen Zeit einen Namen gemacht, sondern auch als Bibeltheologe und kritischer Exeget. Hier in Alexandria beginnen die Vorarbeiten zur etwa 244 n. Chr. abgeschlossenen »Hexapla«, einer ersten textkritischen Ausgabe des Alten Testaments, die den hebräischen Text mit verschiedenen griechischen Übersetzungen zusammenstellt und vergleicht. So gewann Origenes sehr bald innerhalb der christlichen Kirche großes Ansehen und wurde ein gefragter Lehrer. Schon 218 n. Chr. ist er sogar von der Mutter des Kaisers Alexander Severus, Julia Mamäa, nach Antiochia eingeladen worden, um ihr Unterricht zu geben und Vorträge zu halten.

Ein nicht mehr ganz aufzuklärender Konflikt mit seinem alexandrinischen Bischof Demetrios, sehr wahrscheinlich dadurch ausgelöst, dass Origenes auf seiner Reise nach Griechenland, um dort als theologischer Berater tätig zu werden, von ihm wohlgesonnenen Bischöfen auf seiner Durchreise durch Palästina die Presbyterweihe ohne die Anfrage bei seinem zuständigen Ortsbischof erhalten hatte und der ihn daraufhin exkommunizierte, führte Origenes schließlich zu der Entscheidung, ganz nach Cäsarea umzuziehen. Hier baute er erneut eine umfassende, über-

---

8. Als historischer und systematischer Kommentar siehe Lothar Lies, Origenes' ›Peri Archon‹. Eine undogmatische Dogmatik, Darmstadt 1992.

aus erfogreiche Berater-, Lehr- und Forschungstätigkeit im Dienst der Kirche auf. Aus dieser Zeit in Cäsarea ist vor allem sein zwischen 245 und 250 n. Chr. entstandenes, umfangreiches apologetisches Werk hervorzuheben, in dem er gegenüber dem harschen Kritiker des Christentums Celsus in »Acht Bücher(n) gegen Celsus« (Contra Celsum) die Wahrheit und Überzeugungskraft des Glaubens verteidigt hat. Solche Apologetik, die den christlichen Glauben als wahre Philosophie konstruiert, ist nicht nur Ausdruck eines intellektuellen Spieltriebs, sondern angesichts von immer wieder angezettelten kleineren und größeren Christenverfolgungen von ganz elementarer, existenzieller Bedeutung gewesen. Die von Origenes vorangetriebene »Hellenisierung des Christentums«, um das bekannte Schlagwort Adolf v. Harnacks aufzugreifen, ist somit auch als ein theologischer Überlebenskampf zu verstehen.

Die intellektuelle »Archäologie« des Origenes in seinem allerdings problematisch überlieferten Hauptwerk »*Peri archon (De principiis)*« ist eine Suche nach den metaphysischen Anfangsgründen *(archai)* alles Seienden. Theologie ist insofern wie Philosophie eine Prinzipienwissenschaft.[9] Sie kreist um Gottes Güte, die menschliche Freiheit und die Unsterblichkeit der Seele. Dabei weiß sich Origenes durchaus an die von ihm als Norm, als Prinzip der Prinzipien akzeptierte Schrift in der Einheit alttestamentlicher und neutestamentlicher Traditionen, dem Zeugnis von der Lehre Christi, sowie an die kirchliche, apostolische Tradition gebunden. Aber es gibt hier noch viel Unklares und Offenes, das am Leitfaden des *logos* präzisiert und profiliert werden kann und muss, damit die Fülle des Lebens und die Vielfalt des Seins verstehend auf ein allem zugrunde liegendes und bleibendes, einheitliches Prinzip zurückgeführt und von da aus systematisch abgeleitet werden kann. Dabei sind Schrift und *logos*, Glauben und Denken keine Gegensätze, sondern kommen in der einen Wahrheit überein, die der präexistente Christus ist (Joh 14,6), der schon durch Mose und die Propheten, die Autoritäten des Alten Bundes gesprochen hat, wie Origenes kritisch gegen Marcion und seine Ablehnung des Alten Testaments als Fundament des christlichen Glaubens festhält.

Aus der Sicht der späteren origenistischen Streitigkeiten im 4. Jahrhundert n. Chr. sind es gerade die Präzisierungen zur Vorstellung von der Dreieinigkeit Gottes (Trinität) und des Verhältnisses zwischen Gott und Christus (Christologie), die für Aufsehen und Widerspruch gesorgt

9. Vgl. Aristoteles, Metaphysik I,2.

haben. Denn hier neigt Origenes zu einer Bedenken erregenden Lehre von Jesus Christus, der zufolge der *logos*-Christus Gott nicht gleichgestellt oder mit ihm identifiziert, sondern in seinem Wesen und Wirken Gott untergeordnet gesehen wird (wegen der Unterordnung nennt man diese Lehre auch ›subordinatianische Christologie‹). Nochmals abgesetzt vom Christus-*logos* wirkt der Heilige Geist. Denn das Wirken des Vaters als Schöpfer gilt allem, was ist, das des Sohnes als *logos* nur den Vernunftgeschöpfen, und das des Geistes nur den Heiligen. Wegen dieser Unterordnungen hat Origenes auch ein eigenständiges, direktes Gebet zum Sohn oder zum Geist abgelehnt (De oratione). Aber auch die von Origenes entfaltete Annahme von der Präexistenz der menschlichen Seele sowie seine bereits erwähnte Theorie einer Allversöhnung *(apokatastasis panton)* führten zunächst zu einer Verurteilung dieser und anderer Lehren durch das kaiserliche Edikt Justinians im Jahre 543 n. Chr., dann schließlich erweitert auf dem 553 n. Chr. erfolgten Konzil von Konstantinopel. Nicht zuletzt diesem Konzilsbeschluss ist es zuzuschreiben, dass die ursprünglich griechisch verfassten Handschriften zumindest seines Hauptwerkes »Peri archon« aus den Bibliotheken alsbald verschwanden.

Insgesamt sind aus der ungeheuren Masse seiner Schriften (an die 2000 sollen es gewesen sein, was für die unglaubliche Produktivität und Arbeitsdisziplin des Origenes spricht, der zeitweise sogar – von Gönnern finanziert – ein ganzes Schreibbüro mit Stenographen, Buch- und Schönschreibern beschäftigen konnte) nur noch wenige erhalten. Und die erhaltenen sind aufgrund ihrer Überlieferungsgeschichte in ihrem Wert sehr umstritten. So ist z. B. gerade sein o. g. Hauptwerk vollständig nur in einer lateinischen Übersetzung aus dem Jahr 398 n. Chr. erhalten, die der für Origenes eingenommene Jerusalemer Mönch Rufin (* um 345) angefertigt hatte. Dabei hat er gerade wegen seiner Parteinahme für Origenes offensichtlich anstößige und unorthodoxe Äußerungen geglättet, »verbessert« oder einfach weggelassen. Eine andere, nicht mehr vollständig erhaltene lateinische Übersetzung des Hauptwerkes »*Peri archon*«, die von dem Origenes-Kritiker und Jugendfreund Rufins, dem Kirchenvater Hieronymus (345-419) angefertigt worden ist, verfolgt dagegen ganz andere Interessen: Hieronymus will die Häresien und Ketzereien des Origenes nachweisen und herausstellen. Daher ist nicht klar zu entscheiden, ob die Verwerfungen und Anathematismen Origenes selbst oder nicht vielmehr seine übereifrigen Anhänger treffen, wie es eine auch an einer kirchlichen Rehabilitierung des Origenes interessierte Forschung gegenwärtig sehen will. Ihr zufolge muss man streng zwischen Origenes und einem späteren Origenismus unterscheiden[10] und den Bibelausleger höher schätzen als den spekulativen Systematiker.[11]

3. Die Säulen des Systems: Gottes Güte und die Freiheit der Vernunftgeschöpfe

Wie dem auch sei, so scheint jedenfalls die vom neuplatonischen *hen* (das Eine) inspirierte theologische Grundüberzeugung, die keineswegs nur tastend und mehr fragend als behauptend vorgetragen wird, in dem Glauben zu bestehen, »dass Gottes Güte (bonitas Dei) durch seinen Christus (per Christum suum) die ganze Schöpfung (universam creaturam) zu einem einzigen Ende (in unum finem) führen wird (revocet), in dem auch die Feinde unterworfen werden (subactis ac subditis etiam inimicis).«[12] Diese »Unterwerfung« meint aber nicht eine souveräne Machtdurchsetzung Gottes über allen Widerstand hinweg. Vielmehr denkt Origenes an eine freiwillige, gewünschte Unterwerfung, so wie wir uns gerne etwa der Anordnung eines Arztes oder eines Pädagogen zu unserem Besten fügen, der uns durch Weisheit (sapientia) lenkt und um Einverständnis wirbt, aber nicht durch Gewalt zwingt.

Denn Origenes legt als Entdecker und Anwalt der menschlichen Freiheit großen Wert darauf, dass Menschen (auch von Gott) nicht gegen ihren freien Willen mit Gewalt zu etwas anderem gezwungen werden, als wozu ihre Veranlagung hindrängt. So gesehen stellt sich der menschenfreundliche und optimistische Origenes die individuelle wie auch universale Heilsgeschichte Gottes mit den Menschen (wie auch mit anderen geistigen Wesen, z. B. Engel und Dämonen) als einen – wenn auch möglicherweise Äonen lang andauernden – Erziehungsprozess vor, der schließlich zu einer »Wiederbringung der ganzen Schöpfung (perfecta universae creaturae restitutio)«[13] einschließlich aller Sünder führen wird. Allerdings muss, um Missverständnisse zu vermeiden, mit Origenes streng zwischen verdammenswerter Sünde und zu restituierenden Sündern entsprechend einer Unterscheidung zwischen Person und Werk un-

---

10. Vgl. Christoph Markschies, Art. Origenes, in: RGG⁴ 6, Tübingen 2003, 657-662; Lorenzo Perrone, Art. Origenismus, in: ebd., 662-666; Perrone, Art. Origenistische Streitigkeiten, in: ebd., 666-668.
11. Vgl. dazu Hermann Josef Vogt, Origenes als Exeget, Paderborn 1999.
12. Origenes, Vier Bücher von den Prinzipien (s. Anm. 2), 215 (= De princ. I 6,1).
13. Ebd., 639 (= De princ. III 5,7).

terschieden werden, damit nicht die Sünde als solche gleichsam legitimiert, entschuldigt oder gar restituiert wird. Denn diese wird als das Widergöttliche im Gericht vernichtet, aber nicht die Menschen, die mit ihrem Willen Träger, Substanzen des Bösen sind. Denn eine von Gott geschaffene Substanz wird nicht vergehen oder vernichtet, wohl aber wird in einem synergistisch-pädagogischen Prozess zwischen Gottes lenkender Güte und der Freiheit des Menschen dessen widergöttliche Willensrichtung verändert, nicht um zukünftig nicht mehr zu sein, sondern um künftig nicht mehr Feind zu sein.

Nahezu modern kann Origenes in diesem Zusammenhang sagen, dass niemand wesensmäßig festgelegt ist, auch nicht durch so etwas wie eine »Erbsünde«. Gegen den zum Fatalismus neigenden antiken (stoischen) Schicksalsglauben *(heimarmene)* nimmt Origenes vielmehr an, dass wir nicht einer Notwendigkeit *(ananke)* unterworfen sind, sondern jede und jeder kann – im Laufe von Äonen – zu allem werden: aus Menschen Engel oder Dämonen, aus Dämonen Engel oder Menschen, aus Engeln Dämonen oder Menschen. Von Natur aus ist niemand gut oder böse, sondern nur aufgrund der eigenen freien Entscheidung, des selbst zu verantwortenden Lebensentwurfs. Und so sind die Unterschiede in der Menschenwelt, unterschiedliche Start- und Lebensbedingungen, nicht auf einen vermeintlich ungerechten Gott, sondern auf die selbst zu verantwortende präexistente Freiheit der Vernunftgeschöpfe zurückzuführen, auf Entscheidungen und Verhaltensweisen in einem früheren Leben. Zwar liegen jetzt die äußeren Lebensumstände (Naturbestimmtheit; kulturelle Prägung; Wille Gottes) nicht immer in unserer Verfügungsmacht, aber wir können auch in diesem Äon zumindest darüber frei entscheiden, wie wir uns zu ihnen verhalten und wie wir sie gebrauchen. Transzendenz siegt über Faktizität.

Manchmal klingt es bei Origenes jedoch so, als würde er nach dem Erreichen dieses einen universalen Heilsziels, der Allversöhnung, nochmals mit einem möglichen Abfall der geistigen Geschöpfe von Gott und so mit einem durchaus offenen heilsgeschichtlichen Prozess rechnen. Gerade an dieser Stelle sind die textlichen Überlieferungen unklar und umstritten. Aber wenn Origenes tatsächlich eine solch offene Geschichtstheologie vertreten haben sollte, dann würde zwar diese Sicht ganz im Dienst einer Wahrung der Willensfreiheit stehen, wie er es in einer Stellungnahme gegen Celsus angedeutet hat. Die Möglichkeit des Bösen als erneuter Abfall von Gott hat der freie Wille zu jeder Zeit, auch im Zustand der Allversöhnung. Dass diese Möglichkeit tatsächlich realisiert wird, scheidet für Origenes aus. Die freien Vernunftwesen werden – davon ist Origenes überzeugt – letztlich das Gute wählen und dabei bleiben. Aber dennoch gefährdet die starke Betonung der Willensfreiheit auch und gerade im Blick auf das Erlösungsgeschehen die innere Konsistenz der Allversöhnungstheorie des Origenes. Denn wenn er die (variable) Willensfreiheit neben der (konstanten) Güte Gottes zum soteriologischen Prinzip erklärt, dann wird der Heilsuniversalismus zu einem bloß hypothetischen oder konditionalen, wodurch er sich gleichsam selbst aufhebt. Oder schlichter gesagt: Die Allversöhnungstheorie des Origenes ist nicht mehr und nicht weniger als ein sympathischer, aber nicht schlüssig begründeter Ausdruck seiner Philanthropie und seiner optimistischen Geschichtsauffassung. Wenn die Freiheit der Vernunftgeschöpfe ernst genommen wird – und das will Origenes –, dann kann nichts Endgültiges, Eschatisches vorweggenommen werden. Somit kann zu Recht gesagt werden: »Origenes ist die *Freiheit wichtiger* als die *Erlösung.*«[14]

Diese über viele Äonen und Reinkarnationen gehende Heilsspekulation führt somit nur scheinbar das Ende aller Dinge, das *eschaton*, auf den Anfang, das *proton*, im Kreisgang zurück. Dennoch wird dadurch die Geschichte des Menschen und des Universums nicht als überflüssiger Umweg diskreditiert. Denn für Origenes liegt gerade wegen seines monistischen Heilsuniversalismus der Sinn der Geschichte in der Anreicherung des Reiches Gottes durch Neues. Origenes lehrt keine Wiederkehr des Gleichen im Sinne einer Identität von Endzeit und Urzeit, auch wenn beide ähnlich sind – nämlich im Sinne ungetrübten Heils als vollständige Abwesenheit des Bösen. Aber das, was über den paradiesischen Anfangszustand vor dem Sündenfall hinausgeht, ist die positive Aufnahme der Materie und Körperlichkeit, wenn auch in vergeistigter Form. Denn vor dem Sündenfall gab es die Materie nach Origenes nicht, vielmehr ist sie erst als dessen Folge entstanden. Daher nimmt Origenes auch im Unterschied zur platonischen Anthropologie und ihrer Unsterblichkeitslehre, aber auch in kritischer Abgrenzung gegenüber einem gnostischen Erlösungsverständnis eine leibliche Auferstehung an, wobei er sich ausdrücklich auf die Rede vom »Geistleib« *(soma pneumatikon)* bei Paulus (1 Kor 15,44) beruft. Mehr symbolisch als real stellt sich Origenes diesen »Geistleib« kugelförmig vor, denn die Kugel ist ein vollkommener Körper und insofern ein geeignetes Symbol für die Auferstehungswirklichkeit.

Materie und Leiblichkeit können nach Origenes deshalb in den Endzustand des Reiches Gottes einbezogen werden, weil sie nicht an sich böse

14. Carl Schneider, Geistesgeschichte der christlichen Antike (1954), München 1978, 122.

und gottwidrig sind, wie es in der Gnosis und im Neuplatonismus behauptet wird. Das Böse ist für Origenes eher Geistiges: böse Gedanken, schlechte Lehren, Unvernunft. Das alles ist nicht einfach bloßer Mangel an Sein oder Gutsein und daher etwas Nichtiges (privatio boni), wie es in neuplatonischer Tradition gesehen wird, sondern es ist etwas Reales, das als solches auch gewollt wird. So ist es letztlich der freie Wille der Kreatur, der dem Bösen zugrunde liegt, und dies ist auch die Antwort des Origenes auf das Theodizeeproblem, auf die Frage, woher das Übel komme, wenn es doch Gott, den Allgütigen und Allmächtigen gibt. Aber dennoch ist das Böse für Origenes keine substanzielle Macht, die den Menschen »hat«, indem sie ihn schon vor allem Wollen, Denken und Tun bestimmt, wie es z. B. die reformatorische Theologie unter Rückgriff auf Paulus (Röm 7,14 ff.) betont. Vielmehr existiert das Böse nur in einzelnen bösen Gedanken oder Taten als je und je Gewolltes.

Noch wichtiger als die Betonung der Freiheit der Vernunftgeschöpfe scheint Origenes die Überzeugung von der Güte Gottes gewesen zu sein, die auch seine Gerechtigkeit impliziert. Daher kann Origenes gegen den Gnostiker Marcion immer wieder herausstellen, dass der gerechte Gott des Gesetzes, des Alten Testaments, und der gütige Gott des Evangeliums, des Neuen Testaments, der Schöpfer und Erlöser der Welt, ein und derselbe ist. Diesen entschiedenen Monotheismus vertritt Origenes nicht nur gegen den Dualismus Marcions, sondern auch gegenüber dem Polytheismus der »heidnischen« Umwelt, um so auch anschlussfähig an den platonischen Monotheismus der auf Einheit drängenden Vernunft zu bleiben und der Erlösungssehnsucht der Menschen durch die Betonung der Verlässlichkeit und Berechenbarkeit des einen Gottes entgegenzukommen. Einen Sinn für die Unverfügbarkeit des »heiligen« Gottes, der auch nach biblischen, insbesondere alttestamentlichen Überlieferungen rätselhaft Böses tun kann, scheint Origenes nicht gehabt zu haben. Entsprechende Bibelstellen werden von ihm allegorisch so ausgelegt, dass sie sich seiner auch hermeneutischen Norm der Güte und Gerechtigkeit Gottes fügen können. Aber es fällt auf, dass Origenes an all den vielen Textstellen, an denen er von der Güte und Gerechtigkeit Gottes spricht, nicht – wie in platonischer Tradition üblich – sagt, Gott sei die Güte und Gerechtigkeit selbst. Vielmehr sagt er meistens: Gott ist gut und gerecht, bzw. er hat Güte und Gerechtigkeit. Damit leitet Origenes in seiner Gotteslehre eine Tendenz ein, die bei seiner Sicht des Menschen schon deutlicher zum Tragen gekommen ist: die Abkehr von der antiken Substanzmetaphysik zugunsten einer Metaphysik des Willens.

Der Substanz nach ist Gott für Origenes im Sinne (neu-) platonischer

Licht-Metaphorik Geist. Insofern ist er ganz und gar unkörperlich und muss als Schöpfer, als Ursprung aller materiellen Dinge auch so sein. Denn alles Körperliche ist aus Teilen zusammengesetzt. Wäre Gott nun körperlich, dann wären seine Teile Ursprung des Ursprungs, was zu Absurditäten führen würde. So aber ist Gott nicht aus Teilen zusammengesetzter Geist und daher auch einhaft *(hen)*, wie Origenes mit den Neuplatonikern betont. Als reines Eines ist Gott für uns Menschen aber unbegreiflich, denn das Eine kann nicht begriffen, d.h. definiert, in Grenzen (nach den Schulregeln der Logik) von nächst höherem Gattungsbegriff und spezifischer Differenz – also in Zweiheit – eingefasst werden. Somit ist Gott für uns nicht an sich, sondern nur in Relation, in Bezug auf die Schöpfung erkennbar. Für sich selbst allerdings ist Gott durchaus begreiflich, also auch in Grenzen eingefasst. Denn andernfalls wäre Gott in Bezug auf sich selbst nicht allmächtig, wie Origenes logisch korrekt, aber »häretisch« folgert. Denn etwas begreifen und Macht über dieses etwas haben, ist identisch. Da nun Gott als reiner einhafter Geist eben nicht aus Teilen zusammengesetzt ist und insofern nicht aus Teilen entstehen oder in Teile zerfallen und vergehen kann, ist er auch ewig und – weil als unteilbarer einer Geist unabhängig von Zeit und Raum – auch allmächtig, und zwar sowohl in Bezug auf die Schöpfung als auch in Bezug auf sich selbst.

Auch angesichts des von den freien Vernunftgeschöpfen verursachten Bösen bewährt Gott noch seine allmächtige Güte: es wird als Nützliches zum Guten gewendet und in eine sinnvolle, harmonische kosmische Ordnung eingefügt, z.B. als Motivation, sich um Tugend zu bemühen oder als ontologischer Erkenntnisgrund des Guten. Dennoch lehrte Origenes keine Theorie einer *felix culpa*, denn als Folge der Willensfreiheit der Vernunftgeschöpfe kommt dem Bösen keine Notwendigkeit zu. Das Böse ist und bleibt kontingent, und wenn Gott es kraft seiner Güte in ein im Ganzen harmonisches Gefüge einordnet, dann besagt das lediglich, dass Gott dem Bösen nicht hilflos gegenübersteht, nachdem es ohne seinen Willen entstanden ist. Es ist für den einen guten Gott keine ernsthaft konkurrierende Gegenmacht etwa im Sinne eines manichäischen oder gnostischen Dualismus.

Wenn aber die faktisch auf eine Allversöhnung abzielende Heilsgeschichte Gottes mit den Menschen sich zwischen den Polen der Güte Gottes und der Willensfreiheit der Vernunftgeschöpfe entwickelt – welche Rolle spielt dann noch Jesus Christus in diesem Konzept?

4. Jesus Christus – Arzt, Lehrer und Erlöser

Auch die Stellung der Christologie im Denken des Origenes ist seit Langem umstritten. An entscheidender Stelle spiegeln auch die beiden lateinischen Übersetzungen von »Peri archon«[15] einen Streit wieder, der auf dem Konzil von Nicäa 325 n. Chr. eine große Rolle gespielt hat: Ist Jesus Christus von Gott »geboren« (lat.: natus) und damit Gott wesensgleich? So hat Rufin übersetzt und damit Origenes auf die Seite derer gestellt, die mit Bischof Athanasius und anderen um der Erlösung der Menschen willen für die Wesensgleichheit argumentiert und sich damit durchgesetzt hatten. Oder ist Jesus Christus wie ein wenn auch noch so edles Geschöpf von Gott »geschaffen« (lat.: factus) und damit höchstens Gott wesensähnlich, aber nicht gleich? So hat Hieronymus übersetzt, um Origenes auf die Seite der verurteilten Arianer zu stellen, die die Frage nicht beantworten konnten, wie denn ein wenn auch noch so edles Geschöpf andere Geschöpfe erlösen können soll. Dabei geht es auch um die Frage, ob Jesus Christus für die Erlösung der Menschen und der ganzen Schöpfung eine nur exemplarische, illustrative Bedeutung hat, oder ob er deren konstitutive, notwendige und auch hinreichende Bedingung ist. Die Tatsache, dass sich Origenes das zur endlichen Allversöhnung führende Erlösungsgeschehen als einen Synergismus, als ein Zusammenwirken von Gottes Güte und geschöpflicher Willensfreiheit vorstellt, stellt bereits die volle konstitutive Bedeutung Jesu Christi in Frage. Denn zur Erlösung gehört dann auch z. B. die freiwillige menschliche Entscheidung für das Gute und ein entsprechendes ethisches Handeln. An vielen Stellen seiner Schriften vergleicht Origenes Jesus Christus mit einem Arzt (Christus medicus), vor allem aber mit einem Lehrer. Als solcher zeigt er den Menschen durch seinen vorbildlichen Lebensstil den rechten Weg zu Gott und vermittelt die heilsame Glaubenslehre. Der Vorrang der vor allem ethisch verstandenen Lehre im Christentum lässt Origenes das ersehnte Reich Gottes mit einer Lehr- und Lernanstalt und das Paradies sogar, wie eingangs erwähnt, mit einem Hörsaal (auditorium) vergleichen.[16]

Aber die Darstellung Jesu Christi als Arzt und Lehrer ist für Origenes nicht die ganze Christologie. Er nimmt durchaus auch die urchristliche

---

15. Hier geht es insbesondere um eine Stelle aus der Vorrede bei Origenes, Vier Bücher von den Prinzipien (s. Anm. 2), 89 (= Praef. 4): »... dass Jesus Christus, eben der, der gekommen ist ..., vor jeder Schöpfung aus dem Vater geboren (bzw. geschaffen nach Anm. 8) ward.«
16. Vgl. Origenes, Vier Bücher von den Prinzipien (s. Anm. 2), 453 (= De princ. II 11,6).

Vorstellung vom Sühnopfer Christi auf. Damit rückt nicht nur und ausschließlich Jesu Leben und Lehre, sondern auch sein Tod am Kreuz in seiner erlösenden Bedeutung in den Vordergrund. So wird Christus als der Einzige dargestellt, der bereit und in der Lage dazu gewesen ist, mit seinem Tod Lösegeld für alle Kreaturen zu bezahlen. Allerdings ist für Origenes das Kreuz in diesem Zusammenhang weniger das Symbol des Leidens, durch das Erlösung zuteil wird, sondern eher – wie für die Ostkirche insgesamt typisch – Ausdruck des Triumphes eines Pantokrators. So betont Origenes einerseits die konstitutive Einmaligkeit Christi, aber andererseits nimmt er sie auch wieder dadurch zurück, dass er den Tod Jesu Christi als einen Märtyrertod versteht, wie ihn viele andere auch erlitten haben. Daher können auch seine Jünger, sofern sie moralisch einwandfrei leben und lehren, das Gute um seiner selbst willen zu wählen, »Christusse« genannt werden.[17]

Somit bestätigt nochmals die Christologie des Origenes sein Grundanliegen, am Leitfaden des *logos* Frömmigkeit und Bildung, christlichen Glauben und griechische Philosophie zusammenzuführen, wie er es auch im Curriculum seiner Katechetenschule getan hat. Origenes hat in seiner Zeit und mit den intellektuellen Mitteln seiner Zeit den Anfangsgrund dafür gelegt, dass der christliche Glaube auch von den Gebildeten ernst genommen und nicht einfach als der unmaßgebliche Glaube von ungebildeten Biedermännern (chrestiani) abgetan wurde. »Die später jahrhundertelang während Einheit von Religion und Wissenschaft, von Glauben und Kultur ist nicht möglich ohne das Denken und Mühen des Origenes.«[18] Wie er in der synkretistischen Epoche des Hellenismus mit seiner philosophischen Theologie oder theologischen Philosophie umfassende Antworten auf die Erlösungssehnsucht seiner Zeit gesucht hat, so bleibt auch in unserer ähnlich gelagerten Zeit der Postmoderne das christlich-religiöse Denken des Origenes aktuell.

Literaturempfehlungen

Markschies, Christoph, Origenes und sein Erbe. Gesammelte Studien, Berlin/New York 2007.
Sträuli, Robert, Origenes – der Diamantene, Zürich 1987.
Vogt, Josef, Origenes. Theologie des Wortes Gottes, in: W. Geerlings (Hg.), Theologen der christlichen Antike, Darmstadt 2002, 53-66.

17. Vgl. Origenes, Acht Bücher gegen Celsus II, hg. v. Paul Koetschau, München 1926, 204 (= Contra Celsum VI,79).
18. Adam Weyer, Frühe Denker der Christenheit, Gütersloh 1979, 71.

Gott recht glauben – Augustin oder Theologie zwischen Erfahrung und Schrifttreue

Christoph Markschies

Mit Augustinus nehmen wir einen spätantiken Theologen in den Blick, der in weit über tausendfünfhundert Jahren, die seit seinem Tod vergangen sind, – in Anknüpfung und Widerspruch – die abendländische Theologie und kirchliche Wirklichkeit tief geprägt hat. Ein berühmter Erforscher der christlichen Antike, Hans Freiherr von Campenhausen, hat einmal formuliert: »Augustin ist der einzige Kirchenvater, der bis auf diesen Tag eine geistige Macht geblieben ist«[1], und seine Beobachtung trifft zu. Bis heute finden sich in der Theologie Spuren dieses nordafrikanischen Bischofs, bis heute streiten sich aber auch die Theologen über Augustinus. Überaus kontrovers wird diskutiert, ob wir uns nun endlich nach so langer Zeit von der »Last des augustinischen Erbes« befreien sollten oder aber gerade in der erneuten Rückbesinnung auf Augustinus etwa als dem »Vater der Ökumene« die große abendländische Kirchenspaltung des sechzehnten Jahrhunderts überwinden können. Feministische Theologinnen kritisieren die repressive Sexualethik des Augustinus, Philosophen entdecken seine Sprachphilosophie neu und immer wieder einmal brechen heftige Diskussionen um Recht und Grenze seiner Geschichtstheologie aus.

»Augustin ist der einzige Kirchenvater, der bis auf diesen Tag eine geistige Macht geblieben ist«; man könnte in einer freien Variation eines bekannten Diktums des amerikanischen Philosophen A. N. Whitehead die ganze abendländische Theologiegeschichte »Fußnoten zu Augustinus« nennen. Natürlich kann hier nicht sozusagen aus der Perspektive der Fußnoten die ganze abendländische Theologiegeschichte entfaltet werden, das wäre vermessen; aber auch Person und Werk des Augustinus selber bieten eigentlich Stoff für ganze Vorlesungsreihen und dickleibige Bücher. Dazu kommen Lexika, Indices, Konkordanzen: die Literatur ist längst so unübersichtlich geworden, dass man der Hilfe elektronischer Medien bedarf, um einigermaßen den Überblick behalten zu können. Für unseren

---

1. Hans Freiherr von Campenhausen, Lateinische Kirchenväter, Stuttgart u. a. [7]1995, 151.

Zweck genügen drei Abschnitte: ein erster zur Biographie, ein zweiter zur Theologie und schließlich ein dritter zur Wirkung des Augustinus. Vor allem in diesem letzten Abschnitt wird noch einmal darauf zurückzukommen sein, dass und warum Augustinus ein umstrittener Kirchenvater gewesen ist.

1. Das Leben des Augustinus

Augustinus lebte in einer Zeit, die Historiker als das Ende der Antike, genauer gesagt, als das Ende der Spätantike bezeichnen, eine Zeit, die von der unsrigen scheinbar beliebig weit entfernt liegt. In Wahrheit kann man sehr schnell zeigen, dass jenes scheinbar so weit entfernte Ende der Antike erstaunliche Parallelen zur Gegenwart aufweist. Das römische Kaiserreich geriet in den Jahren, in denen Augustinus lebte, in eine der schwersten Krisen seit seinem Bestehen. 354 n. Chr., als Augustinus in einem nordafrikanischen Landstädtchen namens Thagaste geboren wurde, herrschte bereits eine galoppierende Inflation, deren Prozentsätze man allenfalls mit denen der entsprechenden Perioden nach dem Ersten und Zweiten Weltkrieg vergleichen kann. Immer mehr Land wurde nicht bebaut, immer mehr Bevölkerung floh in die Städte, dadurch stieg die Abgaben- und Steuerlast für die verbliebenen Landwirte, die in den Ruin getrieben wurden, der Staat griff mit Monopolbetrieben und öffentlichen Beschäftigungsprogrammen auf dem Arbeitsmarkt ein – man baute sogar eine neue Hauptstadt im Osten, in Konstantinopel, und dadurch gerieten natürlich die Staatsfinanzen in eine leicht desaströse Lage und die Bezahlung der Staatsbeamten war nur noch unter Schwierigkeiten möglich. Außerdem befanden sich längst größere germanische Völkerschaften auf Wanderung und drängten in diejenigen Grenzgebiete des römischen Reiches nach, in denen die staatlichen, militärischen und wirtschaftlichen Strukturen mehr oder weniger zusammenbrachen oder jedenfalls teilweise zusammengebrochen waren. 378, als der vierundzwanzigjährige Augustinus in der nordafrikanischen Provinzhauptstadt Karthago als freier Lehrer Rhetorik lehrte, wurde die Reichskrise für alle offensichtlich: Weit über zehntausend Westgoten, verstärkt durch Taifalen, Hunnen, Alanen und Ostgoten, marschierten ohne nennenswerten Widerstand in Nordgriechenland ein und brachten nicht einmal zweihundert Kilometer vor der Reichshauptstadt bei Adrianopel einem römischen Heer eine vernichtende Niederlage bei; der regierende Kaiser Valens fiel und man verglich die Niederlage mit der traumatischen Katastrophe von Cannae[2] 216 v. Chr. Im Hochsommer des Jahres 410, Augustinus ging auf die Sechzig zu und amtierte seit etlichen Jahren als Bischof in der nordafrikanischen Kleinstadt Hippo Regius, drang ein westgotisches Heer unter Alarich mit anderen Germanen, Hunnen und entlaufenen römischen Sklaven im Gefolge in die Stadt Rom selbst ein, brandschatzte die ewige Stadt, mordete, vergewaltigte und plünderte mehrere Tage. Dieser Fall Roms 410 markiert den Höhepunkt der Krise des römischen Kaiserreiches, markiert eine tiefe Erschütterung bisheriger Selbstverständlichkeiten – der nordafrikanische Bischof Augustinus predigt in seiner Gemeinde und sagt, als er über den Fall Roms spricht, *concutitur mundus*, »die Welt ist zusammengebrochen«[3]. Als Augustinus 430 in seiner Bischofsstadt stirbt, wird diese gerade von den Vandalen, einer anderen germanischen Völkerschaft, belagert und ist mit Flüchtlingen überfüllt, kann sich aber etwa noch ein Jahr nach dem Tode ihres Bischofs halten, bevor sie kapitulieren muss. Ein Leben im Kontext einer mit lautem Krachen zusammenbrechenden alten Welt; sechsundsiebzig Lebensjahre inmitten einer sich auflösenden Zivilisation. Einer der letzten Briefe, die Augustinus in seinem Leben geschrieben hat, beschäftigt sich mit der naheliegenden Frage, ob man vor den herannahenden Germanenstämmen als Geistlicher fliehen dürfe. Ein Kollege hatte Augustinus, der solche Flucht vor den seelsorgerlichen Pflichten selbstverständlich sehr energisch ablehnte, geschrieben: »Wenn man bei seiner Kirche bleiben muss, so sehe ich nicht ein, welchen Nutzen dies für uns und für das Volk haben soll, außer dass vor unseren Augen die Männer dem Schwert zum Opfer fallen, die Frauen vergewaltigt, die Kirchen in Brand gesetzt werden und wir selbst unsere Kraft bei der Folter verlieren, wenn man von uns fordert, was wir nicht haben«[4]. In solchen Zeiten hat Augustinus Theologie getrieben und man versteht ihn nicht recht, wenn man sich diese Umstände einer zusammenbrechenden alten Welt nicht klar macht.

Nun rückt uns aber, wenn wir Augustinus in den Blick nehmen, nicht nur eine scheinbar vergangene Epoche plötzlich sehr viel näher. Nein, es rückt uns zugleich auch die Person des Augustinus näher – er ist wahr-

2. Vgl. Ammianus Marcellinus, Römische Geschichte, hg. v. Wolfgang Seyfarth, 4. Teil: Buch 26-31 (Schriften und Quellen der Alten Welt 21/4), Berlin 1971, hier: Amm. Marc. XXXI 13,19 (292 f. Seyfarth).
3. Vgl. Sancti Augustini Sermones post Maurinos reperti, studio ac diligentia Germani Morin, Rom 1930, hier: Aug., sermo 296,6 (404,26 Morin).
4. Des heiligen Kirchenvaters Aurelius Augustinus ausgewählte Briefe, BKV Augustinus X, übers. v. Alfred Hoffmann, München 1917, hier: Aug., ep. 228,5 (321 Hoffmann).

scheinlich sogar der antike Theologe, den wir am besten kennen, der Einzige, von dem wir eine Art Psychogramm zeichnen können. Das liegt vor allem daran, dass er in späteren Jahren als Mittvierziger eine Art von religiöser Autobiographie geschrieben hat, in der er sein ganzes bisheriges Leben im Spiegel einer christlichen Selbstreflexion noch einmal Revue passieren lässt. Dieses Werk nennt sein Autor »Bekenntnisse« *(Confessiones)* und man darf darin natürlich kein nüchternes, gar objektives Biogramm erwarten – aber wir sind durch die »Bekenntnisse« in einem Maße wie bei fast keinem anderen antiken Menschen nicht nur über Ereignisse, sondern auch über Stimmungen und Wertungen dieses speziellen Lebens orientiert. Die Autobiographie des Augustinus ist dabei als Bekehrungsbericht im Sinne eines Sündenbekenntnisses angelegt; der Autor schildert – im schroffen Kontrast zu der immer stärker verfallenden und zusammenbrechenden Welt –, wie er sich zum Christentum, näher zur Theologie des Paulus bekehrt hat. Bereits ein flüchtiger Blick in jene religiöse Autobiographie des Augustinus macht klar, dass man Biographie und Theologie dieses Kirchenvaters ein gutes Stück in enger Beziehung zur paulinischen Theologie darstellen muss, wenn man sie im Sinne ihres Urhebers sachgemäß darstellen will – und damit wird zugleich erstmals, freilich eher schemenhaft, deutlich, dass der Streit um Augustinus wohl nur eine besonders heftige Variante des Streits um die Theologie des Apostel Paulus ist.

Die Bemühung, ein möglichst lebendiges Bild des Augustinus zu zeichnen, stößt freilich auch an Grenzen: Ein authentisches Bild des Kirchenvaters besitzen wir nicht, die ersten erhaltenen Portraits sind knapp einhundertfünfzig Jahre nach dem Tode entstanden und stark stilisiert. Nichts Handschriftliches ist erhalten, keine Bücher oder Gegenstände aus seinem persönlichen Besitz. Angeblich entdeckte man seine Gebeine 1695 in Pavia wieder; jedenfalls werden sie noch heute in einem prächtigen Grab in der Kirche S. Pietro in Ciel d'Oro in dieser Stadt verehrt. Das Bild, das wir von ihm zeichnen können, bleibt trotz aller für die Antike ungewöhnlich konkreten Züge eben doch nur ein Schattenbild.

Augustinus *(nicht* Aurelius, wie man in manchen Darstellungen lesen kann) wurde am 13.11.354 im nordafrikanischen Thagaste, heute Souk Aras in Algerien, als Sohn einer nicht sonderlich vermögenden Familie geboren, allerdings arbeitete er sich in seinem Leben zwar langsam, aber doch vergleichsweise zielstrebig hoch. Im Alter von dreißig Jahren übernahm er die Stelle eines städtischen Rhetorikprofessors in der Kaiserresidenz Mailand, zwölf Jahre später war er Bischof einer nordafrikanischen

Kleinstadt geworden, also im Rang einem mittleren Staatsbeamten gleichgestellt, unter den Bedingungen spätantiker Gesellschaft das, was man einen Aufsteiger nannte, lateinisch: *homo novus*. Wenn man seiner Autobiographie, den erwähnten *Confessiones*, trauen darf, hat Augustinus schon als Kind ein paar Wesenszüge ausgebildet, die für sein späteres Leben charakteristisch waren: Er muss zwar ein munterer und fröhlicher Junge gewesen sein, beim Spielen sogar ehrgeizig[5], aber doch mit einer sehr empfindsamen Seele ausgerüstet, jedenfalls nach heutigem Geschmack: Vor Schlägen hatte er große Angst, Geschichten aus den Klassikern, die als Lehrbuch dienten, rührten ihn zu Tränen und entsprechend gern besuchte er das Theater. Zu seinem Vater Patricius scheint Augustinus kein sonderlich intensives Verhältnis gehabt zu haben, ganz anders war das mit seiner Mutter, Monnica, die im Gegensatz zum Vater, einem Römer, vielleicht berberischer Abstammung war und als sehr fromme Christin bezeichnet werden muss. Die Beziehung des Sohnes zu ihr war ungewöhnlich herzlich und intensiv: »Unsere Mutter, der ich alles verdanke, was ich bin«: *cuius meriti credo esse omne, quod vivo* schreibt Augustinus am Beginn eines frühen Werkes[6]. Dagegen spielten die Geschwister des Augustinus, mindestens zwei Schwestern und ein Bruder, praktisch keine Rolle in seinem Leben.

Auch die Schulbildung Augustins ist vergleichsweise gut dokumentiert, so wissen wir, dass er unter der üblichen Prügelpädagogik sehr gelitten hat. Er durchlief die üblichen Stufen – zunächst den Elementarunterricht in Thagaste: Lesen, Schreiben, Rechnen, Grammatik, Stilistik, empfand Widerwillen dagegen, auch gegen das Griechische, mit dem er zeitlebens Probleme hatte. Spaß hatte der Schüler an der klassischen lateinischen Literatur. Zu einem späteren Zeitpunkt wechselte er in eine benachbarte Stadt, in der das Bildungsangebot offenbar noch etwas besser als in seiner Heimatstadt war, und verhielt sich dort wie jeder gewöhnliche junge Mann in der Spätantike – bevor man in den mehr oder weniger wohlhabenden Kreisen seine Verantwortung als Familienvater übernahm, durfte man sich ruhig auch etwas austoben. Dreißig Jahre später allerdings, in seiner religiösen Autobiographie, schilderte Augusti-

5. Augustinus, Confessiones, übers. v. Joseph Bernhart, Frankfurt am Main 1998, hier: Aug., conf. I 9,15.10,16 u. 17,27.19,30 (34-39 u. 54 f., 58-61 Bernhart).
6. Augustinus, De beata vita. Über das Glück. Lateinisch/Deutsch. Übersetzung, Anmerkungen und Nachwort von Ingeborg Schwarz-Kirchenbauer und Willi Schwarz, Stuttgart 1982, hier: Aug., De beata vita I 1,6 (12 Schwarz-Kirchenbauer/Schwarz).

nus diese Studienzeit der Jugend aus dem Blickwinkel des Bekehrten in den schwärzesten Farben des Sündenbekenntnisses, wie beispielsweise die berühmte Schilderung des Birnendiebstahls aus den *Confessiones* zeigt:

»Den Diebstahl – daran ist kein Zweifel – ahndet Dein Gesetz, Herr, und zwar schon das ins Menschenherz geschriebene Gesetz, das nicht einmal die Schlechtigkeit zum Erlöschen bringt. Oder welcher Dieb ließe sich ruhig einen Diebstahl gefallen? Nicht einmal einer, der's hat, von einem, der's braucht. Und ich, ich wollte einen Diebstahl begehen und beging ihn, von keiner Not gedrungen, nur vom Mangel und Überdruss am Gutsein und vom feisten Behagen am Bösen. Denn was ich stahl, davon besaß ich selbst im Überfluss und noch viel besser. Ich wollte mich ja auch gar nicht an der Beute letzen, auf die ich beim Stehlen ausging, sondern allein an der Dieberei und der Sünde.

Ein Birnbaum stand in der Nähe unseres Weinbergs, schwer mit Früchten beladen, die aber nichts Verlockendes hatten, weder nach Aussehen noch Geschmack. Wir Bürschchen, eine Bande von Taugenichtsen – es war schon tief in der Nacht, und so lang hatten wir uns nach übler Gewohnheit auf den Spielplätzen herumgetrieben – zogen los, den Baum zu schütteln und die Beute fortzuschaffen. Birnen, die schwere Menge, schleppten wir weg – nicht für unseren Verzehr, denn höchstens den Schweinen wollten wir sie hinwerfen –, und wenn wir einiges davon aßen, so taten wir's, nur damit wir etwas täten, was eine Lust ist, weil es nicht erlaubt ist.

Ja, so war mein Herz, Gott, Du weißt es, so war mein Herz, dessen Du in der Tiefe seines Abgrunds Dich erbarmt hast. Siehe, nun soll dieses Herz dir auch sagen, was es dabei suchte: dass ich um nichts und wieder nichts schlecht war, meine Bosheit eben nur die Bosheit zum Grunde hatte. Abscheulich war sie, und ich liebte sie; ich liebte es, zu verkommen, ich liebte meine Sünde: nicht das, wonach ich in der Sünde griff, sondern mein Sündigen selbst. Schändliche Seele! Von dem festen Grunde, der Du bist, sprang sie ab ins reine Nichts: denn nicht ein Etwas begehrte sie, ob auch schändlicherweise, sondern das Schändliche selbst«[7].

Wie es sich in der Antike gehörte, folgte auf den Elementarunterricht eine fachspezifischere Ausbildung; Augustinus begann sie im Alter von etwa sechzehn Jahren 370 in Karthago, also in der politischen und kulturellen Metropole der römischen Provinz Afrika. Nachdem seine Eltern das Geld für das Studium zusammengespart hatten, studierte ihr Sohn Rhetorik, also ein Fach, mit dem man vor allem die juristische Laufbahn einschlagen konnte. Während dieser Zeit fing der junge Student Feuer

7. Aug., conf. II 4,9-11 (77-79 Bernhart).

für die Philosophie und bekehrte sich, wie er selbst schreibt, zur Philosophie[8] – wobei man darunter natürlich keine rein heidnische Weisheitslehre mehr verstehen darf; Augustinus war von seiner Mutter als Christ erzogen worden und eine Rückwendung zum Heidentum stand bei ihm nie zur Debatte[9]. Schon im ersten Studienjahr zog Augustinus – offenbar nach einigen heftigen Abenteuern – mit einer Frau zusammen, deren Namen wir allerdings nicht kennen, da er diese Verbindung nach knapp fünfzehn Jahren wieder löste, um sich mit einer reichen Erbin zu verloben. Solche zeitweiligen Partnerschaften zwischen Menschen von sehr unterschiedlichem sozialen Status vor einer standesgemäßen Heirat waren damals gang und gäbe; der Fachausdruck »Konkubinat« weckt eher falsche Assoziationen. Augustinus und seine »Lebensabschnittspartnerin«, wie man vielleicht besser sagt, hatten gemeinsam einen Sohn namens Adeodatus, der früh starb.

So, wie die Spätantike in vielen Punkten unserer Gegenwart vergleichbar ist, erinnert die intellektuelle Biographie des Augustinus für meinen Geschmack recht stark an die postmoderne Suche von persönlicher und religiöser Identität in Gruppen außerhalb der Großkirche. Schon seine Hinwendung zur Philosophie in Karthago beschrieb Augustinus mit quasi religiösen Metaphern; wie ein postmoderner religiöser Vagabund wendete er sich nur wenig später einer gnostischen Gruppe am Rande des Christentums zu und wurde Manichäer, weil ihn das kirchliche Christentum offenbar intellektuell enttäuschte und er die Bibel damals für ein Buch ohne großen Bildungswert hielt. Die Manichäer, eine heute ausgestorbene gnostische Religion, führten sich auf einen persischen Religionsstifter des dritten Jahrhunderts nach Christus namens Mani zurück und versprachen geheimes Wissen über Gott und den Ursprung des Bösen, lehnten alles Jüdische wie auch das Alte Testament radikal ab und forderten von ihren Auserwählten strenge Askese: kein Geld, kein Fleisch, kein Wein, keine Sexualität, keine Kinder, kein Handel, kein Krieg, kein Ackerbau. Gerade diese Form der Askese scheint Augustinus tief fasziniert zu haben, in der christlichen nordafrikanischen Mehrheitskirche – so sagt er selbst – hatte er sie niemals kennengelernt[10]. In Nordafrika müssen sich die Manichäer dessen ungeachtet als Christen präsentiert

8. Vgl. Aug., De beata vita I 1,4 (9 Schwarz-Kirchenbaur/Schwarz).
9. P. Brown, Augustinus von Hippo, übers., bearb. u. hg. v. J. Bernhart, Leipzig/Frankfurt a. M. ²1982, 34 f.
10. Aug., conf. VIII 6,14 (386-389 Bernhart).

haben; das war freilich nicht überall im Reich so. Man kann sich diese Gruppe der Manichäer ein wenig wie anthroposophische Zirkel vorstellen oder an eine Freimaurerloge denken – und auch heute gibt es ja nicht wenige Menschen, die versuchen, als Christen Anthroposophen oder Freimaurer zu sein. Für neun Jahre, von 373 bis 382, gehörte Augustinus zu diesen Manichäern, die eine schroff dualistische Weltsicht vertraten und genau zwischen Gut und Böse unterschieden. Er beendete während dieser neun Jahre sein Studium und arbeitete anschließend als freier Lehrer in seiner Heimatstadt Thagaste und in Karthago, brachte es allerdings während dieser Zeit zu keinen höheren Weihen in jener christlichen Form von manichäischer Religion. Augustinus blieb vielmehr auf der untersten Stufe stehen und wandte sich schließlich enttäuscht vom Manichäismus ab, als ein prominenter manichäischer Theologe, von dem sich Augustinus viel erhofft hatte, ihn intellektuell bitter enttäuschte. Vom Manichäismus geheilt, verfiel Augustin in einen philosophischen Skeptizismus. Freilich ist eine der Schlüsselfragen der Interpretation seiner Theologie, ob Augustinus sich wirklich vollständig vom Manichäismus entfernt hat oder nicht entscheidende Elemente dieses Denkens wie etwa den schroffen Dualismus bewahrt hat – wir werden darauf noch einmal zurückkommen müssen.

Mit dreißig Jahren gelang Augustinus dann – wie bereits erwähnt – ein großer Karrieresprung; er wurde 384 zum städtischen Rhetor in der kaiserlichen Residenzstadt Mailand ernannt, während er zuvor als freier Rhetorik-Lehrer am Markt in Karthago von der oft nachlässigen Zahlungsmoral mehr oder (meistens) weniger lernbereiter Privatschüler abhängig war. Nun hatte er die großen Reden zu Kaisers Geburtstag zu halten und offiziellen Unterricht zu erteilen. In Mailand traf er auf ein überaus anregendes geistiges Klima, die christliche Mehrheitskirche wurde seit elf Jahren durch einen intellektuell hochbegabten Bischof namens Ambrosius geleitet und ein Kreis um diesen Bischof betrieb eine philosophische Theologie auf recht hohem Niveau, teilweise im Anschluss an prominente Neuplatoniker. Augustinus war in eine der anregendsten christlichen Gemeinden des römischen Westreiches gekommen und begeisterte sich schnell für den knapp zwanzig Jahre älteren Bischof, zunächst aus reinem rhetorischen Berufsinteresse. Dann las er aber auch die (neu-)platonischen Bücher, die im Mailänder Kreis um Ambrosius gerade *en vogue* waren, und geriet so immer tiefer in das kirchliche Christentum hinein, dem er bisher wohl eher nur nominell angehört hatte.

Dieser Prozess der Annäherung an das kirchliche Christentum verdichtete sich im Sommer des Jahres 386 in einer regelrechten Bekehrungsszene, die ebenfalls sehr berühmt geworden ist und daher wieder ganz geboten werden soll:

»So sprach ich und weinte in der bittersten Zerknirschung meines Herzens. Da auf einmal höre ich aus dem Nachbarhaus die Stimme eines Knaben oder Mädchens im Singsang wiederholen: ›Nimm es, lies es, nimm es, lies es!‹ Augenblicklich machte ich andere Miene, gespannt besann ich mich, ob unter Kindern bei irgendeinem Spiel so ein Leierliedchen üblich wäre, aber ich entsann mich nicht, das irgendwo gehört zu haben. Ich hemmte die Gewalt der Tränen und stand vom Boden auf: ich wusste keine andere Deutung, als dass mir Gott befehle, das Buch zu öffnen und die Stelle zu lesen, auf die ich zuerst träfe. Denn von Antonius hatte ich gehört, wie er bei einer Evangelienlesung, zu der er sich von ungefähr eingefunden hatte, die Worte »Geh hin, verkaufe alles, was du hast, gib es den Armen, und du wirst einen Schatz im Himmel haben; und komm und folge mir nach«, als wäre es für ihn gemeint, was man da las, sich zur Mahnung genommen und bei diesem Gottesspruch sogleich zu Dir gekehrt hatte.

So ging ich eilends wieder an den Platz, wo Alypius saß; denn dort hatte ich das Buch des Apostels hingelegt, als ich aufgestanden war. Ich ergriff es, schlug es auf und las still für mich den Abschnitt, auf den zuerst mein Auge fiel: »Nicht in Schmausereien und Trinkgelagen, nicht in Schlafkammern und Unzucht, nicht in Zank und Neid, vielmehr ziehet an den Herrn Jesus Christus und pfleget nicht des Fleisches in seinen Lüsten.« Weiter wollte ich nicht lesen, und weiter war es auch nicht nötig. Denn kaum war dieser Satz zu Ende, strömte mir Gewissheit als ein Licht ins kummervolle Herz, dass alle Nacht des Zweifelns hin und her verschwand«[11].

Auf diese Szene führte Augustinus einerseits ein neues Verhältnis zur Bibel zurück, die er nun nicht mehr als einen literarisch minderwertigen Text, sondern als eine Quelle der Gewissheit und des Trostes empfand. Auf der anderen Seite verband er mit der sogenannten »Gartenszene« auch einen fortan durchgehaltenen Entschluss, auf Sexualität und gesellschaftliche Ehren zu verzichten. Vor allem den Verzicht auf die Sexualität hat Augustinus sehr ernst genommen, nächtliche Samenergüsse deprimierten ihn, weil er nicht genau wusste, wie weit er hier in eine sexuelle Handlung einwilligte[12]. Nicht einmal ein Jahr nach dem Ereignis im Garten, nämlich in der Osternacht 387, empfing Augustinus zur übergroßen Freude seiner Mutter im Baptisterium der Mailänder Kathedrale durch die Hand des Ortsbischofs Ambrosius die Taufe. Der frisch Bekehrte gab offenbar sofort seine Stelle als städtischer Rhetor auf, in Mailand gab es

11. Aug., conf. VIII 12,29 ff. (415.417 Bernhart).
12. Aug., conf. X 30,41 f. (550-555 Bernhart).

nun nichts mehr zu tun und relativ bald nach der Taufe reisten Mutter und Sohn in die Heimat ab. Die Mutter verstarb im römischen Hafen Ostia und Augustinus gründete in seiner Heimatstadt mit Freunden eine Lebensgemeinschaft, die versuchte, die Ideale der Gütergemeinschaft, der Enthaltsamkeit und des philosophisch-theologischen Studiums zu leben. Von nun an, nach der Bekehrung und dem Tod der Mutter, ist das Leben des Augustinus gekennzeichnet gewesen von solchen Lebensgemeinschaften mit Freunden, Freundeskreisen und Freundschaften.

Kaum zwei Jahre später proklamierte ihn bei einem Seelsorgebesuch im kleinen nordafrikanischen Städtchen Hippo Regius das versammelte Kirchenvolk gegen seinen Willen mit etwa sechsunddreißig Jahren zum Priester. Augustinus musste freilich zunächst von dieser neuen Würde einige Wochen Urlaub nehmen, um in seiner Heimatstadt Thagaste seine Angelegenheiten zu ordnen und vor allem die Bibel zu studieren. Über sie wurde in den damaligen Kirchen in täglichen Gottesdiensten gepredigt; für eine solche Aufgabe fühlte sich Augustinus von seiner Biographie her verständlicherweise nicht genügend vorbereitet. Dann aber trat Augustinus die Stelle an und unterstützte den greisen Ortsbischof von Hippo Regius in allen Pflichten, vor allem auch beim Predigen. Augustinus hat bis zu seinem Tode fast vierzig Jahre lang gepredigt, meistens extemporierend ohne ausgeführtes Manuskript[13]; von den vielen tausend Predigten sind rund siebenhundert erhalten. Vor sieben Jahren wurden zusätzlich einige bisher unbekannte in der Mainzer Stadtbibliothek gefunden; sie geben einen hochinteressanten Einblick in das Alltagsleben der Gemeinden: Augustinus predigt über das nahe bevorstehende Ende, die Welt sei nun in ihr Greisenalter eingetreten[14]; er beschwert sich aber auch einfach über leere Kirchen[15] oder lärmende Zuhörer. Vor allem darüber konnte sich Augustinus kräftig aufregen, denn er sprach mit sehr leiser Stimme und laborierte seit der Jahrhundertwende auch an einem geschwächten Körperzustand[16]. In einer Predigt sagt er sogar, er sei in

13. Vgl. H. Chadwick, New Sermons of St. Augustine, in: JThS 47 (1996), (69-91) 72.
14. Augustin d'Hippone, Vingt-six sermons au peuple d'Afrique. Retrouvés à Mayence, éd. et comm. par François Dolbeau (EAug 147), Paris 1996, 5.
15. *Sermones Dolbeau* 14,6 (Dolbeau).
16. Bernhard Leggewie, Die körperliche Konstitution und die Krankheiten Augustins, in: Studi Agostiniani. Preceduti dall'Enciclica del sommo Pontefice Pio Papa XI per il XV Centenario dalla morte di S. Agostino (Miscellanea Agostiniana 2), Rom 1931, (5-21) 11.

einer Kirche nur verständlich, wenn große Stille herrsche[17] – und das dürfte in einer mittelmeerischen Kultur damals so selten wie heute der Fall gewesen sein.

Spätestens mit zweiundvierzig Jahren, 396, wurde Augustinus Bischof von Hippo Regius. Damit übernahm er in den zusammenbrechenden Strukturen der Spätantike nicht nur ein hohes kirchliches Amt, sondern übte auch viele Funktionen aus, die in unserer Gesellschaft vom Staat übernommen werden und damals eigentlich auch staatliche Aufgabe gewesen wären, aber den Staat nun überforderten: Augustinus war für die städtische Armenfürsorge zuständig, für die Kirchenkasse, für die Versorgung der Kranken, für die Aufsicht und Ausbildung der Kleriker, für die öffentlichen Bauten, für die Intervention zugunsten von Gemeindegliedern vor Gericht, ja selbst für den Freikauf von Gemeindegliedern, die Räubern in die Hände gefallen waren und nun als Sklaven verkauft zu werden drohten. Man versteht gut, dass Augustinus ständig klagte, er könne sich erst nachts von den Lasten des bischöflichen Amtes, der *necessitas caritatis*, der Notwendigkeit von Liebestätigkeit, zurückziehen, um sich beim Studieren *(amor veritatis)* zu erholen. Trotzdem verließen viele, teils recht umfangreiche Texte das bischöfliche Studierzimmer, das die einzige Bibliothek der Stadt war. Neben den schon erwähnten »Bekenntnissen« schrieb Augustinus gegen 427 eine vollständige Durchmusterung seines Gesamtwerkes auf theologische und sonstige Fehler, eine einzigartige Selbstkorrektur, die er *Retractationes* nannte. Zweiundzwanzig Bücher über den Gottesstaat, *De civitate Dei*, entstanden sukzessive von 413 bis 426 und versuchten, den erwähnten Fall Roms von 410 theologisch zu bewältigen. In fünfzehn Büchern behandelte der Bischof in den Jahren 399 bis 419 die Trinität *(De trinitate)*, schrieb gegen verschiedene Häresien allerlei Traktate, exegetische Texte, knapp dreihundert Briefe und so fort – ich breche ab; in meinem Bücherregal füllen Augustinustexte dreieinhalb Regale und ich besitze nicht alle der hundertdreißig selbstständigen Werke. Man erkennt, wie eifrig der vielbeschäftigte Bischof gearbeitet hat; sieht aber zugleich an den langen Entstehungszeiten seiner Hauptwerke *De civitate Dei* und *De trinitate*, wie sehr jede Minute den Geschäften abgetrotzt war: Das »Tagesgeschäft«, Predigten, Briefe und die apologetische Arbeit beschäftigten ihn so sehr, dass die Abfassung seines theologischen, aus eigenem Antrieb begonnenen Hauptwerkes, *De trinitate*, zwanzig Jahre dauerte.

Theologisch veränderte sich Augustinus im Bischofsamt natürlich

---

17. Sermo Mai 126,1 (MiscAug I, 356,6-15 Morin).

auch noch einmal, seine Theologie wurde nun immer stärker durch die Übernahme von zentralen Weichenstellungen der paulinischen Theologie geprägt, vor allem in der Anthropologie. Augustinus entwickelte sich im Bischofsamt zum entschiedenen Pauliner. Sein Bischofspalais gestaltete er zu einer Priesterwohngemeinschaft um und verwandelte so die asketische Lebensgemeinschaft, die er mit Freunden acht Jahre zuvor in Thagaste eingerichtet hatte, in ein Priesterkloster. Dessen Grundstock wurde in Hippo Regius durch seinen Freundeskreis gelegt, der in ein Gartenkloster zog; der Bischof von Karthago ermunterte Augustinus, junge Männer aus der ganzen numidischen Region zum klösterlichen Leben zu erziehen. Nach seiner Bischofsweihe verließ Augustinus das Gartenkloster, das jedem offenstand, und richtete in seinem Bischofshaus ein *monasterium clericorum* ein, in dem er möglichst alle Kleriker Hippos vereint sehen wollte – hier handelte es sich um den Grundstock der mittelalterlichen Stifte und Kanonikate.

426, also mit gesegneten zweiundsiebzig Jahren, designierte Augustinus einen Nachfolger im Bischofsamt, weil er sich zunehmend alt und krank fühlte. 430 befiel ihn ein heftiges Fieber[18]. Als sein letztes Wort auf dem Krankenbett im von Vandalen eingeschlossenen Hippo Regius überliefert sein Biograph ein Zitat des Neuplatonikers Plotin, mit dem Augustinus die katastrophale Lage seiner Bischofsstadt kommentiert: »Der ist kein Großer, der es für eine große Sache hält, dass Holz und Steine dahinfallen und die Sterblichen sterben«[19]. Ein Testament, schließt sein Biograph seinen Bericht über das Sterben Augustins, hatte er nicht gemacht, »denn als ›Armer‹ Gottes hatte er nichts zu vererben«[20]. Seine umfangreiche Bibliothek ging an die Ortskirche und ist dort offenbar in den Wirren der Völkerwanderung verloren gegangen.

2. Die Theologie des Augustinus

Im Unterschied zum voraufgehenden Abschnitt soll hier nun weder chronologisch noch an einzelnen Werken orientiert vorgegangen werden, es werden vielmehr nur Schlaglichter auf die Theologie des Augustinus in Form von Thesen geworfen und diese dann knapp erläutert. Eine Ent-

---

18. Possidius, Vita Augustini, hg. v. Wilhelm Geerlings (Augustinus Opera Bd. 0), Paderborn u. a. 2005, hier: Poss., vita Aug. 29,3 (86 f. Geerlings).
19. Poss., vita Aug. 28,11 (85 Geerlings).
20. Poss., vita Aug. 31,6 (103.105 Geerlings).

wicklungsgeschichte der Theologie Augustins kann in diesem Rahmen nicht vorgeführt werden; wir konzentrieren uns vielmehr auf diejenige Form seines Denkens, die in der abendländischen Theologie wirkmächtig geworden ist, seine bischöfliche Theologie seit den neunziger Jahren des vierten Jahrhunderts.

2.1 Die Theologie des Augustinus ist eine erfahrungsnahe Theologie

Die Theologie des Augustinus ist eng mit seiner Biographie verknüpft, die Biographie des Augustinus ist eng mit seiner Theologie verknüpft. Er schreibt viele Texte für bestimmte historische Situationen, als Predigten über bestimmte Texte für bestimmte Festtage und bestimmte Gemeinden. Augustinus erläutert Ende der neunziger Jahre die Wahrheit der paulinischen Theologie, insbesondere ihre Rede von der Sündenverfallenheit des Menschen und seine Rettung allein durch Gottes Gnade in den »Bekenntnissen« am Beispiel seines eigenen Lebens: »Laß mich in der Erinnerung von heute die Irrgänge von damals gehen und dir die ›Opfergabe des Jubels darbringen‹ (Ps 26,6). Denn ich, was bin ich ohne dich? Ein Führer in den Abgrund«[21].

Zugleich führt die Erfahrungsnähe der Augustinischen Theologie dazu, dass Elemente und Stationen seiner langen Suche nach religiöser Orientierung im späteren Denken präsent bleiben: Augustins Biographie in den *Confessiones* expliziert nicht nur die Wahrheit der paulinischen Theologie, sondern zugleich auch ein neuplatonisches Thema, nämlich das der Heimkehr: Augustin zeigt an seiner eigenen Biographie, wie Gott die in der Welt irrende Seele ruft[22] und ihr verzeiht, wenn sie heimfindet. Zur erfahrungsnahen Theologie gehört auch, dass Augustinus durchaus in der Lage ist, seine Bekehrungen und seine schlussendliche Zuneigung zu Gott in einem recht erotischen Vokabular zu formulieren: *sero te amavi, pulchritudo tam antiqua et tam nova, sero te amavi!*

»Spät habe ich Dich geliebt, du Schönheit, spät habe ich dich geliebt. Und siehe, du warst innen und ich war draußen, und da suchte ich nach dir, und auf die schöne Gestalt ... warf ich mich selber, eine Missgestalt. Du warst bei mir, ich war nicht bei dir. ... Du hast gerufen und geschrieen und meine Taubheit zerrissen; du hast geblitzt, geleuchtet und meine Blindheit verscheucht; Du hast Duft verbreitet, und ich sog den Hauch und schnaube jetzt

---

21. Aug., conf. IV 1,1 (139 Bernhart).
22. Aug., conf. V 12,22 (230-233 Bernhart).

nach dir; ich habe gekostet, nun hungere ich und dürste; Du hast mich berührt, und ich brenne nach dem Frieden in dir«[23].

Freilich impliziert die Erfahrungsnähe auch, wie wir sahen, eine gewisse Situationsabhängigkeit und verbietet es im Grunde, die Theologie des Augustinus zu systematisieren, macht es jedenfalls recht schwierig.

2.2 Die Theologie des Augustinus ist Schrifttheologie

Seit der sogenannten »Bekehrungsszene« im Mailänder Garten Mitte der achtziger Jahre spielt die Bibel für Augustinus eine zentrale Rolle und in den folgenden zehn Jahren erobert er sie sich, lernt sie kennen, legt sie aus und verändert seine Theologie in der Rezeption von Topoi paulinischer Theologie. Die Theologie des Augustinus will biblische Texte so auslegen, dass darunter die gegenwärtige Anrede Gottes an seine Gemeinde hörbar wird.

Um uns diese zentrale Dimension der Theologie klarzumachen, sehen wir nochmals auf die Predigten des Augustinus, also das Tagesgeschäft des Bischofs. Augustinus hat einmal in einer Predigt über das homiletische Konzept seiner Predigten gesagt: *erogator sum, non exactor* »Ich bin ein Austeiler, kein Einkassierer«[24]. Der Prediger teilt nur das Wort aus, den Vorgang des Einsammelns von Menschen durch das Wort der Predigt dagegen besorgt Gott, der durch die Predigt Augustins die Seelen und Herzen gewinnt. Gottes Wort ist sowohl im Herzen des Predigers wie im Herzen – freilich nur einiger – Hörer als *magister interior*, als innerer Lehrer, wie Augustinus sagt: »Wir haben ja drinnen als Lehrer Christus«[25]. Seine Predigten sind Bibelauslegung; Theologie ist dabei das »Koordinatensystem seiner Bibelauslegung«[26], füllt den Leerraum zwischen den reichen Bibelzitaten. In den Predigten konnte Augustinus weitgehend auf die argumentative Entfaltung seiner Theologie verzichten, sie als Laiendogmatik präsentieren und nicht zuletzt in Doxologie überführen. Die Bibelauslegung ist insgesamt – vor allem bei schwierigen Stellen – normiert durch die *regula fidei*, durch die Glaubensregel, die ihrerseits ein Extrakt aus

---

23. Aug., conf. X 27,38 (546-549 Bernhart).
24. Sermo Frangipane 2,4 (MiscAug I, 193,13 f. Morin).
25. Des heiligen Kirchenvaters Aurelius Augustinus Vorträge über das Evangelium des hl. Johannes, übers. und mit einer Einl. versehen von Thomas Specht (Des heiligen Kirchenvaters Aurelius Augustinus ausgewählte Schriften Bd. 4. BKV 1. Reihe Band 8) München 1913, hier: tract. Ioh. XX 3 (341 Specht).
26. Ekkehard Mühlenberg, Augustinus Predigen, in: Predigt in der Alten Kirche, hg. v. ders./Johannes van Oort, Kampen 1994, 19.

lichten Stellen der biblischen Schriften ist[27]. Man darf aus dieser Normierung natürlich nicht eine Art »vorkatholisches Lehramt« machen[28], sondern wird die Wechselbeziehung zwischen der *regula fidei* und heiliger Schrift als ein wechselseitiges Auslegungsgeschehen zu interpretieren haben, dessen Autorisierungszusammenhang nicht einfach umdrehbar ist.

2.3 Die Anthropologie des Augustinus ist besonders stark paulinisch gefärbt, radikalisiert Paulus aber zugleich auch stark

Immer wieder hat das Bild, das Augustinus vom Menschen zeichnet, seine Anthropologie, Aufmerksamkeit auf sich gezogen, begeisterte Zustimmung und leidenschaftliche Kritik, schon zu Lebzeiten des nordafrikanischen Bischofs und erst recht nach seinem Tode. Die Anthropologie Augustins ist ganz stark von einer »paulinischen Wende« geprägt, die durch die »Bekehrung« in Mailand vorbereitet wird und dann im gemeinschaftlichen Bibelstudium mit den Freunden in Thagaste und Hippo unumkehrbar gemacht und vertieft wird. Der Aufbruch eines neuen, am authentischen Paulus orientierten Verständnisses der paulinischen Briefe und ihrer Anthropologie hängt biographisch sicher auch mit einem Kreis von neuplatonischen christlichen Philosophen in Mailand zusammen, die sich auch schon um eine authentische Auslegung des Apostels bemüht hatten.

Das radikale Ernstnehmen der paulinischen Gnadenlehre und Sündentheologie führt Augustin zu einem tief pessimistischen Menschen- und Weltbild. Entfaltet wird es erstmals in einer Schrift, die »Verschiedene Fragen an Simplician« (*De Diversis Quaestionibus ad Simplicianum*) überschrieben ist und kurz nach der Bischofsweihe von Augustinus fertiggestellt wurde. Der Autor erneuert die paulinische Sündentheologie: Alle Menschen sind Sünder und gehören nach dem Fall zu einer Masse von Verdammten, *massa damnata*, einer *massa perditionis*. Als solche verdienen sie den Tod und es kann sich auch niemand beschweren, wenn er nicht gerettet wird[29]. Einige Menschen werden gnadenhalber gerettet – an dieser Stelle beginnt Augustinus nun den sorgsam austarierten Pfad

---

27. *De doctrina Christiana* III 3, zitiert nach: Des heiligen Kirchenvaters Aurelius Augustinus ausgewählte praktische Schriften homiletischen und katechetischen Inhalts, aus dem Lateinischen übers. und mit Einl. versehen von Sigisbert Mitterer (Des heiligen Kirchenvaters Aurelius Augustinus ausgewählte Schriften Bd. 8. BKV 1. Reihe Band 49) München 1925, 110 f.
28. Ernst Dassmann, Augustinus. Heiliger und Kirchenlehrer, Stuttgart 1993, 57.
29. Vgl. *epistula* 194,5.

paulinischer Theologie zu verlassen, denn nach Paulus werden ja zumindest alle Juden gerettet und auch die Rettung aller Heiden liegt ja mindestens im Horizont seiner Theologie. Wie Paulus verbietet Augustinus aber die systematische Rückfrage nach dem Grund der geringen Zahl von Geretteten: Augustinus zitiert den Apostel (Röm 9,20): Wer bist du, Mensch, »daß du mit Gott rechten willst«. Das neutestamentliche Frageverbot führt auch beim Bischof von Hippo zu einem Diskussionsabbruch und einem Übergang in die Paränese: »Er ermahnt *uns*«. Augustinus entwickelte allerdings aus der paulinischen Ansicht von Sünde und Gnade, aus seiner Zuspitzung in der Vorstellung von einer Masse der Verdammten noch keine Theorie einer doppelten Prädestination; dies blieb dem Mittelalter vorbehalten.

In seinem späten »Handbüchlein über den Glauben, die Hoffnung und die Liebe« von 421 (oder 423/24) hat Augustinus seine Ansichten voll entfaltet: Die Nachkommenschaft Adams ist in der Wurzel verdorben, diese Verdorbenheit wird in der Zeugung weitergegeben (Erbsünde) und die Begierde *(concupiscentia)* ist der konkrete Ausweis dieser Erbsünde im menschlichen Leben und Fühlen. Auch für diese Zusammenhänge berief sich Augustinus auf paulinische Stellen, näher auf Römer 5,12: »weil in ihm alle gesündigt haben«. Und nun wörtlich Augustinus: »Das war also die Sachlage: Die von Gott verdammte Gesamtheit der Menschen *(totius humani generis massa damnata)* lag nicht nur im Bösen, sie wälzte sich darin und stürzte von einem Übel ins andere. Und in Gemeinschaft mit dem sündigen Teil der Engelwelt trug sie die gerechte Strafe für ihren gottlosen Abfall«[30].

Die Sünde bedeutet – nach Augustinus – eine Herausforderung des gerechten Zornes Gottes und zieht die Todesstrafe nach sich. Trotzdem hält die Güte Gottes die bösen Menschen am Leben, er garantiert Wachstum und Gedeihen: »Er hält es nämlich für besser, aus Bösem Gutes zu schaffen, als das Böse überhaupt nicht zuzulassen«[31]. Der Mensch hat im Missbrauch seines freien Willens diesen verloren und kann sich selbst nicht mehr helfen; er ist freiwillig und zugleich unfreiwillig Knecht der Sünde und muss befreit werden. Gottes Zorn wurde durch den einzigen Mittler *(mediator, hoc est reconciliator*[32]*)* besänftigt. Der Mittler ist ohne

30. Augustinus, Enchiridion de fide, spe et caritate, Testimonia Bd. 1, hg. v. Joseph Barbel, Düsseldorf 1960, hier: ench. 8,27 (62-64 Barbel).
31. Ebd.
32. Aug., ench. 10,33 (74 Barbel).

Sünde in seinem Leben, frei von der Erbsünde empfangen, sowohl Gott als auch Mensch. Er ist das eine wie das andere und beides zusammen bildet den einen Christus (11,36). Er ist das Opfer für die Sünde, sein Sterben für die Sünde wird nachgestaltet in der Taufe (13,42 f.), in der wir der Sünde sterben.

Eine gern an diesem Konzept vorgenommene Kritik ist im Grunde zu wenig radikal. Das Bedrückende an der Lehrbildung des Augustinus ist gar nicht die These, es seien aus der *massa damnata* nur wenige und dazu gnadenhalber erwählt; dies ist auch die Struktur verschiedener neutestamentlicher Gleichnisse (Arbeiter im Weinberg Mt 20,13), dort wird die Rückfrage nach den Maßstäben des erwählenden Handelns Gottes ebenfalls verboten. Bedrückend ist vielmehr[33], daß die ganze Heilsveranstaltung von Augustinus in seinen gnadentheologischen Schriften mit einem »pädagogischen Zweck« gerechtfertigt wird, man also von einer »Unheilspädagogik« sprechen kann, die Gott durchführt, damit die Erwählten nicht übermütig werden.

2.4 Augustinus entwickelt schließlich eine Geschichtstheologie

Schon mehrfach wurde von der Schrift *De civitate Dei*, vom Gottesstaat, gesprochen; zu ihr war Augustinus durch den Strom der Flüchtlinge motiviert worden, die nach Nordafrika kamen, als am 24. August 410 Rom in die Hände von Alarichs Westgoten gefallen war. Es handelt sich aber nicht nur um ein apologetisches, sondern auch um ein katechetisches Werk. Über die beiden *civitates* spricht Augustinus vor allem in katechetisch-homiletischen Zusammenhängen[34]. Trotzdem hat das Werk auch apologetische Wirkungen entfaltet; besonders für die politische Theologie des Mittelalters ist die Lehre von den zwei *civitates* aus *De civitate Dei* bedeutsam geworden, deren Wirkungen reichen aber bis hin in die sogenannte »Zwei-Reiche-Lehre«, die man gern mit dem Attribut »lutherisch« versehen hat, obwohl sie sich auch in der *Institutio* des Genfer Reformators Johannes Calvin findet.

Augustins Bedeutung liegt wohl zunächst darin, dass er eine schlichte Identifikation von konstantinischem Staat und himmlischem Reich, wie sie sich ansatzweise beim spätantiken Bischof und Kirchenhistoriker Eu-

---

33. Quaestiones ad Simplicianum 18.
34. Johannes van Oort, Jerusalem and Babylon. A study into Augustine's »City of God« and the sources of his doctrine of the two cities (VigChr Suppl. 14), Leiden 1991, 18-57.

sebius von Caesarea/Palaestina findet, abgelehnt hat und somit die »Reichstheologie« des vierten Jahrhunderts in Frage gestellt hat. Eine naive, begeisterte Identifikation des christlich gewordenen römischen Kaiserreichs mit dem endzeitlichen Reich Jesu Christi, wie sie im ersten Überschwang von manchen christlichen Theologen vorgenommen wurde, bestreitet Augustinus, ja er verunmöglicht sie mit seiner einschlägigen Lehrbildung.

Seine Entgegensetzung von zwei *civitates* (*civitas* heißt sicher nicht: Staat, sondern eher »Bürgerschaft«), die er gegen die Identifikation beider setzt, stammt aus jüdischer, aber auch aus manichäischer Tradition[35]. Augustinus ist ein ontologischer Optimist, Ziel der schöpferischen und erlösenden Tätigkeit des Vaters ist eine Gemeinschaft rationaler Wesen, die ihren Schöpfer demütig lieben *(civitas dei)*. Auf der anderen Seite ist er ontologischer Pessimist: Sünde und ihre Folgen haben das Leben auf allen Ebenen in Unordnung gebracht. Die Familie ist eine gute Ordnung Gottes, alle Machtstrukturen gehören dagegen mit der Herrschsucht, *libido dominandi*, in die irdische Bürgerschaft, *civitas terrena*. Der vom Teufel verführte Mensch meint, Gott nachahmen zu können, indem er die Mitmenschen seiner Gewalt unterwirft. Wahre Gerechtigkeit herrscht nur in der *civitas Dei*, auf Erden dagegen der Machtkampf. Das römische Reich ist nicht mit der *civitas terrena* identisch. Augustinus verwendet neben der schlichten Entgegenstellung von *civitas dei – civitas diaboli* auch Wechselbegriffe (beispielsweise: *civitas Christi, regis magni)*[36]. *Civitas dei* übersetzt zunächst einfach den griechischen Ausdruck »Königsherrschaft Gottes« *(Basileia tou theou)*. Schon in seiner Schrift »Über den ersten katechetischen Unterricht« (etwa zwischen 400-405 entstanden[37]) unterscheidet Augustinus Jerusalem und Babylon, das eine bedeutete die Bürgerschaft und Gemeinschaft der Heiligen, *ciuitatem societatemque sanctorum*, das andere die Bürgerschaft und Gemeinschaft der Missmutigen oder Feindlichen, *ciuitatem societatemque iniquorum* (§ 37). Prinzipieller Teil des Himmelsstaates sind die Engel, der Mensch ist durch eine zweifache Liebe zwischen den *civitates* hin- und hergerissen, die eine führt zur Gottesverachtung, die andere zur Selbstverachtung. Die Bürger des himmlischen Staates nutzen die guten Seiten[38] der

---

35. Ebd.
36. Émilien Lamirande, Art. civitas dei, in: Augustinus-Lexikon Bd. I, hg. v. Cornelius Mayer, Basel 1986-1994, 958-969, hier: 958.
37. Cornelius Mayer, Art. Catechizandis rudibus (De –), in: AL I, hg. v. ders., Basel 1986-1994, 794-805, hier: 795.
38. Lamirande, Art. civitas dei, in: AL I, Basel 1986-1994, 964.

irdischen Bürgerschaft, z. B. den irdischen Frieden, der auf den himmlischen vorweist, insofern kann man von einem durchmischten Körper, *corpus permixtum* sprechen. *Civitas terrena* ist nicht synonym mit der Bürgerschaft des Teufels, *civitas diaboli*. Es gibt Äußerungen, in denen Augustinus die sichtbare Kirche einfach mit der *civitas dei* identifiziert; andererseits ist die Kirche selbst eher ein *corpus permixtum* aus Sündern und Gerechten. Man muss also wohl doch von einer Distinktion beider ausgehen. Die Menschen des Gottesstaates lieben Gott über alles, die Menschen des Teufelsstaates wollen selbst Gott sein und sind durch *superbia* bestimmt.

Die Differenzierung, die Augustinus auf der Ebene der Sozialität vornimmt, ist bis in das individuelle Leben durchgezogen, so dass man fast von Dualen sprechen kann: In seiner Schrift *De doctrina christiana* entwirft Augustinus mithilfe des Begriffspaars »gebrauchen« und »genießen« eine dichte Beschreibung rechter christlicher Lebenshaltung, der in Opposition die fehlerhafte, sündige gegenübersteht: Allein Gott ist zu genießen *(frui)*, alle anderen Sachen sind nur zu nutzen *(uti)*. Dem geht eine Unterscheidung von Zeichen und Sache voraus; zum Genuss bestimmt sind Dinge, die man um ihrer selbst willen lieben soll, zum Gebrauch Dinge, die zur Erlangung der zum Genuss bestimmten Dinge helfen sollen; da der Pariser Bischof Petrus Lombardus im zwölften Jahrhundert diese Unterscheidung seinem Lehrbuch zugrunde legte, das bis in die Reformationszeit allem Theologiestudium zugrunde gelegt wurde, hat sie sich sehr weit verbreitet. Sie macht deutlich, dass die Geschichtstheologie des Augustinus ebenso eine Theorie menschlicher Gesellschaft und des Verhaltens der Individuen in dieser Gesellschaft ist, in der alle Elemente ineinandergreifen.

Natürlich hat Augustinus dafür Anregungen erhalten: Der Doppelterminus *civitas dei – terrena* selbst stammt wohl vom Donatisten Tyconius, mit dessen Hermeneutik sich Augustinus ebenfalls in *De doctrina christiana* auseinandersetzte. Nach Gen 4,17 ist der erste Städtegründer Kain, ein Brudermörder wie Romulus[39]. Die Deutung des Geschichtsablaufs nach der Rahmentheorie durch Augustinus mischt nun Licht und Schatten, helle und dunkle Töne, ist weder reine Dekadenz-, noch reine Fortschrittsgeschichte. Bis zur konstantinischen Wende ist das politische Le-

---

39. Des heiligen Kirchenvaters Aurelius Augustinus zweiundzwanzig Bücher über den Gottesstaat. Aus dem Lateinischen übers. v. Alfred Schröder, 2. Bd. (Des heiligen Kirchenvaters Aurelius Augustinus ausgewählte Schriften 2. BKV 1. Reihe Band 16) Kempten; München 1914, hier: civ. XV 1,2 (360 f. Schröder).

ben nach Ansicht des Bischofs von Hippo ganz von der *civitas diaboli* beherrscht. Auf der anderen Seite gilt: Wenn auch *civitas diaboli et terrena* gelegentlich synonym verwendet werden, so ist doch die *res publica* nicht eine Ausgeburt des Teufels, sondern ein Zusammenhalt, *coetus*[40], von Menschen, die durch die Übereinstimmung hinsichtlich einer geliebten Sache verbunden sind; ein Zweckverband, der mehr oder minder gut sein kann. Angesichts der nach dem Sündenfall verdorbenen Menschheit muss freilich die Bosheit durch den Staat eingedämmt werden. Der Staat ist keine rein säkulare Sache, weil er den Drang der Menschen nach Einheit und Frieden widerspiegelt, allerdings sind irdisches und himmlisches Ziel vertauscht. Der irdische Staat ist also ein sehr getrübtes Bild des himmlischen Staates.

2.5 Die Theologie des Augustinus ist eine neuplatonische Theologie des Aufstiegs, die paulinisch beschnitten wird

Ein Zentralthema des Augustinus ist wie in der antiken Philosophie die Frage nach dem glückseligen Leben, der *beata vita*, und der Glückseligkeit, der *beatitudo*. Wie die Neuplatoniker geht der Bischof nicht einfach davon aus, dass sich ein solches Leben durch Anstrengung oder Zufall realisieren lässt. Vielmehr gewinnt der Mensch die Maßstäbe einer solchen Lebensführung durch dem Aufstieg aus den Niederungen irdischen Lebens, christlich gewendet, aus den Niederungen des sündigen irdischen Lebens und den Aufstieg zu Gott. Gott reißt den Menschen aus seinen irdischen und sündigen Lebensverhältnissen heraus, schenkt ihm die Einsicht in die Maßstäbe göttlichen Lebens. Diese ursprünglich neuplatonische Aufstiegstheologie kommt besonders gut zum Ausdruck in der sogenannten Vision von Ostia, einer eindrücklichen Schilderung eines Aufstiegserlebnisses, das Augustinus geschenkt wurde:

»Im Fortgang des Gespräches ergab sich uns, dass mit der Wonne des ewigen Lebens kein Entzücken unserer fleischlichen Sinne, wie groß es sei, wie köstlich es im irdischen Lichte gleiße, sich vergleichen, ja daneben auch nur nennen lasse: da erhoben wir uns mit heißerer Inbrunst nach dem »wesenhaften Sein« und durchwanderten stufenweise die ganze Körperwelt, auch den Himmel, von dem herab Sonne, Mond und Sterne leuchten über die Erde. Und höher stiegen wir auf im Betrachten, Bereden, Bewundern Deiner Werke, und wir gelangten zu unserer Geisteswelt. Und wir schritten hinaus über sie, um die Gefilde unerschöpflicher Fülle zu erreichen, auf denen Du Israel auf

---

40. A. a. O., civ. II 21; XIX 24 (255 f. Schröder).

ewig weidest mit der Speise der Wahrheit; und dort ist das Leben die Weisheit, die Weisheit, durch die alles Geschöpfliche entsteht, was je gewesen ist und was je sein wird; und sie selbst ist ohne Werden, sie ist, wie sie gewesen ist, und also wird sie stetsfort sein; vielmehr, es gibt in ihr kein Gewesensein noch ein Künftigsein, sondern das Sein allein, weil sie ewig ist; denn Gewesensein und Künftigsein ist nicht ewig. Und während wir so reden von dieser ewigen Weisheit, voll Sehnsucht nach ihr, da streiften wir leise in einem vollen Schlag des Herzens; da seufzten wir auf und ließen dort festgebunden »die Erstlinge des Geistes«; und wir wandten uns wieder dem Getön der Rede zu, bei der das Wort Anfang und Ende hat; was auch wäre ähnlich Deinem Wort, unserm Herrn, dem Wort, das in sich verbleibt, ohne zu altern, und doch alles erneut!«[41].

Das Gespräch zwischen Mutter und Sohn lässt die beiden also für einen kurzen Moment den irdischen Trubel vergessen und *id ipsum*, die Weisheit selbst, erreichen. Die altlateinische Übersetzung von Psalm 4,9 hatte diesen neuplatonisch klingenden Begriff für Gott in die christliche Diskussion eingeführt.

Besonders neuzeitliche evangelische Interpreten des nordafrikanischen Kirchenvaters haben sich über diese quasi mystische Dimension der Theologie des Augustinus eher verwundert geäußert, auch wenn sie sonst viele Sympathien für seine Gedanken hatten. Kritische Einwände gegen diesen mystischen »Höhepunkt« der Theologe des Augustinus hat beispielsweise der große Berliner Theologe Adolf von Harnack gesammelt: Ob nicht vielmehr die *caritas* der Höhepunkt christlichen Lebens sei, ob nicht hier eine Stufenleiter das angebe, was eigentlich Voraussetzung christlichen Lebens sei. Wie dem auch immer sei: Einen Herzschlag lang wird von Augustinus das körperlose, »wesenhafte« Sein geschaut und das ist ganz neuplatonisch; aber die Tatsache, dass man alle Vorstellungen und zum Teil auch die Begriffe bei Plotin nachweisen kann[42], schließt natürlich weder die Echtheit noch die Christlichkeit der besprochenen Vision von Ostia aus. Außerdem hat der Neuplatonismusforscher Paul Henry gezeigt, wie stark der Text von biblischen Zitaten durchsetzt ist, deren Konvergenz mit platonischen Texten so unübersehbar ist. Während Augustinus in seinem Menschenbild, in seiner Anthropologie und Gnadenlehre radikal mit dem Platonismus gebrochen hat, zeigt die sogenannte Vision von Ostia, dass längst nicht alle Brücken zur zeitgenössi-

41. Aug., conf. IX 10,24 (463.465 Bernhart).
42. Ausführliche Nachweise in einem berühmten Aufsatz von Paul Henry, La Vision d'Ostie. Sa place dans la Vie et l'Œuvre de saint Augustin, Paris 1938, 15-103 = Die Vision zu Ostia, in: Zum Augustin-Gespräch der Gegenwart, hg. v. Carl Andresen (WdF 5), Darmstadt 1962, 201-270.

schen Philosophie abgebrochen waren und mehr als platonische Eierschalen sein Denken prägen.

Eingangs wurde der amerikanische Philosoph A. N. Whitehead erwähnt und sein bekanntes Diktum, die ganze abendländische Philosophiegeschichte bestehe aus »Fußnoten zu Platon« dergestalt variiert, dass die Theologiegeschichte aus Fußnoten zu Augustinus bestehe. Aber auch den Hinweis auf Platon aus dem Originalzitat von Whitehead kann man aufgreifen: Augustinus ist im Laufe seines Lebens den Weg von einem spätantiken Platoniker zu einem an Paulus orientierten Schrifttheologen gegangen, der natürlich Restbestände jener platonischen Orientierung aufwies, die als *communis opinio* die ganze Antike prägte.

2.6 Die Trinitätstheologie Augustins ist der Höhepunkt seines Denkens, in der die verschiedenen Fäden zusammengeordnet werden

Viele Jahre hat Augustinus an seiner Schrift über die Trinität gearbeitet, die schon insofern als Höhepunkt seiner Theologie gedeutet werden kann. In den einleitenden Kapiteln betont er wie an vielen anderen Stellen, dass der Glaube dem Erkennen vorzuordnen sei[43]; aber aus dem Glauben folgt das Erkennen und vom Sichtbaren soll zum Unsichtbaren aufgestiegen werden. Die Schrift soll als Zeichen der himmlischen Sache angesehen werden, denn alle Dinge handeln entweder von Sachen oder von Zeichen[44]. Gotteserkenntnis kommt in der Schau des trinitarischen Gottes zum Ziel; deswegen müssen wir »in der Schöpfung Spuren jener höchsten Trinität finden, die wir suchen, wenn wir Gott suchen«[45]. Gott erleuchtet mit seinem Licht, und nur deswegen wird die Schöpfung gleichnisfähig auf die himmlische Wirklichkeit (das Zeichen zum verstehbaren Bedeutungsträger). Auch an diesem Punkte unterscheidet sich Augustinus von den Platonikern; man muss innerlich hören, um äußerlich zu verstehen. Durch den Glauben an den in der Zeit erschienenen Christus wird der Mensch zur ewigen Wahrheit getragen, weil der Inkar-

---

43. Ekkehard Mühlenberg, Augustinus Predigten, in: Predigt in der Alten Kirche, hg. v. ders./Johannes van Oort, Kampen 1994, 16.
44. De *doctrina christiana* I 2,2 (15 Mitterer).
45. Des heiligen Kirchenvaters Aurelius Augustinus fünfzehn Bücher über die Dreieinigkeit, aus dem Lateinischen übers. und mit Einl. versehen v. Michael Schmaus, 2. Bd. (Des heiligen Kirchenvaters Aurelius Augustinus ausgewählte Schriften Bd. 12. BKV 2. Reihe Band 14), Kempten; München: J. Kösel; F. Pustet, 1935, hier: XV 2,3 (252 f.).

nierte zugleich die ewige Wahrheit ist[46]. In der Entfaltung einer Lehre vom dreifaltigen Gott geht Augustinus zunächst von traditionellen Weichenstellungen aus: Die Trinität wirkt nach außen ungetrennt *(opera trinitatis ad extra sunt indivisa)*, aber paradoxerweise wird nicht die ganze Trinität inkarniert oder zu Pfingsten ausgegossen[47]. Gleichzeitig rezipiert er aber die klassische Trinitätstheologie des vierten Jahrhunderts, wie sie auf den ersten großen Reichskonzilien der Kirche normiert wurde, äußerst selbstständig und zugleich durch die Einführung neuer Terminologien: Augustinus überführt die griechische Formel von der einen *Ousia* und den drei Hypostasen aufgrund von Sprachproblemen, die dies im Lateinischen auslöst, in die Formel von der einen *essentia* (= Ousia) und den drei *substantiae* (= Hypostaseis): Der eine Gott ist eine Essenz in drei Hypostasen Vater, Sohn und Heiliger Geist. Obwohl der Bischof also die Übersetzung der klassischen konziliaren, sogenannten neunizänischen Formel bewusst verbessert hatte, behielt er trotzdem gelegentlich auch diese ältere Formel mit der Korrektur *una essentia uel substantia – tres personae* bei. Offenbar wagte nicht einmal Augustin, hier vollständig von der terminologischen Konvention abzugehen.

Interessanter als die vorsichtigen terminologischen Reformen sind aber die eigenständigen theologischen Gedanken des Kirchenvaters. Augustinus führte (nach Vorarbeiten anderer Theologen) den Begriff Relation, *relatio*, in die christliche Trinitätstheologie ein, um die genannten, nicht unproblematischen Begriffe aus der griechischen und lateinischen Tradition zu ergänzen. Der Bischof scheint ihn aus der dritten theologischen Rede des etwas älteren kappadozischen Theologen Gregor von Nazianz zu kennen, aber er erklärt ihn noch nicht mit der berühmten mittelalterlichen Formel, nach der Person und Relation identifiziert werden *(persona est relatio)*[48]. Seine drei Personen haben Relationen, aber sind nicht einfach Relationen. Auf diese Weise können missverständliche Implikationen der Rede von einer Substanz vermieden werden. Das Ungezeugtsein des Sohnes ist beispielsweise kein Akzidens, sondern eine Relation, die als Beziehung ein anderes unveränderliches ewiges Objekt anzeigt. Über den Relationen steht nicht das eine Wesen Gottes als Viertes, Gott als Vater schließt den Sohn als Relation mit ein und umgekehrt. Die direkte Erkenntnis des dreieinigen Gottes muss scheitern, aber Au-

---

46. Ebd., IV 18,24. (173 Schmaus).
47. Ebd., I 4,7 (10 f. Schmaus).
48. Alfred Schindler, Wort und Analogie in Augustins Trinitätslehre (HUTh 4), Tübingen 1965, 151.

gustin identifiziert Strukturen, die der Trinität vergleichbar sind, in der Schöpfung Gottes. Berühmt geworden ist seine Identifikation solcher Ternare (von lateinisch *terni*, drei) in der menschlichen Psychologie, genauer im Geist und Denken des Menschen[49]: Auch dieses intellektuelle Vermögen des Menschen ist triadisch, ja trinitarisch strukturiert. Sein, Erkennen, Wollen; *mens, notitia, amor* (Geist, Erkenntnis, Liebe) oder Gedächtnis, Verstehen und Wille *(memoria, intelligentia, voluntas)* bilden auf der einen Seite eine Einheit, sind aber auf der anderen Seite zugleich auch dreifaltig strukturiert. Damit wird natürlich mehr über das Ebenbild als über Gott selbst gesagt, aber die Relationen zwischen den drei Personen werden als Ursprungsbegriff nachgewiesen, der sich im höchsten Werk göttlicher Schöpfung abbildet und wiederfinden lässt. Außerdem ist zum ersten Mal in der Geschichte der Trinitätstheologie deutlich geworden, dass der trinitarische Gott sich den Menschen zu seinem Ebenbild schuf und umgekehrt der Mensch mit seinen ganzen geistigen Fähigkeiten in ihrer Differenziertheit ein Ebenbild Gottes ist – Anthropologie und Trinitätstheologie sind nun eng miteinander verkoppelt.

3. Augustinus – ein umstrittener Kirchenvater

Augustinus ist, wie wir bereits sahen, ein umstrittener Theologe: Der Heidelberger Systematische Theologe Dietrich Ritschl prägte die klassische Formulierung von der »Last des augustinischen Erbes«[50]. Er macht Augustinus für eine »Verlängerung der typisch westlichen Konzentration auf die Rechtfertigungslehre« verantwortlich und sieht »in ihrer individualistischen Fassung ein Teil der Last des augustinischen Erbes«[51]. Das Interesse evangelischer Theologen des zwanzigsten Jahrhunderts wie Bultmann und Ebeling am Glauben des Individuums hält er daher für neoaugustinisch; Jesus könne dann nur zu einem Zeugen des Glaubens werden[52]. Ritschl formuliert von dieser Voraussetzung her, die er als Be-

---

49. Michael Schmaus, Die psychologische Trinitätslehre des heiligen Augustinus (MBTh 11), Münster ²1967/1969 (zuerst 1927).
50. Dietrich Ritschl, Die Last des Augustinischen Erbes, in: ΠΑΡΡΗΣΙΑ. Karl Barth zum achtzigsten Geburtstag am 10. Mai 1966, hg. v. Ernst Busch, Jürgen Fangmeier und Max Geiger, Zürich 1966, 470-490 [= ders., Konzepte. Bd. 1 Patristische Studien (Basler und Berner Studien zur historischen und systematischen Theologie 28), Bern u. a. 1976, 102-122].
51. Ebd., 471.
52. Ebd., 472.

obachtung an den Texten entfaltet, einen Mängelkatalog der Theologie des Augustinus: Der nordafrikanische Bischof habe das Korporative vom Individuellen her gedeutet, einen zeitlos-ewigen mathematischen Gottesbegriff eingeführt[53]. Augustinus habe nicht den Paulinismus wiederentdeckt, sondern im Grunde nur einen getauften Neuplatonismus in der Kirche heimisch gemacht. Die dadurch rezipierte pyramidale Stufung des Seins sei aber schlecht erträglich. Ritschl wirft der Prädestinationstheologie Augustins Manichäismus oder mindestens manichäische Reste vor[54]; der Bischof habe sich weg »von egoistisch-introspektiver philosophischer Religiosität zu intoleranter Kirchlichkeit« entwickelt; deren Höhepunkt sei die »kalte Prädestinationslehre«. Wenn nur Gott genossen werden könne, der Rest aber lediglich gebraucht werden dürfe, werde die Welt über Gebühr entwertet; vor allem auch in der Beziehung von Sache und Zeichen *(res-signum)* entwertet[55]. Schließlich meint Ritschl, dass eine als Vorwissen, *praescientia*, definierte Prädestination, *praedestinatio*, ja wohl doch eine Erlösung nach Werken impliziere, die die Gerechten tun und die Gott vorhersieht. Die mittelalterlichen Entwicklungen der Gnadentheologie hält Ritschl für natürliche Konsequenzen.

Noch schärfer geht der Philosoph Kurt Flasch mit Augustinus ins Gericht, wenn er sagt, dass mindestens in einzelnen Topoi seiner Lehre, z. B. in der Prädestinationslehre seiner späteren Lebensphasen, der schärfste Bruch christlicher Theologie mit der Antike vorliegt, eine Art Verfinsterung der hellen Antike mit schlimmen Folgen vom Mittelalter an. In der Diagnose wird man Flasch kaum widersprechen können; die meisten antiken Philosophen und Theologen dachten über Fähigkeiten und Status des Menschen deutlich optimistischer als Augustinus. Fraglich ist nur die Beurteilung der in ihrer zugespitzten Radikalität tatsächlich neuen Sicht des nordafrikanischen Kirchenvaters. Doch vor aller Beurteilung sollte der historische Befund zutreffend beschrieben werden: Während der Bochumer Philosoph Augustinus vorwirft, eine »Logik des Schreckens« zu etablieren, »Weltverdüsterung und Entmächtigung des Menschen« zu betreiben, muss man sich zunächst klarmachen, dass einfach nur eine zugespitzte Wiederholung von Grundeinsichten des Apostel Paulus vorliegt. Augustinus weist mit Paulus die Frage ab, warum Gott Jakob geliebt, Esau aber gehasst habe (Röm 9,13). Wenn Flasch weiter sagt, dass so dem Gott der Philosophen »die Todesurkunde« geschrieben

---

53. Ebd., 473.
54. Ebd., 477.
55. Ebd., 478.

sei, ist das zutreffend; wenn er sagt, dass »die Menschheit ... zu Schmutz und Sündenbrei« wurde, dann stimmt das freilich nur partiell; wenn er schließlich gar unheilvolle Formen von »Gewaltverinnerlichung« beobachtet, »die ihre Spuren hinterlassen haben in der Geschichte Europas und in der Biographie zahlloser Opfer«[56], dann ist das unzutreffend. Denn insbesondere die schreckliche Geschichte des zwanzigsten Jahrhunderts hat ja deutlich gemacht, dass die schwarze Anthropologie des nordafrikanischen Kirchenvaters auf eine bestürzende Weise die Realität menschlichen Eigennutzes, menschlicher Grausamkeit und Verführbarkeit beschreibt. Auch Leser Augustins, die die radikalen prädestinatianischen Konsequenzen seiner Paulusauslegung nicht teilen, können von daher seiner pessimistischen Charakterisierung des Menschen einen gewissen Realitätscharakter bescheinigen. Außerdem wird dieser pessimistische Grundzug in seinem Werk auch immer wieder gebrochen, beispielsweise dann, wenn die Ebenbildlichkeit Gottes im menschlichen Geist aufgewiesen und so die göttliche Trinität und das fehlbare menschliche Individuum so eng verkoppelt werden. Natürlich wird die finstere Anthropologie auch dann nachhaltig gebrochen, wenn in der Tradition der Mystik der Aufstieg zu Gott in kulinarischen Metaphern als Geschmack unendlicher Süße oder gar in erotischem Vokabular beschrieben wird.

Eine neue Karriere steht Augustinus, nachdem er schon für die reformatorische Entwicklung des Augustinermönchs Luther eine große Rolle spielte, vielleicht noch als »Vater der Ökumene« bevor: Nach einem Vorschlag des ökumenischen Arbeitskreises evangelischer und katholischer Theologen sollte Augustinus als hermeneutisches Prinzip der Konvergenz bzw. der Komplementarität gewählt werden, weil bei ihm Positionen, die in der frühen Neuzeit kirchentrennend gegeneinandergestellt wurden, noch nebeneinander oder sogar ineinander gehalten werden. Der Arbeitskreis formulierte daher als Regel für den Umgang mit den wechselseitigen Lehrverurteilungen von Lutheranern und Katholiken seit der Reformationszeit: »Im Zweifel die Interpretation (sc. des reformatorischen und gegenreformatorischen Lehrbestandes), die näher bei Augustinus steht«[57]. Sowohl das hermeneutische Prinzip, neuzeitliche Lehrdifferenzen auf eine

---

56. Kurt Flasch, Augustin. Einführung in sein Denken (Universal-Bibliothek 9962), Stuttgart ²1994.
57. Vgl. die Studie Lehrverurteilungen – kirchentrennend? Teil I: Rechtfertigung, Sakrament und Amt im Zeitalter der Reformation und heute, hg. v. Karl Lehmann und Wolfhart Pannenberg (Dialog der Kirchen 4), Freiburg im Breisgau/Göttingen 1986, 47.

ursprüngliche Einheit im Denken des spätantiken Kirchenvaters Augustinus zurückzuführen und ihnen so den kirchentrennenden Charakter zu nehmen, ist kritisiert worden, wie einzelne Versuche, spezifische Lehrbildungen so zu behandeln. Allerdings lässt sich tatsächlich an verschiedenen kontroverstheologischen Topoi zeigen, dass Augustinus noch Positionen ohne große Differenzierung vertritt, die in der späteren Lehrentwicklung zu Alternativen werden und schließlich in der frühen Neuzeit mit kirchentrennendem Exklusivitätsanspruch versehen werden[58].

Eine einheitliche Position zu Person wie Werk des Augustinus von Hippo hat es in der Kirchengeschichte nicht gegeben und wird es vermutlich auch nie geben. Was die einen als nüchternen Realismus preisen, geißeln die anderen als Verfinsterung der hellen Antike. Was die einen als sensible Suche nach der Wahrheit des Evangeliums empfinden, stößt den anderen als brutale Durchsetzung der Autorität kirchlicher Lehre durch einen Bischof auf. Autorität spielt eine große Rolle im Leben des Augustinus[59], an ihr arbeitet er sich ab und die höchste Autorität weist er der Heiligen Schrift zu. Seit seinem Tod arbeiten sich viele Christen an der Autorität des Augustinus ab. Das ist so lange kein Schade, wie dieser Prozess Menschen auf die Autorität der Heiligen Schrift verweist.

Literaturempfehlungen

Augustin Handbuch, hg. von Volker Henning Drecoll, Tübingen 2007.
Chadwick, Henry, Augustin, Göttingen 1987.
Fuhrer, Therese, Augustinus, Darmstadt 2004 mit einem ausführlichen bibliographischen Anhang (181-191).

58. Wolfgang A. Bienert, »Im Zweifel näher bei Augustin«? – Zum patristischen Hintergrund der Theologie Luthers, in: Oecumenica et Patristica. Festschrift für Wilhelm Schneemelcher zum 75. Geburtstag, hg. v. Damaskinos Papandreou u. a., Stuttgart u. a. 1989, 281-294; Alfred Schindler, Augustin als Vater der Ökumene. Zu einem Grundsatz des Dokuments: Lehrverurteilungen – kirchentrennend?, in: Logos. Festschrift für Luise Abramowski, hg. v. Hanns Christof Brennecke (BZNW 67), Berlin u. a. 1993, 607-618; Christoph Markschies, Taufe und Concupiscentia bei Augustinus, in: Gerecht und Sünder zugleich? Ökumenische Klärungen, hg. v. Theo Schneider und Gunter Wenz (Dialog der Kirchen 11), Freiburg 2001, 92-108.
59. Karl-Heinrich Lütcke, Art. Auctoritas, in: AL I, Basel 1986-1994, 498-510.

Gottes Eigenart verstehen – Anselm von Canterbury oder der Auftakt zur Scholastik

Georg Plasger

1. Anselm als Lehrer

Anselm, 1033 in Aosta geboren, war von 1063 bis 1079 Prior im Kloster Bec in der Normandie. Als Prior hatte er die Leitung der Klosterschule inne und hatte auch für die theologische Bildung der Klosterschüler zu sorgen. Dabei fällt auf, dass Anselm nicht das reine Nachbuchstabieren und Auswendiglernen von Texten und dogmatischen Inhalten in den Mittelpunkt stellt, sondern das dialogische Lernen.

So berichtet Anselms Schüler und Biograf Eadmer von einer Begebenheit im Kloster Bec.

»Einmal also sprach mit ihm (sc. Anselm) ein Abt, der für sehr gottesfürchtig galt, über die mönchischen Verpflichtungen und ließ ein paar Worte über die im Kloster aufgezogenen Knaben einfließen. ›Was soll nur aus ihnen werden?‹, fügte er hinzu. ›Verdorben und unverbesserlich sind sie. Tag und Nacht lassen wir nicht ab, sie zu züchtigen, und immer werden sie noch schlimmer.‹ Da wunderte sich Anselm und sprach: ›Ihr hört nicht auf, sie zu züchtigen? Und wenn sie herangewachsen sind, was für Menschen sind es? Schlaffe und rohe! Wie konntet ihr eure Kost so verschwenden, dass ihr Menschen zu Tieren aufzieht?‹ ›Wir?‹, sprach der Abt. ›Was können wir dafür? Mit allen Mitteln zwängen wir sie ein, dass sie Fortschritte machen, und sie machen keine Fortschritte!‹ ›Ihr zwängt sie ein? Sage mir, hochwürdiger Abt, wenn du einen jungen Baum in deinen Garten pflanztest und ihn alsbald auf allen Seiten so einschlössest, dass er seine Zweige nicht ausstrecken könnte, und ihn nach Jahren befreitest, was für ein Baum würde da herauskommen? Gewiss ein unfruchtbarer, mit krummen, verbogenen Zweigen. Und daran wärst nur du mit deinem maßlosen Einschließen schuld. Ganz so handelt ihr an euren Knaben. Sie sind durch die Oblation im Garten der Kirche gepflanzt und sollen wachsen und Gott Frucht tragen. Ihr aber engt sie mit Schrecken, Drohungen, Schlägen überall so ein, dass sie sich überhaupt nicht der Freiheit bemächtigen können. So weben, hegen und nähren sie, unbedacht unterdrückt, schlechte und spinnenartig verwickelte Gedanken und verhärten sich dabei so, dass sie trotzig alles meiden, was zu ihrer Besserung dienen könnte. Und weil sie an euch nichts von Liebe, Güte, Wohlwollen, Zärtlichkeit für die merken, glauben sie dann auch an nichts Gutes in euch, sondern meinen, ihr handelt nur aus Hass und Missgunst. Und so wird es denn traurige Wahrheit, dass mit ihren Körpern in gleichem Maß ihr Hass und schlimmer Argwohn wächst, dass sie stets zum Laster geneigt sind. Weil sie zu niemandem in wahrer Liebe aufgezogen wurden, seh'n sie jeden nur mit gesenktem Blick an.«

Anselm rät deshalb seinem Gesprächspartner, den Knaben auch mit Milde und Freundlichkeit zu begegnen. »Wie ein zarter und ein kräftiger Körper je nach dem ernährt werden muss, so braucht die gebrechliche und die starke Seele ihre angemessene Lebensweise. … Passt ihr euch so den starken und schwachen unter euern Zöglingen an, so werdet ihr durch Gottes Gnade, soviel an euch liegt, alle für Gott gewinnen.«[1]

Den Menschen als Menschen ansehen, der wächst und gedeiht. Den Menschen als Menschen sehen, der sich zu entwickeln hat und der dialogisch lernt. Diese Sätze klingen fast nach moderner Pädagogik. Sie atmen jedenfalls nicht den Geist jenes Mittelalters, das uns häufig übermittelt wird. Gleichzeitig wird erkennbar, dass sich hier unterschiedliche Verständnisse von Bildung begegnen. Im Verständnis des Abtes steht im Mittelpunkt nicht das Zutrauen zu den Schülern, selber Entdeckungen machen zu können. Vielmehr haben sie in eine überlieferte Form hineinzuwachsen – und deshalb muss Widerständen gewehrt werden. Die Züchtigung ist ein gewaltsames Mittel, Menschen gefügig zu machen – und doch, so die Erfahrung des Abtes – bleibt es ein äußeres Mittel, das nicht die Herzen und damit den ganzen Menschen erreicht. Anselm hingegen zeigt in dieser wohl stilisierten Begebenheit, wie wichtig es ist, auch und gerade den Schüler in seiner spezifischen Situation wahrzunehmen. Eine angemessene Lebensweise braucht es … Menschen sollen wachsen dürfen und brauchen dafür Raum – Verstehensraum. Dann – so die Hoffnung und Erwartung Anselms – sind sie in der Lage, Frucht zu tragen.

Diese Begebenheit ist transparent für die Veränderung, die mit Anselm in die theologische Landschaft eingetreten ist. Sie darf nicht als Innovation schlechthin verstanden werden, aber doch als ein neuer Anschub im Blick auf die Art und Weise, Theologie zu treiben. Wenn man einmal – natürlich zu grob und vielem und vielen nicht gerecht werdend – die Methodik der Theologie nach Augustin betrachtet, so lässt sich zeigen, dass immer stärker eine Orthodoxie, ein Erstarren kirchlicher Lehre stattfand. Der Papst Gregor der Große verstand sich als Interpret Augustins und legte wirkungsgeschichtlich äußerst erfolgreich den Haupt-

---

1. Eadmer, Das Leben des Heiligen Anselm von Canterbury, geschrieben von seinem Schüler und unzertrennlichen Begleiter Eadmer, übersetzt v. G. Müller, München 1923, 46-49.

akzent theologischer Bemühungen auf die pastorale Dimension – in der Folge standen die Fragen der Vermittlung im Vordergrund: Was heißt Buße, was vermitteln die Sakramente? Dabei stand die Kirche als Institution im Mittelpunkt, weil sie ja – als Leib Jesu Christi wesensmäßig mit Gott verbunden – die Gnade vermittelte. Die theologischen Inhalte wurden in der Zeit nach Augustin tendenziell wenig weiterentwickelt – vielmehr stand die Bewahrung gewonnener Erkenntnisse und Inhalte im Vordergrund. Dabei entstanden natürlich auch diverse Kontroversen um verschiedene Fragen, die sich aber wesentlich um das Verständnis der überlieferten Autorität rankten. Denn die »auctoritas«, die Autorität der Väter der Kirche, stand im Hintergrund. Die Kirchenväter hatten die Bibel interpretiert – und deshalb war es in der Folge wichtig, diese Interpretationen, diese Lehre kennen zu lernen. Die Form der Weitergabe war vor allem die der Textsammlungen. Ausschnitte der Kirchenväter wurden zusammengestellt und bildeten mit ihren die jeweiligen Positionen naturgemäß verkürzten Textausschnitten die Basis des theologischen Lernens, das vor allem in Klosterschulen, daneben auch zunehmend in Domschulen stattfand. Diese Form führte zu einem recht mechanischen Durchdringen der Sachverhalte. Wichtige Hilfsmittel zum Verstehen waren Sprache, Grammatik und Rhetorik, die aber vor allem als Methodik genutzt wurden – der Inhalt war ja vorgegeben. »Christliche Lehre bleibt also überlieferte Autorität, Theologie besteht in der Interpretation von Autorität.«[2]

Dieses Verfahren aber – so kann man angesichts der oben angeführten Begegnung zwischen Anselm und dem namentlich nicht erwähnten Abt schließen – steht in der Gefahr, den verstehenden Menschen nicht ernst genug zu nehmen: die auctoritas wird nicht mehr durchdrungen und verstanden, sondern – bestenfalls – akzeptiert, hingenommen. Das verursacht Äußerlichkeit und bringt deshalb nach Anselm keine Frucht. Seine in all seinen theologischen Schriften zu erkennende Alternative zu diesem Verfahren ist deutlich erkennbar.

Allerdings hat man seit fast eintausend Jahren auch Mühe, diese neue Methodik richtig einzuordnen. Anselm betont anders als seine Vorgänger die »ratio«. Was aber heißt »ratio«? Heißt »ratio«, dass Anselm mit bloßer Vernunft, also mit logischen Mitteln des menschlichen Verstandes alleine göttliche Wahrheiten erkennen kann? Dass er dem menschlichen

<hr />

2. Ekkehard Mühlenberg, Dogma und Lehre im Abendland, in: C. Andresen u. a. (Hg.), Handbuch der Dogmen- und Theologiegeschichte Band 1, Göttingen 1982, 406-566, 555.

Verstand zutraut, Gott zu »beweisen«, den Tod Jesu am Kreuz als notwendig zu begründen? So wird Anselm bis heute gelesen. Und dann natürlich auch kritisiert. Denn, so wird gegen Anselm eingewandt, das *kann* der menschliche Verstand nicht. Gottes Existenz kann nicht mit den Mitteln menschlicher Vernunft bewiesen werden, weil sich dann der Mensch aus seiner eigenen Begrenztheit hinaus würde begeben können. Und den Tod Jesu am Kreuz mit logischen Mitteln zu verstehen, widerspricht ja auch schon dem paulinischen Zeugnis, der es als Ärgernis und Dummheit bezeichnet hat für die, die es nicht als Gotteskraft sehen. Die kritische Frage bis heute an Anselm lautet: Überschätzt du nicht die menschliche Vernunft?

Diese Frage ist aber nicht erst in späteren Zeiten an Anselm gerichtet worden. Bereits Anselms Lehrer und Vorgänger im Amt als Prior Lanfrank hat Mühe mit Anselms Methodik. Seine Frage ist, ob Anselm in seinem Verfahren – Lanfrank bezieht sich in seiner Anfrage auf Anselms Werk »Monologion« – nicht die Autoritäten außer Acht gelassen habe. Und Anselm antwortet, dass er sowohl die Kirchenväter wie vor allem Augustinus in allem, was er geschrieben habe, hinter sich wisse – eigentlich habe Augustin schon alles, was er schreibe, gesagt.[3] Dabei ist Lanfranks Anfrage verständlich, denn Anselm selber schreibt im Vorwort zum Monologion, dass er seine Beweisführung nicht auf die Autorität der Heiligen Schrift stütze. Und in seiner Schrift »Cur Deus homo« (Warum Gott Mensch wurde) schreibt er, dass er allein mit den Mitteln der Vernunft (sola ratione) und abgesehen von Christus (remoto Christo) argumentiere. Was also liegt näher, als Anselms Vorgehen als rationell und vielleicht sogar rationalistisch zu kennzeichnen?

Doch heißt es auch hier wie bei Anselms vielfach sehr knappen Formulierungen: Aufgepasst! Denn das, was Anselm unter »ratio« versteht, darf nicht mit unserer heutigen neuzeitlichen Vernunft gleichgesetzt werden, die – nachaufklärerisch – vor allem Selbstreflexion und Selbstbezogenheit des Denkens meint. Meine im Folgenden durchscheinende Interpretation Anselms ist dadurch geprägt, dass ich bei ihm ein Verständnis von »ratio« wahrnehme, das in einem ganz bestimmten Verhältnis zum Glauben besteht und den Glauben voraussetzt. Es ist also in allen Fällen bei Anselm nicht die selbsttätige Vernunft, die er meint. Sondern es ist eine didaktische Dimension, die hier das Verstehen meint. Dabei ist An-

3. Vgl. Anselms Brief an Lanfrank: Epistola 77, in: S. Anselmi Cantaruensis Archiepiscopi Opera Omnia, hg. v. Franciscus Salesius Schmitt, Volumen Tertium, Edinburgh 1946, 199 f.

selm selber aber nicht der eigentliche Lehrer, sondern Gott selber. Gott nähert sich dem Menschen an und gibt sich selbst zu erkennen, so dass der Glaube auch Einsichten haben und machen darf. So wie Anselm sich dem Schüler gegenüber verhält, so verhält sich Anselm zufolge Gott zum Menschen: Der Mensch darf verstehen. Es ist kein blindes »Für-wahr-halten«, sondern in Gottes eigener »ratio« ist ein Weg erkennbar. Deshalb muss die Theologie auch nicht einfach die Autoritäten fraglos akzeptieren. Vielmehr fordert die Theologie geradezu den Dialog.

Es ist deshalb methodisch auch nicht unwichtig, dass ein Großteil der Werke Anselms in Dialogform geschrieben ist. Theologie vollzieht sich im Gespräch.

2. Der Lebensweg Anselms

Anselm wurde 1033 in Aosta im heutigen Italien geboren. Nach dem Tode seiner Mutter und Streitigkeiten mit seinem Vater verließ er 1056 seine Heimat, um sich umherziehend Wissen anzueignen. Er gelangte, die besten Lehrer suchend, in die Normandie ins Kloster Bec, wo der gelehrte und anerkannte Lanfrank Prior war. Lanfrank hatte in Bec eine offene Klosterschule errichtet, d. h., die Schüler mussten keine Mönche sein, um zu studieren. In diese offene Klosterschule trat Anselm 1059 ein und fand sich schon nach kurzer Zeit vor die Frage gestellt, ob er sich nach Cluny wenden oder in Bec bleiben sollte. In Cluny war eine die Spiritualität betonende Klosterreform vollzogen worden – hier befürchtete Anselm, zu wenig Theologie treiben zu können. Und in Bec sah er angesichts der überragenden Größe von Lanfrank wenige Möglichkeiten zur Selbstentfaltung, weil er – anders als Lanfrank – keine Schulbücher oder Kommentare zu den Kirchenvätern verfassen wollte. Anselm blieb schließlich in Bec und wurde 1060 Mönch – und übernahm schon nach drei Jahren das Amt des Priors als Nachfolger Lanfranks, der Abt des Klosters in Caën wurde; dieses Amt hatte Anselm 16 Jahre inne. In dieser Zeit trat Anselm vor allem als Lehrer hervor, dem die Herzens- und Verstandesbildung seiner Schüler wichtig war. Intensiv arbeitete sich Anselm in die Schriften vor allem Augustins ein; zu seiner Methodik gehört es, dass er sie fast nie zitierte, aber ständig voraussetzte. Seine ersten Schriften veröffentlichte er erst in den letzten Jahren seiner Tätigkeit als Prior, dazu gehören das Monologion und das Proslogion, letztere Schrift enthält den sogenannten ontologischen Gottesbeweis. Nach dem Tode des Abtes Herluin 1079 wurde Anselm gegen sein Interesse dessen Nachfolger. In der Zeit als Abt entstanden die sogenannten Freiheitsschriften Anselms. Abstriche muss man, so ist aus der Lebensbeschreibung Eadmers zwischen den Zeilen gut heraus zu lesen, bei der wirtschaftlichen Tüchtigkeit Anselms machen; trotz mancher Besitztümer des Klosters in England gab es ökonomische Engpässe. So musste Anselm mehrfach nach England reisen, wo Lanfrank seit 1070 Erzbischof von Canterbury war. Nach dem Tode Lanfranks 1089 wurde Anselm nach langem Zögern 1093 Erzbischof von Canterbury. Allerdings geriet Anselm bald in den Investiturstreit hinein, in dem weltliche und geistliche Macht um die Vorherrschaft rangen. Anselm hielt sich eindeutig zum Papst, was ihm Schwierigkeiten mit dem englischen König William II. einbrachte. Von 1097 bis 1100 befand sich Anselm daraufhin im Exil in Rom; dort vollendete er die wichtige Schrift *Cur Deus homo* und verteidigte auf der Synode von Bari 1098 das »filioque«, dass also der Heilige Geist vom Vater *und vom Sohn* ausgeht. Nach dem Tode Williams II. übernahm dessen Bruder, Heinrich I., 1100 die Regentschaft. Anselm kehrte nach England zurück, geriet jedoch erneut in Differenzen mit dem König und war zwischen 1103 und 1106 wieder im Exil. 1107 kehrte Anselm nach einem Kompromiss zurück und starb 1109.

3.   Der Denkweg Anselms

Es ist natürlich nicht leicht, in einer knappen Darstellung eine komplexe, sehr umstrittene und vielschichtige Theologie darzustellen, die ihrerseits nicht die Absicht hatte, eine umfassende oder gar systematisch gegliederte Fassung einer theologischen Gesamtsicht darzustellen. Es ist auch deshalb schwierig, weil Anselm bis heute sehr unterschiedlich wahrgenommen wird. Das gilt für die Methodik wie für die Inhalte. Wird er auf der einen Seite als vorbildlicher Theologe gewürdigt, so wird er auf der anderen Seite für manchen Irrweg in der Theologie- und Kirchengeschichte verantwortlich gemacht. Die Deutung der Texte Anselms haben bis heute jedenfalls keinen Konsens gefunden – und der Dissens der Deutungen geht über die Grenzen der Disziplinen und Konfessionen hinaus.

Ich möchte im Folgenden versuchen, eine Linie des Denkweges bei Anselm von Canterbury hervorzuheben. Dabei nehme ich mir seine beiden einflussreichsten Werke vor, die scheinbar ganz unterschiedliche Dinge traktieren, die aber doch auch eng beieinander zu sehen sind: »Proslogion« und »Cur Deus homo«. Denn in beiden geht es um die Frage nach dem Wesen Gottes.

3.1 Der Denkweg Anselms im Proslogion

Das *Proslogion* ist das Ergebnis einer Suche nach einem Begriff für das besondere Dasein Gottes. Anselm fragt sich nämlich, ob man mit menschlichen Worten so von Gott und Gottes Wesen reden kann, dass es auch zutreffende Aussagen sind. Können wir mit unseren Worten Gottes Wesen gerecht werden? Oder ist es nicht letztlich immer nur etwas, was Menschen über sich selber aussagen? Wenn Menschen von der Liebe, von der Gerechtigkeit und auch von der Allmacht Gottes sprechen – nehmen sie dann nicht letztlich eine Übersteigerung oder Überhöhung der Liebe, der Gerechtigkeit oder auch der Macht vor, die im Horizont des Menschen erfahrbar ist? Menschen lieben sich, aber Gott liebt noch mehr. Menschen sind – hoffentlich – gerecht, aber Gott ist es noch viel mehr. Menschen haben Macht auf der Erde – aber Gott noch viel mehr. Diese Form der Steigerung der menschlichen Eigenschaften auf Gott ist ein nachvollziehbares menschliches Verfahren, von Gott zu reden; denn wovon soll der Mensch sonst ausgehen, wenn er von Gott redet. Hier setzen aber für Anselm Probleme ein. Denn das hieße, dass Eigenschaften dann miteinander in Konflikt kommen können. Liebe und Gerechtigkeit sind auf Erden sich zuweilen widersprechende Tugenden. Bedeutet eine Übertragung menschlicher Eigenschaften auf Gott, dass dann in Gott selber eine Spannung zu denken ist und er manchmal abzuwägen habe zwischen einem liebevollen und einem gerechten Handeln? Dieses zu denken macht Anselm aber Mühe. Denn dann wäre ein mögliches Ergebnis ein wankelmütiger Gott, oder ein Gottesverständnis, das vorhandene menschliche Spannungen in Gott hineinprojiziere. Andererseits könnte natürlich auch gedacht werden, dass alle menschlichen Eigenschaften nur annäherungsweise auf Gott passen können, weil Gott noch einmal ganz anders ist. Aber auch hier bekommt Anselm Mühe. Denn dann steht es in Frage, ob überhaupt von Gott zutreffend geredet werden kann – so dass wirklich von Gott und nicht nur vom Menschen die Rede ist.

Um Anselms Problemlage verstehen zu können, ist es nötig, ein wenig in philosophische Denktraditionen einzutauchen, in denen Anselm sich bewegt. Anselm ist, beeinflusst von Augustin und vielen anderen, ein grundsätzlich neuplatonisch denkender Theologe. Und damit ist die Frage nach der Wirklichkeit gestellt. Alle in platonischen Strukturen denkende Philosophie geht davon aus, dass die entscheidende Wirklichkeit nicht auf Erden ist, dass das, was Menschen erfahren, was sie sehen, fühlen und schmecken, nicht eine letzte Wirklichkeit beschreibt. Letzte Wirklichkeit ist nicht, so würde man heute sagen, die empirische erfassbare Wirklichkeit, sondern eine außerhalb der empirischen Welt stehende Wirklichkeit. Und für Anselm ist diese letzte und entscheidende Wirklichkeit natürlich Gott, der der Schöpfer der Welt ist. Dem Schöpfer und nicht dem Geschöpf gebührt höchste Wirklichkeit. Ja, mehr noch, alles, was geschaffen ist, kann nur als abgeleitete Wirklichkeit verstanden werden.

Und dann stellt sich die Frage, wie in der abgeleiteten und also nicht letztlich wirklichen Welt von der nicht empirisch fassbaren Wirklichkeit geredet werden kann, wenn es mehr sein soll als Annäherung, die die Wirklichkeit gar nicht genau trifft. Und hier ist Anselm auf der Suche nach einem angemessenen Verfahren, Gott so zu bezeichnen, dass von Gottes Eigenschaften zuverlässig geredet werden kann. Wie also müssen sie verstanden werden, wie kann Gott – das ist Anselms Ziel – in einem Wort, in einem Satz benannt werden?

Das theologische Verfahren ist für ihn dabei klar: »Auch will ich nicht verstehen, um zu glauben, sondern ich glaube, um zu verstehen [credo ut intelligam]. Und ich glaube auch dies: nie könnte ich verstehen, wenn ich nicht glaubte.«[4] Der Glaube sucht das Verstehen (fides quaerens intellectum) – dieser Grundsatz, den Anselm von Augustin entnommen hat, ist Anselms Programm. Es ist das Verstehen und damit die menschliche Ratio nicht ohne deren Voraussetzungen für theologische Erkenntnis zu nutzen: Die Vernunft setzt den Glauben voraus. Und dann entwickelt Anselm den Satz, der als sogenannter ontologischer Gottesbeweis in die Philosophie- und Theologiegeschichte eingegangen ist: Gott ist derjenige, »über den hinaus nichts Größeres gedacht werden kann.« (id quo nihil maius cogitari possit) Es ist aber die Frage, ob Anselm tatsächlich in den Kapiteln zwei bis vier des Proslogion so etwas wie einen Gottesbeweis versucht. Dagegen sprechen zumindest zwei Hinweise neben den oben schon gemachten Aussagen, dass der Glaube bei Anselm immer schon vorausgesetzt werden kann. Einmal ist es der Gebetscharakter: Anselm bittet Gott um Einsicht für den Glauben. Und sodann ist es wichtig, dass die Abschnitte zwei bis vier nicht aus dem Gesamtwerk des Proslogion ausgeschnitten werden.

Denn in den folgenden 22 Kapiteln geht es um die oben schon angesprochenen Eigenschaften Gottes. Und jetzt ist der Satz, dass Gott der ist, über den hinaus nichts Größeres gedacht werden kann, eine Hilfe, die einzelnen Eigenschaften zu verstehen. Gott ist, der er ist. »Du allein also,

---

4. Proslogion I.

Herr, bist, was Du bist, und Du bist der, der ist.«[5] Gott ist Gott. Und alle Eigenschaften, die in diesen Abschnitten beschrieben werden, sind nicht von menschlichen Erfahrungen her zu verstehen. Sondern es sind göttliche, von Gott her zu verstehende Dimensionen. Wenn Gott gerecht ist, dann dürfen wir nicht unsere menschliche Gerechtigkeit zum Maßstab machen, sondern Gottes Wesen, Gottes einzigartige Gerechtigkeit. Wenn von Gottes Liebe gesprochen wird, dann können wir nicht unsere menschliche Liebe zum Ausgangspunkt machen, sondern Gottes liebendes Handeln ist Gott selber. Alle Eigenschaften sind letztlich mit Gott selber identisch – und deshalb ist der Satz, dass Gott der ist, über den hinaus nichts Größeres gedacht werden kann, für Anselm so wichtig. Denn Gottes Sein und Wesen sind nicht auf einer höchsten Stufe und also in der größtmöglichen Übersteigerung menschlicher Eigenschaften zu sehen, sondern steht noch einmal darüber – er ist einzigartig.

Und deshalb sind auch die Eigenschaften, die häufig als Gegensatz empfunden werden, bei ihm nicht als Spannung zu verstehen: Gottes Barmherzigkeit ist gerecht, und Gottes Gerechtigkeit ist barmherzig. Anders als bei den Menschen ist hier keine Spannung zu sehen.

3.2 Der Denkweg Anselms in »Cur Deus homo«

Auch hier ist die Leitfrage die nach dem Zusammenhang von Gerechtigkeit und Barmherzigkeit Gottes. Nur stellt sich Anselm hier nicht mehr die Frage nach dem Wesen Gottes als solchem, sondern fragt sich, inwiefern der Weg Jesu Christi ein zu Gott passender Weg ist – oder anders gesagt: Kann im Weg Jesu Christi ans Kreuz wirklich von Gottes Weg und Willen gesprochen werden? Diese Frage Anselms ist Christen und Christinnen bis heute wohl nicht fremd. Wieso war es nötig, dass Gott ein Mensch wird und einen schmachvollen Tod am Kreuz stirbt – wäre hier nicht eine andere Weise, den Menschen zu versöhnen, einfacher gewesen? Wäre es nicht einfacher und auch für Gott passender gewesen, er hätte dem Menschen einfach so, aus lauter Barmherzigkeit, vergeben? So fragt Anselm in *Cur Deus homo* Boso, der einmal sein echter Schüler in Bec war und hier als fingierter Gesprächspartner dient. Und Boso antwortet: Ja, eigentlich ist das Gottes Wesen, vergebend tätig zu sein. Es fragt sich dann: Musste der Umweg über das Kreuz denn sein? Dahinter steht die Frage nach Barmherzigkeit und Gerechtigkeit, die Anselm auch

---

5. Proslogion XXII.

ausführlich behandelt. Heißt Barmherzigkeit Gottes vergeben und Gerechtigkeit Gottes bestrafen? Wie stehen die beiden Größen dann zueinander?

Anselm zeichnet in *Cur Deus homo* die Geschichte eines Dramas nach. Zwei Größen stehen miteinander in Konflikt. Einerseits hat Gott mit dem Menschen einen einseitigen Bund geschlossen, ihn in die Seligkeit zu führen. Andererseits aber hat sich der Mensch von Gott abgewendet und sich damit seine eigene Zukunft genommen: Er hat die Beziehung zu Gott einseitig aufgekündigt und passt deshalb nicht hinein in das Himmelreich. Der Tod ist der Sünde Sold, zitiert Anselm Paulus, und nimmt damit auf, dass der Mensch infolge seiner Abwendung von Gott in Beziehungslosigkeit verharrt. Wenn Gott jetzt einfach über die Abwendung des Menschen barmherzig hinwegsehen würde, so Anselm, ergibt sich das Problem, dass der Mensch gar nicht verändert wird, dass seine Beziehungslosigkeit gar nicht verändert wird. Gottes Barmherzigkeit würde sich also darauf beschränken, wegzuschauen. Das aber ist nach Anselm nicht ›barmherzig genug‹. Es muss also nach einer ›barmherzigeren Barmherzigkeit‹ gesucht werden. Und die, das ist das Interessante, findet Anselm in Gottes Gerechtigkeit. Wie kann gedacht werden, dass Gott seiner eigenen Verheißung, seiner eigenen Zusage treu bleibt und gleichzeitig der Mensch sich Gott zuwendet, indem seine Gottferne überwunden wird?

Und hier sieht nun Anselm, indem er den Weg Jesu Christi nachzeichnet, genau den Weg Gottes. Gott selber wird Mensch und stirbt am Kreuz den Tod des Sünders. Das heißt: Gott übernimmt in seinem Sohn Jesus Christus stellvertretend das, was der Mensch erleiden müsste: Den Tod. Der Tod ist nämlich, so zitiert Anselm Paulus, der Sünde Sold. Und dieser Tod als Folge der Sünde bedeutet, dass der Mensch keine Zukunft mehr hätte, die menschliche Kündigung der Beziehung zu Gott hätte für den Menschen die Folge der dauerhaften Beziehungslosigkeit – und das ist der Tod. Jetzt aber übernimmt Gott im Tod Jesu Christi selber das, was der Mensch erleiden müsste, den Tod. Und deshalb, weil Gott selber seinen Sohn für die Sünden dahingibt, ist den Menschen Zukunft gegeben. Anselm versteht den Tod Jesu am Kreuz nicht als ein Opfer, an dem er selber ein Gefallen hätte – das wäre eine sadistische und von Anselm in keiner Weise geteilte Vorstellung: Gott ist Subjekt und nicht Objekt der Versöhnung, der Mensch wird versöhnt, weil ihm jetzt die Zukunft der Gottesgemeinschaft geschenkt wird.

Dass Menschen nach der Aufklärung mit diesem Gedanken Mühe haben, weil sie in der Stellvertretung eine Entmündigung des Menschen sehen, steht auf einem anderen Blatt. Für Anselm aber ist die Vernunft und damit die Mündigkeit des Menschen anders, theologisch verortet.

Gott ist also barmherzig, indem er nicht einfach so vergibt, sondern sich selber in die Gottesferne begibt, um auf diesem Weg den Menschen gerecht zu machen, indem Gott sich und seiner Bundeszusage treu bleibt.

Ja, man kann sogar noch einen Schritt weiter gehen. Am Ende von *Cur Deus homo* ist nicht mehr die Frage, wie denn Christus und der Tod am Kreuz zum Weg Gottes passen, sondern geradezu umgekehrt: Im Weg Christi ans Kreuz ist Gottes gerechtmachende Barmherzigkeit und barmherzige Gerechtigkeit erst in ihrer Fülle erkennbar.

3.3 Der Denkweg Anselms und die Bibel

Deutlich geworden ist, dass Anselm mit wenigen Ausnahmen die Bibel nicht zitiert und mit ihr keine Autorität einführt, die nicht verstanden, sondern nur akzeptiert zu werden braucht. Und ebenso ist es mit Zitaten der Kirchenväter, den Autoritäten der Theologie im Mittelalter. Anselm will selber verstehen, durchdringen. Dabei sind ihm alle Autoritäten wichtig, auch wenn er hier und da, deutlich und für den Kundigen erkennbar, Autoritäten kritisiert. Anselm weiß aber deshalb auch um die Relativität seiner eigenen Erkenntnisse und bekennt immer wieder, für den Fall, dass seine Erkenntnisse der Heiligen Schrift und anderen Autoritäten widersprechen, diese zu revidieren. Anselm argumentiert nicht mit Autoritäten.

Aber in den letzten Jahren ist in manchen Forschungen zu Anselm noch sehr vorsichtig, aber doch erkennbar, die Frage diskutiert worden, ob Anselm mit seinen Wegen nicht viel stärker biblischen Grundlinien entspricht, als man das oft wahrgenommen hat. Anselms Erkenntnis im Blick auf die Gerechtigkeit ist ja, so habe ich es eben aufgezeigt, dass sie eine den Menschen gerechtmachende Gerechtigkeit ist, also eine aktive. Sie ist keine abwägende Gerechtigkeit, wie sie vor allem im griechischen Denkhorizont vorgestellt wird. Aber vom alttestamentlichen Zusammenhang ist zedakah = Gerechtigkeit eine aktive, die Missstände in der Welt verändernde Gerechtigkeit, die selber barmherzig ist, weil sie Gnade und Recht in einem engen Zusammenhang versteht. Anselm kommt mit seinen Denkwegen an vielen Stellen solchen Denkhorizonten nahe – und das ist durchaus überraschend. Hier ist aber bisher erst ansatzweise in Anselms Werken geforscht worden, ob und inwiefern hier eine biblisch bezogene Theologie zu sehen ist: ich halte manche Entdeckungen hier für möglich.

4. Anselm von Canterbury, seine Wirkung – und seine bleibende Herausforderung

Anselm steht zunächst einmal für sich selber – er hat keine Schule gegründet, die sein Denken fortgeführt hat; er war kein Systemdenker. Er kannte noch nicht die metaphysischen Schriften des Aristoteles, die dann vor allem über Thomas von Aquin vermittelt das Denken des Mittelalters grundlegend verändert haben. Er stand in der Tradition der Theologie Augustins, dessen Schriften er intensiv studiert hat und ständig reflektiert, ohne ihm immer zustimmen zu können. Er war noch nicht eingebunden in die später entstandenen Denkschulen der Scholastik. Deshalb ist es schwer, ihn als Vater der Schultheologie des Hoch- und Spätmittelalters zu bezeichnen, wie es manchmal geschieht. Er steht gewissermaßen noch vor der Scholastik – und hat sie doch mit seinem Denken vorbereitet.

Seine Schriften sind aus dem Dialog mit seinen Studierenden entstanden, die Themen sind ihm nicht aufgegeben worden, er hat sie sich selber gewählt. Er ragt aus dem ausgehenden 11. Jahrhundert deutlich heraus, weil seine Absicht und sein Zutrauen darin bestanden, den Glauben denkerisch zumindest ansatzweise durchdringen zu können. Dieses ›Durchdringen‹ darf nicht mit unserer neuzeitlichen und aufklärerischen Rationalität verwechselt werden, weil der Glaube an Gott immer schon vorausgesetzt war. Dieser Glaube ist für Anselm kein blinder Glaube, sondern einer, dem Gott das Verstehen schenkt.

Dabei ist Anselm in seinem Denken durchaus in bestimmten Traditionen und philosophischen Denkschulen verhaftet. Vielfach ist zu sehen, wie er bestimmte Denklinien platonisch-neuplatonischer Philosophie voraussetzt, vielleicht mehr, als es ihm selber bewusst war (zu denken ist an die gesamte platonische Seinslehre, auch an die Leidensunfähigkeit Gottes etc.). Aber das ist wohl ein Kennzeichen jeder Zeit, Rahmenbedingungen des jeweiligen Denkens fraglos zu nutzen. Gleichzeitig ist jedoch auch zu sehen, wie Anselm nicht systematisch, sondern in einzelnen Gedanken seine Denkvoraussetzungen verlässt und zu neuen Ufern aufbricht – Ufer, deren Bedeutung sich erst in der weiteren Reflexion von Anselms Denkansätzen zeigen: Er setzt mit seinem Denkansatz die Möglichkeit frei, den Traditionsstoff der Theologie nicht als zu lernenden Stoff, sondern als Antworten auf Fragen zu verstehen, die neue Fragen freisetzen.

Wer sich auf Anselm, seine Theologie und sein Verfahren einlässt, hat die Freude des Verstehens als Ziel theologischer Wissenschaft vor Augen – und vielleicht auch im Herzen. Denn Anselm traut immer wieder dem menschlichen Verstehen zu, dass es Einblick bekommt in die Rationalität Gottes. Diese göttliche Rationalität ist freilich eine, die unseren Verstand übersteigt. Aber der Glaube ist ja, wie Anselm es sagt, kein blinder Glaube, sondern er sucht das Verstehen: Fides quaerens intellectum.

Anselm – ich kann ihn nur als theologischen Lehrer verstehen, dem es immer darum ging, Gottes Eigenart zu verstehen. Er ist in Bec im Kloster Lehrer gewesen – und er ist es auch als Bischof von Canterbury geblieben. Und darum hat es die Theologie, das ist von Anselm zu lernen, immer mit dem Lernen zu tun. Mit dem, der lehrt, und dem, der lernt – und die Rollen sind nicht immer klar. Der Biograph Eadmer, der im Anfang schon zu Wort gekommen ist, schreibt von Anselms Tätigkeit als Lehrer in Bec:

»Indessen, seine besondere Sorgfalt galt den Jungen und Jünglingen, und wenn man nach dem Grund dafür fragte, antwortete er gern mit einem Gleichnis. Er verglich das Jünglingsalter mit dem Wachs, das gerade die rechte Beschaffenheit habe, sich prägen zu lassen. Denn wenn man, sprach er, das Siegel in allzu hartes oder weiches Wachs drückt, dann wird sein Zeichen sich nicht voll darin abbilden. Sind dagegen Härte und Weichheit nach rechtem Maße ausgeglichen, dann wird die Form des Siegels ganz deutlich und rein wiedergegeben. Nicht anders ist es mit den menschlichen Lebensaltern. Gesetzt, ein Mensch habe von seiner Kindheit bis ins hohe Greisenalter nur in der Sphäre des Weltlich-Vergänglichen gelebt, er verstehe nur Irdisches und sei darin ganz verhärtet. Mit dem handle von Geistlichem, sprich ihm von der Höhe der religiösen Betrachtung, lehre ihn die himmlischen Geheimnisse durchforschen, und du wirst merken, er sieht nicht einmal, was du eigentlich meinst. Und das ist nicht zu verwundern; verhärtet ist das Wachs, er hat sein Leben mit anderen Dingen hingebracht; was er zu verfolgen gelernt hat, berührt sich in nichts damit. Andererseits betrachte einen Knaben, kindlich an Jahren und Kenntnissen. Er kann noch gut und böse nicht unterscheiden, kann dich nicht einmal verstehen, wenn du derartiges erörterst. Auch das ist nicht zu verwundern: weich ist das Wachs, gleichsam flüssig, und hält das Bild des Siegels nimmer fest. In der Mitte zwischen beiden steht der Jüngling, in Zartheit und Härte harmonisch ausgeglichen. Ihn wird der Lehrer nach seinen Absichten formen können. Darum wache ich über die Jünglinge mit ängstlicher Sorgfalt und mühe mich, jeden Keim des Lasters in ihnen auszurotten, damit sie dann, in den Übungen den heiligen Tugenden recht unterwiesen, das Bild des geistlichen Mannes in sich verwandeln.«[6]

6. Eadmer, Das Leben des Heiligen Anselm von Canterbury, geschrieben von seinem Schüler und unzertrennlichen Begleiter Eadmer, übersetzt v. G. Müller, München 1923, 26 f.

Theologie hat es mit der Freude an der Lehre und am Lehren zu tun, Theologie ist dialogisch. Und – das ist das Zutrauen, das von Anselm zu lernen ist – der Glaube sucht nicht nur das Verstehen. Sondern er darf Gottes Eigenart verstehen lernen – in aller Begrenztheit unserer menschlichen ratio.

Literaturempfehlungen

Plasger, Georg, Die Not-Wendigkeit der Gerechtigkeit. Eine Interpretation zu »Cur Deus homo« von Anselm von Canterbury (Beiträge zur Geschichte und Philosophie des Mittelalters NF 38), Münster 1993.
Schmidt, Martin Anton, Anselm von Canterbury, in: M. Greschat (Hg.), Gestalten der Kirchengeschichte. Mittelalter 1, Stuttgart 1984, 123-147.
Schönberger, Rolf, Anselm von Canterbury, München 2004.

Gott denken – Thomas von Aquin oder Theologie aus Liebe zur Weisheit

Markus H. Wörner

In girum imus nocte et consumimur igni
(mittelalterliches Palindrom)

Kinder stellen verwirrende Fragen; sie zu beantworten fällt nicht immer leicht. »Was ist Gott?« ist eine von ihnen. Mit bemerkenswerter Beharrlichkeit soll Thomas von Aquin (1224-1274) solcherlei Fragen bereits als Fünfjähriger gestellt haben.[1] Sie bestimmten nicht nur sein Denken, sondern sein gesamtes Leben, machten den Beginn eines Weges aus, dessen Merkmale ihn als Suche nach Weisheit ausweisen. Ohne solche Fragen und eine die ganze Person formende Suche nach zutiefst überzeugenden, sinnvollen Antworten wäre sein Leben ohne Zweifel anders, normaler verlaufen.

Doch war Thomas ein passioniert nachdenklicher Mensch, der nicht viel redete; oft schien er wie abwesend. Während seiner Studienzeit nannten ihn seine Kommilitonen deshalb einen stummen Ochsen, sicherlich auch wegen seiner beträchtlichen Körperfülle. Sein Lehrer und Freund Albertus Magnus sah allerdings voraus, dass das Brüllen dieses Ochsen so laut würde, dass es die ganze Welt hören sollte.[2] Dennoch verstummte Thomas kurz vor dem Ende seines relativ kurzen Lebens – er wird nur 49 Jahre alt – anscheinend aufgrund seines Erlebens der Sache selbst, über die er nachdachte, redete und für die er lebte. Sicherlich aber war es die schmerzhafte Erfahrung des grundsätzlichen Ungenügens des Vermögens, die Sache selbst angemessen zur Sprache zu bringen, die ihn lebenslang bewegte. Dennoch hinterließ er – von innerer Ruhelosigkeit angetrieben – lehrend, schreibend und diktierend ein Lebenswerk, welches mehr Schriften enthält, als uns von der gesamten vorchristlichen Antike an philosophischen Texten erhalten ist. Nach seinem Tode nannte ihn die Kirche *Doctor communis*, einen Lehrer also, von dem sich allgemein lernen lässt.

---

1. Wilhelm von Tocco, Das Leben des hl. Thomas von Aquino, in: W. P. Eckert, Das Leben des hl. Thomas von Aquino, erzählt von Wilhelm von Tocco und andere Zeugnisse zu seinem Leben, Düsseldorf 1965, 83.
2. Vgl. ebd., 95.

Reden mit Gott oder von Gott war für Thomas das, was sein Leben erfüllen sollte. So schreibt er später von sich, indem er auf ein Wort des Kirchenvaters Hilarius zurückgreift: »Ich bin mir bewußt, es Gott schuldig zu sein, dies als die vornehmste Aufgabe meines Lebens anzusehen, dass all mein Reden und Sinnen von ihm handle«.[3] Dies führte ihn, den noch nicht zwanzig Jahre alten Sohn einer begüterten, italienischen Adelsfamilie, in die erst unlängst vom Spanier Dominikus gegründete, kirchlich, politisch und universitär kontroverse Gemeinschaft von Bettelmönchen, nach ihrem Gründer »Dominikaner« genannt.[4] Was ihn dazu bewog, lag an ihrem Charakterprofil und an ihrer Lebensform. Er wurde durch sie in seinem Denken und Reden geprägt gleichwie er sie fortan – beinahe als ein zweiter Ordensgründer – prägen sollte. Ohne Bezug zum Leben dieser Gemeinschaft bleibt ein Verständnis der Weisheitssuche des Thomas abstrakt.

Dominikaner predigten, aber nicht vom Ross herab, wie Bischöfe es gewöhnlich taten, sondern wandernd, zu Fuß, ohne Tross. Dies, so waren sie überzeugt, sei demjenigen am ehesten angemessen, wovon sie sprachen. Leben, Lehre und Tod des Menschen Jesus von Nazareth und seiner Freunde boten ihnen hierbei, natürlich unter veränderten historischen Bedingungen, authentische Vorbilder und Grund ihrer Zuversicht.

Unter den Predigerbrüdern fand Thomas selbstständig denkende, beständig lernende, disputierende, meditierende und betende Männer des Evangeliums. An kirchlichen und weltlichen Ämtern oder Besitztümern lag ihnen nichts. Als Thomas in späteren Jahren vom Papst das Amt des Erzbischofs zu Neapel angeboten wird, lehnt er ab und bittet den Papst, ihn in Zukunft mit dem Angebot höherer Würden zu verschonen.[5] Respekt zeigten die Dominikaner dagegen vor dem wohlüberlegten Wort, das Ausdruck furchtloser, kluger und zugleich liebevoller Wahrheits- und Weisheitssuche ist und gerade hierdurch dem Leben und Heil der Menschen dienen will. Hierfür sahen sie ein gründliches Studium dessen, wovon sie redeten, als unerlässlich an. Wie aus ihrer Ordensregel von 1228 hervorgeht,[6] zeichnete sich ihre Gemeinschaft dadurch aus, erstmals in der Geschichte theologischer Ausbildung ein ausgiebiges univer-

---

3. Thomas v. Aquin, Summa Contra Gentiles I, 2. Vgl. Hilarius, De Trinitate I, 37.
4. Zum Problem der Datierung des Ordenseintritts siehe J.-P. Torrell, Saint Thomas Aquinas, Vol. 1: The Person and his Work, Washington D.C. 1996, 8 ff.
5. Vgl. Tocco, Das Leben (§ 42), in: W. P. Eckert, Das Leben (s. Anm. 1), 140.
6. Vgl. Heinrich Denifle, Die Constitutionen des Predigerordens vom Jahre

sitäres Studium der Theologie vorzusehen und es in den eigenen Häusern lebenslang fortzusetzen. Dabei glückte die kontinuierliche Suche nach Wahrheit und Weisheit – ihrer Erfahrung nach – am besten in der »Milde« der Gemeinschaft.[7] Diese Erkenntnis teilten sie mit den großen Philosophenschulen der Antike. Vor allem Albert und Thomas ist es dann auch zu verdanken, dass zu einem derartigen lebenslangen Lernen ein philosophisches Grundstudium gehört. Dabei kann es nicht darum gehen zu lernen und lehrend zu reproduzieren, was andere bereits gedacht haben, sondern zu einer eigenen Position zu gelangen, welche reflektiert, was man selbst kontemplativ durchdacht, durchlebt und durchbetet hat. Dies erst macht Kontemplation kreativ und Predigt oder Lehre originär. Deswegen war »Betrachten und das Betrachtete Anderen überliefern« *(contemplari et contemplata aliis tradere)* ihr Motto.

So überrascht es nicht, dass das Leben und Reden der Predigerbrüder sie in kirchen-kritischen oder ablehnenden Bevölkerungskreisen zunehmend glaubwürdig machte. Viele Menschen konnten sich im 13. Jahrhundert nicht mehr mit der Kirche identifizieren, nicht zuletzt deswegen, weil ihre Lehre und Praxis allzu weit auseinanderklafften. Statt einer dienenden und armen Kirche sahen sie sich von einer herrschenden und reichen Institution mit politischen und moralischen Machtansprüchen bestimmt, welche nicht zögerte, sie auch mit militärischer oder inquisitorischer Gewalt durchzusetzen. Soziale und religiöse Umwälzungen, Verstädterung und beginnende Geldwirtschaft, der Einfluss sogenannter Ketzer wie der Waldenser, Albigenser oder Katharer, die kulturelle und politische Herausforderung durch Islam und Judentum und nicht zuletzt das Schisma mit der Ostkirche von 1054 bildeten die zur kirchlichen Selbstbesinnung und Reform und zur Auseinandersetzung mit Andersdenkenden nötigende Grundlage. Mithin war die Ohnmacht der – in Christus vorgelebten – Armut für nach Wahrhaftigkeit suchende Menschen zumeist glaubwürdiger als kirchliche Macht, vor allem dann, wenn Ketzer christlich-radikaler lebten als die Vertreter der eigenen Konfession. Um begründet zu überzeugen, war mithin eine geistige Auseinandersetzung mit den kulturellen Strömungen der Zeit auf der Grundlage eines Lebens und Denkens erforderlich, dessen Wahrhaftigkeit, Entschie-

1228, in: Archiv für Literatur- und Kirchengeschichte des Mittelalters 1 (1885), 181-187.
7. Vgl. Yves Congar, »In dulcedine societatis quaerere veritatem«. Note sur le travail en équipe chez Albert et chez les Prêcheurs au XIIIe siècle, in G. Meyer/A. Zimmermann (Hgg.), Albertus Magnus – Doctor Universalis 1280/ 1980, Mainz 1980, 47-57.

denheit und selbstlose Anspruchslosigkeit niemand ernsthaft leugnen konnte. Es liegt nahe, dass Thomas dies als junger, scharfsichtig prüfender Mann erkannte.

Wäre es nach den Eltern gegangen, so hätte für ihn allerdings alles anders kommen sollen, nur nicht ein Leben als Bettelmönch. Auf dem Weg zwischen Rom und Neapel, nicht unweit von der Abtei Montecassino, nahe dem Städtchen Roccasecca, steht heute noch die Ruine der Familienburg, auf der er im Jahre 1224/1225 geboren wurde und in der er im Kreise seiner Geschwister seine früheste Kindheit verbrachte.

Der Vater schickt sein jüngstes Kind, wie damals nicht unüblich, als »Opfergabe für Gott« zu den Benediktinern nach Montecassino, offenbar nicht nur in der Hoffnung, dass der Knabe in die Grundlagen des Lernens eingeführt wird, sondern um dort einmal Abt zu werden und damit die kirchenpolitische Stellung der Familie zu stärken. Diese war höchst gefährdet, denn Vater und Verwandte taten beim Hohenstaufenkaiser Friedrich II. Dienst und standen damit in päpstlicher Ungnade. Als es etwa zehn Jahre später in Italien zwischen Kaiser und Papst zu offenen Kampfeshandlungen kommt, verlässt Thomas mit elterlichem Nachdruck das monastische Leben Montecassinos und beginnt ein universitäres Studium der Freien Künste und der Philosophie in Neapel, wo in einem geradezu multikulturell-toleranten intellektuellen Klima griechische Wissenschaft und Medizin und arabische Astronomie rezipiert werden. Hier sind es wahrscheinlich Dominikaner wie Peter von Irland, die ihn, im Zusammenhang mit dem Studium von Logik und Naturphilosophie, in die Gedankenwelt eines zu seiner Zeit vielerorts verbotenen Denkers aus der Antike einführen, den Thomas später hochachtungsvoll den »Philosophen« nennt: Aristoteles. Übersetzungen seiner bisher im lateinischen Westen nur unvollständig bekannten Schriften – einschließlich einiger seiner arabischen und jüdischen Kommentatoren – waren nicht nur deswegen von besonderer Bedeutung, weil sie einen enormen Wissenszuwachs für das Mittelalter bedeuteten, sondern weil sie zugleich eine gemeinsame Basis natürlicher Vernunft zwischen Andersdenkenden darzustellen vermochten. Auf dieser Grundlage sollte es möglich sein, sich mit ihnen zu verständigen. Auf diese Weise lässt sich mit Aristoteles bis heute über kulturelle Grenzen hinweg Philosophie betreiben. Vor allem aber sollte es möglich sein, sich schrittweise zunächst einmal selbst rational über jenes bedeutend klarer zu werden, was Inhalt des Glaubens ist und sich natürlicher Vernunft nicht unmittelbar erschließt, sie gar übersteigt, ohne ihr dadurch auch schon zu widersprechen. Daher liegt es nahe, dass nicht nur der ohnehin geläufige Augustinus und Dionysius Areopagita, den man im Mittelalter für einen Schüler des Apostels Paulus und damit für eine besondere Autorität hielt, sondern vor allem Aristoteles Wegweiser für Thomas wird, welcher seine leidenschaftliche Suche nach differenzierter und vertiefter Einsicht in das, was Gott ist, begleitet. Andere Autoritäten der abendländischen und morgenländischen Geistesgeschichte wird er hierbei in einem Umfang wie kaum jemand vor ihm methodisch zu Rate ziehen, sofern sie zur Klärung dessen dienen, wie sich die »Wahrheit der Sache« verhält. Dies ermöglicht ihm eine in seiner begrifflichen Differenziertheit, argumentativen Methodik und synthetisch-integrativen Kraft bisher unbekannte theoretische Durchdringung des Glaubens und seiner vernünftigen Voraussetzungen. Hierbei tragen selbst Irrtümer für Thomas dazu bei, die Einsicht in das zu präzisieren, was er als Wahrheit erfasst. In seiner Rezeption von Anderen geht er sogar so weit, dass man ihm nachzuweisen sucht, Meinungen zu vertreten – etwa was das Problem der Ewigkeit der Welt oder das Verhältnis von Vernunft und Glaube betrifft –, welche zu einer zeitweiligen Verurteilung führten.[8] Ein Studium bekannter Philosophen oder Theologen um ihrer selbst willen verachtet Thomas als bloße intellektuelle Neugier.

Seine Weisheitssuche beginnt nicht gerade undramatisch. Thomas legt jedoch eine unbeirrbare Entschiedenheit an den Tag, welche ihn nie verlässt. Als Theodora, seine Mutter, davon hört, dass er in den Dominikanerorden eingetreten ist, reist sie aufgebracht nach Neapel, um ihn umzustimmen. Die Dominikaner, durch vergangene Erfahrung mit unmutvollen Eltern klug geworden, schicken ihn kurzerhand aus der Stadt. Davon erfährt die Mutter und beauftragt ihre Söhne durch einen Kurier, den Bruder abzufangen und zu einer ihrer Burgen, letztlich nach Roccasecca zu bringen. Thomas wird festgenommen und steht unter Hausarrest. Die ganze Familie versucht ihn umzustimmen, schickt ihm sogar eine junge Prostituierte, die ihn verführen soll. Er jagt sie mit einem brennenden Holzscheit davon. Nichts hilft. Stattdessen verwendet Thomas die Zeit zu intensiver theologischer Lektüre, so dass ihn die Familie

---

8. Vgl. Chartularium Universitatis Parisiensis I, ed. H. Denifle/E. Chatelain, Paris 1889, no. 432, p. 487, prop.5. Der Kanzler der Universität, Stephan Tempier, verbietet die Lehre von der Ewigkeit der Welt. Die Meinung des Thomas ist: Nicht nur ist die Nicht-Ewigkeit der Welt philosophisch unbewiesen. Sie kann nicht bewiesen werden. Wir nehmen sie aufgrund des Glaubens an. Eine als ewig geschaffene Welt ist philosophisch möglich (vgl. ScG II 131-38).

nach einem Jahr resigniert zum Dominikanerkonvent nach Neapel zurückschickt.

Dort kann und soll Thomas studieren. So wandert er zunächst nach Rom, dann nach Paris, wo er aller Wahrscheinlichkeit nach Vorlesungen in den Freien Künsten besucht, seinen Lehrer und zukünftigen Freund Albertus Magnus kennenlernt und erste Studien der Theologie beginnt. Schließlich folgt er Albert nach Köln, der im Jahre 1248, also zu Beginn des Baus des gotischen Kölner Domes, ein philosophisch-theologisches Generalstudium der Predigerbrüder eröffnet hatte. Dieser fördert Thomas nicht nur in der Diskussion von (neuplatonisch geprägten) Problemen der Gotteserkenntnis, sondern vor allem in seinen Aristotelesstudien und ermuntert ihn zu ersten Schritten in der Lehre. Thomas beginnt wohl damit, das Buch Jesaja und Jeremia exegetisch zu kommentieren.[9] Zeit seines Lebens wird er in seinen Vorlesungen Bücher der Bibel behandeln und ausführliche Kommentare schreiben.

Seine mit schwer leserlicher Handschrift geschriebenen Vorlesungsvorlagen zeigen bereits charakteristische Merkmale seiner Arbeits- und Denkweise. Er legt einen zu seiner Zeit eher ungewöhnlichen Wert auf die Herausarbeitung des wörtlichen Sinnes des Textes, wobei Hinweise auf einen spirituellen oder moralischen Sinn wie angefügt erscheinen. Dennoch zeigen sie nicht nur, dass Thomas mit den damals zur Verfügung stehenden exegetischen Mitteln zunächst zu verstehen sucht, was der Text selbst sagt, um ihn daraufhin auszulegen. Er legt Wert auf vernünftige Darstellung, sachliches Begreifen und inhaltliche Begründung. Zudem machen seine Bemerkungen deutlich, in welchem Sinne er das Gesagte auf sich selbst, den Leser und dessen Leben angewendet wissen will, denn ein Text ohne Applikation bliebe tot. Dies sind hermeneutische Grundschritte, welche der scholastischen Methode, welche Thomas meisterhaft verwendet, überhaupt erst zugrunde liegen.

Nach diesen ersten Gehversuchen in der Lehre wird Thomas bereits als Siebenundzwanzigjähriger auf Anraten von Albert in das akademisch turbulente und Bettelmönchen (Dominikanern und Franziskanern) nicht gerade zugeneigte Paris geschickt.[10] Paris wird der Ort seines größ-

---

9. Thomas de Aquino (1251/1252), Expositio super Isaiam ad Litteram; ders. (1251/1252), Postilla super Ieremiam. Siehe J. A. Weisheipl, Friar Thomas d'Aquino, Washington D.C. 1986, 45.
10. Die theologische Fakultät hatte zuvor einen Lehrstuhl an die Dominikaner verloren, als die Universitätslehrer anlässlich eines Streiks Paris verließen und die Dominikaner sich als Streikbrecher erwiesen, indem sie die Lehre

ten Schaffens, zu dem er wiederholt zurückkehrt. Als junger Baccalar auf dem Wege zum *Magister in sacra pagina* (man würde heute sagen: Professor der Theologie) hat er neben der Assistenz bei öffentlichen und privaten Disputationen und Predigten in seinen Vorlesungen zunächst kursorisch den Text der Heiligen Schrift zu behandeln und die Sentenzen des Petrus Lombardus zu kommentieren, also jenes vom 12. bis ins 15. Jahrhundert verwendete mittelalterliche Handbuch der Theologie, welches sich im Laufe der Zeit zu einer thematisch geordneten Sammlung von Lehren der Kirchenväter entwickelte. Junge Theologen konnten hiermit ihren eigenen Ansatz formulieren, indem sie systematisch kommentierend über den Text hinausgingen. Ohne harte Arbeit war dies allerdings nicht möglich.

Der Sentenzenkommentar des Thomas,[11] das erste seiner Hauptwerke, lässt an seiner Grundintention keinen Zweifel: Geht es um Gott, so geht es um die Wirklichkeit als ganze hinsichtlich ihres Grundes. In ihr findet sich der Mensch vor, er schafft sie nicht, noch ist er ihrer Herr. Deshalb kann er nicht der sachliche Ausgangspunkt der Untersuchung sein. Von Anfang an ist deshalb der Blick des Thomas auf das Gesamt der Wirklichkeit unter der Hinsicht Gottes gerichtet. Kein theoretischer Ansatz könnte weitblickender sein. Was sich ihm daraufhin zeigt, ist ein dynamisch geordnetes, von einem ersten Prinzip verursachtes Ganzes.

Das, was Gott ist, bildet das Zentrum der Erörterung; alles andere wird danach geordnet, ob es aus Gott als dessen Prinzip hervorgeht oder zu ihm als Ziel zurückkehrt.[12] Damit beschreibt er die Wirklichkeit als einen grandiosen Prozess, keineswegs als statische Realität.

Der Grund für gerade diese Weise, Gott und das Ganze zu denken, beruht bei Thomas auf Vorgaben, die er als Glaubender aufgrund biblischer Tradition macht, bei denen er sich jedoch vor allem durch neuplatonisch-philosophische Überlegungen theologisch bestärkt sieht.

übernahmen. Sie gewannen einen weiteren Lehrstuhl hinzu, als ihr Inhaber Mitglied des Ordens wurde. Zudem befürchtete der akademische Weltklerus nicht nur, dass die Bettelorden allzu großen Einfluss gewännen, er befürchtete ebenfalls eine Schmälerung seiner Einkünfte und Privilegien. Thomas wird vor allem bei seiner ersten Pariser Lehrtätigkeit aktiv und erfolgreich in den Streit um den Status der Mendikanten an der Universität eingreifen. Vgl. seine Schrift »Contra impugnantes Dei cultum et religionem« (1256).
11. Thomas de Aquino (1252-1256), Scriptum super Libros Sententiarum I-IV.
12. Siehe Thomas v. Aquin, In Sent. I d.2 div. textus: consideratio huius doctrinae erit de rebus secundum exitum a Deo ut a principio (Bücher I/II) und secundum quod referuntur in ipsum ut in finem (Bücher III/IV).

Dennoch wird Aristoteles sein philosophischer Hauptzeuge auf dem Wege rationaler Durchdringung des Geglaubten und der in ihm vorausgesetzten Welterkenntnis. Mithin deutet Thomas die Wirklichkeit als jemand, dem die Vernunft als methodische Erhellung des Geglaubten dient, nicht aber wie ein (moderner) Philosoph, der zunächst nur die Vernunft gelten lässt, um dann möglicherweise dem Glauben Platz zu machen.

So sieht er die Wirklichkeit von vornherein als Schöpfung. Die Schöpfung selbst, der Hervorgang der Dinge von Gott, findet letztlich seine (auf Schrift und Kirchentradition gegründete) theologische Erklärung darin, dass in Gott selbst immer schon ein Hervorgang des Prinzips stattfindet, nämlich der Hervorgang des Wortes (des Sohnes) vom Vater. Mithin ist Gott in sich selbst zuhöchst mitteilsam. Gott tritt gleichsam in sich selbst liebend-erkennend aus sich heraus und ist im Anderen seiner selbst, im Wort bei sich. Er ist Sprechender, Sprechen und Ausgesprochenes ineins. Mithin ist er selbst bereits dynamisch-lebendige Selbstmitteilung, bevor es zur Kommunikation nach außen, zur performativ durch sein Wort geschöpften Welt kommt, welche der inneren Kommunikation entspricht. Der Dynamismus der Schöpfung setzt damit den inneren Dynamismus Gottes sachlich voraus.

Dies erklärt auch, warum für Thomas die Glaubensüberzeugung, dass Gott den Menschen in Jesus Christus gleich wurde – so entscheidend sie für das Heil des Menschen ist – einen hiervon abgeleiteten und nicht etwa sachlich primären theologischen Status einnimmt. Die Menschwerdung gewinnt allererst ihren Sinn, wenn man sie als Teil der freundschaftlich bestimmten Liebe Gottes *(caritas)* begreift, die er selbst ist und sich dergestalt auch zur Welt und zum Menschen verhält. War für Aristoteles ein derartiges Verhältnis zwischen Gott und Mensch wegen ihrer unendlichen Ungleichheit unmöglich, so wird dies unter christlichen Prämissen denkbar, sofern Gott selbst den Menschen gleich wurde. Dies bedeutet ein radikal neues Verständnis des Verhältnisses zwischen Mensch, Welt und Gott. Christen sehen in dieser Liebe die Bedingung der Möglichkeit von Heil.

Mit seinen Vorlesungen, Disputationen und Predigten hatte Thomas durchschlagenden Erfolg an der Pariser Universität, auch wenn der Lehrkörper den Studenten verbot, die Antrittsvorlesung dieses jungen Magisters zu hören. Seine Studenten spürten, dass hier eine gewagte, neue und faszinierende theologische Synthese im Entstehen begriffen war, welche der Vernunft wahre Erkenntnis im Bereiche des Wissbaren ebenso zutraute wie dem Glauben hinsichtlich dessen, was Gott von sich offenbart und dass beide, Vernunft und Glaube, sofern sie auf der einen Wahrheit gegründet sind, miteinander nicht prinzipiell in Konflikt geraten können.

Auch war es seine Art zu lehren, welche überzeugte. Ganz im Gegensatz zu dem, wie er schrieb, zeigte Thomas einen offensichtlichen Sinn für Humor und steckte viele mit seiner Heiterkeit an. Dabei war er, wie Augenzeugen berichten,[13] gewöhnlich von erstaunlicher Einfalt und Geduld in der Disputation mit Anderen. Dies hinderte ihn aber nicht, ungehalten zu werden, wenn er es mit Gegnern zu tun hatte, welche das Gewicht eines Arguments nicht anerkennen wollten oder unbegründet gegen den Glauben polemisierten.

Dennoch kennzeichnet ihn eine merkliche Ungeduld im Schreiben, er möchte schneller vorankommen, dasjenige klären, wozu er sich auf dem Wege sieht. Zudem neigte sich seine Zeit der ersten Lehre in Paris dem Ende zu, da der Orden seine Magistri dort turnusmäßig wechselte, um somit die größtmögliche Zahl von akademischem Nachwuchs zu qualifizieren, der dann an anderen Orten die Lehre wieder aufnehmen sollte.[14] Thomas geht – zu Fuß natürlich – zurück nach Neapel, seinem Heimatkonvent, bricht dann aber auf nach Orvieto, in die Nähe der päpstlichen Kurie, wo er seine Mitbrüder als Lektor seines Konventes zu unterrichten hat.

Noch in Paris macht er mit der systematischen Ausarbeitung seiner theologischen Vision Ernst, wobei er weit mehr als zuvor philosophische Argumente zu Worte kommen lässt, bevor er sich am Ende dem widmet, was die Vernunft übersteigt, weil es geoffenbart ist, etwa die Trinität Gottes oder die Menschwerdung des Wortes. Es entsteht die *Summe wider die Heiden (Summa contra Gentiles)*.[15] Traditionell nahm man an, dies sei eine Auftragsschrift, ein Handbuch für Missionare, welche sich mit Andersdenkenden, also Muslimen, Juden oder Häretikern, möglicherweise auf höchstem argumentativem Niveau, auseinandersetzen wollen. Darüber geht das Werk weit hinaus. Natürlich hat Thomas es geschrieben, damit man sich mit der *heiligen Lehre (sacra doctrina)* theoretisch auseinandersetzen kann, sei es als Christ oder als Nicht-Christ. Doch ist das Werk zunächst eine Arbeit persönlicher Reflexion und detaillierter argumentativer Prüfung. Allerdings setzt Thomas grundlegend voraus, dass

---

13. Vgl. Petrus von San Felice (§ 45), in: W. P. Eckert, Das Leben (s. Anm. 1), 200.
14. Thomas wird noch ein zweites Mal in Paris lehren (1268-1272).
15. Thomas von Aquin, Summa contra Gentiles (1259-1265); vgl. Albert, K./Allgaier, K./Engelhardt, P./Wörner, M. (Hgg.), Thomas von Aquin, Summa contra Gentiles I-IV (lat./dt.), Darmstadt 1974-1996.

jedermann, welcher sich überhaupt auf den Weg zur Weisheit begibt, lebhaft daran interessiert sein sollte, was er *göttliche Dinge (res divinae)* nennt. Gleichermaßen sollte er stets darauf bedacht sein, Irrtümer in diesem Bereich aus dem Wege zu räumen. Nicht nur ein rechtes Verstehen und sinnvolles Einordnen dessen, was ist, sondern auch das Gelingen des Lebens als ganzem hängen seiner Meinung nach davon ab, sofern sie ein unüberbietbares Ziel des Menschen bedeuten, zu dem es ein natürliches Verlangen gibt.[16]

Wie eine solche Prüfung geschehen kann, scheint auf der Hand zu liegen: dadurch nämlich, dass man die Inhalte seiner Glaubensüberzeugungen und ihre Voraussetzungen vor allem an Vernunftgründen, dann aber auch an abweichenden Überzeugungen kritisch prüft, indem man schrittweise von Bekannterem und Konsensfähigerem zum Unbekannteren fortschreitet und vermeidet, mit blossen Wahrscheinlichkeitsargumenten zu argumentieren, wo zwingende Beweise erforderlich sind. Ist man jedoch zweifellos gewiss, Wahres zu kennen, so kann es im Umgang mit Andersdenkenden nicht darum gehen, sie mit eigenen Argumenten überzeugen zu wollen (dies würde nur Widerstand erzeugen), sondern ihnen zu zeigen, dass ihre Argumente auflösbar sind und damit die Wahrheit nicht treffen können. Ihre Argumente sind genau dann prinzipiell auflösbar, wenn ihr Gegenteil die Wahrheit ist.

Doch hat die Suche nach wahrer Kenntnis Gottes eine grundlegende Grenze. Thomas erkennt – und wird am Ende seines Lebens in belehrter Unwissenheit verstummen –, dass »die Substanz Gottes durch ihre Unermesslichkeit jede Form überschreitet, die unser Verstand erreicht, und so können wir sie nicht derart begreifen, dass wir erkennen, was sie ist. Wir haben jedoch *irgendeine* Erkenntnis von ihr, indem wir erkennen, was sie nicht ist«.[17] Vom individuellen Wesen Gottes also gibt es nichts zu wissen außer dem, was es nicht ist, es sei denn, Gott selbst hätte es von sich gesagt. Umso bedeutender wird demnach das biblische Zeugnis. Umso bedeutender wird ebenfalls, mit wachsender Differenzierung, Umsicht und Behutsamkeit zu erörtern, was sich daraufhin von Gott sagen und was sich nicht sagen lässt. Dies ist der Weg der Theologie. Die Fülle dessen, was Gott ist, bleibt damit für Thomas ein radikales Geheimnis, welches im Laufe der Suche mit vertiefter Einsicht eher wächst als abnimmt. Dabei ist es die Faszination dieses Geheimnisses, die denjenigen zieht,

---

16. Vgl. Wörner, M. H., Glückendes Leben – Gespräche mit Aristoteles und Thomas von Aquin, Berlin 2000.
17. Sc G I c. 14

welcher sich auf den Weg der Weisheit begeben hat. Offenbar sind es nicht wir, die Menschen, von denen wir letztlich Antwort erhoffen.

Der für diesen Weg zu wünschende Studienwille seiner dominikanischen Mitbrüder in der römischen Provinz war jedoch nicht immer ungeteilt, so dass sich die Gemeinschaft entschloss, Thomas damit zu beauftragen, in Rom ein neues Studienhaus (Santa Sabina) zu gründen. Hier beginnt er ein Werk, für das er am ehesten bekannt ist. Es sollte eigentlich ein Handbuch für Anfänger werden: die *Summe der Theologie (Summa theologiae)*.[18] Diese Funktion erfüllt das Werk insofern, als Thomas zwar der Sache nach, wenn auch nicht psychologisch, aus der Situation dessen denkt, welcher der Theologie zu seiner Zeit zum ersten Male begegnet; dennoch ist es kein Handbuch *ad usum Delphini*. Es erschliesst sich erst wiederholter und vertiefter Lektüre. Dabei geht es ihm um die Darstellung der *sacra doctrina*, also jener »Lehre«, welche für ihn vor allem in der Heiligen Schrift niedergelegt ist und deren Prinzipien sich in den Artikeln des Glaubensbekenntnisses zusammengefasst finden.

Gleichwie jede Wissenschaft von Prinzipien ausgeht, die sie selbst nicht beweist, sondern axiomatisch voraussetzt, so setzt Theologie die Glaubensartikel *(articuli fidei)* voraus. Sie besitzen letztlich ihre Gültigkeit aufgrund der Offenbarung. Offenbarung ist es auch, die den Gesichtspunkt darstellt, welcher der Theologie als Wissenschaft Einheit verleiht. Denn Gegenstand der Theologie ist potenziell alles dasjenige, »was geoffenbart werden kann« *(revelabile)*. Dies ist zunächst das Geoffenbarte selbst, aber auch alles, was im Hinblick hierauf in seiner Bedeutung für den Heilssinn des Geoffenbarten auf vertiefte Weise neu verstanden werden kann. Folglich ist kein Wissensgebiet, welches nur irgendwie zum Verständnis des Sinnes der Offenbarung beitragen kann, der Theologie verschlossen. Damit ist dem auf natürliche Vernunft allein gegründeten Wissen keineswegs die Autonomie geraubt. Je besser dieses nämlich die natürliche Wirklichkeit erfasst, desto besser wird es auch zu einem theologisch vertieften Verständnis der Wirklichkeit beitragen. Dies bedeutet keine Bevormundung der Wissenschaften durch die Theologie, sondern eher ist die Theologie – in ihrem eigenen Interesse – daran interessiert, das Wissen der übrigen Wissenschaften zu fördern. Zudem ist Theologie als Wissenschaft auf die natürliche Vernunft allein schon deswegen ange-

18. Thomas de Aquino, Summa theologiae (1266-1273); vgl. Thomas von Aquin, Summa theologica, übers. v. Dominikanern und Benediktinern Deutschlands und Österreichs, hg. v. Kath. Akademikerverband, Salzburg 1933 ff. (noch unvollendet).

wiesen, weil ihre Methodik selbst diskursiv – vernünftig ist. Dennoch kann kein rein auf Vernunft gegründetes Wissen jenes erklären und noch weniger erwirken, das letztlich zu dem führt, was die Schrift mit *Heil* (*soteria/salus*) benennt. Da das Offenbarungswissen Weisheit ist und da diese Weisheit in Gott ihren höchsten Ursprung hat, ist Theologie für Thomas höchste Weisheit.

Ähnlich wie zuvor beginnt er seine *Summa* mit Gott, der Einheit und Dreipersönlichkeit seines Wesens, seiner Schöpfung, deren Mitte für ihn der Mensch ist, erörtert seine konstitutiven Eigenschaften und ihre Entfaltung in Tugenden sowie ihre Fehlgestalten und kehrt hiernach über die Erörterung der Person Christi und deren Heilsbedeutung zu Gott zurück.

Doch nicht Thomas, sondern sein Socius Reginald von Piperno wird den letzten Teil vollenden. Anfang Dezember 1273, kurz vor seinem Tod auf der Reise zum Konzil von Lyon, legt Thomas die Feder nieder und sagt dem bestürzten Mitbruder: »Reginald, ich kann nicht mehr, denn alles, was ich geschrieben habe, scheint mir wie Stroh zu sein«. Reginald, nun erst recht betroffen, rät Thomas, seine Schwester, die Gräfin von Sanseverino zu besuchen und sich zunächst einmal auszuruhen. Reginald begleitet ihn. Als Thomas seine Schwester wiedersieht, erscheint er wie benommen und spricht kaum. Ein wenig später fragt Reginald ihn erneut, warum er denn um alles in der Welt aufhöre zu schreiben. Daraufhin gibt er ihm zur Antwort: »Alles, was ich geschrieben habe, scheint mir Stroh zu sein im Vergleich mit dem, was ich gesehen habe und was mir geoffenbart worden ist«. »Während die Gräfin sehr trostlos zurückblieb«, so berichtet der Chronist Wilhelm von Tocco, »kehrte Bruder Thomas um und ging nach Neapel zurück«.[19] Dort hatte er seinen Weg begonnen.

Literaturempfehlungen

McInerney, Ralph, Aquinas, Cambridge 2004.
Pesch, Otto H., Thomas von Aquin, Grenze und Größe mittelalterlicher Theologie, Mainz 1988.
Torrell, Jean-Pierre, Magister Thomas. Leben und Werk des Thomas von Aquin, Freiburg 1995.

19. Tocco, Das Leben (§ 79), in: W. P. Eckert, Das Leben (s. Anm. 1), 232.

Gott im Grund der Seele – Meister Eckhart und der Beginn der Mystik

Saskia Wendel

1. Der »Fall« Meister Eckhart – wie ein angesehener Theologe zum Häretiker gemacht wird

Im Jahr 1327 reiste der Dominikanermönch Eckhart von Hochheim, genannt Meister Eckhart, zu seinem eigenen Inquisitionsprozess. Vorausgegangen war ein 1326 begonnenes Verfahren in Köln, basierend auf der Anklage Eckharts als Häretiker beim Erzbischof von Köln, Heinrich II. von Virneburg. Eckhart selbst hatte an den Heiligen Stuhl appelliert, weil der Prozess in Köln verschleppt wurde und weil dort kein sauberes Verfahren garantiert war. So kam es, dass einer der renommiertesten Theologen des Spätmittelalters, Magister der theologischen Fakultät der Pariser Universität, der damals bedeutendsten theologischen Fakultät und Inhaber des einzigen theologischen Lehrstuhls am Kölner Generalstudium der Dominikaner, die Verurteilung als »Irrlehrer« durch den päpstlichen Stuhl drohte. Eckhart starb allerdings 1328 vor dem Ende des Prozesses in Avignon, wohl zermürbt von den Häresievorwürfen, den Denunziationen und Intrigen, die gegen ihn im Gange waren. So musste er seine Verurteilung als Häretiker nicht mehr erleben, die am 27. März 1329 in der päpstlichen Bulle »In agro dominico« ausgesprochen wurde – ein Urteil, das bis heute nicht aufgehoben wurde. Dort heißt es in der Präambel: »Fürwahr, mit Schmerz tun wir kund, dass in dieser Zeit einer aus deutschen Landen, Eckhart mit Namen, und, wie es heißt, Doktor und Professor der Heiligen Schrift, aus dem Orden der Predigerbrüder, mehr wissen wollte, als nötig war, und nicht entsprechend der Besonnenheit und nach der Richtschnur des Glaubens, weil er sein Ohr von der Wahrheit abkehrte und sich Erdichtungen zuwandte. Verführt nämlich durch jenen Vater der Lüge (…) hat jener irregeleitete Mensch (…) zahlreiche Lehrsätze vorgetragen, die den wahren Glauben in vieler Herzen vernebeln, die er hauptsächlich vor dem einfachen Volke in seinen Predigten lehrte und die er auch in Schriften niedergelegt hat.«[1] In der Bulle

---

1. Zitiert nach Kurt Ruh, Geschichte der abendländischen Mystik, Bd. 3, München 1996, 254 f. Der lateinische Text der Bulle findet sich in DS 950-980, die

werden dann 28 Sätze aus unterschiedlichen Werken Eckharts als häretisch bzw. der Häresie verdächtig verurteilt.

Dass dieses harte Urteil ausgerechnet einen Theologen von Rang wie Meister Eckhart getroffen hat, ist zum einen auf zentrale Motive von Eckharts Theologie zurückzuführen, wie etwa die Lehre von der Gottesgeburt im Grund der Seele und der damit verknüpften Idee der Gottunmittelbarkeit oder seine Überlegungen zur Abgeschiedenheit und Gelassenheit der Seele sowie der geistigen Armut. Nicht zufällig spricht ja die Präambel der Bulle davon, dass Eckhart »mehr wissen wollte, als nötig war«. Dies wird im Zuge der Darstellung der zentralen theologischen Gedanken Eckharts noch deutlich werden. Zum anderen dürfte ein wichtiger Grund dafür, dass Eckhart der Inquisitionsprozess gemacht wurde, darin liegen, dass Meister Eckhart in deutscher Sprache gepredigt hat und damit seine Theologie nicht nur der Fachwelt, sondern den Laien, dem »einfachen Kirchenvolk« vermittelt hat.[2] Auch hierauf wurde in der Präambel des Urteils Bezug genommen, wurde doch betont, dass Eckhart »hauptsächlich vor dem einfachen Volke in seinen Predigten lehrte«. Gefährlich wurde es damals für Theologen also vor allem dann, wenn theologisch umstrittene Lehren dem Volk zugänglich gemacht wurden.

Gefährlich wurde es jedoch anscheinend auch, wenn diese theologischen Lehren mystisch beeinflusst waren, kreiste doch die mystische Theologie um die Möglichkeit einer unmittelbaren, sich im Inneren des Menschen vollziehenden Erkenntnis Gottes, unabhängig von Vermittlung von außen und damit auch zumindest zunächst einmal unabhängig von der Vermittlung der Kirche. Mit Blick auf Eckharts eigenes Schicksal ist es ein nicht unwichtiger Faktor, dass Eckhart während seiner ersten Lehrzeit als Magister in Paris in den Jahren 1302/1303 mit hoher Wahrscheinlichkeit mit der mystischen Schrift »Der Spiegel der einfachen Seelen« der französischen Begine Marguerite Porète in Kontakt gekommen ist. Diese Schrift wurde 1309 als häretisch verurteilt, Marguerite selbst 1307 dem Inquisitor von Hoch-Lothringen gegenübergestellt und an den Generalinquisitor von Frankreich, Wilhelm Humbert von Paris, überantwortet. Nach langer Kerkerhaft in Paris, in deren Verlauf sie ihre Lehren niemals widerrief, wurde Marguerite Porète am 30. Mai 1310 als Häretikerin verurteilt und am 1. Juni 1310 auf der Place de Grêve in Paris

---

deutsche Übersetzung in Josef Quint, Meister Eckhart: Deutsche Predigten und Traktate, München ⁵1979, 449-455. Vgl. zur Biographie Eckharts auch ders., Meister Eckhart. Theologe – Prediger – Mystiker, München 1985.
2. Vgl. ebd., 248.

auf dem Scheiterhaufen verbrannt. Es ist davon auszugehen, dass Eckhart während seines zweiten Pariser Magisteriums 1311-1313 vom Prozess gegen die Beginenmystikerin und deren Hinrichtung erfahren hat und auch detaillierte Informationen über das Vorgehen und die Vorwürfe gegen Marguerite Porête erhalten hat.

Dies war jedoch nicht die einzige Begegnung Eckharts mit mystischem Gedankengut, vielmehr ist davon auszugehen, dass er auch in anderen Phasen seines Lebens sowohl mystischen Theologien begegnete als auch in die damaligen Konflikte um mystische Lehren verstrickt war. Denn nach seiner Tätigkeit als Magister in Paris in den Jahren 1302/03 sowie 1311-1313 – zwischenzeitlich war er in den Jahren 1303-1310 Provinzial der dominikanischen Ordensprovinz »Saxonia« gewesen – war Eckhart Generalvikar in Straßburg und als solcher unter anderem mit der Visitation der süddeutschen Dominikanerinnenkonvente beauftragt, und in diesen Konventen lebten auch Nonnen, die selbst mystische Schriften verfasst haben, wie etwa Elsbeth von Oye. In diese Zeit fielen Verfolgungen der Beginen und Begharden durch den Bischof von Straßburg im Jahr 1317 sowie ein Verbot der Beginen 1319, basierend auf der Verurteilung der Beginen- und Beghardenbewegung durch das Konzil von Vienne 1311/12 sowie durch die päpstliche Bulle »Ad nostrum« des Jahres 1317. Als Visitator der Nonnenklöster war Eckhart in den Konflikt um die Beginen und Begharden verstrickt und stellte sich dabei auf die Seite der Verfolgten. Als Generalvikar und als Seelsorger der Nonnen nun hielt Eckhart nicht allein lateinische Predigten, sondern auch Predigten auf Deutsch, in denen er seine Theologie auf einfache Weise weiterzugeben versuchte.

Doch Meister Eckhart war eben nicht allein Seelsorger, er war Theologe. Er war, wie häufig übersehen wird, wenn von dem Mystiker Meister Eckhart die Rede ist, einer der führenden Scholastiker seiner Zeit. Insofern kann man sagen, dass Eckharts Theologie ein Beispiel für eine gelungene Synthese von Scholastik und Mystik ist, denn die Grundmotive seiner Theologie zeugen sowohl von scholastischer Gelehrsamkeit und Methode als auch von mystischen Intuitionen. Im Blick auf den Magister Eckhart von Hochheim erweist sich die Einschätzung, dass scholastische und mystische Theologie in einem unversöhnlichen Gegensatz zueinander standen, als haltloses Klischee. Versuche, Eckhart für intellektualitätsfeindliche Theologien zu vereinnahmen, um damit Mystik als antischolastisches, ja antiintellektuelles Unternehmen zu etablieren, erweisen sich somit als ebenso verzerrt wie Versuche, Eckhart ausschließlich als Scholastiker zu interpretieren, um ihn »aus dem mystischen Strom zu retten«[3]. Denn unzweifelhaft sind die zentralen theologischen Gedanken Meister Eckharts mystisch geprägt und wiederum auch im Sinne einer mystischen Theologie zu interpretieren. Eckharts »scholastische Seite« belegt seine theologische Ausbildung wie theologische Karriere. Der 1260 geborene Eckhart von Hochheim, Dominikaner des Klosters Erfurt, ging ca. 1293 nach dem Grundstudium in seinem Heimatkloster und nach seiner Priesterweihe zum Bakkalaureat nach Paris, wo er zunächst als Sentenzenlektor wirkte; 1302/03 und 1311-13 war er dort als Magister tätig, was einer heutigen Professur entspricht. Als Wissenschaftler verfasst Eckhart sowohl lateinische wie auch deutsche wissenschaftliche Werke, so etwa die »Pariser Quästionen«, das (unvollendete) »Opus Tripartitum« (Das dreigeteilte Werk), das »Buch der göttlichen Tröstung« oder die »Reden der Unterscheidung«. Neben diesen wissenschaftlichen Werken hat Eckhart jedoch auch lateinische und deutsche Predigten verfasst, in denen er seine wissenschaftliche Theologie über den wissenschaftlichen Zirkel hinaus zu verbreiten und zu vermitteln suchte. Dieses umfangreiche Predigtwerk ist ein zentraler Teil der Schriften Eckharts.

Dass mit dem Dominikaner Meister Eckhart einer der renommiertesten Theologen des Spätmittelalters zum Häretiker erklärt worden ist, hängt gewiss mit Grundmotiven seiner Lehre zusammen, die damals als gefährlich, als Abfall vom Glauben, eingestuft worden sind. Der äußere Anlass des Inquisitionsprozesses nimmt sich aber vergleichsweise trivial aus, handelt es sich doch schlicht und ergreifend um eine Intrige von Mitbrüdern Eckharts im Kölner Konvent, die ihn aus Neid auf seinen Erfolg und aus Furcht vor Reformen im Kloster bei einer Visitation des Konvents als Häretiker denunzierten, unter anderem mit Berufung auf seine Volkspredigten. Dabei dürfte ihm auch seine Tätigkeit als Visitator in Straßburg, sein Engagement für die verfolgten Beginen und Begharden und seine theologische Rezeption auch von Motiven der Beginen- wie Begardenmystik zum Verhängnis geworden sein, wenn auch diese Rezeption allenfalls implizit und niemals explizit unter Nennung dieser Tradition erfolgte. Meister Eckharts persönliches Schicksal jedoch ist von seiner Theologie nicht zu trennen; der »mystische Scholastiker« bzw. »scholastische Mystiker« Eckhart von Hochheim hatte eine Theologie vorgelegt, die gerade aufgrund ihrer Synthese von spekulativer Kraft und mystischer Intuition und der spekulativ-systematischen Durchdrin-

---

3. Kurt Flasch, Meister Eckhart – Versuch, ihn aus dem mystischen Strom zu retten, in: Peter Koslowski (Hg.), Gnosis und Mystik in der Geschichte der Philosophie, Zürich/München 1988, 94-110.

gung mystischer Grundmotive offensichtlich für bestimmte Leute bedrohlich geworden war. Die Intrige der Kölner Denunzianten wäre sicher erfolglos geblieben, wären ihre Anklagen nicht auf offene Ohren von Kirchenoberen gestoßen, die in der Tat in der Theologie des Predigermönches Häresie witterten, und dies hing auch mit dem damaligen »theologischen Klima« zusammen. Hier sind nicht nur die bereits erwähnten Verfolgungen der »Brüder und Schwestern vom freien Geist« zu nennen, die sich einem frommen Leben in Armut und Keuschheit verschrieben hatten, die jedoch kein Gehorsamsgelübde ablegten, die Möglichkeit rein zeitlicher Gelübde einräumten und zudem nicht klausuriert und unreguliert, also ohne Unterstellung unter eine Ordensregel, lebten. Insgesamt wurde das Klima für die Theologen rauer, wie etwa die Verurteilung der sogenannten »Averroisten« an der Pariser Universität durch den Erzbischof von Paris 1277 zeigt, aber auch die Einführung des Geständniszwangs durch das Mittel der Folter in Inquisitionsprozessen im Jahr 1252 durch Papst Innozenz IV. Und insbesondere in der Zeit des Pontifikats Johannes XXII. (1316-1334) brannten zahlreiche Scheiterhaufen. So ging Johannes XXII. etwa gegen die Franziskanerspiritualen vor, die sich auf das Testament des hl. Franz von Assisi beriefen und eine radikale Nachfolge Jesu in völliger Armut forderten, dem Beispiel des Franziskus entsprechend, und in diesem Zusammenhang auch den Reichtum und die weltliche Macht der Kirche kritisierten. Nicht nur Eckhart und damit ein Mönch des Dominikanerordens, sondern auch Theologen des Franziskanerordens wurden während des Pontifikats Johannes XXII. wegen Häresie angeklagt, so beispielsweise Wilhelm von Ockham.

Welches aber sind nun die Motive seiner Theologie, die Eckhart zum Verhängnis geworden sind?

2. Geburt Gottes im Grund der abgeschiedenen und gelassenen Seele – die Grundmotive der Theologie Meister Eckharts[4]

Das Zentrum von Eckharts Theologie ist die Lehre von der Geburt Gottes im Grund der Seele, von dort ausgehend entfaltet Eckhart seine weiteren theologischen Gedanken, so etwa die Lehre von der Abgeschiedenheit,

4. Vgl. zu einer ausführlichen Darstellung dieser Grundmotive Saskia Wendel, Affektiv und inkarniert. Ansätze Deutscher Mystik als subjekttheoretische Herausforderung, Regensburg 2002; dies., Christliche Mystik. Eine Einführung, Kevelaer/Regensburg 2004. Vgl. auch Norbert Winkler, Meister Eckhart zur Einführung, Hamburg 1997. Vgl. insbesondere zur Seelengrundlehre Rei-

der Gelassenheit und der geistigen Armut, aber auch Überlegungen zum Gottesverständnis, zur Christologie und zur Schöpfungslehre.

Der Seelengrund ist bei Eckhart eine Kraft, ein Etwas in der Seele, aus dem alle Kräfte der Seele, d. h. alle Teile, alle Vermögen der Seele wie etwa Verstand und Wille aller erst entspringen; der Grund der Seele gründet aller erst die Vermögen der Seele. Eckhart setzt dieses ›Etwas‹ mit dem *abditum mentis* (Verborgenes des Geistes) gleich, von dem Augustinus spricht, weil es oberhalb der Seelenkräfte liegt und deshalb unaussprechlich, verborgen, geheimnishaft ist: »(…) dass etwas in der Seele ist, das gar heimlich und verborgen ist und weit oberhalb dessen, wo die Kräfte Vernunft und Wille ausbrechen. Sankt Augustinus sagt: Wie das, wo der Sohn aus dem Vater ausbricht im ersten Ausbruch, unaussprechlich ist, so auch gibt es etwas gar Heimliches oberhalb des ersten Ausbruchs, in dem Vernunft und Wille ausbrechen.«[5] Hier, im Obersten in der Seele[6], der zugleich der Grund der Seele ist und ihr nicht mehr als Teil angehört, vollzieht sich die unmittelbare, intuitive, intellektuelle Schau Gottes[7].

Eckhart bezeichnet den Seelengrund, das ›Etwas in der Seele‹, mit vielen Metaphern wie z. B. Burg, Fünklein, Hut des Geistes, Kraft im Geiste, Licht des Geistes. Als Kraft *in* der Seele, nicht Kraft der Seele, ist der Seelengrund für Eckhart zeit- und ort- bzw. raumlos, berührt weder Zeit noch Fleisch, »ist ganz und gar geistig«. Das heißt: Der Seelengrund ist im eigentlichen Sinne kein Ort, keine Stätte, an der sich Erkenntnis vollzieht. Der Grund ist überhaupt kein Seiendes im Sinne eines Dings oder einer Sache, ›weder dies noch das‹, eben weil er zeit- und ortlos ist. Dennoch aber ist der Grund der Seele mehr als lediglich erkenntnistheoretische Möglichkeitsbedingung. Er ist auch Seinsgrund: Im Eingebären Gottes in den Grund der Seele gebiert Gott den Grund und darin zugleich den Ursprung des menschlichen Selbst und setzt so den einzelnen Menschen in sein Sein.

Für Eckhart ist der Seelengrund also der ›ortlose Ort‹ der Einwohnung Gottes, den Gott ›ihm selbst gleich gebildet und geschaffen‹ hat. Doch

ner Manstetten, Esse est deus. Meister Eckharts christologische Versöhnung von Philosophie und Religion und ihre Ursprünge in der Tradition des Abendlandes, Freiburg/München 1993; Burkhard Mojsisch: Analogie, Univozität und Einheit, Hamburg 1983; Peter Reiter, Der Seele Grund. Meister Eckhart und die Tradition der Seelenlehre, Würzburg 1993.
5. Pr. 7, in: Meister Eckhart, Die Deutschen Werke (im Folgenden zitiert als DW) Bd. 1, Stuttgart 1936 ff., 457.
6. Vgl. z. B. Pr. 26, in: DW 2, 643.
7. Pr. 54a, in: DW 2, 736.

der Seelengrund ist für Eckhart im Gegensatz zur Geschaffenheit der Seele als ebenso ungeschaffen und unerschaffbar wie Gott anzusehen, dem er gleicht. Seelengrund und Gott sind wesensgleich, sie sind identisch ihrem Sein und ihrer Substanz nach: »Hier ist Gottes Grund mein Grund und mein Grund Gottes Grund.«[8]

Wie Gott ist der Seelengrund Eines, kein Seiendes, und zudem als ›Nichts‹ des Seienden unnennbar und namenlos, denn er entzieht sich dem diskursiven Sprechen und Erkennen, das immer auf Seiendes bezogen ist. Ebenso ist er wie Gott völlig leer, frei von allen Bildern, Dingen, Formen. Schließlich ist er das »einig Eine« ebenso wie die einfaltige Gottheit als Grund der Dreifaltigkeit der göttlichen Personen. In diesen Grund kann die Seele, also das Selbst, mittels seiner Vermögen niemals ›hineinlugen‹, weil er über alle Weise und Kräfte erhaben ist, umgekehrt kann Gott niemals in seiner Personalität in den Grund schauen, nur kraft seiner Gottheit gelangt er in den Grund der Seele, die mit dem Grund Gottes, der Gottheit, identisch ist: »Gott selbst wird niemals nur einen Augenblick da hineinlugen und hat noch nie hineingelugt, soweit er in der Weise und ›Eigenschaft‹ seiner Personen existiert. (…) Soll Gott je darein lugen, so muß es ihn alle seine göttlichen Namen kosten und seine personhafte Eigenheit; das muß er allzumal draußen lassen, soll er je darein lugen. Vielmehr, so wie er einfaltiges Eins ist, ohne alle Weise und Eigenheit, so ist er weder Vater noch Sohn noch Heiliger Geist in diesem Sinne und ist doch ein Etwas, das weder dies noch das ist.«[9]

Der Einheit von Grund und Gott entsprechend ist die *unio* bei Eckhart nicht nur als Willenseinheit zu verstehen und als Vereinigung im Sinne einer einigenden Begegnung von Gott und Seele, sondern als Wesenseinheit, als eine Einheit vor aller Vereinigung. Die Einung ist von Eckhart also zunächst als absolute Identität konzipiert, in der keine Zweiheit sein kann, da Zweiheit schon Mangel impliziert, Gott aber vollkommen ist. Die *unio* vollzieht sich im Durchbruch des Selbst in seinen eigenen Grund, und wenn das Selbst in den Grund durchbricht, dann – und nur dann – gilt, »daß ich und Gott eins sind.« Dennoch folgt aus dieser Identität zum einen keine vollkommene Identität von göttlichem Grund und dem Grund der Seele, sondern eine Identität in Differenz, und zum anderen keine Gleichheit von Gott und Seele und somit von Gott und Mensch: Nur das ›Bürglein in der Seele‹, nicht die Seele selbst und ihre Kräfte, ist Gott gleich.

8. Pr. 5b, in: DW 1, 450.
9. Ebd.

Und weil die Seele dem Menschen als *forma corporis* wesentlich zugehört, sind auch Mensch und Gott nicht gleich. Der Mensch ist wie seine Seele geschaffen, also Geschöpf, Kreatur, und in dieser Hinsicht individuell Seiendes, ›hoc aut hoc‹ (dies und das), und demgemäß endlich Seiendes. Anders als alle anderen Kreaturen trägt der Mensch jedoch ein ungeschaffenes Etwas in sich, den Grund des menschlichen Selbst, das Fünklein der Seele, das Gott gleicht. Wenn Eckhart also schreibt: »Gott und ich, wir sind *eins*. Durch das Erkennen nehme ich Gott in mich hinein; durch die Liebe hingegen gehe ich in Gott ein (...)«[10], dann ist nicht die Identität von Selbst und Gott intendiert, sondern die Identität des Ich, welches der Grund ist, und des göttlichen Ich. In der Identität von Seelengrund und Gott ist allerdings auch eine Differenz markiert, die in der Bezeichnung des Grundes als Bild Gottes zum Ausdruck kommt. Das »Bild göttlicher Natur«, das die Seele aufgenommen hat und ihr eingedrückt ist, ist Gabe, Geschenk Gottes, der sich der Seele als Bild eingegossen hat. Gott teilt sich im Bild, das der Grund ist, unvermittelt mit, ohne die Vermittlung des Willens oder des Denkens, aber auch ohne Vermittlung anderer, äußerlicher Bilder. In dieser Abkünftigkeit von Gott ist der Grund Bild Christi und damit Gottes.

In jenem Bildsein des Seelengrundes mit dem göttlichen Grund ist eine Identität beider ausgedrückt, eine Gleichheit, die mehr ist als ein Ähnlichkeitsverhältnis. Der ganze Mensch ist Bild Gottes, allerdings nur insofern er das Fünklein in sich trägt, das im eigentlichen Sinne Bild Gottes ist; dieses Bildsein unterscheidet den Menschen von allen anderen Geschöpfen, die nicht Bild *(imago)*, sondern lediglich Gleichnis *(similitudo)* Gottes sind. Doch das Bild, wiewohl ein Sein und dasselbe Sein mit Gott, steht in einem radikalen Abhängigkeitsverhältnis zum absoluten, d.h. göttlichen Sein, da es sein Sein diesem völlig verdankt und »nicht aus sich selbst noch (...) für sich selbst«[11] ist. Das Bild hat kein eigenes Sein und ist demnach dem Sein nach mit dem Urbild identisch. Zugleich gibt es jedoch eine Differenz zwischen absolutem Sein und endlichem, geliehenem, verdanktem Seienden, zwischen Schöpfer und Geschöpf, die sich jedoch nicht in einer Seinsdifferenz, sondern in einer Differenz von Ursprung und Entsprungenem, von Gebären und Geborenwerden bestimmt. Gleichzeitig verliert das Urbild im Bild nichts, es bleibt voll und ganz in ihm enthalten. Im Bildsein fallen also Identität und Differenz zu einer differenzierten Einheit bzw. Differenz in der Einheit zusammen.

10. Pr. 6, in: DW 1, 455.
11. Pr. 16 b, in: DW I, 493.

Dieses Verhältnis der Identität in der Differenz unterscheidet sich allerdings von einem Abbild-Urbild-Verhältnis oder einem Verhältnis bloßer Teilhabe Platonischer Provenienz, auch wenn Eckhart teilweise noch von »Abbild« spricht. Das Bild hat sein ganzes Sein und seine Natur von Gott und trägt deshalb auch dieses Sein voll und ganz in sich; Gottes Sein ist einerseits das Bild selbst, denn es kann, so Eckhart, kein Bild ohne Gleichheit geben: »(…) was da ausgeht, das ist ›dasselbe‹, was darinnen bleibt, und was darinnen bleibt, das ist ›dasselbe‹, was da ausgeht.«[12] Andererseits geht Gott weder im Bild auf noch löst sich umgekehrt das Bild in Gott auf; das Bild ist und bleibt Bild. Damit bleibt die Eigenständigkeit dessen, das Bild ist, also des Seelengrundes, gewahrt. Zugleich bleibt Gott unaussprechlich, unnennbar, namenlos wie der Grund, in dem er zur Erscheinung kommt.

Der Mensch ist also immer schon Bild Gottes, weil er den Seelengrund als das Bild des Sohnes in sich trägt und dementsprechend dieses Bild selbst ist. Dieses Bildsein jedoch ist kein statisches, unveränderliches Sein, sondern wie das Sein des Seelengrundes Ereignis, Vollzug. Damit kommt ihm eine prozessuale Dynamik zu, das Sein des Bildes ist gleichzeitig ein Werden und damit offen für Geschichtlichkeit. Zudem ist der Mensch als In-der-Welt-sein kontingent und somit kein vollkommenes Bild. Es ist ihm jedoch aufgetragen, zum reinen und vollkommenen Bild Gottes zu werden, und dies geschieht in der *unio*. Das bedeutet: Der Mensch soll und muss das realisieren und nachvollziehen, was er eigentlich je schon ist gemäß dem Grundsatz: »Werde, was du bist!« Das Bild kann deshalb realisiert werden, weil es selbst schon Vollzug ist; im Vollziehen des Bildwerdens ist das Bild schon, nämlich Ereignis, Sein im Werden. Zudem muss der Mensch zum Bild werden, damit sich Gott ins Bild setzen, zur Erscheinung kommen kann.

Damit der Mensch aber zum Bild Gottes werden kann, muss er sich aller anderen Bilder entledigen, muss ihrer ledig werden, sich entbilden, entblößen, auch der eigenen Bilder, nicht nur der fremden. Denn diese Bilder verstellen das unmittelbare Bild Gottes im Grund: »Durch die Entblößung des Bildes im Menschen gleicht sich der Mensch Gott an, denn mit dem Bilde gleicht der Mensch dem Bilde Gottes, das Gott rein seiner Wesenheit nach ist. Und je mehr sich der Mensch entblößt, desto mehr gleicht er Gott, und je mehr er Gott gleicht, umso mehr wird er mit ihm vereint.«[13] Diese Entbildung also führt zum Bildwerden, zur Einbildung

---

12. Pr. 16a, in: DW I, 491.
13. Pr. 40, in: DW 2, 688.

und Überbildung des Menschen in die Gottförmigkeit und Einheit mit Gott. Aus der Bildlosigkeit, dem Zerbrechen der Bilder, aus dem Sprung aus den Repräsentationen und Abbildern, entspringt das unmittelbare Bild, das kein Abbild ist, das Bild Gottes: »Willst du die Natur unverhüllt finden, so müssen die Gleichnisse alle zerbrechen, und je weiter man eindringt, umso näher ist man dem Sein.«[14] Diese Entbildung entspricht der Abgeschiedenheit und Gelassenheit der Seele und dem, was Eckhart als geistige Armut bezeichnet: Das »ist ein armer Mensch, der nichts *will* und nichts *weiß* und nichts *hat*.«[15] Diese Abgeschiedenheit und Gelassenheit führt zu einer neuen Art und Weise des »Zu-eigen-seins« sowohl der Dinge, meiner selbst und letztlich auch Gottes, und zu einem neuen Reichtum der Seele: »Je ärmer ein Mensch im Geiste ist, umso ›abgeschiedener‹ und alle Dinge mehr zunichte machend ist er; je ärmer im Geiste er ist, umso zugehöriger sind ihm alle Dinge und umso mehr sind sie sein Eigen.«[16]

Die Lehre von der Abgeschiedenheit und Gelassenheit der Seele hat für Eckhart eine zutiefst ethisch-praktische Bedeutung: Abgeschiedenheit und Gelassenheit bezeichnen nicht nur »Zustände« der mit Gott geeinten Seele, sondern auch Haltungen, ja Tugenden. Sie ermöglichen den Weg der Seele in ihren eigenen Grund und damit die Einung mit Gott, sie beziehen sich jedoch auch auf die Haltung zu sich selbst, zu anderen Menschen und zu den Dingen; insofern ist die Armut nicht allein eine geistige, sondern schließt auch materielle Armut mit ein in der Hinsicht, dass der wahrhaft Abgeschiedene und Gelassene auch dem Streben nach Besitz, Macht und Reichtum entsagt und sich dieser Wünsche entledigt. Der wahre Mystiker ist somit nicht derjenige, der sich ausschließlich in sein eigenes Inneres zurückzieht oder allein nach ›Seelenruhe‹ und ›Seelenfrieden‹ im Einklang mit Gott strebt. Nicht Weltflucht ist intendiert, sondern im Gegenteil ein neuer Zugang zur Welt, zu den Dingen, zum eigenen Selbst und zu Gott als dem alles tragenden Grund. Das erfordert auch tatkräftiges Handeln mitten in der Welt unter der Maßgabe des in der Einung Erkannten, also eine Einheit von »vita activa« und »vita contemplativa«.

---

14. Pr. 51, in: DW 2, 725.
15. Pr. 52, in: DW 2, 727.
16. Pr. 74, in: DW 3, 554.

3. Die bleibende Aktualität der Theologie Meister Eckharts für »religiös musikalische« Menschen der Gegenwart

Die Theologie Meister Eckharts besitzt für diejenigen, die sich auf den spirituellen Weg der Gottsuche machen wollen, auch heute noch große Attraktivität: Denn der Weg zu Gott beginnt Eckhart zufolge bei mir selbst, also beim einzelnen Ich. Das entspricht der Lebenserfahrung des modernen Menschen und dem, was die Theologie des 20. Jahrhunderts als »anthropologische Wende« bezeichnete, einer Wende weg vom abstrakten Seins- und Substanzbegriff hin zur konkreten Existenz des einzelnen Menschen mit seiner je eigenen Biographie und dem je eigenen Lebenskontext, in dem jeder seinen je eigenen Weg zu Gott beginnt. Zudem wird Gott hier nicht mehr zu einem höchsten Seienden bzw. zu einer Substanz verdinglicht, sondern durch seine Vermittlung mit dem Grund der Seele dem menschlichen Dasein analog verstanden. Das Kommen Gottes »in unser armes Fleisch«, mitten in die Endlichkeit der Existenz, vermittelt in der konkreten Lebensgeschichte eines einzelnen Menschen, wird so zu einem Kernmotiv des christlichen Glaubens, das nicht etwa geglaubt wird, weil es absurd erscheint – im Gegenteil: Gott ist in seiner Schöpfung präsent, auch wenn er nicht in ihr aufgeht. Gott ist im Inneren des Menschen anwesend, der genau darin Bild Gottes ist, aber auch in allen Dingen, die als Gleichnis Gottes anzusehen sind.

Allerdings ist auch herauszustellen, dass einige Gedanken der Eckhartschen Theologie durchaus nicht unumstritten sind, ja dass über sie theologisch diskutiert werden muss, will man die Theologie Eckharts nicht allein für die »religiös Musikalischen« überhaupt fruchtbar machen, sondern vor allem dafür, denen, die religiös auf der Suche sind, die christliche Botschaft als eine mögliche Antwort auf ihre Fragen aufzuweisen. So wird man sich beispielsweise von einem pantheistischen Missverständnis der Seelengrundlehre und einer damit verbundenen Verabschiedung des personalen Gottesverständnisses ebenso abzugrenzen haben wie von einer Interpretation der Schöpfung als eines immerwährenden Geschehens ohne Anfang und Ende und von einem Verständnis der Inkarnation, welches die Menschwerdung Gottes lediglich als ein Geschehen deutet, das sich in jedem Menschen immer wieder neu vollzieht, nicht aber als ein Ereignis, das sich »ein für alle Mal« und damit unüberbietbar wie unwiederholbar in einer historischen Person mit dem Namen Jesus von Nazareth vollzogen hat. Diskutiert werden muss auch die von Eckhart behauptete Unmittelbarkeit der Gotteserkenntnis im Grund der Seele und deren Verhältnis zur Ungeschuldetheit der göttlichen Offenbarung und zur Bestimmung des Verhältnisses von Glauben und Wissen hinsichtlich der Erkenntnis der Existenz und des Wesens Gottes.[17]

Diese theologischen Probleme zwingen unbestreitbar zu einer Klärung bzw. auch Modifizierung der Seelengrundlehre Eckharts – eine Klärung, die ihm selbst aufgrund der Disqualifikation seiner Theologie als Irrlehre verwehrt blieb. Die genannten Probleme wurden nämlich auch in der Verurteilung Eckharts genannt, doch handelte es sich bekanntlich nicht um eine freie Disputation um der Sache willen, sondern um eine Indienstnahme strittiger Punkte für die Aburteilung eines Theologen, dessen Denken sowie dessen Handeln als Volksprediger man als Gefahr für den Glauben und für die Kirche ansah. Erfolgt die notwendige Klärung der strittigen Punkte jedoch, beispielsweise unter Bezug auf den von Eckhart selbst verwendeten Begriff des Bildes mit Blick etwa auf die Verhältnisbestimmung von Gott und Geschöpf, und dies unter den Bedingungen des freien Diskurses auch in den theologischen Wissenschaften, so steht einer Rezeption der Theologie Eckharts und der Entdeckung ihres Potenzials auch im Rahmen der sogenannten »Wiederkehr des Religiösen« nichts im Wege; im Gegenteil könnte sie den gegenwärtigen zeitgenössischen theologischen Diskurs ebenso bereichern wie die je individuelle »gelebte Religion«.

Literaturempfehlungen

Ruh, Kurt, Meister Eckhart. Theologe, Prediger, Mystiker, München 1985.
Wendel, Saskia, Affektiv und inkarniert. Ansätze Deutscher Mystik als subjekttheoretische Herausforderung, Regensburg 2002.
Wendel, Saskia, Christliche Mystik. Eine Einführung, Kevelaer/Regensburg 2004.
Winkler, Norbert, Meister Eckhart zur Einführung, Hamburg 1997.

17. Vgl. hierzu z.B. Saskia Wendel, »Sei Du Dein, dann werde ich Dein sein« (Cusanus). Die theologische Aktualität der mystischen Lehre vom Grund der Seele, in: Klaus Arntz (Hg.), Religion im Aufwind. Eine kritische Bestandsaufnahme aus theologischer Sicht, Regensburg 2007, 68-86, hier: 79-86.

Gott fürchten und lieben – Martin Luther und die Kunst lebenswichtiger Unterscheidungen

Wilfried Härle

1. Biographische Annäherung

Der 2. Juli 1505 war ein Mittwoch. Man darf annehmen, dass das Wetter schwül und drückend war. An diesem Tag befand sich der 21-jährige Jurastudent Martin Luther zu Fuß auf dem Heimweg von seiner Universität Erfurt nach Mansfeld. Das Semester war noch nicht zu Ende. Warum er trotzdem diese Reise unternahm, wissen wir nicht. Aber wir wissen, dass er ca. 6 km hinter Erfurt beim Dorf Stotternheim in ein schweres Gewitter geriet, dass ein Blitzschlag ganz in seiner Nähe erfolgte, ihn vielleicht auch zu Boden warf und verletzte, ihm aber auf jeden Fall Todesangst einjagte und ein folgenschweres Gelübde entlockte: »Hilff du, S. Anna, ich will ein monch werden«.[1] Warum Anna, die Mutter Marias, und nicht Maria selbst, deren Heimsuchungsfeiertag der 2. Juli war? Entweder weil Anna die Schutzheilige der Bergleute war, zu denen die Familie Luther gehörte, oder weil sie als Helferin in Gewittersnot und vor schnellem Tod galt. Warum Mönch werden? Weil Luther sich von dieser Entscheidung die sicherste Rettung vor der ewigen Verdammnis erhoffte, die die Kirche überhaupt zu weisen wusste: den Weg der Vollkommenen, die sich nicht nur an die zehn Gebote hielten, sondern zusätzlich noch die Gelübde der Armut, des Gehorsams und der Ehelosigkeit auf sich nahmen.

Aus Todesfurcht war dieses Gelübde geboren. Luther bereute es zwar, und sein Vater leistete massiven Widerstand gegen dessen Erfüllung, aber der junge Mann Luther zögerte nicht, es einzuhalten. Er verkaufte seine Bücher und trat zwei Wochen später in Erfurt in den Konvent der Augustinereremiten ein. Aber diese aus Furcht geborene Entscheidung erbrachte nicht das, was Luther sich von ihr erhofft hatte: die Befreiung von der Angst vor Gottes Gericht, Verwerfung und Verdammnis. Im Gegenteil: Diese Furcht begleitete den Mönch während seiner ganzen Klosterzeit, ja, sie steigerte sich noch. Ursache dafür war nicht etwa, dass Luther mit

---

1. Hier und im Folgenden orientiere ich mich vor allem an der dreibändigen Lutherbiographie von Martin Brecht (Martin Luther, Bd. 1: Sein Weg zur Reformation. 1483-1521, Stuttgart 1990³, 57 f.).

den Klostergelübden Probleme gehabt hätte. Er selber sagt rückblickend – und andere Zeitzeugen bestätigen es –, dass er als Mönch ›untadelig‹ gelebt habe. Was ist es dann, das ihn nicht zur Ruhe kommen lässt, ihn umtreibt, ja fast in den Wahnsinn treibt? Es ist die Erkenntnis, dass man nicht aus Angst oder Furcht lieben kann – jedenfalls nicht den, vor dem man sich fürchtet. Aber das Alte und das Neue Testament sagen wiederholt und eindeutig: Das größte Gebot, an dem alles andere hängt, ist das Gebot, Gott zu lieben von ganzem Herzen. Und Luther versucht mit allem Nachdruck und aller Konsequenz dieses Gebot zu erfüllen. Und dabei schenkt er sich nichts. Anderen übrigens auch nicht, wie seine exzessive Beichtpraxis belegt.

Luther entdeckt bei dem Versuch, dieses Gebot zu erfüllen, Zweierlei. Erstens: Liebe lässt sich nicht gebieten und auf Gebot hin erbringen. Sie entsteht in einem Menschen dadurch, dass ihm ein liebenswürdiges Gegenüber begegnet, oder sie entsteht gar nicht. Zweitens: Solange das Gegenüber, das geliebt werden soll oder will, für den Fall der Nichterfüllung mit Strafe droht, geschieht alles, was der Betreffende tut, letztlich nicht aus Liebe zu dem Gegenüber, sondern aus Selbstliebe, nämlich um der drohenden Strafe zu entgehen. Ein Schüler hat diese Einsicht des Reformators einmal mit den Worten ausgedrückt: »Einen Oberbestrafer kann man nicht lieben«. Recht hat er.

Mehr als ein Jahrzehnt lang führt Luther im Kloster einen Kampf auf Leben und Tod mit diesem Gott und um diesen Gott, bis er als Theologieprofessor, der er inzwischen ist, anhand zweier Bibelstellen den befreienden Durchbruch erlebt, den man als seine ›reformatorische Entdeckung‹ bezeichnet. Es ist die Aussage aus Röm 1,17, in der Paulus sagt, dass im Evangelium die Gerechtigkeit Gottes offenbart wird, und Paulus verweist zu ihrer Erläuterung auf eine Stelle aus dem Propheten Habakuk (2,4), in der es heißt: »Der Gerechte wird aus Glauben leben«. An diesen beiden Bibelstellen lernt Luther zu unterscheiden zwischen dem philosophischen (Aristotelischen) Verständnis von Gerechtigkeit, das besagt, jeder soll bekommen, was er verdient, und dem biblischen Verständnis von Gerechtigkeit als Gemeinschaftstreue (Gottes und der Menschen). Wenn aber ›Gerechtigkeit‹ in der Bibel so zu verstehen ist, dann durchbricht sie den vorhin genannten Teufelskreis von Sollen, Wollen, aber Nicht-Können; denn dann steht das Gebot nicht mehr unter der Drohung der Bestrafung, sondern unter der Zusage von Gottes Barmherzigkeit und Treue. Gott zeigt sich dann im Evangelium als der liebenswürdige Gott, der unser Vertrauen zu ihm weckt und gewinnt. An dieser Unterscheidung und Erkenntnis hing für Luther alles. Und von daher wurde für ihn nicht nur diese Unterscheidung, sondern überhaupt die Kunst der an Gottes Wort gelernten Unterscheidungen zu einem zentralen Anliegen und Thema seiner Theologie und Verkündigung.

Dass er dabei nicht nur Paulus auf seiner Seite hatte, sondern auch die Schriften, die den Verfassernamen des Johannes tragen, muss Luther spätestens dann bewusst geworden sein, als er auf der Wartburg das Neue Testament ins Deutsche übersetzte. Heißt es doch im 1. Johannesbrief: »Furcht ist nicht in der Liebe, sondern die vollkommene Liebe treibt die Furcht aus; denn die Furcht rechnet mit Strafe. Wer sich aber fürchtet, der ist nicht vollkommen in der Liebe« (1 Joh 4,17 f.). Das klingt doch wie ein Echo auf Luthers eigene Erfahrung und Entdeckung – oder umgekehrt.

Aber warum schreibt er dann 1529 in seinem Kleinen Katechismus, in dieser leicht fasslichen, sprachlich so großartigen Einführung in den christlichen Glauben für Kinder, Jugendliche und das Gesinde bei der Auslegung der Zehn Gebote: »Wir sollen Gott über alle Dinge fürchten, lieben und vertrauen«? Und dies nicht nur als Auslegung des ersten Gebots, sondern in leicht verkürzter Form als Kopfzeile für die Auslegung aller andern Gebote: »Wir sollen Gott fürchten und lieben, dass wir …«. Ist das ein Rückfall in vorreformatorisches Denken? Hat Luther so schnell seine eigene Leidens- und Verzweiflungsgeschichte vergessen?

2. Kann man Gott fürchten und lieben?

Um zu verstehen, dass, warum und in welchem Sinn Luther auch nach seiner reformatorischen Entdeckung in einem positiven Sinn von der Furcht vor Gott reden kann, muss man gleich drei Denkansätze des Reformators in den Blick fassen, die sich übereinanderlagern.

Auf der ersten Stufe erinnert Luther daran, dass der Dekalog zunächst auch in einem ganz äußerlichen, politischen Sinn verstanden werden muss (usus politicus legis). In dieser Hinsicht geht es (noch) nicht um die rechte innere Einstellung zu Gott und zum Nächsten, sondern um das schlichte äußerliche Tun des Gebotenen und um das Einhalten der Verbote, also nicht zu töten, nicht zu stehlen, keine falsche Aussage zu machen etc. Auf dieser Ebene hat auch die Furcht (und zwar als Furcht vor irdischer Strafe und als Furcht vor Gottes Zorn) ihre bleibende Bedeutung. Das ist Ausdruck der Tatsache, dass diese Gebote kein Luxusgut darstellen, auf das man zur Not auch verzichten könnte, sondern in ganz elementarer Weise das menschliche Leben und Zusammenleben sichern und schützen sollen. Dem ist aus Luthers Sicht die Rede von der Strafe – auch von der Strafe Gottes – ganz angemessen und ebenso die darauf bezogene Furcht vor Gott. Die Übertretung der Gebote Gottes kann furchtbar auf uns und andere zurückschlagen. Sie kann sich schwer rächen.

Auf der zweiten Stufe hingegen versteht Luther den Dekalog in seinem vertieften, geistlichen Sinn als konkretisierende Auslegung des Gebotes der Gottes- und Nächstenliebe (im Geiste der Bergpredigt). Hier geht es nicht nur um äußerliche Taten und Unterlassungen, sondern um Einstellungen, um die Gesinnung, um das Herz. Und im Blick darauf hat Luther schon sehr früh eine neue, zusätzliche Unterscheidung eingeführt, die sich nun auf den Begriff ›Furcht‹ selbst bezieht, also eine Unterscheidung am Begriff Furcht. Die kann er zum Ausdruck bringen durch die Unterscheidung zwischen einer knechtischen Furcht (timor servilis) und einer kindlichen Furcht (timor filialis)[2]. Ist das bloß ein Spiel mit Worten? Keineswegs, wenn man mit Luther voraussetzen darf, dass ein Kind in einem ganz anderen inneren Verhältnis zu Vater und Mutter steht als der Knecht oder Dienstbote zu Herrin und Herr (und umgekehrt). Dazu schreibt Albrecht Peters in seinem großen Kommentar zu Luthers Katechismen: »Die Knechte fürchten Gott den Herrn allein um eines ihm Fremden, nämlich um der von ihm angedrohten irdischen oder auch ewigen Strafen willen. Die Knechte lieben auch nicht eigentlich Gott, sie suchen bei ihm den zugesagten irdischen oder auch ewigen Lohn. Die rechten Kinder dagegen lieben und scheuen Gott den Vater allein um seiner selbst willen«.[3] Und dieser Unterschied gibt jeweils der Liebe und der Furcht eine ganz bestimmte Gestalt und Färbung, so dass man sagen kann, dass der Knecht sich vor dem Herrn fürchtet, während das Kind sich davor fürchtet, die Beziehung zu den Eltern zu belasten oder diese zu enttäuschen. Von dieser Furcht um eine Beziehung könnte man jedenfalls nicht sagen: »Furcht ist nicht in der Liebe«. Im Gegenteil: Diese Form der Furcht ist geradezu ein Echtheitsbeweis für Liebe, weil für sie die positive Beziehung keine Selbstverständlichkeit oder Banalität ist. Dass und wie solche Furcht gerade zu einer großen Liebe gehört oder jedenfalls gehören kann, hat Bertolt Brecht in einem seiner schönsten Liebesgedichte so ausgedrückt:

2.   WA 1, 39,17 und WA 4, 661,10.
3.   Albrecht Peters, Kommentar zu Luthers Katechismen, Bd. 1: Die Zehn Gebote, hg. von Gottfried Seebaß, Göttingen 1990, 134.

Der, den ich liebe
Hat mir gesagt
Daß er mich braucht.

Darum
Gebe ich auf mich acht
Sehe auf meinen Weg und
Fürchte von jedem Regentropfen
Daß er mich erschlagen könnte.[4]

Solche Furcht ist sehr wohl in der Liebe.

Der dritte Aspekt wird sichtbar, wenn man die beiden vorgenannten Interpretationen zueinander in Beziehung setzt. Das geschieht am besten dadurch, dass man die erste Stufe als eine noch unzureichende, auf Vertiefung und Erfüllung hindrängende Stufe erkennt und anerkennt.[5] Das heißt aber, die bloß äußerliche Erfüllung der Gebote drängt von sich aus zu einer tieferen, ganzheitlichen Auffassung. Aber dieser Übergang ist keine einmalige Angelegenheit, sondern ein Prozess, der im Leben immer wieder zu durchschreiten ist. Und darum liegt auch der Übergang von einer knechtischen Furcht zu einer kindlichen Furcht nicht ein für alle Mal hinter uns, sondern muss immer wieder neu errungen werden. Und ohne diese Dynamik und Differenzierung kann gar nicht angemessen zur Sprache gebracht werden, was über das Fürchten und Lieben in theologischer Hinsicht zu sagen ist.

3. Luthers Theologie als Kunst der Unterscheidung

Dass Luthers Theologie zu einer enormen Reinigung und Vertiefung des christlichen Glaubens und der christlichen Lehre geführt hat, wird man ebenso wenig bestreiten können wie die Tatsache, dass von ihm befreiende und belebende Impulse in großer Zahl und mit weitreichender Wirkung ausgegangen sind. Von alledem will ich heute nicht reden, genauer gesagt: Von alledem will ich heute nur insofern reden, als dies zu tun hat mit Luthers Kunst der Unterscheidung. Dieser Ansatzpunkt und die darin enthaltene These sind nicht originell. Sie wurden vor allem von Gerhard Ebeling[6] (1912-2001) häufig und detailliert vertreten. Sie ist aber

---

4. Bertolt Brecht, Gesammelte Werke, Bd. 9, Gedichte 2, Frankfurt/M. 1967, 586.
5. Das findet eine Entsprechung in den frühen Stufen der Moralentwicklung und -erziehung bei Lawrence Kohlberg.
6. Gerhard Ebeling, Luther. Einführung in sein Denken, Tübingen (1964)

trotzdem noch nicht so ins allgemeine theologische oder gar christliche Bewusstsein gedrungen, dass sie sich von selbst verstünde. Deshalb ist etwas argumentativer und narrativer Aufwand erforderlich, um die These plausibel zu machen, an Martin Luther könne man die Kunst lebenswichtiger Unterscheidungen lernen – wobei ich unter ›lernen‹ sowohl ›kennenlernen‹ als auch ›sich aneignen‹ verstehe.

In diesem Sinn will ich nun im folgenden Hauptteil meines Vortrags fünf Unterscheidungen nennen, die in Luthers Theologie eine große, ja grundlegende Rolle spielen, bevor ich dann in einem kurzen Schlussabschnitt fragen will, warum und inwiefern man diese Unterscheidungen als ›lebenswichtig‹ bezeichnen kann, wie ich das im Titel meines Vortrags tue.

Diese fünf von mir ausgewählten Unterscheidungen besitzen bei Luther eine große Bedeutung, aber sie sind beileibe keine erschöpfende Zusammenstellung oder Auflistung der für ihn notwendigen, wenn nicht sogar lebenswichtigen Unterscheidungen. So werde ich z. B. nicht auf die Unterscheidung zwischen der sichtbaren und der verborgenen[7] Kirche eingehen oder auf die zwischen dem Allgemeinen Priestertum und dem ordinationsgebundenen Amt, auch nicht auf die grundlegende Unterscheidung zwischen Gewissheit und Sicherheit (certitudo und securitas) oder zwischen dem inneren und dem äußeren Menschen sowie zwischen dem offenbaren und verborgenen Gott (Deus revelatus, Deus absconditus) und auf viele andere Unterscheidungen mehr, die durchaus für Luthers Denken wichtig sind. Und das lässt sich gar nicht anders begründen oder rechtfertigen als mit der Begrenztheit der zur Verfügung stehenden Zeit. Aber nun will ich wenigstens diese knappe Zeit nützen und zur Sache kommen.

3.1 Äußeres und inneres Wort

In seiner Frühzeit arbeitet Luther gerne und viel mit der paulinischen Unterscheidung zwischen Buchstaben und Geist (2 Kor 3,6: »Denn der

---

[4] 1981, bes. Kap. V-XIV sowie Ebeling, Das rechte Unterscheiden. Luthers Anleitung zu theologischer Urteilskraft, in: Ebeling, Theologie in den Gegensätzen des Lebens. Wort und Glaube, Bd. 4, 1995, 420-459. Vgl. hierzu auch den Abschnitt C 2 »Theologie als Unterscheidungslehre«, den Albrecht Beutel als Schüler Ebelings verfasst und in das von ihm herausgegebene Luther Handbuch aufgenommen hat (Tübingen 2005, 450-454).

7. Nicht ›unsichtbare‹ Kirche – das wäre die Formel, die Zwingli in seiner Expositio christianae fidei (1531) geprägt hat. Luther spricht dagegen davon, dass die wahren Christen verborgen sind: »latent sancti« (LDStA 1, 322,27).

Buchstabe tötet, aber der Geist macht lebendig«). Diese Unterscheidung verschwindet auch später nicht, aber sie verwandelt sich in bemerkenswerter Weise. Der Geist steht nun nicht mehr, wie in der Frühzeit, für zusätzliche geistige und geistliche (um nicht zu sagen: geistreiche) Auslegungsmöglichkeiten des Bibeltextes, die insbesondere dort eingesetzt werden, wo der Wortlaut der Bibel dunkel und schwerverständlich ist, sondern der Geist steht nun für das Gewisswerden der Wahrheit der biblischen Botschaft. Um diese Neuakzentuierung zu verstehen, muss man Zweierlei im Sinne Luthers betonen: Gott bindet sich an das äußere, menschliche Wort der Verkündigung ebenso wie an die äußeren, sichtbaren, fühlbaren, schmeckbaren Zeichen des Sakraments. Er will uns Menschen nicht anders begegnen als durch diese äußere Vermittlung. Und das zweite: Das Wirken des Geistes bzw. des inneren Wortes besteht in nichts anderem als darin, die Verlässlichkeit, Wahrheit, Gültigkeit des äußeren Wortes für einen Menschen gewiss werden zu lassen. Anders gesagt: Das Glauben weckende Wirken des Heiligen Geistes geschieht nicht abseits vom äußeren Wort und Zeichen, neben oder über ihm, sondern nur an ihm und durch es.

Die Wichtigkeit und Tröstlichkeit dieser Unterscheidung kann jedem Christenmenschen bewusst werden, der als Mitmensch, als Vater oder Mutter, als Lehrerin oder Pfarrer oder als Erzieherin anderen die christliche Botschaft so vermitteln möchte, dass dadurch Glaube geweckt wird. Die Unterscheidung zwischen äußerem und innerem Wort macht deutlich, was wir in diesem Bereich tun können und was nicht: Wir können und sollen die christliche Botschaft so klar und verständlich wie möglich bezeugen, aber wir haben es nicht in der Hand, diese Botschaft für Menschen so gewiss werden zu lassen, dass sie darauf ihr Vertrauen setzen, also daran glauben. Das kann beim ersten Hören deprimierend wirken und wirkt manchmal insbesondere auf junge Menschen deprimierend: »So wenig können wir bewirken?« In Wirklichkeit ist es befreiend. Es kann entlasten von Selbstanklagen und Vorwürfen, wenn es einem nicht gelungen ist, die eigenen Kinder oder andere Menschen zum Glauben zu führen. Das haben wir nicht in der Hand. Das wirkt Gott durch seinen Geist – wo und wenn er will. Und das ist gut so.

3.2 Gesetz und Evangelium

Insbesondere im Blick auf die Unterscheidung von Gesetz und Evangelium hat Luther immer wieder betont, dass sie das Erkennungszeichen dafür sei, dass ein Mensch die christliche Botschaft richtig verstanden habe und ein guter Theologe sei.[8] Sie ist so etwas wie ein Schlüssel zum Verständnis aller anderen Unterscheidungen. Diese Unterscheidung wird oft so (miss-)verstanden, als hätte Luther sie gleichgesetzt mit der Unterscheidung zwischen Mose und Christus, Altem und Neuem Testament oder Israel und Christenheit. Aber obwohl es einzelne Aussagen bei Luther gibt, die sich so interpretieren lassen, trifft dies doch nicht den eigentlichen Sinn der Unterscheidung von Gesetz und Evangelium, wie er sich Luther nach einem langen Ringen und vielen Auseinandersetzungen erst in den Dreißigerjahren des 16. Jahrhunderts insbesondere im Zusammenhang mit der Ausarbeitung seines Großen Galaterkommentars und seiner Disputationen über die Rechtfertigungslehre in voller Klarheit erschlossen hat.

Von allen theologischen Unterscheidungen Luthers ist ihm diese die wichtigste, und das, worum es in dieser Unterscheidung geht, ist in theoretischer Hinsicht etwas sehr Einfaches, Klares, leicht Fassliches.

Die Unterscheidung zwischen dem Gesetz, das im Namen Gottes dem Menschen sagt, was er tun soll, ist grundlegend zu unterscheiden vom Evangelium, das sagt, was Gott für den Menschen zu dessen Heil und Rettung tut. Das ist eine Unterscheidung, die schon ein Kind gut verstehen kann. Und hat man sie verstanden, so ist auch klar, dass und warum die Unterscheidung zwischen Gesetz und Evangelium nicht gleichgesetzt werden kann mit der Unterscheidung zwischen Mose und Christus, Altem und Neuem Testament, Israel und Christenheit; denn da gibt es immer auf beiden Seiten Gesetz und Evangelium, Gebot und Verheißung, Anspruch und Zuspruch.

Aber so klar diese Unterscheidung theoretisch ist, so schwierig kann sie für den Menschen insbesondere in der Situation der Anfechtung werden. Deshalb kann Luther in einer Tischrede aus dem Jahr 1531 sagen: »Es gibt keinen Menschen, der auf Erden lebt, der zwischen Gesetz und Evangelium zu unterscheiden wüßte ... Ich hätt gemeint, ich könnt es, weil ich so lang und viel davon geschrieben, aber wenn es an das Treffen geht, so seh ich wohl, daß es mir weit, weit fehlt.«[9] Was meint Luther damit? Die einfache, klare Unterscheidung zwischen Gesetz und Evangelium kann einem Menschen verloren gehen und abhanden kommen; denn mit ihr verbindet sich leicht der menschliche Trugschluss, dass er auch von sich aus – jedenfalls mit gutem Willen und Anstrengung – in

---

8. WA 7, 502, 34 f.; WA 36, 9,6-10-5; WA 39/1, 361,1-4; WA 40/1, 207, 17 f.
9. WA TR 2, 3,20-4,5 (Nr. 1234) in Übersetzung und in modernisierter Schreibweise.

der Lage sei, das von Gott Gebotene zu tun, also das Gesetz zu erfüllen. [10]
Dass der Mensch dies im Sinn des Liebesgebotes, d. h. von ganzem Herzen, nicht kann, bedeutet für den natürlichen Menschen eine Kränkung. Denn das besagt doch, dass der Mensch in der entscheidenden Hinsicht nicht in der Lage ist, sich selbst zu helfen, zu retten, seine Beziehung zu Gott in Ordnung zu bringen. Aber stimmt das denn?

Luther hat nie bestritten, dass Menschen in der Lage sind, das Gesetz (z. B. in Gestalt des Dekalogs) in seinem äußerlichen, politischen, bürgerlichen Sinn und Gebrauch zu erfüllen, und dass dies für das menschliche Zusammenleben und für die Eindämmung des Bösen gut und nützlich ist. Aber Luther bestreitet nachdrücklich, dass der Mensch damit das Gesetz Gottes in seinem eigentlichen, theologischen Sinn erfüllt habe oder auch nur erfüllen könne; denn dieser Sinn und Gebrauch des Gesetzes kommt zum Ausdruck im Doppelgebot der Liebe, und Liebe kann man nicht – jedenfalls nicht erfolgreich – gebieten. Wahrscheinlich ist das Gebieten oder Fordern von Liebe sogar das sicherste Mittel, sie im Keim zu ersticken oder sie wieder zu vertreiben. Und darum scheitert der Mensch am theologischen Sinn und Gebrauch des Gesetzes, das seinem Wortlaut nach die Liebe zu Gott und zum Nächsten gebietet. Dass gerade das, der Aufweis des Scheiterns am Gesetz und des Angewiesenseins auf das Evangelium, aus Luthers Sicht der eigentliche Sinn und die eigentliche Bedeutung des Gesetzes ist, das ist die provozierende Spitzenaussage im Zusammenhang mit der Unterscheidung zwischen Gesetz und Evangelium, an der noch einmal deutlich werden kann, dass diese Unterscheidung, die doch theoretisch so leicht zu verstehen ist, nicht erst uns heute, sondern auch schon Luther und seinen Zeitgenossen existenziell große Schwierigkeiten bereitet hat.

3.3 Die Unterscheidung zwischen Person und Werk

Mit der Unterscheidung zwischen Person und Werk gehen wir einen weiteren Schritt auf dem bisher begangenen Weg. Luther verbindet die Unterscheidung zwischen Person und Werk schon früh mit einer Kritik an der von Aristoteles geprägten mittelalterlichen Philosophie und Theo-

---

10. Es ist ein Hauptkritikpunkt Luthers gegenüber Erasmus, dass er diesem Trugschluss in seiner Diatribe ›De libero arbitrio‹ durchgängig erlegen ist und darum fortgesetzt aus dem Sollen auf das menschliche Können bzw. aus dem Gesetz auf das freie Willensvermögen des Menschen schließt. Vgl. dazu LDStA 1, XXIII-XXXVI.

logie, die von der Überzeugung ausgeht, dass Menschen durch das wiederholte Tun des Gerechten gerecht, d. h. gerechte Menschen werden. Das bestreitet Luther aufgrund seiner eigenen Erfahrung und theologischen Einsicht. Die Reihenfolge vom Tun zum Sein gilt nur in den äußeren, mit Bonhoeffer gesagt: vorletzten Dingen, mit denen wir es in der menschlichen Entwicklung und Erziehung, in Kunst und Sport, in Schule und Beruf zu tun haben. Dort wird man durch immer wiederholte Handlungsvollzüge zu einem Kenner, im besten Fall sogar zu einem Könner. Aber in der Gottesbeziehung ist es genau umgekehrt: Da muss die Person, das Herz eines Menschen angerührt und erneuert werden, damit er in die Lage versetzt wird, das zu tun, was dem Willen Gottes entspricht. Immer wieder beruft sich Luther hierfür auf das neutestamentliche Bild vom Baum und den Früchten mit der Pointe: »Ein guter Baum bringt gute Früchte, aber ein fauler Baum bringt schlechte Früchte« (Mt 7,17). Und darum führen alle Versuche, durch eine Verbesserung der Früchte, d. h. durch ein Verändern der Taten bzw. Werke eines Menschen etwas kurieren oder in Ordnung bringen zu wollen, nicht zu dem gewünschten Ziel, diesen Menschen von innen heraus, in seinem Wesen zu verändern und zu erneuern. Vielmehr muss zuerst dieses Wesen des Menschen verändert werden, das Herz muss gebildet werden, und das geschieht allein durch den Zuspruch des Evangeliums, der in einem Menschen Glauben weckt und ihn so vom Grund her erneuert. Die Taten (Früchte) sind Erkennungszeichen für diesen Veränderungs- und Erneuerungsprozess und insofern unverzichtbar wichtig.[11] Aber ob ein Mensch in der rechten Beziehung zu Gott existiert, entscheidet sich nicht an den Werken, die er tut, sondern an dem Glauben, also an dem daseinsbestimmenden Vertrauen auf Gott, das ihm zuteil wird.

Weil dies so ist, darum kann Luther auch sagen, dass der Mensch zugleich gerecht und Sünder ist (›simul iustus et peccator‹), Sünder, sofern man auf das blickt, was im Leben des Glaubenden an Gutem nicht realisiert wird, aber gleichwohl Gerechter durch den Glauben und im Glauben an Gottes Barmherzigkeit, die in Jesus Christus menschliche Gestalt angenommen hat.

Von da aus ergibt sich auch die grundlegende Unterscheidung zwischen dem Sünder, dem Gottes vergebende Liebe gilt, und der Sünde, gegen die sich Gottes Zorn richtet. Würde man diese Unterscheidung

---

11. Das schärft Luther insbesondere in der Vorrede zum Römerbrief (WA DB 7, 8,30-10,15) mit allem Nachdruck ein. Und der Spitzensatz lautet: »Wer aber nicht solche Werke tut, der ist ein glaubloser Mensch ...« (WA DB 10,12 f.).

nicht treffen, dann müsste man aus dem Satz: »Gott liebt den Sünder« folgern: »Also liebt Gott auch die Sünde«. Gegen den Vorwurf, das zu lehren, musste sich der Sache nach schon Paulus auseinandersetzen (Röm 6,1 f. und 15). Aber diese Konsequenz ergibt sich nur dann, wenn man die grundlegende, kategoriale Unterscheidung zwischen Sünder und Sünde nicht macht oder sogar als sinnlos angreift und verwirft.

3.4 Die Unterscheidung der beiden Regimente bzw. Regierweisen Gottes

Seit Luther sich in seinen Schriften mit der Frage nach der Autorität der politischen Obrigkeit – wir würden heute sagen: des Staates – und den Grenzen des Gehorsams und der Loyalität gegenüber dem Staat beschäftigt[12], versucht er das Problem mit Hilfe von Unterscheidungen zu lösen. Dabei knüpft er zunächst begrifflich an die altkirchliche und mittelalterliche trennende Unterscheidung zweier Reiche an, von denen eines die Glaubenden, das andere die Nichtglaubenden umfasst. Er löst sich aber sehr schnell von dieser Unterscheidung zweier Reiche und transformiert sie in der Unterscheidung zwischen zwei Regimenten Gottes, d. h. zwei Regierweisen[13]. Diese Unterscheidung besagt, dass Gott einerseits (bildlich gesprochen: mit seiner rechten Hand) durch Wort, Sakrament und seinen Geist zum Heil an der Welt wirkt, andererseits (wiederum im Bild gesprochen: mit seiner linken Hand) durch staatliche Gewalt und Gesetze die Welt erhält und vor der Übermacht des Bösen bewahrt. Die beiden Regierweisen sind also sowohl durch ihre Ziele als auch durch ihre Mittel grundsätzlich voneinander unterschieden. Heil bzw. Erlösung ist das Ziel auf der einen Seite, Erhaltung bzw. Bewahrung das Ziel auf der anderen. Und als Mittel gebraucht Gott Wort, Sakrament und Geist in seiner geistlichen Regierweise, sowie Gesetz und Gewalt in der weltlichen Regierweise. Luther hat die Unterschiedenheit dieser beiden Regierweisen immer

12. Erstmals in der Schrift: Von weltlicher Oberkeit, wie weit man ihr Gehorsam schuldig sei (1523) WA 11, 245-281, sodann in der Schrift: Ob Kriegsleute auch in seligem Stande sein können (1526) WA 19, 623-662, sowie schließlich in den Predigten zur Bergpredigt (1530-1532) WA 32, 302-544.
13. Diesen glücklichen Ausdruck hat der Theologische Ausschuss der VELKD im Jahr 1979 vorgeschlagen (vgl. dazu: Gottes Wirken in seiner Welt. Zur Diskussion um die Zweireichelehre, Bd. 2: Reaktionen, hg. v. N. Hasselmann, Hamburg 1980, 162-172). Dieser terminologische Vorschlag, der den zusätzlichen Vorteil hat, dass man nicht ›Regimente‹ mit ›Regimentern‹ verwechselt, hat sich inzwischen bewährt und weitgehend durchgesetzt.

wieder mit Nachdruck eingeschärft, weil er unter allen Umständen vermeiden und verhindern wollte, dass in Fragen des Glaubens Gewalt ausgeübt oder in politischen Fragen der Welterhaltung auf Androhung und Ausübung von Gewalt verzichtet wird.

In beiden Regierweisen gebraucht Gott Menschen, die er dazu beauftragt, diese Mittel zum Erreichen dieser Ziele einzusetzen. Aber beides sind nichtsdestoweniger Regierweisen *Gottes*, und immer dann, wenn dies in der Geschichte der Kirche und der Theologie vergessen wurde, entstand Gefahr oder sogar großer Schaden. Die Unterscheidung der beiden Reiche oder Regimente wurde sowohl im ausgehenden 19. Jahrhundert als auch in der Zeit des Dritten Reiches immer wieder so missverstanden, als gebe es eine Unabhängigkeit und Eigengesetzlichkeit der weltlichen Regierweise Gott gegenüber. Dem muss im Namen der Unterscheidung Luthers zwischen den beiden Regierweisen Gottes nachdrücklich widersprochen werden.

Wohl aber folgt aus der Unterscheidung der Regierweisen für Luther eine weitere Unterscheidung, die mitten durch den Menschen hindurchgeht: die Unterscheidung zwischen dem Christenmenschen als Privatperson, der Unrecht, das ihm angetan wird, erleiden soll, ohne das Böse zu vergelten, und dem Christen als Amtsperson (in einem weiten Sinne, sei es als Mutter oder Vater, Lehrerin oder Bürgermeister, Polizeibeamtin oder Soldat), der die Aufgabe hat, sich schützend vor den Nächsten zu stellen und ihn vor Gewalttat und Verbrechen nach Möglichkeit zu bewahren, also dem Bösen zu wehren. Man kann an dieser Stelle kritisch gegen Luther einwenden, dass er möglicherweise die Bedeutung des Eintretens für das Recht dort unterschätzt hat, wo es um das eigene Recht geht. Der Grund für diese Unterschätzung könnte darin liegen, dass er am Wortlaut der strengen Antithesen der Bergpredigt nichts abmarkten wollte, aber dieser kritische Einwand gegen Luther richtet sich weder gegen die Unterscheidung der beiden Regierweisen noch gegen die Unterscheidung zwischen Privatperson und Amtsperson, sondern nur gegen deren Anwendung in Beziehung auf sich selbst und auf den Nächsten.

3.5 Die Unterscheidung zwischen Gott und Mensch

In einem Brief an seinen Freund und Weggefährten Spalatin aus dem Sommer 1530 schreibt Luther kurz und bündig: »Wir sollen Menschen und nicht Gott sein. Das ist die summa«.[14] Dass diese Unterscheidung

---

14. WA Br 5, 415,45.

nicht so trivial und vor allem nicht so selbstverständlich ist, wie sie vielleicht beim ersten Hören klingt, geht aus einem anderen Lutherzitat hervor. Es heißt: »Der Mensch kann von Natur aus nicht wollen, daß Gott
Gott sei, vielmehr wollte er, er selbst wäre Gott und Gott wäre nicht
Gott«[15]. Diese Beobachtung oder Behauptung ist bei Luther vermutlich
der Verführung des Menschen im Paradies abgelauscht, dem: »Ihr werdet
sein wie Gott« (Gen 3,5). Dem kann der Mensch von Natur aus anscheinend nicht oder nur schwer widerstehen. Eine unerwartete Unterstützung für diese Auffassung bekommt Luther durch Friedrich Nietzsche,
wenn es im ›Zarathustra‹ heißt: »Ihr Freunde: wenn es Götter gäbe, wie
hielte ich's aus, kein Gott zu sein! Also giebt es keine Götter.«[16] In ähnlicher Form findet sich dieser Gedanke auch schon im sog. Philosophen-
gespräch in Georg Büchners Drama ›Dantons Tod‹, wo sich das Gefühl
Ausdruck verschafft, dass es für den Menschen unerträglich ist, weniger
vollkommen zu sein als Gott. Diese Wünsche und Phantasien sind keineswegs mit dem 19. Jahrhundert vergangen, sie tauchen auch nicht nur
in den Köpfen verwirrter oder hybrider Philosophen oder einiger macht-
besessener Diktatoren auf, die nach der Weltherrschaft greifen und un-
sägliches Elend über ihr eigenes Land und fremde Länder bringen. Der
Wunschtraum, die Rolle Gottes einzunehmen, ja Gott überlegen zu sein,
gedeiht zurzeit vor allem auf dem Boden der Biowissenschaften, sofern
sie sich mit der genetischen Veränderung des Menschen, also mit dem
Programm der Menschenzüchtung beschäftigen. Man kann nur hoffen,
dass auch dort der Satz gehört und beherzigt wird: »Wir sollen Menschen
sein und nicht Gott sein. Das ist die summa«.

Dass Luther diesen einfachen Satz und Gedanken als ›die summa‹ bezeichnet, unterstreicht, wie wichtig gerade diese Unterscheidung aus der
Sicht seiner Theologie und aus der Sicht des christlichen Glaubens ist.
Und darum eignet sie sich gut als Überstieg zum letzten Abschnitt mit
der kurzen Frage nach der

4. Lebenswichtigkeit dieser Unterscheidungen

Ich beginne diesen kurzen letzten Abschnitt mit der Frage, ob es so etwas
wie einen roten Faden in diesen Unterscheidungen gibt oder einen ge-

15. WA 1, 225,1 f.
16. Friedrich Nietzsche, Sämtliche Werke. Kritische Gesamtausgabe in 15 Bän-
    den, hrsg. G. Colli und M. Montinari, Bd. 4, 1980, 110.

meinsamen Nenner, auf den sie sich alle bringen lassen. Zwei von diesen fünf Unterscheidungen hatten sich bisher schon durch Luthers sprachliche Äußerungen ausgezeichnet und vor den anderen hervorgetan: die Unterscheidung zwischen Gesetz und Evangelium, von der ich sagte, sie sei so etwas wie ein Schlüssel zum Verständnis aller anderen Unterscheidungen, und die Unterscheidung zwischen Gott und Mensch, von der Luther selbst sagt, sie sei ›die summa‹. Hängen beide miteinander zusammen und bieten sie gemeinsam einen Zugang zum Sinn und zur Bedeutung dieser Unterscheidungen – und wenn ja, wie?

Erinnern wir uns kurz, worum es in der Unterscheidung zwischen Gesetz und Evangelium geht: um die Unterscheidung zwischen dem, was der Mensch als den Willen Gottes tun soll, und dem, was Gott für den Menschen zu seinem Heil tut. In der Unterscheidung zwischen Gesetz und Evangelium geht es also unter einer bestimmten Perspektive genau um die Unterscheidung zwischen Gott und Mensch, Gottes Tun und menschliches Tun. Dieser Unterscheidung waren wir aber auch dort schon begegnet, wo es um das Verhältnis von Buchstabe und Geist bzw. äußerem und innerem Wort ging, um das, was wir zu verkündigen und zu bezeugen haben in Unterscheidung von der Wahrheitsgewissheit, die nur Gott selbst durch seinen Geist wecken kann.

Hingegen ging es bei der Unterscheidung zwischen Person und Werk um eine, die sich nicht auf das Verhältnis zwischen Gott und Mensch, sondern auf zwei Aspekte am Menschsein bezieht, und bei der Unterscheidung zwischen den beiden Regierweisen um eine Unterscheidung, die sich auf zwei Aspekte am Wirken Gottes aber ebenfalls auf das Verhältnis zwischen Gott und Mensch bezieht. Diese beiden Unterscheidungen lassen sich also nicht einfach der Unterscheidung zwischen Gott und Mensch unterordnen, wohl aber ihr zuordnen. Damit ist die Anschlussstelle und der Ort dieser Unterscheidungen im Gesamtgefüge deutlich, und die große Linie bzw. Grundstruktur dieses Zusammenhangs von Unterscheidungen hängt tatsächlich immer an der Verhältnisbestimmung zwischen Gott und Mensch oder hängt mit ihr unmittelbar zusammen.

Dass dort das Zentrum dieser Unterscheidungen liegt, hat bei Luther keine theoretischen oder intellektuellen Gründe, sondern praktische, existenzielle Gründe. Die Theologie ist für ihn, wie das einige Jahrzehnte später formuliert wurde, eine »scientia practica«[17], bzw. eine »sapientia

---

17. So Johannes Musäus (Introductio in theologiam, Jena 1679, pars I, cap. III, Th XXII,6). Aber auch Johann Gerhard spricht schon von der Theologie als

eminens practica«[18] also eine (eminent) praktische Wissenschaft bzw. Weisheit, weil sie nach der Antwort auf die Frage sucht, wie das Leben des Menschen in Zeit und Ewigkeit gelingen kann, richtiger gesagt: Weil sie von der Begegnung mit einer spezifischen Antwort auf diese Frage herkommt, diese Antwort auf ihr Wahrsein hin überprüft, zum menschlichen Leben mit der Vielfalt seiner Erfahrungen in Beziehung setzt und so weitervermittelt.

Und wie kann dieser Wahrheitserweis geführt werden? Dort, wo es in der Auseinandersetzung mit seinem großen Widersacher Erasmus von Rotterdam auf den entscheidenden Differenzpunkt kommt, kann Luther es unübertrefflich kurz sagen: »interroga experientiam«, »befrage die Erfahrung!«[19] Was ist das für eine Erfahrung, von der Luther hier spricht? Es ist die Erfahrung, dass wir zwar tun können, was wir wollen, aber dass wir nicht wollen können, was wir wollen, und wir haben unser Wollen, Streben und Begehrungsvermögen also nicht in der Hand, sondern dies wird berührt, bewegt und ausgerichtet durch das, was uns begegnet. Von diesem Affiziertwerden hängt ab, was wir lieben und was wir hassen, und damit hängt die Grundrichtung und Grundausrichtung unseres Lebens von dem ab, was uns so begegnet und zuteil wird, dass es uns erreicht, bewegt, motiviert, verändert. In einem riskanten Bild kann Luther sagen: Es kommt darauf an, was und wer uns reitet: Gott oder der Teufel. Darum haben wir das Gelingen unseres Lebens in der Beziehung zu Gott als dem Grund und der Quelle des Daseins nicht in unserer Hand. Daran erinnern die Unterscheidungen Luthers, das schärfen sie ein und darum sind sie lebenswichtig. Denn sie können einen Menschen vor dem Trug und Wahn bewahren, bei Instanzen oder an Stellen das Leben zu suchen, wo man es gar nicht finden kann, und es gleichzeitig dort zu verfehlen oder zu versäumen, wo es tatsächlich zu finden ist.[20] Und was ist wichtiger, als zu wissen, von wem und von wessen Tun wir unser Heil zu erwarten und zu erhoffen haben? Jedenfalls nicht von unserem Tun, sondern von dem, was wir empfangen können, weil und wenn es uns zuteil wird.

einer ›doctrina practica‹ (Loci theologici, Jena 1610-25, pro § 28). Und bei Luther findet sich bereits die Aussage: »Vera theologia est practica« (WA Ti 1, 72,16 [Nr. 153]).

18. So David Hollaz (Examen theologicum acroamaticum, Leipzig 1707, pro cap. I, q 1).
19. LDStA 1, 288,27 und 289,40.
20. Dies kommt eindrucksvoll zum Ausdruck in Jer 2,13: »Mein Volk tut eine zwiefache Sünde: mich, die lebendige Quelle verlassen sie und machen sich Zisternen, die doch rissig sind und kein Wasser gcben«.

Aber ist das nicht doch schlussendlich eine niederdrückende, deprimierende Botschaft?

Lassen Sie mich diese – zugegebenermaßen rhetorische – Frage abschließend beantworten mit einem Zitat aus der schon mehrfach erwähnten und von Luther außerordentlich geschätzten Schrift des Reformators gegen Erasmus von Rotterdam ›De servo arbitrio‹. Wenige Seiten vor dem Schluss dieses Buches spielt Luther den Gedanken durch, Gott könnte ihm das Angebot eines freien Willens machen, über den er verfügen und den er seinem Gutdünken nach einsetzen könnte, um sein Leben zum Gelingen zu bringen. Und zu dieser Denkmöglichkeit schreibt Luther: »… ich würde nicht wollen, dass mir ein freies Willensvermögen gegeben wird oder irgendetwas in meiner Hand belassen würde, wodurch ich nach dem Heil streben könnte. … Denn wie vollkommen auch immer ein Werk wäre, es bliebe ein Skrupel, ob Gott dies gefiele oder ob er irgendetwas darüber hinaus erforderte. … ich habe das zu meinem großen Leidwesen in so vielen Jahren zur Genüge gelernt. Aber weil jetzt Gott mein Heil meinem Willensvermögen entzogen und in seines aufgenommen und zugesagt, mich nicht durch mein Werk und mein Laufen, sondern durch seine Gnade und seine Barmherzigkeit zu retten, bin ich sicher und gewiss, dass er treu ist; er wird mich nicht belügen«.[21]

Wenn das stimmt, dann lohnt es sich, bei Luther, oder richtiger: mit Luther die Kunst solcher und anderer ähnlich lebenswichtiger Unterscheidungen zu lernen.

Literaturempfehlungen

Ebeling, Gerhard, Luther. Einführung in sein Denken, Tübingen ⁴1981.
Beutel, Albrecht, (Hg.), Luther Handbuch, Tübingen 2005, bes. 353-459.
Härle, Wilfried, Menschsein in Beziehungen. Studien zur Rechtfertigungslehre und Anthropologie, Tübingen 2005, bes. 1-190.

---

21. LDStA 1, 651, 1-24.

Gott die Ehre geben – Johannes Calvin und die Wahrhaftigkeit des christlichen Lebens

Michael Weinrich

Selten ist bei einem Theologen die biographische Hintertreppe so aus-
getreten, wie das bei Johannes Calvin der Fall ist. Das ist insofern merkwürdig, als es auf diesem Wege bei Calvin im deutlichen Unterschied
etwa zu Martin Luther nur relativ wenig zu erfahren gibt. Aber möglicherweise ist es gerade die eher spärliche Ausbeute der uns bekannten
Biographie Calvins, die der psychologisierenden Phantasie die Zügel lo-
ckert, so dass es schließlich nicht verwunderlich ist, wenn dann auch mal
die Pferde mit ihr durchgehen.

Es geht bereits bis in die Wirkungszeit Calvins in Genf zurück und hat
dann eine kontinuierliche Tradition nach sich gezogen, dass er immer
wieder Gerüchten ausgesetzt war, die mit teilweise abenteuerlichen Un-
terstellungen darauf angelegt waren, seine Integrität in Zweifel zu ziehen.
Offenkundige Verzeichnungen und einseitige Versimpelungen sind dabei
ebenso im Spiel wie vorurteilsbeladene und denunzierende Projektionen
auf vermeintliche Ambitionen Calvins. Im flagranten Widerspruch zu
den reichlich vorliegenden Schriften scheuten einige seiner Zeitgenossen
nicht davor zurück, ihm sogar Häresien vorzuwerfen, gegen die er sich
bereits explizit und deutlich artikuliert hatte, so dass die teilweise schroffen und bissig formulierten Reaktionen Calvins auf die meist undifferen-
ziert vorgetragenen Vorwürfe durchaus verständlich sind. Das aber
scheint sich dann in der Geschichte festgesetzt zu haben: Calvin war ein
Despot, der Tyrann von Genf oder eben ein eifernder Diktator. Weil solche Charakterisierungen vollkommen an der tatsächlichen Situation in
Genf vorbeigehen, sind sie nicht nur ungerecht, sondern schlicht ver-
leumderisch.[1]

Im 20. Jh. war es insbesondere Stefan Zweig, der in seinem subjektiv
drastisch eingefärbten historischen Roman »Ein Gewissen gegen die Gewalt«[2] Calvin als den gnadenlosen Tyrannen von Genf auftreten lässt, der

---

1. Vgl. Richard Stauffer, Johannes Calvin, in: M. Greschat (Hg.), Gestalten der
   Kirchengeschichte, Bd. 6: Reformationszeit II, Stuttgart 1981, 211-240, 220.
2. Erstausgabe: Wien 1936.

in seinem theologischen Fanatismus nicht davor zurückscheut, vermeintliche Irrlehrer auf dem Scheiterhaufen zu »ermorden«:

»Dank einer großartigen organisatorischen Technik ist es Calvin gelungen, eine ganze Stadt, einen ganzen Staat mit tausenden bisher freien Bürgern in eine starre Gehorsamsmaschinerie zu verwandeln, jede Selbständigkeit auszurotten, jede Denkfreiheit zugunsten seiner alleinigen Lehre zu beschlagnahmen. Alles, was Macht hat in Stadt und Staat, untersteht seiner Allmacht, sämtliche Behörden und Befugnisse, Magistrat und Konsistorium, Universität und Gericht, die Finanzen und die Moral, die Priester, die Schulen, die Büttel, die Gefängnisse, das geschriebene, das gesprochene und sogar das heimlich geflüsterte Wort. Seine Lehre ist Gesetz geworden, und wer wider sie gelindesten Einspruch wagt, den belehren baldigst Kerker, Verbannung oder Scheiterhaufen, diese blank alle Diskussion erledigenden Argumente jeder geistigen Tyrannei, daß in Genf nur eine Wahrheit geduldet ist und Calvin ihr Prophet.«[3]

Es ist überdeutlich, dass der wegen seiner jüdischen Abstammung bedrohte österreichische Schriftsteller Stefan Zweig, der sich selbst als religionslos und humanistisch verstand, mit seinem Bild von dem unliebsamen Protestanten im 16. Jh. einen ganz anderen Tyrannen (1936!) zumindest mit im Blick hat.[4] Das mag manche der maßlosen Überzeichnungen verständlich machen, erklärt aber nicht, warum Zweig ausgerechnet auf Calvin verfällt, um den Charakter eines menschenverachtenden Diktators zu veranschaulichen. Die Wirkungen dieser auf fruchtbaren

---

3. Stefan Zweig, Ein Gewissen gegen die Gewalt. Castello gegen Calvin, Frankfurt/M. 1954, 8. Zum historischen Hintergrund des Servetprozesses und dem Verhältnis zwischen Calvin und Castello vgl. u. a. Bernard Cottret, Calvin. Eine Biographie, Stuttgart 1998, 257 ff.; Willem van't Spijker, Calvin, in: Die Kirche in ihrer Geschichte, hg. v. B. Moeller, Bd. 3, Lfg. J 2, Göttingen 2001, 102-236, 178 ff.
4. Die Calvin beigelegte ›rasende Rechthaberei‹ (16) und sein ›frenetischer Haß‹ (20) lassen ihn an der Seite von Dostojewskis Großinquisitor (12) in der Reihe von ›unmenschlichen Weltverbesserern‹ erscheinen, die »mit Schaum vor dem Munde ihre gewalttätigen Orthodoxien proklamieren« (16). Wenn der Klappentext der benutzten Ausgabe das Herzblut hervorhebt, mit dem Zweig gerade dieses Buch geschrieben habe, so mag dies an der begründeten eigenen Ohnmachtserfahrung liegen, die ihn unter dem Eindruck der von Nazi-Deutschland ausgehenden Bedrohung befallen hat. Angesichts von ›Weltfanatismus‹ (9) und ›Weltterror‹ (11) sieht er sich dazu gedrängt, den klar sehenden Humanisten und somit auch sich selbst zu bescheinigen, dass in solchen Zeiten nichts anderes bleibt als in den Schatten zu flüchten, »um nicht selber gefaßt und geopfert zu werden« (17).

Boden fallenden Verzeichnung können nur als desaströs bezeichnet werden.

Nach diesen Hinweisen auf die zahlreichen Besucher auf der lebhaft genutzten Hintertreppe wollen wir – nachdem es dort ein wenig ruhiger geworden ist – nun selbst versuchen, auf diesem Wege Calvin einen Besuch abzustatten in der Hoffnung, dass wir in der dafür recht knapp bemessenen Zeit etwas von dem erfahren können, was ihm selbst in seinem Leben und Werk bedeutungsvoll gewesen ist. Zunächst wenden wir uns einigen weichenstellenden biographischen Aspekten zu (1), um dann nach den zentralen Brennpunkten seiner Theologie zu fragen (2).

1. Wegmarkierungen

Am 10. Juli 1509 – vor beinahe genau 500 Jahren – wurde Calvin als Jean Cauvin in der kleinen Stadt Noyon in der Picardie, ca. 100 km nördlich von Paris, geboren.[5] Sein Vater hatte es zu einer angesehenen und gesicherten Position beim dortigen Bischof gebracht: als apostolischer Notar war er zu dieser Zeit der Rechtsbeistand und Finanzberater des Bischofs. Im Alter von 14 Jahren – das war keineswegs ungewöhnlich – nahm Calvin in Paris sein Studium mit dem Erlernen der Gelehrtensprache Latein und der ›sieben freien Künste‹ auf. Anschließend hat er nicht – wie zunächst vorgesehen – Theologie, sondern auf Anraten seines Vaters, der sich zwischenzeitlich mit dem Bischof überworfen hatte, Jura in Orleans (ab 1528) und Bourges (ab 1529) studiert. Dort ist er in Kontakt mit dem auf gesamtgesellschaftliche Erneuerung drängenden Humanismus gekommen, der ihn bleibend geprägt hat.

a) In diesem Kontext fällt vermutlich eine folgenreiche Lebenswende, die Calvin später im Vorwort zu seinem Psalmenkommentar (1557) eine »plötzliche Bekehrung zur Gelehrsamkeit« (subita conversione ad docilitatem) genannt hat. Auch wenn sich nicht genau sagen lässt, was er damit gemeint hat, kann wohl ausgeschlossen werden, dass hier an eine Glaubensbekehrung im pietistischen Sinne zu denken ist. Vielmehr legt es sich nahe, dass Calvin mit dieser Formulierung seine von humanistischen Überzeugungen angestoßene Zuwendung zum Studium der biblischen Quellen – das könnte die erwähnte Gelehrsamkeit sein – und die unmit-

5. Zu den verschiedenen Orten, in denen Calvin für eine Zeit gelebt hat, vgl. Johannes Jacobus Poort, Auf den Fußspuren Calvins, Konstanz 1984.

telbar damit verbundene Abkehr von der unkritischen Folgsamkeit gegenüber der offiziell verordneten Kirchenlehre gemeint habe.[6] Es wird
sich um eine Bekehrung zur Bibel gehandelt haben, die eine Abwendung
von dem kirchlichen Kult mit sich brachte, der in den Augen der reform-
orientierten Humanisten eine heidnische Verzerrung der ursprünglichen
christlichen Tradition darstellte. Diese vermutlich ganz und gar unspek-
takuläre »Bekehrung« ist allein deshalb erwähnenswert, weil sie eine für
das weitere Leben Calvins äußerst folgenreiche Weichenstellung benennt.
Calvin entdeckt die grundlegende Bedeutung des biblischen Zeugnisses,
das von nun an für seine ganze theologische Existenz prägend bleiben
wird. Er entschied sich mutig in einer Zeit zunehmender Spannungen
für die Seite der Reformer. Bei der Entschlossenheit war die Reichweite
dieser Entscheidung für Calvin zu diesem Zeitpunkt noch keineswegs
klar absehbar. Sie nimmt ihn aber so in Beschlag, dass er im Rückblick
von einer Konversion spricht, deren Plötzlichkeit vermutlich mehr auf
die unverhoffte Grundsätzlichkeit anspielt als auf die zeitliche Erstre-
ckung des vorgenommenen Perspektivenwechsels.

b) Mit dieser »Bekehrung« hatte sich Calvin für eine ungewisse Zukunft
und einen nicht kalkulierbaren Lebensweg entschieden. Es sollte sich
schnell herausstellen, dass er sich von nun an immer wieder Weichenstellungen ausgesetzt sah, die er von sich aus nicht angestrebt hat. Aufgrund
seiner nicht ganz geklärten Beteiligung an der traditionellen Allerheili-
genrede (1533) des gerade erst in sein Amt eingeführten Rektors der Pariser Universität Nikolaus Cop – ein Jugendfreund Calvins – hielt es Calvin für geraten, Paris zu verlassen. Die offensiv reformatorisch geprägte
Rede löste einen Skandal aus, so dass mit den üblichen bis zur Lebens-
gefahr reichenden Folgen zu rechnen war. Calvin begibt sich ins Exil nach
Basel, das bereits der Reformation beigetreten war, um dort seine Studien
möglichst ungestört fortsetzen zu können. 1536 erscheint dort die erste
Ausgabe seiner »Institutio christianae religionis«, eine ›Unterweisung im
rechten christlichen Glauben‹ im Sinne der Reformation, die ihn unversehens zu einem allseits bekannten Vertreter reformatorischer Lehre
machte.[7] Nicht zuletzt um sich nach einer auskömmlichen Anstellung

6. Vgl. Paul Sprenger, Das Rätsel um die Bekehrung Calvins, Neukirchen 1959.
7. Mit ihren fünf immer wieder gründlich überarbeiteten und deutlich erwei-
   terten Ausgaben ist sie anerkanntermaßen »das gewaltigste theologische Gesamtwerk« der Reformation (Stauffer [s. Anm. 1], 237) bzw. »die größte
   evangelische Dogmatik der Reformationszeit« (Willem F. Dankbaar, Calvin.
   Sein Weg und sein Werk, Neukirchen 1959, 40).

umzusehen, unternimmt Calvin in diesen Jahren verschiedene Reisen. Bereits 1534 verzichtete er auf seine ihn bisher ernährenden Pfründe, die ihn mit dem Abschluss des 25. Lebensjahres (dem kanonischen Alter) dazu verpflichtet hätte, sich zum Priester weihen zu lassen. Im Sommer 1536 reiste Calvin in seine Geburtsstadt Noyon, wo es Familienangelegenheiten zu regeln gab, und hielt sich anschließend kurze Zeit in Paris auf, um von dort aus Freunde in Straßburg aufzusuchen. Der direkte Weg war ihm aufgrund des deutsch-französischen Krieges (Karl V. und Franz I.) versperrt, so dass er einen Umweg nahm, der ihn über Genf führte, wo er sich nur für eine Nacht aufhalten wollte. Aus dieser kurzen Unterbrechung sollten drei bewegte Jahre werden, denn der inzwischen bekannte Calvin blieb nicht inkognito. Der dortige Hauptprediger (Maître) Guillaume Farel (1498-1565) beschwor Calvin in Genf zu bleiben und zusammen mit ihm die noch keineswegs gesicherte Reformation in Genf zu festigen und zu vollenden. Calvin erinnert sich:

»Ein Mann, der seither in schmählichem Abfall wieder ins papistische Lager zurückgekehrt ist, hatte gleich verraten, wer ich sei, und darauf bemühte sich Farel mit aller Kraft, wie er denn von einem unglaublichen Eifer zur Förderung des Evangeliums förmlich glühte, mich festzuhalten. Als er nun hörte, ich wolle mich stillen Privatstudien hingeben, und sah, daß er mit Bitten nichts ausrichtete, da ließ er sich zu Verwünschungen hinreißen, Gott möge meiner Ruhe seinen Fluch senden, wenn ich ihm in solcher Not nicht helfen wollte. Da erschrak ich und gab die begonnene Reise auf.«[8]

Dies wird für Calvin mindestens so eine »*conversio subita*« gewesen sein wie die, von der zuvor die Rede war. Mit einem Schlag sah sich der Gelehrte, der auf die Vertiefung und Erweiterung seiner Studien hoffte, in praktische Verantwortung versetzt, auch wenn diese ihm erst Schritt für Schritt übertragen wurde. Seine Einwilligung bezog sich zunächst nur auf die Tätigkeit als theologischer Lehrer, aber schon bald wurde er auch zum Pfarrer gewählt.[9] Im Alter von 25 Jahren wird Calvin, der von sich selbst sagt, dass er »von Natur aus ängstlich, weich und kleinmütig« sei[10], in eine Rolle gedrängt, in der er nur mit Entschlossenheit und auseinandersetzungsbereiter Standfestigkeit bestehen konnte.

c) Es waren keineswegs nur theologische Überzeugungen, sondern zumindest ebenso auch politische und patriotische Gründe, welche die et-

8. Zit. n. Wilhelm Neuser, Calvin, Berlin 1971, 30.
9. Vgl. van't Spijker (s. Anm. 3), 136.
10. Zit. n. Neuser (s. Anm. 8), 45.

wa 11.000 Einwohner zählende Stadt Genf erst kurz vor der unverhofften Verpflichtung Calvins dazu veranlasste, sich der Reformation anzuschließen. Um der Freiheit willen entschied sich Genf für das Bündnis mit Bern und gegen den Anspruch des Herzogtums Savoyens. Bern war bereits der Reformation beigetreten, während in Savoyen die Macht der katholischen Kirche ungebrochen war. Die Messe war abgeschafft, ohne dass tatsächlich etwas Neues an ihre Stelle getreten war, zumal ein großer Teil insbesondere der Ordensgeistlichen (die etwa 5% der Einwohner von Genf ausmachten) die Flucht ergriffen hatte. Die Gebliebenen zeigten sich teilweise willig, fielen aber ebenso häufig den Anweisungen entgegen in die alten Gewohnheiten zurück. Erst am 21. Mai 1536 wird von der Bürgerschaft von Genf in einem *Conseil général* feierlich der Beitritt zur Reformation erklärt. Man kann sich die Gemengelage von unterschiedlichen Optionen und Interessen gar nicht kompliziert genug vorstellen, um ein realistisches Bild von der Situation im damaligen Genf zu bekommen. Cottret spricht von einer »Atmosphäre allgemeiner Verworrenheit«[11]. Auf seinem Totenbett erinnert sich Calvin in Anwesenheit seiner Amtskollegen an seine Ankunft in Genf; es habe noch »keinerlei Reformation« gegeben und alles habe sich »in Aufruhr« befunden.[12] In Deutschland stand nicht nur in den Bauernkriegen ein ausreichend sprechendes Bild vor Augen, zu welchen irrationalen, dann unkontrollierbaren und schließlich brandgefährlichen chaotischen Situationen die Reformation führen konnte, wenn sie einfach den Landesfürsten oder gar sich selbst überlassen wurde. Und genau das war es, was der relativ einsam agierende Farel in Genf verhindern wollte und sich dafür die Unterstützung Calvins sicherte.

Es waren die Fragen der Kirchenordnung, die schnell eine besondere Aufmerksamkeit auf sich zogen. Schon bald sollte sich zeigen, dass die von Farel befürchtete Labilität der Reformation kein unbegründeter Pessimismus war. Die eher strategisch eingegangene Koalition mit Bern zeitigte insofern ihre Tücken, als nun darauf gedrängt wurde, dass dem politischen Schulterschluss auch der kirchliche Schulterschluss folgen sollte und zwar in der Form einer Übernahme der in Bern getroffenen Regelungen. Gegen das ausdrückliche Votum von Calvin entschied sich der Rat in Genf für die Übernahme der Berner Bräuche. Die weltliche Macht hatte offenkundig keine Hemmungen, durchaus weitreichend in die Belange der Kirche einzugreifen. Calvin sah in dem strategisch ausgeklügel-

---

11. Cottret (s. Anm. 3), 146; vgl. auch van't Spijker (s. Anm. 3), 130ff.
12. Vgl. Stauffer (s. Anm. 1), 217.

ten Spiel, das zwischen Bern und dem Rat von Genf gespielt wurde, die Klarheit der Reformation auf dem Spiel stehen, auch wenn es im Grunde eher um Kleinigkeiten (Oblaten beim Abendmahl, den Taufstein, die Beibehaltung von vier der alten kirchlichen Feiertage und den Haarschmuck der Bräute bei der Trauung) als um fundamentale Fragen ging. Für ihn stand die Frage der Zuständigkeit für die Kirchenleitung zur Debatte, die mehr und mehr in die Hände der weltlichen Macht abzuwandern drohte. Auch wenn nach Calvins Einschätzung die Aufgaben von Kirche und Staat nicht immer strikt getrennt werden können, so drängte Calvin im Rahmen der von ihm nicht infrage gestellten Staatskirche doch auf eine möglichst klare Unterscheidung von kirchlichen und weltlichen Aufgaben.[13] Ihm lag entschieden daran, die Wahrnehmung der spezifisch kirchlichen Angelegenheiten dem Bereich der kirchlichen Verantwortung zuzuordnen. Calvin und Farel kündigten vor dem Ostersonntag 1538 an, das Abendmahl in der ihnen vom Rat aufgezwungenen Weise nicht auszuteilen. Daraufhin wird ihnen auch das Predigen verboten. Aber sie lassen sich nicht daran hindern, was zu einem Tumult in der Kirche führt. Während Calvin Starrsinnigkeit oder die Errichtung eines ›neuen Papsttums‹ vorgeworfen wurde, hat dieser einen grundsätzlichen Verrat an der Wahrhaftigkeit der Reformation beklagt. Es ging ihm weniger um die einzelnen Streitpunkte als vielmehr um die Vorgehensweise, die das politische Kalkül über eine solide theologische Begründung stellte. Die Milde gegenüber aus der Vergangenheit noch nachwirkenden religiösen Gewohnheiten sollte dazu beitragen, das Joch der mit der Reformation durchgesetzten Veränderungen ein wenig zu erleichtern. Wie es allzu häufig der Fall ist: Die Formen drohten ernster genommen zu werden als die Inhalte. Es war gewiss nicht unbegründet, wenn Calvin in den darin erkennbaren Tendenzen eine um sich greifende Ermüdung im Blick auf die weitere Durchsetzung der Reformation witterte.[14] Auch darin wird er nicht geirrt haben, dass er den Beschluss des Genfer Rates als einen Angriff auf sein Engagement verstand, die Reformation konsequent auch im Leben der Gemeinde umzusetzen. Nicht zuletzt mag es auch eine Rolle gespielt haben, dass sich die Genfer Bürger nicht von dem Ausländer Calvin, der kein Bürger von Genf war, bevormunden lassen

13. Vgl. Emidio Campi, Calvin's understanding of the church, in: Reformed World 57 (2007), 290-305, 298 ff.
14. In diese Richtung weist Karl Barth in seiner Calvin-Vorlesung aus dem Jahr 1922; vgl. Karl Barth, Die Theologie Calvins (1922), hg. v. H. Scholl (Karl Barth Gesamtausgabe), Zürich 1993, 471-496.

wollten. Entgegen dem späteren Calvinbild aber waren die Machtverhältnisse klar: Calvin und Farel hatten sich zu beugen und mussten die Stadt verlassen. Noch am selben Tag ließ die Stadt die Möbel abholen, die Calvin und Farel vom Rat ausgeliehen hatten. Die schließlich auch nur zögerlichen diplomatischen Bemühungen von Bern und Zürich, den Konflikt doch noch einvernehmlich zu lösen, scheiterten. Calvin war froh, unter diesen Umständen, den Boden der Stadt Genf nicht wieder betreten zu müssen. Neben der Enttäuschung mag bei Calvin durchaus auch Erleichterung mit im Spiel gewesen sein. Er fühlte sich von einer drückenden Last befreit und sah nun die reizvolle Möglichkeit, als Privatgelehrter in Basel endlich die nötige Zeit für die nach wie vor ersehnten Studien zu finden.[15]

d) Doch nur für kurze Zeit konnte sich Calvin auf seine Studien konzentrieren. Wieder wurde mehr über ihn entschieden, als dass er selbst entschied. Bereits nach drei Monaten zog Calvin nach Straßburg. Martin Bucer hatte auf Calvin eingewirkt, den Dienst eines Pastors in der kleinen französischen Flüchtlingsgemeinde in Straßburg zu übernehmen, worin dieser wiederum nur mit Zögern einwilligte. Diese von Calvin als glücklich erlebte Zeit in Straßburg – es sollten auch nur drei Jahre werden – steht vor allem im Zeichen ökumenischer Kontakte und Erfahrungen. Diese betreffen einerseits sein Engagement für die Einheit zwischen den Schweizern und den deutschen Lutheranern und andererseits den Ausbau seiner Kontakte zu gemäßigten Katholiken in Frankreich, um sich für die in seinem Heimatland drangsalierten und verfolgten Protestanten verwenden zu können. 1539 trifft Calvin in Frankfurt mit Melanchthon zusammen, mit dem er in der Abendmahlsfrage zu einem grundsätzlichen Konsens kommt. Luther selbst hat sich über den verbleibenden Dissens mit Calvin sehr milde und respektvoll geäußert.[16] Calvin nimmt an den Religionsgesprächen in Hagenau, Worms und Regensburg teil und erkennt in diesem Rahmen ausdrücklich das Augsburger Bekenntnis von 1530 an. Durch seine engagierten Beiträge erwarb er sich im reformatorischen Lager allseits hohe Anerkennung[17], was beispielhaft daran abgelesen werden mag, dass er im Wormser Religionsgespräch von 1541 – nachdem er zunächst als Delegierter von Ulm vorgesehen war –

15. Vgl. Dankbaar (s. Anm. 7), 58.
16. Vgl. Neuser (s. Anm. 8), 49.
17. Neuser berichtet, dass Melanchthon Calvin den Ehrentitel »der Theologe« verliehen habe (s. Anm. 8, 50).

als Vertreter des lutherischen Herzogs von Lüneburg (und kurz darauf in Regensburg als Vertreter der Stadt Regensburg) agierte. Die hier erreichten hoffnungsvollen Annäherungen, die Calvin zeitlebens zu wahren versucht hat, sind jedoch auf lutherischer Seite – insbesondere nach dem Tode Luthers – wieder eher kleingeistigen Konfessionalismen und karikierenden Verzeichnungen anheimgefallen, so dass sich Calvins großes Ziel der Zusammenführung der verschiedenen reformatorischen Richtungen erst mehr als vier Jahrhunderte nach seinem Tod 1973 mit der Unterzeichnung der Leuenberger Konkordie verwirklichen ließ. Zu Calvins ökumenischen Aktivitäten gehört schließlich seine überaus rege Korrespondenz, die er mit den verschiedensten Regionen in Europa unterhielt, insbesondere mit Polen, Böhmen, den Niederlanden, England, Italien, Schottland und natürlich ganz besonders mit Frankreich.[18]

e) 1541 gelang es den Genfern mit einigen Mühen, Calvin zur Rückkehr nach Genf zu bewegen[19], nachdem sich dort die verschiedenen Parteien heillos zerstritten hatten, was sogar gelegentlich zu ernsthaften öffentlichen Unruhen geführt hat. Bereits 1539 hatte sich ein verführerisch werbender Brief von Kardinal Sadolet, in dem die Genfer dazu eingeladen werden, wieder in den Schoß der wahren Kirche zurückzukehren, als ernst zu nehmende Versuchung in Genf ausgewirkt. Sowohl aus eigenem Antrieb, aber auch auf die Bitte aus Genf hin, hatte Calvin diesen Brief mit einer eindrucksvollen und pointierten Apologie des reformatorischen Standpunktes beantwortet.[20] Das Schicksal Genfs war ihm offenkundig nicht gleichgültig, was sich auch an der Korrespondenz zeigen lässt, mit der er mit Genf in Verbindung geblieben war. Was die Rückkehr nach Genf betrifft, war Calvin in der komfortablen Lage, seine Rückkehr an klare Bedingungen für die Ordnung des kirchlichen Lebens knüpfen zu können. Schon kurz nach seiner Rückkehr im September 1541 legt er dem Rat der Stadt Genf eine Kirchenordnung vor, die eine eigene Gestalt der Lehre vom vierfachen Amt in der Kirche enthält, wie er sie in Straß-

18. Calvin war ein schier unermüdlicher Briefschreiber. Das Corpus Reformatorum dokumentiert 4271 Briefe (vgl. Neuser [s. Anm. 8], 110). Ein Teil der Briefe ist in der Übersetzung von R. Schwarz zugänglich: Johannes Calvins Lebenswerk in seinen Briefen, Neukirchen ²1960-1962, 3 Bde.
19. In der Einleitung zum Psalmenkommentar schreibt Calvin, dass er »mit Trauer, Tränen, großer Sorge und Verzweiflung« der Rückkehr nach Genf zugestimmt habe; vgl. Stauffer (s. Anm. 1), 219.
20. Calvin, Antwort an Kardinal Sadolet, in: Calvin Studienausgabe, hg. v. E. Busch u. a., Bd. 1,2, Neukirchen-Vluyn 1994, 337-429.

burg bei Bucer kennen gelernt hat. Bereits am 20. November 1541 wird in Genf die Kirchenordnung öffentlich nach altem Brauch mit Glockengeläut und Trompetenschall vom Großen Rat angenommen.[21] Besonders charakteristisch für Calvins Kirchenverständnis ist das Ältestenamt. Die Presbyter sind insbesondere für die – misslicherweise in deutscher Übersetzung »Kirchenzucht« genannte – Leitung und die Lebensordnung der Gemeinde zuständig. Es ging Calvin um die Heiligung der Gemeinde im Sinne einer Wahrung der Ehre Gottes im öffentlichen Leben. Diese Ausrichtung gehört für Calvin zu den essenziellen Bestimmungen sowohl der Abweisung von den abergläubischen Elementen der Papstkirche als eben auch der inhaltlichen Bestimmung eines substanziell wieder hergestellten Glaubens. Darin sah er die eigentliche Triebkraft der reformatorischen Aufgabe, die er im Ganzen als gefährdet ansah, wenn sie nicht konsequent ihren Zielpunkt im Auge hält und etwa nur damit zufrieden wäre, diese oder jene äußeren Missstände abgeschafft zu haben. Karl Barth hat im Tun dieses zweiten notwendigen Schritts der Reformation ihre sachliche Vollendung gesehen, die zugleich ihre unvermeidliche Selbstgefährdung bezeichne. Diese Gefährdung zeigt sich anschaulich in den Genfer Auseinandersetzungen, die schon bald wieder ausbrechen. Es waren vor allem die von Calvin sogenannten ›Libertins‹ – Menschen, die sich ihre Lebenspraxis nach ihren jeweiligen Bedürfnissen zurechtlegen –, die sich gegen die von Calvin propagierte lebenspraktische Verbindlichkeit des Glaubens zur Wehr setzten und ihm Dirigismus und Fanatismus vorwarfen. Damit deutet sich ein wichtiger Aspekt all der Tätigkeiten und Auseinandersetzungen an, die das Leben von Calvin nach seiner Rückkehr aus Straßburg 1541 bis zu seinem Lebensende im Frühjahr 1564 ausgemacht haben. Bis 1555 musste er sich unentwegt gegen eine ihm zumindest reserviert gegenüberstehende Mehrheit im Rat behaupten. Dann erst wendet sich das Blatt, nicht zuletzt infolge einer großen Zahl von Glaubensflüchtlingen[22], die wegen Calvin nach Genf gekommen sind und dort das »neue Jerusalem« fanden. Aufgrund ihrer intellektuellen und wirtschaftlichen Potenz gelangten sie bald zu Einfluss, so dass sich dort die Mehrheitsverhältnisse zugunsten von Calvin veränderten. Die Auseinandersetzungen reduzierten sich, und die Entwicklung gewann

---

21. Vgl. van't Spijker (s. Anm. 3), 161.
22. 1550 zählt die Stadt mehr als 13.000 Einwohner, während 1560 der Höhepunkt mit ca. 21.000 angegeben wird; vgl. Cottret (s. Anm. 3), 195. Die in Genf aufkommende Fremdenfeindlichkeit, die auch Calvin selbst zu spüren bekommt, erklärt sich durch diese unvorstellbaren Zuwächse.

eine vorher unerreichbare relative Ruhe und Stetigkeit. Genf wurde zu einem internationalen Zentrum protestantischen Lebens und Lehrens, das in die ganze Welt auszustrahlen begann.

2. Theologische Brennpunkte

Es ist durchaus berechtigt, Calvin als einen Reformator der zweiten Generation anzusehen. Er wäre nicht das gewesen, was er war, wenn er sich nicht ganz und gar der ersten Generation der Reformation – insbesondere Luther[23] – verpflichtet gewusst hätte. Aber er wäre ebenso auch nicht das, was er war, wenn er nicht zugleich den Vorteil des später Geborenen genutzt hätte, um einerseits Fehlentwicklungen angesichts der teilweise chaotischen Verhältnisse in Deutschland auszumachen[24] und andererseits auch in verschiedenen Punkten entschieden einen weiteren Schritt voranzugehen, welcher der ersten Generation – aus welchen Gründen auch immer – nicht zu gehen gegeben war. So ist es nicht verwunderlich, dass Calvin noch entschlossener den Missständen der Papstkirche den Rücken kehrt, als dies bei Luther – all seiner radikalen Rhetorik zum Trotz – der Fall gewesen ist. Schließlich war er ein aufmerksamer und umsichtiger Beobachter des Konzils von Trient (1545–1563), auf dem sich die Papstkirche theologisch rekonstituiert und dabei eine Anzahl reformatorischer Lehren verdammt.[25] Es sind vier Aspekte, mit denen sich das spezifische Profil der Theologie Calvins erkennbar machen lässt. Sie

23. »Calvin hat nie zu verbergen versucht, wie viel er Luther verdankte«, urteilt der Lutherforscher Karl Holl über Calvin; vgl. Johannes Calvin [1909], in: Ders., Gesammelte Aufsätze zur Kirchengeschichte III, Tübingen 1928, 254-284, 262.
24. Die chaotischen Zustände in den von der Reformation bestimmten Gebieten waren ein verfängliches Argument der Gegenreformation, das dem päpstlichen Zentralismus ein handgreiflich erscheinendes Recht zuspielt. Deshalb musste das Organisationsdefizit des Protestantismus überwunden werden, eine Aufgabe, die in der zweiten reformatorischen Generation auf allen Seiten deutlich erkannt wurde, auch wenn sie von Calvin in theologisch besonders stringenter Weise angegangen wurde. Joachim Staedtke vermutet sogar, »daß Luthers Reformation ohne Calvin eine historische Episode geblieben wäre. Denn am westeuropäischen Calvinismus ist der Ansturm der Gegenreformation zerbrochen, und ohne diese Rückversicherung im Westen hätte der deutsche Protestantismus den Dreißigjährigen Krieg schwerlich in dieser Weise überstanden.« (Johannes Calvin. Erkenntnis und Gestaltung, Göttingen u. a. 1969, 9)
25. Vgl. dazu Calvins Kommentar zum Dekret über die Rechtfertigungslehre

lassen alle sowohl die Anknüpfung an den bisherigen Weg der Reformation als auch das Fortschreiten auf dem eingeschlagenen Weg erkennen.

a) Wenn gern darauf hingewiesen wird, dass Calvins Theologie in ihrem Zentrum auf die Heiligung Gottes – »soli deo gloria« – zulaufe, bleibt zu beachten, dass die spezifische Pointe dieser Zuspitzung erst dann in den Blick kommt, wenn in ihr die konsequente Abkehr von der Fixierung auf die Sicherung des eigenen (Seelen-)Heils erkannt und zur Geltung gebracht wird. Calvin liegt entschieden daran, dass der Glaube nicht nur eine spezifische Form der Selbstbeschäftigung darstellt, die von der Sorge getrieben ist, die eigene ewige Rettung sicherzustellen. Die dauerhafte Sorge um die eigene Rettung kann sich vielmehr als der wirksamste Weg ihrer Verhinderung erweisen. Solange die ewige Rettung auch nur zu einem Teil in der Hand des Menschen liegt, bleibt es unausweichlich, dass sich der Mensch in aller noch so ehrfürchtigen Beschäftigung mit Gott und seinem Willen am Ende doch selbst die Ehre gibt, weil er es selbst bleibt, der es Gott ermöglicht, seine Barmherzigkeit an ihm zu erweisen – und welche Ehre könnte größer sein als die, der Gott selbst seine Ehre erweist? Diese Zuspitzung mag die Gefahr eines heilsegoistischen Umgangs mit Gott verdeutlichen, die überall da unvermeidlich wird, wo bewusst oder auch nur implizit auf den freien Willen des Menschen gesetzt wird, dem zumindest noch die Zuständigkeit reserviert bleibt, die von Gott bereitgestellte Gnade annehmen zu müssen. Da kommt es dann entweder zu der merkwürdigen Vorstellung, dass Gott ein Angebot unterbreite, das darauf warte, dass wir es annehmen, oder dass die Gnade zwar ganz und gar Geschenk Gottes sei, aber ein Geschenk erreiche ja erst dann tatsächlich die Beschenkten, wenn diese es bejahen und sich dazu verhalten – beides Vorstellungen, die sich bis heute wie selbstverständlich auch in protestantischen Kreisen finden. Jede Schmälerung der Ehre Gottes, die zur Durchsetzung des Willens Gottes irgendeine Kooperation des Menschen – und sei diese noch so gering – für erforderlich hält, kommt einer grundsätzlichen Verweigerung der Gott gebührenden Ehre gleich, weil diese erst in dem »Allein« (*sola* gratia) ihre spezifische Pointe bekommt. Calvin weiß sich in der Klarheit dieses »Allein« ganz und gar mit Luther einig, auch wenn er deutlicher als dieser hervorhebt, dass es sich bei der barmherzigen Zuwendung Gottes zum Menschen nicht um ein zur Kenntnis zu nehmendes Faktum, sondern von vornherein um

(1547), in: Calvin Studienausgabe, hg. v. E. Busch u. a., Bd. 3, Neukirchen-Vluyn 1999, 107-207.

eine Doppelbewegung handelt. Gott rechtfertigt nicht nur den Menschen, sondern – indem er dies tut – heiligt er ihn auch. Um dies zu verdeutlichen, spricht Calvin etwas überpointiert von der doppelten Gnade Gottes, eben von seiner Rechtfertigungsgnade und von seiner Heiligungsgnade.[26] Beide sind voneinander zu unterscheiden, dürfen aber nicht voneinander getrennt werden. Die Entschlossenheit, mit der Calvin gerade diesen Zusammenhang exponiert hat, ist zugleich aber die Ursache für die verbreiteten Vorbehalte, die ihm schon in Genf entgegenstanden und bis heute von großen Teilen des Luthertums entgegenschlagen.

b) Der zweite Aspekt wurde in dem ersten bereits angesprochen, verdient es aber, noch einmal eigens bedacht zu werden. Die Calvin so sehr am Herzen liegende Heiligung gibt einerseits dem »soli Deo gloria« erst ein eigenes den Menschen tatsächlich einbeziehendes Kraftfeld und stellt andererseits das ganze Leben in den Horizont des Willens Gottes. Der Glaube ergeht sich nicht in der Anerkennung der Existenz Gottes, sondern vollzieht sich existenziell als Glaube *an* Gott.[27] Es wäre ein fundamentales Missverständnis, wenn der Wille Gottes lediglich als eine bloße vom Menschen zu erfüllende Forderung verstanden würde. Vielmehr stellt der Wille Gottes stets auch die Verwirklichungsbedingungen für seine Durchsetzung bereit. Es ist die Einbettung des Gesetzes in den einen Bund Gottes, die seine besondere theologische Referenz ausmacht. Das Gesetz als der Wille Gottes gehört zu den dem Bund essenziell eingeschriebenen göttlichen Erhaltungsbedingungen des von ihm geschützten Beziehungsverhältnisses zwischen Gott und Mensch, aber auch der Menschen untereinander. Dabei ist das Gesetz nicht das verhängnisvoll Kleingeschriebene eines im Übrigen recht gefällig daherkommenden Vertrages, sondern ein Hauptpfeiler des vom Bund abgesteckten Freiheitsraumes und somit selbst ein Element der den Menschen im Bund gewährten Freiheit – nicht nur die Bewährung der Freiheit, sondern eben fundamental auch die Bewahrung der Freiheit. Wenn von Calvin die Aufmerksamkeit auf das Gesetz in den Horizont der Dankbarkeit gestellt wird, steht nicht der Aspekt im Vordergrund, dass der Mensch diesen Dank Gott schuldet und nun durch das Gesetz gleichsam die Möglichkeit geboten bekommt, die Last dieser Schuld ein wenig abtragen zu können. Vielmehr spielt das Gesetz dem Menschen gleichsam Gestaltungsformen für seine Dankbarkeit zu, die ihm in zuverlässiger Weise versichern, dass

26. Vgl. u. a. Calvin, Institutio III, 11,1.
27. Vgl. van't Spijker (s. Anm. 3), 126.

sie tatsächlich Gott die intendierte Ehre erweisen. Es ist wiederum Gott selbst, der in seiner Gnade dem Menschen den Weg der Heiligung eröffnet, und es ist nicht möglich, sich gleichsam auf die Rechtfertigungsgnade zurückzuziehen und sich der Heiligungsgnade zu verweigern. Jedes Zurückbleiben bringt unweigerlich auch eine Leugnung der Rechtfertigungsgnade mit sich. Es geht schlicht gesprochen um die Frage, ob Gott tatsächlich ernst genommen wird oder nur als eine willkommene Hilfe zu einer bestätigenden Selbstinterpretation missbraucht wird. Und eben da, wo Calvin diese Ernsthaftigkeit einfordert, lichten sich die Reihen um ihn herum und er sieht sich Vorbehalten und auch explizitem Überdruss ausgesetzt. Die Reformation wurde zwar durchaus begrüßt, aber sie möge doch bitte nicht so verbissen betrieben werden. Dabei machte sich Calvin keine Illusionen; eine tatsächlich konsequente Reformation käme einem Wunder gleich, ähnlich wie dem der Auferstehung der Toten. Aber im Blick auf theologische Einsichten kann es nicht um Erfolgsspekulationen gehen, sondern darum, konsequent das Evangelium im Lebenshorizont der Menschen zu verkünden – »mögen die Späne fallen, wo sie wollen«[28].

Der von Gott gewirkte Glaube steht im Zentrum, so dass er auch zum Ausgangspunkt der Darlegungen des Versöhnungsgeschehens gemacht wird. Anders als Luther durchmisst Calvin in der Institutio den folgenden Weg: Der Glaube, durch den der Mensch von Gott in Beschlag genommen wird, führt zur Wiedergeburt des Menschen, die ihm Buße und christliches Leben ermöglicht (Heiligung), durch die er Gott seine Loyalität erweist (Glaube ist nicht nur ein Akt des Fürwahrhaltens, sondern bezeichnet im Sinne des Alten Testaments ein Treueverhältnis). Damit hat Calvin zuerst die Perspektive benannt, auf die seine Überlegungen zulaufen. Dann wendet er sich der entscheidenden Frage der göttlichen Ermöglichung dieser Perspektive zu. Diese wird in der erst jetzt folgenden Rechtfertigungslehre und in der anschließenden Erwählungslehre erörtert. Der die Menschen heiligende Glaube – darauf liegt der Ton – wird durch seine rechtfertigungstheologische Begründung und die zu deren Sicherung explizierte Prädestinationslehre konsequent und radikal von allen Möglichkeiten menschlicher Selbstgerechtigkeit abgeschnitten. Dass Gott den Menschen beruft, heiligt und rechtfertigt, bedeutet in der

---

28. CO 6,510 f.; vgl. Heiko A. Oberman, Zwei Reformationen. Luther und Calvin. Alte und Neue Welt, Berlin 2003, 164.

Sache nichts anderes, als dass er seine ewige Erwählung offenbart.[29] Es ist deutlich, dass die Rechtfertigungslehre nicht der alleinige Dreh- und Angelpunkt der Theologie Calvins ist, auch wenn Calvin ihren fundamentalen Charakter betont.[30] Aber dies gilt es dann auch gleichzeitig im Blick auf die Prädestinationslehre hervorzuheben; sie wäre zutiefst missverstanden, wenn sie als die theologische Zentrallehre Calvins angesehen würde.

c) Es kann nicht verwundern, wenn Calvin auch seine Vorstellungen von der Kirche in die Perspektive auf die Heiligung des Namens Gottes stellt. Die Kirche gehört zu den Hilfsmitteln, mit denen Gott der Schwachheit des Menschen auf die Sprünge hilft.[31] Darin hat sie ihre Notwendigkeit und Unumgehbarkeit, so sehr ihr auf der anderen Seite auch selbst alle Zeichen menschlicher Schwäche und Unzuverlässigkeit auf der Stirn geschrieben stehen. Und weil das so ist, gilt ihrer Gestaltung eine ganz besondere Sorgsamkeitspflicht. Gerade weil sie als eine Stiftung Gottes verstanden wird, die als solche seiner lebendigen Regierung unterstellt bleibt, wird die menschliche Verantwortlichkeit für ihre Gestaltung in besonderer Weise herausgefordert. Als Jurist war Calvin nüchtern genug, um zu wissen, dass sich Ordnungen weder charismatisch einstellen noch auf der Basis von Freiwilligkeit bewahrt werden können. Vielmehr sind sie auszuhandeln und verbindlich zu vereinbaren, um dann auch ihre Funktion als Grenzziehung erfüllen zu können. Der Monarchie Jesu Christi entspricht keine menschliche Monarchie, der das Geschick der Kirche anvertraut ist, sondern Calvin sieht eine funktional gegliederte kollegiale Kirchenleitung vor, die in dem bereits erwähnten vierfachen Amt beschrieben wird. Es umfasst die vier für die Kirche essenziellen Dimensionen ihrer Existenz, ohne welche die Kirche unter den geschichtlichen Bedingungen des menschlichen Lebens nicht Kirche sein kann. Wenn den *Pastoren* dabei eine besondere Wichtigkeit zugemessen wird, so nicht, um damit eine Hierarchie zu begründen. Ihre Wichtigkeit liegt allein in ihrer Verkündigungsaufgabe, auf welche die Gemeinde vital angewiesen bleibt, wenn sie sich nicht in der Schwachheit des Fleisches unversehens an ihre selbstbezogenen Neigungen verlieren will. Doch die

29. Vgl. van't Spijker (s. Anm. 3), 127.
30. Calvin, Institutio III, 11 1.
31. Zur Ekklesiologie Calvins vgl. auch Michael Weinrich, Welche Kirche meinen wir? Die Theologie und die verfasste Kirche, in: J. Ebach u. a. (Hg.), Bloß ein Amt und keine Meinung? – Kirche (Jabboq 4), Gütersloh 2003, 214-272, bes. 240-259.

Verkündigungsaufgabe erschöpft sich nicht in ihrer mahnenden Bedeutung, sondern sie hat vor allem tröstenden und aufbauenden Charakter, indem durch sie die Gemeinde immer wieder des lebendigen Beistandes Christi versichert wird. Wenn Calvin vom Pastor den theologischen *Lehrer* unterscheidet, so denkt er dabei nicht nur an die notwendige gründliche theologische Ausbildung der Pastoren. Die Lehrer *(doctores)* sind den Pastoren auch ein bleibendes Gegenüber, indem es zu ihren Aufgaben gehört, darüber zu wachen, dass die Verkündigung an der Lehre der Schrift orientiert bleibt. Die eigentliche Kirchenleitung aber haben weder die Pastoren noch die theologischen Lehrer inne. Diese fällt den *Ältesten* zu. Sie repräsentieren im vierfachen Amt die Gemeinde und haben die Aufgabe, die verschiedenen Belange des gemeindlichen Lebens zu organisieren, zu gestalten und eben auch zu verwalten. Dazu gehört für Calvin auch die »Kirchenzucht«, d. h. die Observanz über die Lebensordnung der Gemeinde, die immer nur so prägend sein kann, wie sie tatsächlich eingehalten wird. Es ist ihre Aufgabe,

»diejenigen freundschaftlich zu ermahnen, die sie Fehltritte tun oder in unordentlichen Verhältnissen leben sehen. Wo nötig, sollen sie dem ganzen Kreis Mitteilung machen, der für die brüderliche Zurechtweisung zuständig ist, und sie mit ihm gemeinsam vornehmen«[32].

Genau genommen müssen alle kirchenleitenden Aufgaben der »Kirchenzucht« zugeordnet werden.[33] Es ging nicht darum, eine perfekte Kirche herzustellen, sondern um ein verlässlich geordnetes Leben der Gemeinde und um Verfahrenweisen, wie im Falle öffentlichen Ärgernisses zu verfahren sei. Auch wenn die Formen dieser Observanz im 16. Jh. gewiss eine für uns unvorstellbare Gestalt hatten, so beginnen wir wieder ihr sachliches Anliegen in den Kirchen zu entdecken. Wenn heute das Thema »Kirchenzucht« aufgegriffen wird, geht es um die Frage der Verbindlichkeit.[34] Welche Verbindlichkeiten sind mit der Zugehörigkeit zur Gemeinde verbunden? In Genf hatte die »Kirchenzucht« ausweislich der Protokolle des Genfer Konsistoriums häufig eine seelsorgerliche Bedeutung, indem sie darauf ausgerichtet war, Menschen, die sich aus welchen Grün-

32. Calvin, Die Ordonnances ecclésiastiques (1541) 1561, in: Calvin Studienausgabe, hg. v. E. Busch u. a., Bd. 2, Neukirchen-Vluyn 1997, 238-279, 255.
33. Vgl dazu Eberhard Busch, Gotteserkenntnis und Menschlichkeit. Einsichten in die Theologie Johannes Calvins, Zürich 2005, 103-108.
34. Charles Wiley, Ordinary and Extraordinary Discipline: Mutual Accountability in the Reformed Tradition, hg. v. Presbyterian Church (U.S.A.). Office of Theology and Worship (Church Issues Series, No. 6), Louisville/KY 2003.

den auch immer von der Gemeinde entfernt haben oder in ihr zum Stein des Anstoßes geworden sind, nicht einfach aufzugeben, sondern (im Sinne von Mt 18,15-17) durch Gespräche und Hilfestellungen wieder in das Leben der Gemeinde zu integrieren. Calvin ermahnt ausdrücklich zur Milde, zumal niemand einen Grund hat, sich als ein vor Gott würdigeres Gemeindeglied anzusehen. Der Ausschluss vom Abendmahl darf nur als *ultima ratio* für den Fall verstanden werden, wo alle Gespräche und seelsorgerlichen Bemühungen scheitern – es ist ausdrücklich niemals das Instrument, nach dem die »Kirchenzucht« als Erstes greifen dürfte. – Schließlich gehören auch die *Diakone* zum kirchlichen Amt. Sie haben sich einerseits um die finanzielle Seite des kirchlichen Lebens einschließlich der Unterstützung von Witwen und Waisen und der übrigen Armen in der Stadt zu kümmern und andererseits um die Versorgung der Alten und Kranken sowie der kleinen Kinder armer Eltern – Letzteres geschah vornehmlich im Krankenhaus.[35] Das ist eine Aufgabe, die essenziell zum Verständnis der Kirche dazugehört. Zusammenfassend lässt sich festhalten, dass überall, wo auch nur eine dieser vier Aufgabenbereiche im Leben der Kirche vernachlässigt wird, das Kirchesein als Ganzes in Frage steht.

d) Mit einer besonderen Betonung hat Calvin an der Katholizität der Kirche festgehalten. Dabei ging es ihm um die Bewahrung des von der alten Kirche im Glaubensbekenntnis festgehaltenen Attributs der Kirche. So wie die geglaubte Kirche immer auch sichtbare Kirche ist und sich deshalb auch um ihre Sichtbarkeit zu kümmern hat, so gilt es auch, die geglaubte Katholizität der Kirche geschichtlich erkennbar zu machen. Indem Calvins ausdrückliches ökumenisches Engagement[36] eher von seinem Verständnis von Katholizität als von dem ebenfalls im Glaubensbekenntnis zu findenden Attribut der Einheit getragen ist, erweist er sich als ein moderner Ökumeniker, für den der mittelalterliche Traum eines einheitlichen *Corpus Christianum* bereits ausgeträumt war.[37] Während das Attribut der »Einheit« auf eine möglichst homogene Großkirche zu zielen scheint, impliziert die »Katholizität« die Vielfalt verschiedener

35. Vgl. van't Spijker (s. Anm. 3), 161.
36. Willem Nijenhuis nennt Calvin einen »der großen Ökumeniker seiner Zeit«; Calvin, in: TRE 7, Berlin/New York 1981, 569-592, 574.
37. Vgl. dazu Barth, Wünschbarkeit und Möglichkeit eines allgemeinen reformierten Glaubensbekenntnisses [1925], in: Ders., Vorträge und kleinere Arbeiten 1922-1925, hg. v. H. Finze (Karl Barth Gesamtausgabe), Zürich 1990, 604-643, bes. 624f.

(Orts-)Kirchen, die sich dadurch miteinander verbunden wissen, dass sie sich alle als Teile der universalen Kirche verstehen. So sehr die Ortskirche in vollem Sinne als Kirche zu verstehen ist, so sehr realisiert sie sich erst als solche dadurch, dass sie sich in Gemeinschaft mit anderen Kirchen weiß. In diesem Sinne kann Calvin auch ekklesiologisch unbefangen von der Kirche im Plural sprechen, solange die respektiven Kirchen sich als ein Teil der einen katholischen Kirche verstehen. Seine engagierten Vermittlungsversuche zur Einigung der sich gegenseitig beargwöhnenden reformatorischen Richtungen galten nicht nur der Stabilisierung der auch in der zweiten Generation noch fragilen protestantischen Kirchen, sondern standen zugleich auch im Zeichen einer Ekklesiologie, zu deren Substanz die ökumenische Perspektive essenziell dazugehört. Niemals hat Calvin das, was er für Genf als sinnvoll und geboten angesehen hat, anderen Kirchen aufgedrängt. Vielmehr hat er andere Kirchen stets dazu ermutigt, ihren eigenen Weg zu finden. Dabei setzte er darauf, dass die von der Reformation wieder theologisch und nicht mehr institutionell verstandene Katholizität ein ausreichendes Band der Verbundenheit zwischen den verschiedenen Kirchen darstellen würde, um sie wirkungsvoll auch in der zugestandenen Verschiedenheit vor Sektierertum zu bewahren. Die bekenntnismäßige Beschwörung oder Fixierung der Einheit ist Calvin eher suspekt gewesen, weshalb er sich beispielsweise geweigert hat, die Verbindlichkeit des von ihm im Übrigen durchaus geschätzten apostolischen Glaubensbekenntnisses oder der verschiedenen altkirchlichen Glaubensbekenntnisse als verbindliche Zusammenfassung des christlichen Glaubens festzuschreiben.[38] Nicht der Glaube an ein gemeinsames Bekenntnis eint die Kirche, sondern allein der Glaube an den lebendigen Christus, der den verschiedenen Kirchen die für ihren Zusammenhalt ausreichende Katholizität verleiht.[39]

38. Besonderes Aufsehen erregend hat sich Calvins Standpunkt in der oben erwähnten dramatischen und schließlich für Calvin erfolgreichen Auseinandersetzung mit Pierre Caroli (1537) gezeigt; vgl. dazu auch ausführlich Barth (s.
Anm. 14), 420-471.
39. Hier liegt einer der Gründe für den im Vergleich mit dem Luthertum gelasse-
neren Umgang der Reformierten mit Bekenntnissen und Bekenntnisschrif-
ten.

Literaturempfehlungen

Busch, Eberhard, Gotteserkenntnis und Menschlichkeit. Einsichten in die Theologie Johannes Calvins, Zürich 2005.

Neuser, Wilhelm, Calvin, Berlin 1971.

van't Spijker, Willem, Calvin, in: Die Kirche in ihrer Geschichte, hg. v. B. Moeller, Bd. 3, Lfg. J 2, Göttingen 2001.

Gott über die Religion wieder hoffähig machen – Friedrich Daniel Ernst Schleiermacher

Notger Slenczka

1. Herkunft und Ausgangsproblem des Denkens

»Zärtlich geliebter Vater! Zwar spät, aber darum doch nicht minder aufrichtig, nicht minder feurig kommt diesmal mein Glückwunsch zum neuen Jahr … Ruhe und Gelassenheit des Herzens unter allen Umständen, das ist es, was ich Ihnen wünsche, und – was kann einem Vater wol lieber seyn als das – Freude zu erleben an seinen Kindern. Je mehr ich Ihnen dieses als Ihr Sohn aus vollem kindlichen Herzen wünsche, desto mehr Ueberwindung kostet es mich, desto mehr greift es in das innerste meiner Seele, dass ich Ihnen jezt gleich etwas melden soll, was Ihre Hoffnung auf die Erfüllung dieses Wunsches so sehr wankend machen muß.«[1]

1.1 Die Herrnhutischen Ursprünge

Diesen Brief schreibt Friedrich Daniel Ernst Schleiermacher 1787, knapp 19-jährig, an seinen Vater Johann Gottlieb Adolph. Der Vater hat eine bewegte äußere und innere Biographie hinter sich und ist nun reformierter Pfarrer und Militärgeistlicher in Oberschlesien, dem Pietismus Herrnhutischer Prägung herzlich zugetan, ohne jemals Mitglied der Brüdergemeinde zu werden.[2] Seine Kinder vertraut er den Erziehungsein-

---

1. Die Kritische Gesamtausgabe (KGA) der Werke Schleiermachers, deren Bände seit 1980 (Berlin / New York) erscheinen, verteilt die Schriften auf 5 Abteilungen (I. Schriften und Entwürfe; II. Vorlesungen; III. Predigten; IV. Übersetzungen; V. Briefwechsel und biographische Dokumente). Üblicherweise zitiert man nach dieser Ausgabe; ich werde allerdings für die ›Glaubenslehre‹ zu verbreiteten und besser zugänglichen und in der Sprachgestalt etwas modernisierten Ausgaben greifen (unten Anm. 29) und, um die Verifizierung in anderen Ausgaben zu erleichtern, nach der Originalpaginierung bzw. den Paragraphen zitieren.
    Das Zitat: Brief 53 [Zeile 1-14] an J. G. A. Schleiermacher (21. 1. 1787), KGA V,1, 49-52, hier 49 f.
2. Vgl. dazu und zu den biographischen Informationen im Folgenden die große Schleiermacher-Biographie von K. Nowak, Schleiermacher, Göttingen 2001 15-19; die etwas übersichtlichere Darstellung bei: Hermann Fischer, Friedrich

richtungen der Herrnhuter an – Friedrich Daniel Ernst besucht erst das Seminarium in Niesky, wo er sich ausgesprochen wohlfühlt und, insbesondere in den Briefen an seine geliebte Schwester, in ganz ungebrochener und naiver Weise sich eins weiß mit der christlichen Tradition:

»Doch kann mich weder die Liebe zum Winter noch der Haß gegen den Sommer in meinem vergnügten Gange stören, sondern nur, wenn ich sehe[:] ich liebe den Heiland nicht gnug, ich bin Ihm nicht ganz zur Ehre, und wenn der tägliche Umgang mit Ihm nicht ungestört und ununterbrochen fort geht, aber so oft man zu Ihm kommt als ein Sünder, der blos aus seiner Gnade seelig ist, so oft man sich einen Gnadenblick von Ihm ausbittet[,] so geht man nie leer von Ihm, Er wird nie untreu[,] so oft wir es auch werden – aber doch je ungestörter, desto beßer, je einförmiger, desto ruhiger, desto näher am Himmel – am liebsten gar ganz da. Aber Sein Wille geschehe[,] er ist doch der beste.«[3]

1.2 Religiöse Krise

Von dort aus wird er 1785 in die Ausbildungsstätte der Herrnhutischen Geistlichen, das Seminarium in Barby, aufgenommen. Hier zeigt sich ihm ein anderer Geist als im heiteren Niesky – im Wesentlichen der Versuch, die Seminaristen gegen die vermeintlich schädlichen Einflüsse der zeitgenössischen Kultur abzuschotten. Dies führte zu Spannungen zwischen den begabteren Studenten und den offensichtlich geistig und geistlich sehr engen Lehrern; Kant zu lesen war ebenso verboten wie etwa die Lektüre der Dichtungen Goethes. Nach nicht einmal einem Jahr äußert Schleiermacher den Wunsch, das Seminarium zu verlassen[4] und an einer Universität Theologie zu studieren. Der eben zitierte Brief an seinen Vater datiert ein halbes Jahr später und ist das Dokument einer veritablen religiösen Krise, die Schleiermacher seinem Vater rückhaltlos vorlegt:

»Ich kann nicht glauben, daß der wahrer ewiger Gott war, der sich selbst nur den Menschensohn nannte; ich kann nicht glauben, daß sein Tod eine stell-

---

Schleiermacher, München 2001. Die Bände der in Anm. 1 genannten KGA bieten jeweils herausragende biographische Orientierungen – vgl. zur Kindheit und Jugend die ›Historische Einführung‹ (Übersicht zu Leben und Werk Schleiermachers bis September 1796) in: KGA V,1, XXVI-XXXV.

3. Brief 24 [Zeile 18-27] an die Schwester Charlotte Schleiermacher Ende Sept. 1784, KGA V,1 (s. Anm. 1) 20. Vgl. auch das der Schwester gewidmete, die Passion Christi und deren soteriologische Wirkung darstellende Gedicht ebd. Brief 27, 23 f.

4. Brief 45 an den Vater Juli 1786, KGA V,1 (s. Anm. 1), 38.

vertretende Versöhnung war, weil er es selbst nie ausdrücklich gesagt hat, und weil ich nicht glauben kann, daß sie nöthig gewesen, denn Gott könne die Menschen, die er offenbar nicht zur Vollkommenheit, sondern nur zum Streben nach derselben geschaffen hat, unmöglich darum ewig strafen wollen, weil sie nicht vollkommen geworden sind. … ich bitte Sie inständig, halten Sie sie [die Zweifel] nicht für vorübergehende, nicht tief eingewurzelte Gedanken; fast ein Jahr lang haften sie bei mir, denn ein langes, angestrengtes Nachdenken hat mich dazu bestimmt. Ich bitte Sie, enthalten Sie mir Ihre stärksten Gründe zu Widerlegung derselben nicht vor, aber, aufrichtig zu gestehen, glaub' ich nicht, daß Sie mich jezt überzeugen werden, denn ich stehe fest darauf.«[5]

Der Vater ist tief verletzt; er antwortet mit Briefen, die voller Anspielungen auf den Brandbrief des Apostels Paulus an die Gemeinde in Galatien und voller Anspielungen auf das Gleichnis Jesu von dem seinen Vater verlassenden und in die Welt gehenden Sohn sind:

»So gehe denn in die Welt, deren Ehre Du suchst. Siehe, ob Deine Seele von Ihren Träbern kann satt werden, da sie die göttliche Erquickung verschmähet, welche Jesus allen nach Ihm dürstenden Herzen schenket. Hast Du denn nie ein Tröpflein Balsam aus seinen Wunden gekostet? und ist das alles Trug und Heuchelein gewesen, was Du geschrieben, und zu empfinden so oft betheuert hast?«[6]

Auch Friedrich ist getroffen – am stärksten durch den Vorwurf, er habe mit dem Zweifel an zentralen Überzeugungen des christlichen Glaubens auch zugleich den Glauben an Gott über Bord geworfen. In der Antwort an den Vater erhebt er den Anspruch, an Gott glauben zu können ohne diese Dogmen. Er vertritt damit implizit die These, dass der Glaube an Gott nicht an der Kenntnis dieser Dogmen und der Zustimmung zu ihnen hängt:

»Wofür sehen Sie Ihren armen Sohn an? Ich habe Zweifel gegen die Versöhnungs-Lehre und die Gottheit Christi, und Sie sehen mich an als einen Verleugner Gottes!«[7]

Schleiermacher setzt sich schließlich bei seinem Vater mit dem Wunsch, die Universität in Halle zu einem ordentlichen Theologiestudium zu beziehen, durch. Er selbst motiviert diesen Wunsch in den Briefen an seinen

5.   Brief 53 [Zeile 27-42], KGA V,1 (s. Anm. 1), 50.
6.   Brief 54 [Zeile 15-20] des Vaters J. G. A. Schleiermacher an seinen Sohn, 8.2.1787, KGA V,1 (s. Anm. 1), 53.
7.   Brief 59 [Zeile 33-35] an den Vater, März 1787, KGA V,1 (s. Anm. 1), 63 f.

Vater mit dem Hinweis, dass nur die Freiheit zur Forschung ihn wieder zur Gemeinde zurückführen werde:

»Und diese Zweifel sind doch … aus meiner Lage entstanden. … Wie konnt' ich es aufs bloße Wort glauben, daß an allen Einwürfen unserer Theologen, die von kritischen, exegetischen und philosophischen Gründen unterstüzt seyn sollen, nichts, gar nichts sey? wie konnt' ich es vermeiden, darüber nachzudenken … Glauben Sie, geliebester Vater, daß Versezung in eine freiere Lage, wo ich mich selbst vom Grund und Ungrund der Sachen überzeugen kann, das beste, das einzige Mittel ist mich zurückzubringen … denn das fühl' ich sehr wohl, daß ein Zweifler nie die völlige unerschütterliche Ruhe eines überzeugten Christen genießen kann.«[8]

Damit ist ein Grundthema angeschlagen, das den theologischen Lebensweg Schleiermachers begleiten wird, die Frage danach, wie ein Christsein möglich ist, das sich nicht gegen die zeitgenössische wissenschaftliche Diskussion, das zeitgenössische Wahrheitsbewusstsein und die Gegenwartskultur abschließt – Schleiermacher nennt in dem Brief die exegetische und philosophische Diskussion und die dadurch begründeten Einwände gegen die kirchliche Lehrgestalt. Er fragt damit nach der Gestalt eines Christentums, das in diesem Kontakt mit der Gegenwartskultur mit sich selbst im Reinen ist und nicht beständig von der Unruhe des Zweifels umgetrieben wird.

Sein Abschied von Barby gibt ihm das Grundmotiv seiner Tätigkeit, das er in einem Brief an einen Studienfreund zusammenfasst; dieser hatte behauptet, dass die Philosophie in der Theologie nichts verloren habe, weil der Christ ihrer nicht bedürfe und der Philosoph mit der christlichen Religion nichts im Sinn habe – und Schleiermacher antwortet: »Aber hast Du denn vergeßen, daß es zwischen beiden [also zwischen dem unphilosophischen Christen und dem unchristlichen Philosophen] noch ein Mittelding gebe, einen *frommen* Kopf oder einen *philosophischen Christen*«.[9] Hier klingt seine bekannte Absage an die Lösung des Knotens der Geschichte, in der das Christentum mit der Barbarei und die Gegenwartskultur mit dem Unglauben sich verbindet, durchaus an[10] – aber: Schleiermacher ist in diesem Brief und zu dieser Zeit noch

8. Brief 59 [Zeile 35-68 in Auswahl], KGA V,1, (s. Anm. 1), 64.
9. Brief 123 [Zeile 71-73] an C. G. v. Brinkmann, 28.9.1789, KGA V,1 (s. Anm. 1), 153.
10. Schleiermacher, Zweites Sendschreiben über seine Glaubenslehre an Lücke, Gießen 1908 (Studien zur Geschichte des neueren Protestantismus 2), 37.

mit seinem Freund Brinkmann der Meinung, dass der Versuch, den christlichen Glauben und die Philosophie miteinander zu verbinden, in der Alten Kirche zur verderblichen Ausbildung der Dogmatik geführt habe; ohne diese »würde das Christenthum gar nicht das geworden seyn, was es ist, es würde vielleicht lauter Nuzen und gar keinen Schaden gestiftet haben; es wäre eine Sammlung von Sittenregeln für jedermann brauchbar geblieben …«[11]; ein philosophischer Christ sei ein ›schreckliches unförmiges Monster, riesig und blind.‹[12] Man sieht: Das Problem, an dem er sich sein Leben lang abarbeiten wird, ist da; Schleiermacher befasst sich in dieser Zeit mit Studien zur Ethik – und das Motiv dafür scheint doch dies zu sein, dass er das Christentum in der Sittenlehre verortet und den Versuch, es als Lehre zu fassen, als Fehlentwicklung betrachtet. Zum ›frommen Kopf‹, der die Dogmatik nicht als das Eigentliche, aber auch nicht als Abweg versteht, musste er im Laufe einer langen Entwicklung werden, deren entscheidende Schritte nun darzustellen sind.

1.3 Berlin

Zurück zu den nächsten Lebensschritten: Der zitierte Briefwechsel mit dem Vater fällt in das Jahr 1787. Schleiermacher erhält in der Tat von seinem Vater die Erlaubnis und sehr schmale Mittel, die es ihm ermöglichen, zwei Jahre in Halle zu studieren, und zwar mit dem Ziel, anschließend als Lehrer eine Anstellung zu finden. Nach Abschluss dieser Jahre legte er, um endlich in die Nähe eines Brotberufes zu gelangen, 1790 das theologische Examen ab, wobei er ausgerechnet im Fach Dogmatik ein ›ziemlich‹ erhielt – das entspricht dem heutigen ›befriedigend‹ oder ›ausreichend‹. Nach einer Zeit als Hauslehrer bei der Familie des Grafen Dohna-Schlobitten und einigen Zwischenstationen findet das Jahr 1796 ihn endlich in einer festen Anstellung als Prediger an der Charité in Berlin: Er ist Seelsorger an dieser königlichen Krankenanstalt. Er gewann in dieser Zeit durch den ältesten Sohn seines vormaligen Arbeitgebers, Alexander Graf Dohna-Schlobitten, Anschluss an die führenden intellektuellen Kreise des damaligen Berlin, insbesondere an den Salon der Henriette Herz, in dem Novalis (Friedrich von Hardenberg), Friedrich

11. Ebd. [Zeile 78-81].
12. Ebd. [Zeile 78-81]: »monstrum horrendum informe ingens cui lumen adeptum«.

Schlegel, Ludwig Tieck, die Brüder Alexander und Wilhelm von Humboldt und viele weitere führende Intellektuelle verkehrten. In diesem Kreis sich wechselseitig anregender und miteinander in lebendigem Austausch stehender Intellektueller entsteht und erscheint 1799 das erste bahnbrechende Werk Schleiermachers, nämlich seine ›Reden über die Religion an die Gebildeten unter ihren Verächtern‹: Diesem Titel begegnet jeder, der sich auch nur oberflächlich mit Schleiermacher beschäftigt hat, und es ist dieses Werk, das seinen literarischen und intellektuellen Rang markiert.

2. Die ›Reden über die Religion‹

Dies Werk stellt einen ersten Schritt auf dem Wege der Versöhnung von Christentum und Gegenwartskultur dar, einen ersten Schritt in dem Sinne, dass Schleiermacher hier einen Begriff von Religion entwirft, der nicht auf die Übernahme nicht einleuchtender Überzeugungen abzielt – beispielsweise der Lehre von der Person und dem Versöhnungswerk Christi, die Schleiermacher in seiner Herrnhuter Zeit solche Mühe machte; ein Begriff von Religion aber andererseits, der es nachvollziehbar macht, dass es genau gesehen gar nicht möglich ist, nicht religiös oder Verächter der Religion im recht verstandenen Sinne zu sein.

2.1 Der Hintergrund: Die Verortung der Religion bei Kant

Ich zeichne zunächst nur die negative Pointe nach, die darin besteht, dass Schleiermacher zeigt, dass sowohl die Deutung des Christentums als Lehre als auch die Deutung des Christentums als Gestalt der Sittlichkeit das Phänomen der Religion nicht treffe. Mit dieser doppelten Negation steht Schleiermacher im Zentrum der religionsphilosophischen Diskussion seiner Zeit; er nimmt die Aporie auf, vor der die zünftige Theologie seit dem Erscheinen der Kritiken Immanuel Kants stand. Dieser hatte in seiner ›Kritik der reinen Vernunft‹ (1. Auflage 1781) einerseits plausibel gemacht, dass das menschliche Erkenntnisvermögen gar nicht anders kann, als den *Begriff* eines Gottes zu bilden; es sei aber unzulässig, von diesem *Begriff* aus auf die *Existenz* eines Wesens, das der Begriff bezeichnet, zu schließen. Der Begriff ›Gott‹ ist der Begriff, mit dem die Vernunft auf den Abschluss aller denkbaren Erfahrungserkenntnisse vorausgreift; insofern *leitet* er die Erfahrungserkenntnis. Der Begriff ›Gott‹ ist aber nicht ein Begriff, der selbst einen eigenständigen Gegenstand über das Ganze der Erfahrung hinaus bezeichnete und zu erkennen gäbe. Damit ist die Grundlage ruiniert, auf der der christliche Glaube bis dahin seine spezifischen Einsichten über Gott, die auf der Grundlage der Schrift beruhten, mit dem allgemeinen Wahrheitsbewusstsein vermittelt hatte: Es gibt Einsichten über Gott, so die meisten vorneuzeitlichen Theologen, die auch der vor- und außerchristlichen Vernunft einsichtig und plausibel sind – und mit Bezug auf diese jedermann andemonstrierbaren Aussagen kann der christliche Glaube seine der Vernunft nicht erschwingbaren Aussagen etwa über Christus und sein Werk nachvollziehbar machen. Die Sätze der Religion, soweit sie Sätze über gewusste Gegenstände – Gott, die Seele, das Weltganze – sind, haben nach Kant aber am Erkenntnisvermögen des Menschen keine Stütze. Religion ist keine einzelwissenschaftliche Theorie und kann sich nicht als solche Theorie begründen.

Kant hatte nun andererseits in der ›Kritik der Praktischen Vernunft‹ (1788) und in der ›Religion innerhalb der Grenzen der bloßen Vernunft‹ (1793) der Religion einen neuen Ort angewiesen: Das sittliche Handeln, so Kant, zeichnet sich dadurch aus, dass ein Mensch ohne Rücksicht auf die Folgen für ihn selbst dem moralischen Gebot der Vernunft folgt. Das schließt die unschwer verifizierbare Einsicht ein, dass derjenige, der sittlich handelt, selten glücklich wird und oft Einbußen an seinem Wohlergehen leidet. Kant hatte dann darauf hingewiesen, dass der Mensch nicht nur ein Vernunftwesen ist, sondern als leiblich verfasstes Naturwesen auch nach Wohlergehen, d. h. Glück, strebt. Sittlichkeit im beschriebenen Sinne kann es für ein solches auch am Wohlergehen orientiertes Wesen nur geben, wenn die am vernünftigen Guten orientierte Lebensausrichtung letztlich auch zur Glückseligkeit führt: Es darf nicht dazu kommen, dass der sittlich gute Mensch zugleich und immer der im Blick auf sein Wohlergehen scheiternde Mensch ist. Unverzichtbar ist damit der Gedanke eines Lebens nach dem Tod und der Gedanke eines Gottes, der dafür sorgt, dass letztlich die Naturordnung (nach der das Glück erstrebt wird) und die moralische Weltordnung harmonieren; denn nur so ist gewährleistet, dass der sittlich handelnde Mensch nicht nur als Vernunftwesen, sondern auch als Naturwesen zur Vollendung kommt. Hier, so Kant, hat die Rede von Gott ihren rechtmäßigen Ort.

Dies ist nicht der einzige, aber ein gewichtiger Hintergrund, vor dem die ›Reden‹ verstanden werden müssen, in denen Schleiermacher die These vertritt, dass die Religion in der Tat nicht ursprünglich Theorie, ebenso wenig aber Praxis, sondern etwas gegen beides Unterschiedenes, eine »eigene Provinz im Gemüt« ist, wie er formuliert[13]; Religion, so Schleiermacher, ist »Anschauung und Gefühl«[14].

2.2 Ein Überblick über die Schrift

Schleiermacher bietet fünf Reden, in denen er das Phänomen der Religion beschreibt; das Zentrum stellt die *zweite Rede* dar, in der er unter dem Titel ›Das Wesen der Religion‹ zu bestimmen sucht, was eigentlich Religion ist, wenn sie nicht Handeln oder Wissen, Moral oder Metaphysik ist, wenn sie also nicht grundlegend Überzeugtsein von bestimmten Theorien über Gott oder – denken Sie an den Gegenstand seiner Zweifel in Barby – über die menschliche Sünde, über den Vollzug der Erlösung oder über die Person des Erlösers ist. Genau mit diesen Lehren, schwer nachvollziehbare Beschreibungen äußerer Gegenstände, identifizieren auch die gebildeten Verächter die Religion. Wenn nun Religion all dies nicht ist – was ist sie dann?

Religion ist eine unverlierbare Anlage des menschlichen Geistes, wird er in dieser zweiten Rede zeigen – und dann stellt sich natürlich die Frage, warum es Verächter der Religion überhaupt geben kann; in unseren gegenwärtigen Diskussionszusammenhängen: Warum es Menschen geben kann, die sich als religiös unmusikalisch bezeichnen. Es stellt sich die Frage, warum und unter welchen Bedingungen der Sinn für Religion verkümmern kann, und wie und unter welchen Bedingungen sich Religion entfalten und ausbilden kann; das ist Gegenstand der dritten der Reden, und diese *dritte Rede* steht unter dem Titel ›Über die Bildung zur Religion‹.

Nun ist aber Religion doch eigentlich nicht nur eine individuelle Angelegenheit; Religion ist damals wie heute immer an ein Kollektiv gebunden, eine gemeinschaftliche Sache; es scheint der Religion wesentlich zu sein und nebenbei auch für die Bildung zur Religion wesentlich zu sein, dass

---

13. Schleiermacher, Über die Religion. Reden an die Gebildeten unter ihren Verächtern, Berlin 1799, KGA I,2 187 326, 37 [Paginierung der Erstausgabe]. Ich zitiere nach dieser Ausgabe, und zwar unter Angabe der Seiten der Originalausgabe; das macht es möglich, die Zitate auch in anderen neueren Ausgaben zu verifizieren – so etwa in der von H.-J. Rothert herausgegebenen Ausgabe (PhB 255), Hamburg 1970; der von A. Arndt besorgten Neuausgabe (PhB 583, Hamburg 2004); in der von G. Meckenstock herausgegebenen Ausgabe (Berlin 2001) oder in der Ausgabe Stuttgart 1997 (Reclams UB 8313).
14. Schleiermacher, Reden (s. Anm. 13), 50.

es religiöse Gemeinschaften und Institutionen gibt – diesen Aspekt entfaltet Schleiermacher in der *vierten Rede*: ›Über das Gesellige in der Religion‹; eine Theorie der Kirche, wenn man so will. Und schließlich begegnet Religion nie als Religionsgemeinschaft an sich, sondern immer nur in Gestalt bestimmter historisch gewordener Religionsgemeinschaften mit bestimmten Riten, bestimmten Lehren, bestimmten Offenbarungsmittlern – die Vielfalt der Religionen, in denen sich Religion manifestiert und von denen sie nicht unterscheidbar ist, ist Gegenstand der letzten, *fünften Rede*, die daher den Titel ›Über die Religionen‹ trägt.

Auf den ersten Blick könnte man nun vermuten, dass Schleiermacher die Religion als individuelle Anlage in der zweiten Rede, deren Ausbildung in der dritten Rede, die dann folgende Vergemeinschaftung der religiösen Subjekte in der vierten Rede und dann die konkreten Gemeinschaftsformen betrachtet und damit gleichsam nachzeichnen will, wie sich die individuelle religiöse Anlage ausbildet, die religiösen Individuen sich vergemeinschaften und dann eine konkrete Religionsgemeinschaft entsteht. Das aber wäre ein Missverständnis, Weniges liegt Schleiermacher ferner: Vielmehr beschreibt er in der fünften Rede mit der konkreten religiösen Gemeinschaft und ihren Vollzügen die *Grundlagen* und *Voraussetzungen* dafür, dass es zur Ausbildung individueller Religion kommt. Die Gemeinschaft, und zwar die bestimmte religiöse Gemeinschaft einer bestimmten verfassten Kirche, ist die Instanz, durch die sich die in der dritten Rede beschriebene Bildung zur Religion vollzieht und ohne die sie sich nicht vollziehen kann. So sehr es keine religiöse Gemeinschaft gibt ohne religiöse Anlage, so sehr ist diese individuelle religiöse Anlage darauf angewiesen, in einer Gemeinschaft angesprochen, angeregt und entfaltet zu werden. Damit ist jedenfalls von vornherein deutlich, dass es Schleiermacher nicht darum geht, in diesen ›Reden über die Religion‹ als Vertreter einer natürlichen Religion oder einer Vernunftreligion aufzutreten, die den Anspruch erhebt, die allgemeine Basis oder den kleinsten gemeinsamen Nenner darzustellen, die allen bestimmten Religionen zugrunde liegen und sie zugleich überflüssig machen. Vielmehr zielt Schleiermachers Programm darauf, das Zentrum zu identifizieren, das in allen bestimmten Religionen lebt, und um dessentwillen alle ihre Lehren, Veranstaltungen und Riten da sind und von dem her sie ihr bestimmtes Recht haben[15]. Es geht also nicht darum, alle diese Riten überflüssig zu machen und die religiöse Anlage von ihnen zu rei-

---

15. Vgl. die geniale Durchführung für das Christentum: Schleiermacher, Reden (s. Anm. 13), 115-133.

nigen, sondern es geht darum, die bestimmten Einrichtungen beispielsweise des Christentums, aber auch anderer Religionen vom Wesen der Religion her zu verstehen und sie so in ihrem Recht auszuweisen. Das ist übrigens ein Grundzug des Denkens Schleiermachers: Dass das Allgemeine – das Wesen der Religion in diesem Falle – keine Alternative zum Besonderen – den einzelnen Religionen – darstellt, sondern dass es das Allgemeine nur im Besonderen, das Wesen nur im Individuellen gibt. Ich kann die religiöse Anlage, die allen Religionen zugrunde liegt und ihr Lebenszentrum darstellt, nicht leben, ohne einer bestimmten Religion anzuhängen und in bestimmten Ausdrucksformen zu kommunizieren und so diese Anlage zu verwirklichen.

2.3 Das Religionsverständnis der in den Reden vorausgesetzten Hörer

Zunächst aber wieder zu den Reden – es sind wirklich Reden. Reden im Sprachgestus, durchzogen von den Elementen des Gespräches mit Zuhörern, eine Rede auch darin, dass Schleiermacher den vier inhaltlichen Reden eine um die Aufmerksamkeit der Hörer heischende captatio benevolentiae vorausschickt, in der er die Besorgnis zu zerstreuen sucht, hier werde wieder ein schaler Versuch der platten Plausibilisierung der Religion unternommen. Zugleich markiert diese Apologie, diese captatio benevolentiae in der Ersten Rede die Erwartungen und Einstellungen, die Schleiermacher bei seinen Hörern voraussetzt – ein paar Sätze mögen einen Eindruck vom Charakter des Ganzen vermitteln:

»... das ist aber mein Endzwek mit der Religion. Nicht einzelne Empfindungen will ich aufregen, die vielleicht in ihr Gebiet gehören, nicht einzelne Vorstellungen rechtfertigen oder bestreiten; in die innerste Tiefe möchte ich Euch geleiten, aus denen sie zuerst das Gemüth anspricht; zeigen möchte ich Euch aus welchen Anlagen der Menschheit sie hervorgeht, und wie sie zu dem gehört was Euch das Höchste und Theuerste ist; auf die Zinnen des Tempels möchte ich Euch führen, daß Ihr das ganze Heiligthum übersehen und seine innersten Geheimnisse entdeken möget. Könnet ihr mir im Ernst zumuthen, zu glauben, daß diejenigen, die sich täglich am mühsamsten mit dem Irdischen abquälen, am vorzüglichsten dazu geeignet seien so vertraut mit dem Himmlischen zu werden? daß diejenigen, die über dem nächsten Augenblick bange brüten und an die nächsten Gegenstände fest gekettet sind, ihr Auge am weitesten zum Universum erheben können? und daß, wer in dem einförmigen Wechsel einer todten Geschäftigkeit sich selbst noch nicht gefunden hat, die lebendige Gottheit am hellsten entdecken werde? Nur Euch also kann ich zu mir rufen, die ihr fähig seid Euch über den gemeinen Standpunkt der Menschen zu erheben, die ihr den beschwerlichen Weg in das Innere des menschlichen Wesens nicht scheuet, um den Grund seines Thuns und Denkens zu finden.«[16]

Das ist ein wunderbarer Text. Schleiermacher setzt Hörer voraus, die der Meinung sind, dass Religion etwas für das ungebildete Volk ist, die Ahnung von etwas Höherem für diejenigen, die klare Begriffe von Recht, Sittlichkeit, Wahrheit und Freiheit zu erfassen unfähig sind und denen man eben diese Wahrheiten – und denen man ethisch zuträgliches Verhalten – im Gewande der religiösen Vorstellung nahebringen muss, weil sie es anders nicht kapieren. Wer hingegen über Bildung verfügt, so Schleiermachers gebildete Hörer, findet seine Erhebung bei Kant, Schiller und Goethe, und nicht in den gegenständlichen Primitivismen der Religion und einer religiös begründeten Moral.

Schleiermacher weist im eben zitierten Text im Gegenzug darauf hin, dass Religion mit dem Innersten des Menschen zu tun hat – und eben nicht mit Äußerlichem, sei es Lehre oder Tun. Sie zu haben, sie zu begreifen setzt voraus, dass man sich mit sich selbst beschäftigt und sein eigenes Innerstes analysiert – dort, im Inneren des Menschen, ist das Zentrum, von dem der äußere Bau des Tempels beherrscht und zusammengefasst ist; nur wer sich selbst versteht, versteht, was Religion ist; und umgekehrt: Religion ist eine Weise, sich selbst zu verstehen – im zitierten Text ruft er die, »… die ihr den beschwerlichen Weg in das Innere des menschlichen Wesens nicht scheuet, um den Grund seines Thuns und Denkens zu finden« und unterscheidet sie von denen, die »in dem einförmigen Wechsel einer todten Geschäftigkeit sich selbst noch nicht gefunden« haben. Denn zu diesem Blick auf sich selbst ist eben die Klasse von Menschen gerade nicht fähig, so Schleiermacher, denen die Gebildeten unter den Verächtern die Religion zuweisen wollen – im zitierten Text:

»Könnet ihr mir im Ernst zumuten, zu glauben, daß diejenigen, die sich täglich am mühsamsten mit dem Irdischen abquälen, am vorzüglichsten dazu geeignet seien, so vertraut mit dem Himmlischen zu werden? daß diejenigen, die über dem nächsten Augenblick bange brüten und an die nächsten Gegenstände fest gekettet sind, ihr Auge am weitesten zum Universum erheben können?«

Die Ungebildeten, die ihr Leben zubringen in der Sorge um ihr tägliches Brot, gehen handelnd und denkend mit der Welt um; sie begreifen sie,

16. Schleiermacher, Reden (s. Anm. 13), 19 f.

um ihr den Lebensunterhalt abzugewinnen. Aber es gibt ein Zentrum des menschlichen Wesens, das dem Handeln und dem Denken zugrunde liegt – und da ist der Ort der Religion. Religion ist nichts für Ungebildete, sondern ist etwas, was nur eine der unmittelbaren Sorge um sich selbst enthobene Klasse im eigentlichen Sinne betreiben kann.[17] Eigentlich, so insinuiert Schleiermacher, kennzeichnet Verachtung der Religion die Ungebildeten.

2.4 Das Wesen der Religion: Anschauung und Gefühl

2.4.1 Spinozistische Hintergründe

Religion ist in ihrem innersten Wesen nicht Lehre oder eine Sammlung moralischer Regeln, sie ist kein überholbares Welterklärungsmodell und sie ist auch keine ethische Theorie. Das bedeutet nicht, dass Religion mit beidem gar nichts zu tun hat. Aber zunächst ist es notwendig, so Schleiermacher, sie als etwas Eigenständiges wahrzunehmen und anzuerkennen, als »eine eigene Provinz im Gemüt«[18], so Schleiermacher.

Die zentralen Begriffe, die in den Reden das Phänomen der Religion im Unterschied zu Moral und Metaphysik erschließen, sind die *Anschauung* und das *Gefühl*, in denen das *Universum* sich zeigt:

»Sie [die Religion] entsagt hiermit, um den Besitz ihres Eigenthums anzutreten, allen Ansprüchen auf irgend etwas, was jenen [Metaphysik und Moral] gehört ... Sie begehrt nicht das Universum seiner Natur nach zu bestimmen und zu erklären wie die Metaphysik, sie begehrt nicht aus der Kraft der Freiheit ... des Menschen es fortzubilden wie die Moral. Ihr Wesen ist weder Denken noch Handeln, sondern Anschauung und Gefühl. Anschauen will sie das Universum, in seinen eigenen Darstellungen und Handlungen will sie es andächtig belauschen, von seinen ... Einflüßen ... will sie sich in kindlicher Paßivität ergreifen und erfüllen lassen. ... sie will im Menschen nicht

---

17. Dieser Gedanke wiederum nimmt die soziologische Verortung der Metaphysik bei Aristoteles (und auch bei Platon) auf, der darauf hinweist, dass es eine erste Philosophie, die nach den letzten Ursachen und Gründen aller Wirklichkeit fragt, für Menschen nur geben kann, wenn sie der Sorge um ihren Lebensunterhalt enthoben sind – und das waren nach Aristoteles die Angehörigen der Priesterkaste in Ägypten, die daher zum ersten Mal die Möglichkeit hatten, nicht auf die Erde, sondern an den Himmel zu sehen und Berechnungen der Gestirnbahnen anzustellen: Aristoteles, Metaphysik I,1; 981 b 20–25.
18. S. Anm. 13.

weniger als in allem andern Einzelnen und Endlichen das Unendliche sehen, deßen Abdruk, deßen Darstellung.«[19]

Man müsste nun darstellen, was genau Schleiermacher unter ›Gefühl‹ und ›Anschauung‹ und ›Universum‹ versteht; es ist aber für eine Einführung eher hilfreich, nur einen Hintergrund zu erwähnen, von dem her sich die Ausführungen vielleicht besser erschließen: Schleiermacher outet sich selbst in seinen Reden als Spinozist[20], als Anhänger des Philosophen Baruch de Spinoza; das ist in der damaligen, durch den ca. 15 Jahre zurückliegenden Pantheismusstreit[21] geprägten Atmosphäre für einen Pfarrer nicht ganz selbstverständlich. Wer einen umrissartigen Begriff von Spinozas Denken hat, der weiß, dass man ihn üblicherweise als ›Panentheist‹ (nicht: als Pantheist!) verortet, Vertreter einer Position also, nach der Gott kein für sich jenseits der Welt bestehendes Wesen ist, nach der vielmehr *alles in Gott* ist und *Gott in allem*; in diesem Sinne ist alles einzelne Seiende, das den Menschen umgibt, ein Moment oder Attribut Gottes. Nicht und nie ist das Einzelne Gott, und niemals ist Gott etwas Einzelnes neben der Welt; wohl aber ist Gott der Inbegriff von allem, das Ganze als Einheit, der Sinn des Ganzen, könnte man sagen. Der Begriff des ›Anschauens des Universums‹, den Schleiermacher in das Zentrum seiner Religionstheorie stellt, ist diesem Konzept des Spinoza verwandt; Schleiermacher behauptet, dass Religion als Anschauung und Gefühl genau der Punkt ist, wo das beschriebene Verhältnis von Einzelnem und Ganzem aufhört, eine Theorie zu sein, und wo sich in einer Erfahrung das Einzelne auf das Ganze hin und als Manifestation des Ganzen erschließt. Man kann das so nachzuvollziehen suchen: Normalerweise sind wir am Einzelnen interessiert; wir betrachten es oder verändern es – das ist ›Denken‹ und ›Handeln‹. Religion bedeutet, dass dieser Umgang mit der Welt unterbrochen wird dadurch, dass plötzlich und unverfügbar das Einzelne auf das Ganze hin durchsichtig wird und sich im Einzelnen das Ganze erschließt.

2.4.2 Anschauen des Universums – ein (hinkendes) Beispiel
An einem Beispiel lässt sich das verdeutlichen, das – wie jedes Beispiel auf diesem Feld – den Gedanken Schleiermachers nur heftig hinkend gerecht werden kann. Man stelle sich vor: eine Bergwanderung. Der Wanderer

19. Schleiermacher, Reden (s. Anm. 13) 50 f.
20. Vgl. Schleiermacher, Reden (s. Anm. 13) 54 f.
21. Dazu: Heinrich Scholz (Hg.), Die Hauptschriften zum Pantheismusstreit zwischen Jacobi und Mendelssohn, Berlin 1916.

nimmt den Berg wahr als eine Fülle von Hindernissen, die er seiner Fort-
bewegung entgegensetzt – der Weg ist steil, steinig, er achtet sorgfältig
darauf, dass er nicht auf lose Steine tritt, nimmt viele Einzelheiten wahr
und ordnet sie seinem Projekt, den Berg zu besteigen, unter. Das ist Handeln. Dann steht er endlich oben. Er sieht über die teilweise schnee-
bedeckten Gipfel – und ist zufällig Geologe. Er erfasst Gesteinsformationen aus dem Jura, meinethalben, ordnet sie ein, nimmt sie in ihren
Einzelheiten wahr und analysiert sie. Das ist ›Denken‹. Im Handeln und
im Denken sind Menschen am Einzelnen interessiert.

Oder aber die Bergwelt, das Panorama, das vor mir liegt, überwältigt
mich. Ich stehe da, bin fasziniert und hingerissen, einen Moment lang
staune ich nur noch – und dann quatscht irgendeiner meiner Begleiter
dazwischen und fragt: ›Ist der rote Punkt da drüben nicht unser Auto?‹

Der Moment des Überwältigtseins ist ruiniert – und nun, nachträg-
lich, auf dem Abstieg vielleicht, besinne ich mich: Was habe ich da gesehen, als ich so überwältigt war? Nicht mehr einfach das Einzelne, sondern
irgendwie hat sich in diesem Anblick ein Ganzes erschlossen, da waren
nicht einzelne Berge und schneebedeckte Gipfel mit Namen, die ich auf
der Landkarte hätte nachsehen könnte, sondern diese Berge waren
gleichsam Medium einer Begegnung mit einem unendlichen Ganzen:

»… das Universum ist in einer ununterbrochenen Thätigkeit und offenbart
sich uns jeden Augenblick. Jede Form die es hervorbringt, jedes Wesen dem es
nach der Fülle des Lebens ein abgesondertes Dasein giebt, jede Begebenheit
die es aus seinem reichen immer fruchtbaren Schooße herausschüttet, ist ein
Handeln deßelben auf Uns; und so alles Einzelne als einen Theil des Ganzen,
alles Beschränkte als eine Darstellung des Unendlichen hinnehmen, das ist
Religion«.[22]

2.4.3 Anschauung und Gefühl

Religion ist Anschauung und Gefühl: Mit dem Begriff des *Gefühls* gibt
Schleiermacher wieder, dass wir in solchen Momenten innerlich ergriffen, berührt und so verändert werden; mit dem Begriff der *Anschauung*
hebt Schleiermacher darauf ab, dass hier nicht wir tätig werden, dass ein
Mensch diese Erfahrung nicht herstellen oder festhalten kann, so dass sie
durch eine dämliche Bemerkung eines Mitwanderers wie ein Nebelhauch
verfliegt: Unverfügbar ist eine solche Erfahrung, durch die sich im Einzelnen das Ganze vermittelt und manifestiert. Was ich sehe – die Berge,

---

22. Schleiermacher, Reden (s. Anm. 13), 56.

die bestimmte Gesteinsformationen sind; das Auto mitten darin – wird mir und nicht meinem Nachbarn plötzlich zum Symbol und Medium eines Ganzen – des Universums.

2.5 Abgrenzung: Religion und Gott

Entscheidend ist nun, dass Schleiermacher nicht pfäffisch ist. Er zwinkert nicht listig mit den Augen und will den Gebildeten unter den Verächtern der Religion nicht weismachen, dass er dieses Erlebnis nur gehabt haben kann, weil da erstens ein Gott ist und dieser sich zweitens dieses Momentes und dieser Wirklichkeit bedient hat um sich drittens dem Gebildeten zu zeigen. Nein, vielmehr ist das Wort ›Gott‹ nichts anderes als ein Versuch, diese Erfahrung auf den Begriff zu bringen, zu erfassen, womit wir es zu tun haben, wenn das Einzelne mehr ist als es selbst. Die Verwendung des Wortes ›Gott‹ bietet die Möglichkeit, die bestimmte Erfahrung des Universums in eine Personifikation zusammenzufassen. Das schließt aber nicht aus, dass ein anderer zum Ausdruck derselben Erfahrung dieses personifizierenden Begriffes nicht bedarf und lieber von ›dem Einen‹ oder von ›dem Nichts‹ oder ›dem Nirvana‹ spricht. Der Begriff, die Formulierung, die Rückführung dieser Erfahrung gar auf einen handelnden Gott und dessen Offenbarung an der Seele sind etwas Sekundäres – Ausdruck und abgeleiteter Niederschlag eines Ursprünglichen und Ersten, einer unverfügbaren Erfahrung des Ganzen im Einzelnen, das der verbale Ausdruck und Niederschlag nie einholen und vor allem nicht ersetzen kann:

»… welche von diesen Anschauungen des Universums ein Mensch sich zueignet, das hängt ab von seinem Sinn fürs Universum, das ist der eigentliche Maßstab seiner Religiosität, ob er zu seiner Anschauung einen Gott hat, das hängt ab von der Richtung seiner Fantasie. In der Religion wird das Universum angeschaut, es wird gesetzt als ursprünglich handelnd auf den Menschen. Hängt nun Eure Fantasie an dem Bewußtsein Eurer Freiheit so daß sie es nicht überwinden kann dasjenige was sie als ursprünglich wirkend denken soll anders als in der Form eines freien Wesens zu denken; wohl, so wird sie den Geist des Universums personifiziren und Ihr werdet einen Gott haben; hängt sie am Verstande, so daß es Euch immer klar vor Augen steht, Freiheit habe nur Sinn im Einzelnen und fürs Einzelne; wohl, so werdet Ihr eine Welt haben und keinen Gott.«[23]

Eine Vorstellung von Gott und ein Begriff von Gott macht keine Religion.

23. Schleiermacher, Reden (s. Anm. 13), 128 f.

Eine Vorstellung von Gott kann sogar höchst irreligiös sein, wenn man sich darunter ein isoliertes Seiendes neben allem Übrigen vorstellt: ein Ding wie ein Stein, nur viel höherwertig. Aber eine Anschauung des Universums im beschriebenen Sinne sucht nach Ausdruck – ich muss sie auf den Begriff bringen, während ich noch ganz verzaubert den Berg herabsteige. Diese Anschauung schlägt sich in sehr unterschiedlichen Ausdrucksgestalten nieder; einer davon ist der Begriff ›Gott‹. Aber es gibt legitime Beschreibungen dieser Erfahrung, die ohne diesen Begriff auskommen. Das bedeutet nun aber: Die Lehren und Aussagen der Kirche oder anderer Religionen sind nicht die Beschreibung von Gegenständen und Sachverhalten, die irgendwo jenseits der Welt existieren, deren Existenz man nachweisen und deren Wirkung auf die Welt man beschreiben könnte; sondern die Dogmen der Kirche bringen das Original der Religion – die Anschauung des Universums, die sich Menschen einer bestimmten Zeit und Glaubensgemeinschaft erschließt – auf den Begriff und zur Darstellung. Diese Darstellung ist dabei nicht nebensächlich. Alles im Menschen, jede innere Erfahrung drängt zum Ausdruck und damit zur Mitteilung, ganz wörtlich: Zur Teilgabe und zur Eröffnung der Anteilnahme. Die Versprachlichung der Anschauung des Universums und dessen Symbolisierung dient zum Wecken dieser Erfahrung bei anderen, dient der ›Bildung zur Religion‹. Religiöse Kommunikation und damit die Indienstnahme der Sprache zur Mit-Teilung der Erfahrung ist unverzichtbar, aber diese Versprachlichung kann immer nur die Hinführung zur eigenen und unvertretbaren Anschauung des Universums sein, nie die eigene Anschauung überflüssig machen; Religion ist damit gerade nicht das sklavische Übernehmen fremder Gedanken oder das sklavische Hängen am Bibeltext oder Dogma, sondern Religion ist das Ergriffensein vom Universum und nur so möglich, dass ich, zunächst geleitet möglicherweise von einem anderen, dann selbst zu jemandem werde, dem sich das Universum erschließt:

»Ihr wollt überall auf Euren eigenen Füßen stehen und auf Euren eignen Weg gehen, aber dieser würdige Wille schreke Euch nicht zurück von der Religion. Sie ist kein Sklavendienst und keine Gefangenschaft; auch hier sollt Ihr Euch selbst angehören, *ja dies ist sogar die einzige Bedingung unter welcher Ihr ihrer theilhaftig werden könnt.* Jeder Mensch, einige Auserwählte ausgenommen, bedarf allerdings eines Mittlers, eines Anführers der seinen Sinn für Religion aus dem ersten Schlummer weke und ihm eine erste Richtung gebe, aber dies soll nur ein vorübergehender Zustand sein; *mit eigenen Augen* soll dann jeder sehen und selbst einen Beitrag zu Tage fördern zu den Schäzen der Religion … Ihr habt ganz recht die dürftigen Nachbeter zu verachten, die ihre Religion ganz von einem Andern ableiten, oder an einer toten Schrift hängen … Jede heilige Schrift ist nur ein Mausoleum der Religion ein Denkmal, daß ein großer Geist da war, der nicht mehr da ist. … und eben diese Verachtung gegen die armseligen und kraftlosen Verehrer der Religion, in denen sie aus Mangel an Nahrung vor der Geburt schon gestorben ist, eben diese [Verachtung] beweiset mir, daß in Euch selbst Anlage ist zur Religion …«[24]

2.6 Satzwahrheit und Religion

Damit sind wir wieder beim Grundprogramm der Religionsschrift: Die Gebildeten unter den Verächtern der Religion, so Schleiermacher, haben recht und unrecht zugleich: Sie richten sich gegen eine veräußerlichte, im Sinne des letzten Zitates abgestorbene Gestalt des religiösen Bewusstseins, die Verkehrung der Religion in Lehre und in eine Gestalt der Welterklärung, der Überzeugung von bestimmten satzförmigen Wahrheiten, oder in einen Satz von Regeln zur Lebensgestaltung. Dass dies nicht eigentlich Religion sei, behauptet Schleiermacher: Religion sei vielmehr die Anlage des Menschen, in bestimmter Weise berührbar zu sein und die Wirklichkeit in bestimmter Weise, nämlich auf Einheit hin, zu erfahren; die positiven Religionen einschließlich des Christentums und deren satzhafte Aufstellungen oder liturgische Riten haben dann ihr Recht, wenn sie sich als Ausdruck und als Hinführung zu dieser Erfahrung erschließen, nicht aber, wenn sie diese Erfahrung missdeuten und verstellen. Schleiermacher hat damit die Formel gefunden, unter der er sein Missbehagen an der Enge des Seminars in Barby auf den Begriff bringen und deuten kann – eben so deuten, dass verständlich wird, dass nicht derjenige, der sich aus dieser Enge löst, sich von Gott entfernt:

»Glauben, was man gemeinhin so nennt, annehmen was ein Anderer gethan hat, nachdenken und nachfühlen wollen was ein Anderer gedacht und gefühlt hat, ist ein harter und unwürdiger Dienst, und statt das höchste in der Religion zu sein, wie man wähnt, muß er gerade abgelegt werden, von Jedem der in ihr Heiligthum dringen will.«[25]

24. Schleiermacher, Reden (s. Anm. 13) 121 f. (kursiv von mir).
25. Schleiermacher, Reden (s. Anm. 13), 120 f.

3.   Stolp, Halle, Berlin – und Platon

Ein paar Schritte zurück zur Biographie Schleiermachers: Die erste Zeit in Berlin endet beinahe mit einem Eklat, der die Befürchtungen des Vaters, der Sohn wende sich mit dem Fortgang aus Barby der ›Welt‹ im theologisch abwertenden Sinne zu, zu bestätigen scheint. Schleiermacher schreibt eine Apologie für ein damals skandalträchtiges Werk seines Freundes Friedrich Schlegel, die ›Lucinde‹, in der Schlegel sein Liebesverhältnis zu Dorothea Veith, die ihren Mann seinetwegen verließ, thematisiert. In diesen ›Vertrauten Briefen über Friedrich Schlegels Lucinde‹, die 1800 erschienen, lässt Schleiermacher eine ›Eleonore‹ als Briefpartnerin auftreten, hinter der für die damalige Gesellschaft Eleonore Grunow erkennbar war. Diese war die Ehefrau des lutherischen Pfarrers am Berliner Invalidenhaus, die Schleiermacher höchst sterblich liebte und die er zur Beendigung ihrer unglücklichen Ehe zu überreden versuchte. Schleiermacher nimmt Anfang 1802, nicht zuletzt in der Hoffnung, Eleonore damit die Trennung von ihrem Mann zu erleichtern, eine Pfarrstelle in Stolp an der hinterpommerschen Ostseeküste an. Es zeigte sich aber bald, dass Eleonore zur Trennung nicht fähig war; die Zeit in Hinterpommern wird für Schleiermacher zu einem Martyrium, eine Zwischenzeit in vieler Hinsicht, in der zwei große Projekte Schleiermachers entstehen; eines davon ist eine grundlegende Schrift zur Ethik, das andere die Platonübersetzung.

Diese Platonübersetzung gehört ebenfalls zu den unvergleichlichen und bis heute unüberholten Meisterwerken Schleiermachers[26] und macht zugleich deutlich, dass das Denken Schleiermachers in vieler Hinsicht der Rezeption der antiken Philosophie verpflichtet ist. Denn natürlich ist das eben beschriebene Verhältnis von Einzelnem und Universum auch lesbar als Aufnahme des platonischen Verhältnisses von Idee und Einzelexemplar, die freilich so modifiziert wird, dass deutlich ist, dass es das Allgemeine nur in der Vielfalt des Einzelnen gibt und dass es nicht unter Missachtung des Einzelnen fassbar ist. Die Methode der Begriffsdihärese, die Schleiermacher mit Meisterschaft handhabt, geht ebenfalls auf dieses Vorbild zurück. Wie tiefgreifend Schleiermacher von Platon geprägt ist und wie geistvoll er dessen Vorgaben aufnimmt, lässt sich am besten deutlich machen mit einem Blick auf die ›Kurze Darstellung des

---

26. Wer die zweisprachige Platonausgabe der Wissenschaftlichen Buchgesellschaft oder die deutsche rororo-Platonausgabe zur Hand nimmt, hat die Übersetzung Schleiermachers vor sich.

theologischen Studiums zum Behuf einleitender Vorlesungen‹, die Schleiermacher 1811 in erster und 1830 in zweiter Auflage veröffentlicht[27]. Diese theologische Enzyklopädie – eine Darstellung des Zieles der Theologie und des Zusammenklangs der Fachgebiete zum Erreichen dieses Ziels – geht davon aus, dass alle theologischen Fachgebiete die Aufgabe und den Zweck haben, zur Wahrnehmung der Kirchenleitung auszubilden (§ 5) – das heißt: zum Pfarrberuf; darauf zielt die Vermittlung wissenschaftlicher Kenntnisse ab. Die vollkommenste Gestalt der Eignung zum Pfarrberuf stellt die ›Idee des Kirchenfürsten‹ dar:

»§ 9. Denkt man sich religiöses Interesse und wissenschaftlichen Geist im höchsten Grade und im möglichsten Gleichgewicht für Theorie und Ausübung vereint: so ist dies die Idee eines Kirchenfürsten.«

Dieser Kirchenfürst vereint in sich die habituellen Anlagen und Fähigkeiten des eher auf das praktische Kirchenregiment ausgerichteten ›Klerikers‹ (§ 11) und des an der Theorie orientierten ›Theologen‹ (ebd.) und ist so deutlich nach dem Vorbild des platonischen Philosophenherrschers oder Herrscherphilosophen[28] entworfen – ein Detail und Beispiel nur, an dem deutlich wird, in welchem Umfang Platon für Schleiermacher zum Stichwortgeber und Anreger wurde.

4. Die ›Glaubenslehre‹

4.1 Wieder zurück zur Biographie

1804 endet der ›Winter des Mißvergnügens‹ in Stolp. Schleiermacher erhält zunächst einen Ruf nach Würzburg, also an einen Ort außerhalb Preußens, dem zu folgen der Preußische König ihm untersagt; zum Ausgleich wird ihm eine Professur in Halle versprochen, die er 1804 antritt. 1806 kommt es, ausgelöst, aber nicht verursacht durch die Napoleonischen Kriege, zum Ende des Deutschen Reiches und nach der Schlacht von Jena und Auerstedt zum Zusammenbruch Preußens. Der Hohenzollernkönig geht ins Exil nach Memel, die Universität Halle wird von Napoleon geschlossen. Der Zusammenbruch und die nun anhebenden Preußischen Reformen geben den bereits bestehenden Plänen zum Aufbau einer Reformuniversität in Berlin neuen Auftrieb; Schleiermacher ist

27. Beide Auflagen finden sich in KGA I,6 (s. Anm. 1). Im Folgenden zitiere ich nach der 2. Auflage und nenne lediglich die Paragraphenziffern.
28. Platon, Politeia VII (520 a 1-d 5).

an dem Programm der Universität maßgeblich beteiligt, gehört zu deren ersten Professoren und lehrt dort seit der Gründung 1810. Ich übergehe sein bis ins Geheimdienstliche gehendes Engagement für Preußen während der französischen Besatzung, auch seine Gutachten und Vorschläge zur Kirchenpolitik, die zu einem langandauernden Zerwürfnis mit dem Hof beitrugen; ich übergehe auch seine Hochzeit – mit fast 40 Jahren heiratet er 1809 Henriette, die verwitwete Frau seines Freundes Ehrenfried von Willich, die zwei Kinder in die Ehe bringt und Schleiermacher in der Folge drei Töchter und einen Sohn gebiert. Ich halte auch nur im Vorübergehen fest, dass diese Ehe alles andere als glücklich war und die Ehepartner einander das Leben nicht erleichtert haben. All das sei dahingestellt; ich wende mich nun dem Werk zu, das als das Hauptwerk Schleiermachers gilt, der ›Lehre des christlichen Glaubens‹, kurz ›Glaubenslehre‹. Entstanden ist dies Werk aus Vorlesungen, die Schleiermacher noch vor Beginn des offiziellen Lehrbetriebes in Berlin 1810 hält, dann regelmäßig wiederholt und überarbeitet und schließlich 1822 in erster, 1831 in zweiter Auflage unter dem genannten Titel veröffentlicht.[29] Auch hier kann es nur darum gehen, den Grundgedanken und dessen Bedeutung verständlich zu machen.

4.2 Dogmatik

Die Glaubenslehre ist eine Dogmatik. Traditionellerweise hat eine Dogmatik die Aufgabe, die gesamte Lehre, alle Lehrinhalte der christlichen Kirche im Zusammenhang darzustellen und zu verantworten. Das fängt also zur Zeit Schleiermachers bei der Gotteslehre an; es werden Beweise für das Dasein Gottes vorgetragen, dann die Lehre von der Schöpfung entfaltet, mit dem Zentrum auf der Erschaffung des Menschen. Es wird des Menschen Fall und dessen Folgen: die Verlorenheit aller Menschen unter die Sünde und die Sündenstrafe des Todes dargestellt. Es folgt dann die Lehre von der Versöhnung des Menschen – der Ratschluss des Vaters, dessen Liebe diese Versöhnungstat motiviert; der Kreuzestod des Sohnes Gottes als Sühne für die Sünden der Menschen – lange Ausführungen über die Eine Person in zwei Naturen; über die Ämter Christi; über seinen Lebensweg – Erniedrigung im Kreuz und Erhöhung zur Rechten

---

29. Schleiermacher, Die Lehre des christlichen Glaubens, 1. Aufl. 1821 f., 2. Aufl. 1831 f. Die maßgebliche kritische Edition der ersten Auflage liegt in KGA I,7/ 1 und 2 vor; die zweite Auflage ist in der KGA bisher noch nicht erschienen. Ich zitiere nach der von M. Redeker besorgten Ausgabe (Berlin 1960).

Gottes. Und das Werk des Heiligen Geistes, der die am Kreuz erlangte Versöhnung dem Menschen durch Wort und Sakrament so zueignet, dass der Mensch zum Glauben und zu einem neuen Leben kommt. Nach diesem Grundmuster sind die Dogmatiken aus der Zeit der Altprotestantischen Orthodoxie aufgebaut, die Schleiermacher während seines Studiums noch benutzt hat. Dieser Typus von Dogmatik ist durchaus faszinierend, hochkomplex und alles andere als primitiv oder schlicht; aber es ist eben Lehre, die – wie die Lehre von der Existenz, den wesentlichen Eigenschaften Gottes, und nach damaliger Überzeugung die Schöpfungslehre – argumentativ vermittelt werden kann, oder die auf das Wort der Schrift hin geglaubt, für wahr gehalten werden muss.

Die Dogmatik ist der Stapelplatz christlicher Lehre, wohlgeordnet, leicht abrufbar, mit den notwendigen argumentativen Stützen versehen, eine Erklärung der Gründe, Abgründe und Hintergründe des menschlichen Lebens und seiner Welt. Beschreibung dieses Lebens in der dritten Person. Das ist leicht, aber nicht viel karikiert; es ist nötig als Hintergrund.

4.2.1 Unionsdogmatik

Schleiermachers Dogmatik trägt folgenden Titel: »Der christliche Glaube nach den Grundsätzen der evangelischen Kirche im Zusammenhange dargestellt«. Die Wendung ›*Grundsätze* der Evangelischen Kirche‹ ist ein Hinweis auf die kirchlichen Bekenntnisse; schon das ist ungewöhnlich, denn die Bekenntnisse sind eigentlich innerprotestantisch differenziert: es gibt lutherische und reformierte, die sich in Punkten unterscheiden, die den meisten damaligen Theologen als kirchentrennend erschienen. Schleiermacher behauptet mit seinem Titel, dass es eine evangelische, um die innerprotestantische konfessionelle Differenzierung unbekümmerte Glaubenslehre geben könne und bietet damit der Preußischen Kirche die erste Unionsdogmatik. Darin spiegelt sich Schleiermachers kritische Begleitung des königlichen Programms einer Kirchenunion zwischen Lutherischer und der Reformierten Konfession wider, der das Preußische Königshaus angehörte. Dieses Programm befürwortete Schleiermacher im Grundsatz; aber insbesondere im Blick auf die vom König betriebene Durchsetzung mittels obrigkeitlicher Eingriffe in die kirchliche Ordnung und im Blick auf die Ausübung von Zwang gegen dissentierende Geistliche und Gemeinden beurteilte er es sehr kritisch.

4.2.2 Glaube

Das Stichwort ›Lehre‹ sucht man im Titel vergebens, und man muss das doppeldeutige Stichwort ›Glaube‹ richtig lesen – es kann ja entweder den Glaubensinhalt, eben fixierte Lehren, oder den Glauben als Akt, als ich-haften Vollzug des Vertrauens, meinen. Schleiermacher versteht den Begriff zunächst im zweiten Sinne; was er bietet, ist eine Darstellung des Vollzuges von ›ich glaube‹; nicht also: Welche Sätze halte ich für wahr, sondern: Was tue ich, wenn ich glaube. Oder dasselbe in der Terminologie Schleiermachers: Die gesamte Dogmatik ist Darstellung des ›frommen Selbstbewußtseins‹.

4.2.3 Kirche

Ein letzter Blick auf den Titel: Er nennt als Bezugspunkt nicht den einzelnen Glaubenden, dessen Vollzug ausgelegt werden sollte, sondern er nennt eine bestimmte Religionsgemeinschaft, in der sich der Glaube vollzieht. Es gibt keinen Glauben an sich, sagt Schleiermacher damit, sondern es gibt Glauben oder Frömmigkeit immer nur in einer bestimmten religiösen Tradition. Es gibt viele solcher Traditionen; sie alle sind Variationen, in denen sich eine Grundanlage des Menschen ausdrückt und durch die sie ausgebildet wird, nämlich die Frömmigkeit. Aber wieder: Es gibt keine Frömmigkeit an sich, die von der bestimmten konfessionellen Ausprägung unterschieden werden und auf diese verzichten könnte, sondern die allgemeine Anlage der Frömmigkeit gibt es immer nur in einer bestimmten, historisch kontingenten Ausdrucksgestalt, in einer Religionsgemeinschaft.

Damit setzt Schleiermacher ein: Bevor er an eine Beschreibung des bestimmten Typus der Frömmigkeit in der evangelischen Kirche gehen kann, muss er in einer Einleitung darstellen, was Frömmigkeit eigentlich ist und warum sie ›Kirche‹, also Gemeinschaft, bildet – das tut er in ›Lehnsätzen aus der Ethik‹. Dann muss er darstellen, was das Spezifische der christlichen Ausprägung dieser menschlichen Anlage im Unterschied zu anderen Religionen ist – das tut er in den ›Lehnsätzen aus der Religionsphilosophie‹, in denen er die Typen religiöser Gemeinschaften vorstellt, und in den ›Lehnsätzen aus der Apologetik‹, in denen er die Besonderheit des christlichen Typus der religiösen Gemeinschaft erläutert.

4.3 Religion

Konzentriert auf das Wesentliche: Schleiermacher bietet hier eine Religionstheorie, die zwei Eckpfeiler hat: Zum einen weist Schleiermacher dem religiösen Vollzug einen Ort im Ganzen des menschlichen Bewusstseins an und macht damit – ähnlich wie in der Religionsschrift – deutlich, dass menschliches Selbstsein unentrinnbar religiös ist: Es gehört zum Wesen des Menschen, Religion zu haben. Auf der anderen Seite – und das ist nun ein entscheidender Schritt über die Religionsschrift hinaus – erhebt Schleiermacher den Anspruch, zeigen zu können, dass die Formen und Lehren der verfassten Religionsgemeinschaften – der Christenheit, aber auch des Judentums und des Islam – für diese religiöse Anlage des Menschen eine unverzichtbare Funktion haben; und er sucht eben auch zu zeigen, dass der christliche Glaube nicht die einzige, auch nicht die einzig legitime, aber doch die relativ höchste Ausbildung der Anlage zur Religion darstellt. Ich versuche beides in extremer und unverantwortlicher Knappheit zu skizzieren:

4.3.1 Gefühl als Selbstbewusstsein

Was ist Religion, oder Frömmigkeit? Schleiermacher setzt die Frömmigkeit wie in der Religionsschrift in ein Verhältnis zum Wissen einerseits und zum Tun andererseits, zur Metaphysik und zur Ethik; wie dort hält er fest, dass die Frömmigkeit keines von beidem ist und auf keine der beiden Haupttätigkeiten des Menschen angewiesen ist: Weder setzt sie ein bestimmtes Wissen – von Gott, von Christus, von der Versöhnungstat – voraus, noch ist sie eine bestimmte, willentlich zu übernehmende Tat, die man vorschreiben oder zu der man sich entscheiden könnte. Frömmigkeit ist Gefühl, und zwar kein beliebiges, sondern ein bestimmtes Gefühl: Gefühl der schlechthinnigen Abhängigkeit. Ich zitiere zunächst und erläutere dann: »Die Frömmigkeit ... ist rein für sich betrachtet weder ein Wissen noch ein Tun, sondern eine Bestimmtheit des Gefühls oder des unmittelbaren Selbstbewußtseins.«[30]

Auf den ersten Blick: Das Erste, was in dieser Definition der Religion genannt wird, ist nicht Gott, sondern das Gefühl. Das impliziert die These: Wer von Religion redet, redet von einem menschlichen Vollzug oder einer menschlichen Anlage, und nicht zuerst von Gott. Das Gefühl seinerseits ist eine Art des Selbstbewusstseins – ganz wörtlich: Ich weiß von mir, ich nehme mich in bestimmter Weise wahr.

»Das Gemeinsame aller noch so verschiedenen Äußerungen der Frömmigkeit, wodurch diese sich zugleich von allen anderen Gefühlen unterscheidet,

---

30. Schleiermacher, Glaubenslehre (s. Anm. 29) § 3, Leitsatz.

ist dieses, daß wir uns unsrer selbst als schlechthin abhängig, oder, was dasselbe sagen will, als in Beziehung mit Gott bewußt sind.«[31]

Das Gefühl ›Frömmigkeit‹ unterscheidet sich von allen anderen Gefühlen dadurch, dass es ein Wissen um die eigene Abhängigkeit ist – und das ist dasselbe wie: Ein Wissen darum, dass der Mensch in Beziehung zu Gott steht. Gott wird also an zweiter Stelle genannt. Über Gott kann ich nur reden, weil und sofern ich ein bestimmtes Wissen um mich selbst habe und beschreibe.

Warum ist eigentlich ein Gefühl ›Bewusstsein‹, ›Selbstbewusstsein‹ gar? In den üblichen Schleiermacherdarstellungen kann man lesen, dass man sich unter dem Gefühl der Frömmigkeit natürlich nicht das vorstellen dürfe, was wir durchschnittlich unter Gefühl meinen – aber diese Auskunft ist so wahr wie falsch; es ist eigentlich gar nicht so abwegig, zunächst einmal im Ausgang von einem ganz durchschnittlichen Gefühl sich klarzumachen, was Schleiermacher eigentlich meint: Ich setze also ein mit dem Gefühl des Schmerzes: Ich stehe in der U-Bahn, es ist Abend, vollgedrängt, neben mir eine für den Opernbesuch gekleidete Dame, Pfennigabsätze. Die Bahn fährt schwankend um eine Kurve, die Dame tritt mit ihrem Absatz auf meinen Fuß. Die Welt um mich her versinkt – da ist nur noch Schmerz. Ein Gefühl, zweifellos.

Was nehme ich da genau wahr? Zunächst einmal mich selbst. Genauer: meinen Fuß. Und zwar ganz unmittelbar, ich sehe nicht erst einen Stöckelabsatz in meinem Fuß, schließe dann auf Schmerz und schreie drittens, sondern ich nehme mich selbst wahr, bevor ich um Stöckelabsätze in meinem Fuß weiß. Gefühl ist ›wissen um sich selbst‹, das gilt für (fast) alle Gefühle.

4.3.2 Gefühl der schlechthinnigen Abhängigkeit
Eben in diesem beschriebenen Sinne stellt Schleiermacher fest: Frömmigkeit ist ein Gefühl, ein unmittelbares Wissen um mich selbst. Es ist aber unterschieden gegen andere Gefühle als Wissen um die eigene Abhängigkeit, und zwar um die *schlechthinnige* Abhängigkeit. Das ›schlechthinnig‹ hebt auf Folgendes ab: Als geradehin abhängig sind wir uns immer irgendwo bewusst – ich bin beispielsweise abhängig von der Stabilität meines Stuhles und ich verlasse mich in Gesellschaft darauf, dass mein Nachbar nicht plötzlich über mich herfällt; wir sind abhängig von Vorgesetzten, Lokomotivführern, Politessen und Richtern, von dem Publi-

---

31. Schleiermacher, Glaubenslehre (s. Anm. 29) § 4, Leitsatz

kum unserer Vorträge und am meisten von unseren Familienmitgliedern. Aber in allen diesen Beziehungen sind wir nie absolut abhängig, so abhängig, dass wir nur noch abhängig wären und keine Möglichkeit der Gegenwirkung hätten. Ich kann meinen Stuhl untersuchen, bevor ich mich setze, und Vorsichtsmaßnahmen treffen für den Fall eines Zusammenbrechens. Ich kann mir einen Fluchtweg vor meinem bedrohlichen Nachbarn offenhalten. Ich kann mich so verhalten, dass ein Vorgesetzter nichts auszusetzen findet oder mich über ihn beschweren. Und so fort. Unsere Welt ist uns erschlossen als der Bereich nicht nur der Abhängigkeit, sondern immer zugleich der Freiheit. Des Leidens *und* des Handelns. Wir werden bestimmt, aber wir bestimmen auch; wir sind Einwirkungen ausgesetzt, ohne ihnen gegenüber aber jemals völlig hilflos zu sein. Und umgekehrt: Wir wirken, ohne jemals völlig frei und ungebunden zu sein. Mit der Wendung ›schlechthinnige‹ – absolute – Abhängigkeit hebt Schleiermacher nicht auf diese Verhältnisse partieller Freiheit und Abhängigkeit ab, sondern behauptet, dass der Mensch sich am Grunde dieser partiellen Freiheit und Abhängigkeit absolut, schlechthin abhängig weiß. Alles teilweise freie Tun und Denken ist getragen von einem fundamentalen Wissen um eine grundlegende Abhängigkeit – vielleicht am besten so zu übersetzen: Wir wissen in allem Umgang mit der Welt und mit anderen Menschen darum, dass wir uns nicht selbst gesetzt haben und uns nicht selbst erhalten. Das hat noch gar nichts mit Gott zu tun, sondern nur mit einem Wissen um uns selbst: Wir wissen um uns selbst, dass wir abhängig sind. Absolut – also: eine Abhängigkeit ohne die Möglichkeit einer freien Gegenwirkung; daher: *Schlechthin* abhängig.

4.3.3 Gott als das ›mitgesetzte Woher‹

Man müsste nun eigentlich zeigen, wie sich diese These in das philosophische Gespräch zur Zeit Schleiermachers einfügt, dass ihr eine Auseinandersetzung mit Fichte zugrunde liegt – all das beiseite und eine andere Frage gestellt: Was hat das nun mit Gott zu tun? Dafür zurück zur Dame mit dem Stöckelschuh: ›Ich nehme im Moment des Schmerzes mehr wahr als nur mich selbst. In diesem Schmerz prägt sich eine Einwirkung ab – ein spitzer Gegenstand. Wenn mir ein Auto über den Fuß fahren oder ein Klavier darauf abgesetzt würde, würde sich das anders anfühlen. Mit dem Schmerz ist ein ›woher‹ mitgesetzt – und ich bin nicht erstaunt, wenn ich dann hinsehe und feststelle: ›Ach, ein Stöckelschuh.‹

In diesem Sinne ist auch im Bewusstsein der Abhängigkeit ein ›woher‹ mitgesetzt. Man kann nur von etwas, was nicht man selbst ist, abhängig sein. Wer sich abhängig weiß, setzt genau darin ein ›Wovon‹ der Abhängigkeit. Daher sagt Schleiermacher: Das Bewusstsein der schlechthinnigen Abhängigkeit *ist dasselbe* wie das Bewusstsein, in Beziehung zu Gott zu stehen. Das eine (Bewusstsein der Abhängigkeit) ist nur ein anderer Ausdruck für das jeweils andere (Bewusstsein der Beziehung zu Gott). Es ist dabei entscheidend, sich das genaue Verhältnis klarzumachen und das von Schleiermacher Gemeinte nicht misszuverstehen: Das Bewusstsein der schlechthinnigen Abhängigkeit dient *nicht* als Grundlage eines billigen Schlusses – ich stelle nicht fest, dass ich schlechthin abhängig bin und schließe daraus, dass dann eben auch ein ›woher‹ der Abhängigkeit existieren müsse, das ich mit dem christlichen Gott identifiziere. Vielmehr bezeichnet das Wort Gott nur dasjenige, was im Bewusstsein der Abhängigkeit als Woher oder Wovon der Abhängigkeit mitgesetzt ist. Anders: Das Wort Gott verwenden wir nicht zur Bezeichnung einer von uns unabhängigen Realität, von der wir zweitens abhängig wären. Sondern wir verwenden es, um genau das zu bezeichnen, was mit unserem Selbstbewusstsein gesetzt ist. Daher stammt der Inhalt des Wortes, das und nur das ist sein legitimer Gebrauch.

4.4 Die Problematik des ›höheren Selbstbewusstseins‹ und die »durch Jesum von Nazareth vollbrachte Erlösung«

Das Bewusstsein der schlechthinnigen Abhängigkeit ist nun im durchschnittlichen Leben verdeckt. Durchschnittlicherweise sind wir interessiert an der Welt, verfolgen alle möglichen Projekte oder erkennen alles Denkbare, erfahren Einwirkungen und wirken ein, teilen aus und stecken ein. Fromm zu sein bedeutet nun nach Schleiermacher nicht, unter der Woche sich mit den Mitteln der partiellen Freiheit an den partiellen Abhängigkeiten abzuarbeiten und diese Tätigkeiten sonntags zu unterbrechen, um von 10-11 Uhr das Bewusstsein der Abhängigkeit zu pflegen. Fromm zu sein bedeutet vielmehr, sein ganzes Leben, jedes Lebensmoment des Handelns und Leidens, zu begleiten mit dem Bewusstsein der schlechthinnigen Abhängigkeit. Fromm zu sein bedeutet also: Sich in jedem Moment des Lebens als abhängig bzw. als in Beziehung zu Gott stehend zu wissen. Anders ausgedrückt: Jedes Lebensmoment getragen zu wissen und dankbar zu sein – das ist Frömmigkeit. So gefasst, ist deutlich, dass diese Anlage zur Gottesbeziehung – Schleiermacher spricht von ›höherem Selbstbewusstsein‹ – in jedem Menschen zunächst gehemmt ist: Durchschnittlicherweise sind wir uns des Gottesverhältnisses nicht bewusst, sondern gehen in unseren alltäglichen Besorgungen auf, ohne auf die Idee zu kommen, sie mit dem Bewusstsein der Dankbarkeit zu begleiten. Oder wir fühlen uns verlassen; wir wissen uns nicht getragen und verzweifeln in diesem Bewusstsein. Oder wir bilden uns ein, uns selbst erhalten zu können – all das ist eine vereinfachende Übersetzung des von Schleiermacher Gemeinten: Die religiöse Anlage des Menschen ist zunächst und immer schon verdeckt. Religionen insgesamt und ihre liturgischen und kultischen Vollzüge sind ein Umgang mit dieser Hemmung des höheren Selbstbewusstseins; und zumal das Christentum ist eine Religion, in deren Zentrum unter den Begriffen ›Sünde‹ und ›Gnade‹ das Bewusstsein der Hemmung und das Bewusstsein der Lösung und Befreiung des höheren Selbstbewusstseins – des Bewusstseins des wohltuenden Getragenseins – steht:

»Das Christentum ... unterscheidet sich von anderen [Religionen] ... wesentlich dadurch, daß alles in derselben bezogen wird auf die durch Jesum von Nazareth vollbrachte Erlösung.«[32].

Das Christentum ist die Religion, in der Jesus von Nazareth als derjenige erfahren wird, durch den das Gottesbewusstsein des Menschen – das Bewusstsein der wohltuenden Abhängigkeit – geweckt und so gestärkt wird, dass es als Lebensvertrauen alle Momente des Lebens bis in den Tod hinein begleitet. Jesus von Nazareth ist der Mensch, in dem dieses Bewusstsein der Einheit mit Gott in höchstem Maße ausgebildet ist und der in seinen Reden und Gleichnissen, in seinem gesamten Lebensvollzug dieses Bewusstsein der Einheit mit Gott so zur Darstellung gebracht hat, dass es sich anderen mitteilt – wie ein Gefühl des Schreckens, der Liebe, der Angst oder der Verzweiflung durch seine Äußerungen nach uns greift und sich uns mitteilt. In der Kirche ist dieses Gottesverhältnis Jesu von Nazareth präsent und teilt sich – wiederum dadurch, dass es ausgesprochen und dargestellt wird – mit: In der Predigt beispielsweise, in der ein frommes Individuum sich selbst, sein durch Jesus zur Kräftigkeit befreites Selbstbewusstsein, so ausspricht, dass es andere ergreift und ebenfalls bewegt; Schleiermacher selbst war offenbar ein Prediger, dem diese im besten Sinne ergreifende Rede so gelang, dass er selbst zuweilen auf der Kanzel erkennbar den Tränen nah war. Die Kirche und ihre Vollzüge sind Medium dieses Bewusstseins der schlechthinnigen Anhängigkeit, und das eben darum, weil es jeder inneren Bestimmtheit des Menschen – auch dem Gefühl der Frömmigkeit – eigentümlich ist, sich auszusprechen und sich mitzuteilen. Der Sprachraum der christlichen Tradition – etwa die Lieder Paul Gerhardts – können sich erschließen als Mittel zum

---

32. Glaubenslehre (s. Anm. 29) § 11, Leitsatz.

Ausdruck der Frömmigkeit, des Bewusstseins der schlechthinnigen Abhängigkeit oder des durch die Person Jesu geweckten Lebensvertrauens.

4.5 Das neue Verständnis der Lehre – Grenze und Recht

Das bedeutet nun aber: Alle Aussagen des christlichen Glaubens – eine Lehre von der Sünde, eine Lehre von Christus, eine Lehre von Gott, eine Lehre vom Heiligen Geist, von der Kirche, vom Abendmahl – haben ihren eigentlichen Sinn und ihr Recht darin, dass sie diese Erfahrung zur Darstellung bringen und ausdrücken: dass die Begegnung mit Jesus von Nazareth einem Menschen – mir – zum Auslöser des Lebensvertrauens und zur Stärkung des schwankenden Lebensvertrauens wird. Das ist das Grundelement der Schleiermacherschen Theologie: Dass nicht die Lehre und eben nicht die in der Lehre beschriebenen, vom Subjekt unabhängig gedachten Gegenstände – Gott, Christus, die Kirche, die Sakramente – das Eigentliche in der Frömmigkeit oder in der Religion sind; vielmehr ist all dies Ausdruck des Eigentlichen, etwas zwar Unverzichtbares, aber Sekundäres: Die Verkündigung und die Lehre ist als Anreiz zur Weckung des frommen Selbstbewusstseins der Ursprung dieses Selbstbewusstseins, und ist die Gestalt, in der das Selbstbewusstsein einen adäquaten Ausdruck findet. Aber alle inhaltlichen Aussagen der Dogmatik sind nicht das Eigentliche, sondern Darstellung des Bewusstseins, dass ich durch Christus zu einem herzlichen Vertrauen zu dem tragenden Grund meines Lebens, das alle meine Lebensmomente begleitet, geweckt werde. Die Lehre ist damit eben auch nicht die Norm der Frömmigkeit, sondern deren Ausdruck, sekundär, nicht das Original. Sie ist daher auch grundsätzlich überholbar, kritisierbar von diesem Original her. Diese kritische Wendung des frommen Selbstbewusstseins gegen die traditionelle Lehrgestalt lässt sich am besten anhand des Umgangs Schleiermachers mit der Lehre von der Trinität exemplifizieren: Er stellt sie als ›Schluß‹ ganz an das Ende seiner Dogmatik mit der Begründung, dass sie – als Lehre von der vor jeder Bezugnahme auf den Menschen liegenden, ewigen Dreiheit Gottes – Ausdruck und Darstellung des frommen Selbstbewusstseins nicht sein kann.

5. Summa und Ende

Was Schleiermacher in der Facette seines Denkens, auf den die Darstellung ausschließlich begrenzt war, erreicht hat, ist eine präzise Bestimmung des Sinnes religiöser Sätze. Niemals sind sie dafür da, subjektunabhängige Wirklichkeit zu beschreiben. Sondern sie sind Selbstdeutung des Subjektes, Rede des Subjektes über sich selbst und die Art der Erfahrung seiner Welt. ›Ich glaube an Gott‹ heißt: Ich weiß mich abhängig und lebe dankbar. Das Bekenntnis ›Jesus Christus ist Gottes Sohn‹ besagt: er nimmt mich in sein Gottesverhältnis – in das vertrauensvolle Gebet zum Vater – auf. ›Die Welt ist Schöpfung‹ heißt: Ich deute mich und meine Welt als Geschenk und lebe dankbar. Religiöse Sätze sind keine Theorien, sondern Angebote zum Ausdruck eines Selbstverständnisses; und daher können sie – damit ist der Ertrag angedeutet – auch niemals in Konkurrenz treten zu naturwissenschaftlichen Kosmogonien.

Schleiermachers Denken ist damit noch nicht einmal annähernd ausgeschöpft, vieles ist nicht berührt, weder seine politische noch kirchenpolitische Tätigkeit, seine Predigten, sein philosophisches Werk, seine Ethiken, in der recht eigentlich erst die von ihm intendierte Vermittlung von Christentum und Kultur sich manifestiert, seine Pädagogik.[33] Diese Konzentration auf einen Aspekt ist aber nicht nur bedauerlich und unvermeidbar, sondern sachgerecht. Dass es ein Grundzug des Denkens Schleiermachers ist, dass er unfähig ist, Individuelles und Allgemeines, Wesen und Einzelexemplar zu trennen, wurde oben deutlich: Im Einzelnen und nur da zeigt sich das Ganze, das Individuelle ist die Konkretion, das Moment und gleichzeitig die Manifestation der Idee. Das gilt auch für die Darstellung seines Denkens: Es ist möglich, im Erfassen eines einzelnen Aspektes einen Sinn für das Ganze zu wecken – hier eben im Umgang mit dem Versuch Schleiermachers, den Sinn des christlichen Dogmas so zu erschließen, dass deutlich wird, dass es nicht der Gegenpol des Selbstbewusstseins, sondern dessen Ausdruck und – gefasst in die Form der Predigt – das Medium seiner Vermittlung und Weckung ist.

Schleiermacher ist im Laufe seiner Biographie von einer ungebrochenen Einheit von kirchlicher Lehre und religiösem Bewusstsein über den schmerzhaft empfundenen Plausibilitätsverlust dieser Lehrgestalt des Christentums zu einem Theologen geworden, dem es gelungen ist, seiner Gegenwart die christliche Tradition darauf durchsichtig zu machen, dass diese Tradition nicht Fremdbestimmung ist, sondern auf authentischen Lebensvollzug und authentisches Selbstverständnis zielt und daran ihre Mitte und auch die Grenze ihres Wahrheitsanspruchs hat. Er hat zu zeigen versucht, dass diese Tradition in besonderer Weise menschliche

---

33. Vgl. weiterführend den Überblick über das Gesamtwerk in: Fischer, Schleiermacher (s. Literatur).

Selbsterschlossenheit als Erschlossenheit für Gott aufdeckt, erschließt und zur Sprache und damit in die Helle eines ausdrücklichen Selbstverständnisses bringt: Wer sich selbst und sein Menschsein wirklich verstehen und leben will, der ist religiös; und wer darin Christ ist, der hat vor jedem Begriff erfasst, dass diese Frömmigkeit keine Selbstverständlichkeit, sondern gelingendes Leben, aber unverfügbar ist.

Anfang 1834 erkrankt Schleiermacher an einer Lungenentzündung, an der er am 12. Februar stirbt. Die Einheit von christlicher Tradition und authentischem Selbstvollzug, von Frömmigkeit und Lehre spricht Schleiermacher nach dem Bericht seiner Frau zuletzt auf dem Sterbebett aus, als er den Zustand, in den ihn das morphinhaltige Schmerzmittel versetzt hatte, so beschreibt: Er sei »in den tiefsten Spekulationen, die aber mit den seeligsten religiösen Empfindungen ganz eins sind«.[34]

Über die Angemessenheit dieser Selbstdeutung wird man sich so schwer einig werden können wie mit Bezug auf die Deutung des Phänomens der Religion. Was dem Naturwissenschaftler die Nebenwirkung des als Schmerzmittel verabreichten Alkaloids ist und dem weltanschaulich anderweitig Gebundenen ein Beleg für die These sein mag, dass die Religion Opium für's Volk ist, ist für Schleiermacher ein Bild für die Seligkeit, für das in Krankheit und Tod sich bewährende Bewusstsein des Getragenseins. Es hängt am Gesamtverständnis menschlicher Existenz, ob man durch den Verweis auf das morphinhaltige Schmerzmittel diese Selbstdeutung widerlegt sieht oder dem Hinweis auf die Funktion der Religion als Opium die Einsicht in ihre Verzichtbarkeit abgewinnt. Vielleicht hat nämlich auch Schleiermacher recht mit seiner Behauptung, dass der Mensch am Grunde seines naturwissenschaftlichen Erforschens und möglicherweise revolutionären Gestaltens der Wirklichkeit immer schon um sich weiß als unverfügbar Getragener, dass alle theologische Lehre diesem Bewusstsein, das die Tradition Glaube nennt, entspringt und darauf abzielt, es zu wecken; und dass dieses fromme Selbstbewusstsein ausweisbar letztlich auch die Wahrheit der philosophischen Spekulation in sich schließt, die somit »mit den seeligsten religiösen Empfindungen ganz eins sind«.

34. Zitiert nach Nowak, Schleiermacher (s. Anm. 214), 449.

Literaturempfehlungen

Fischer, Hermann, Friedrich Daniel Ernst Schleiermacher, München 2001.

Hirsch, Emanuel, Geschichte der neueren evangelischen Theologie, 5 Bde., Gütersloh, 3. Aufl. 1964, darin: IV. Kapitel 46 (490 ff.) und V, Kapitel 51 (281 ff.).

Huber, Friedrich (Hg.), Reden über Religion – 200 Jahre nach Schleiermacher, Neukirchen/Wuppertal 2000.

Nowak, Kurt, Schleiermacher. Leben, Werk und Wirkung, Göttingen 2001.

Gott und Religion sind zweierlei – Karl Barth und die *dialektische Theologie*

Christiane Tietz

Entrüstet der Ausruf des theologischen Lehrers: Seit Sören Kierkegaard ist die Sache nicht mehr so schlimm gemacht worden wie jetzt eben! Was war geschehen? Warum machte der Vortrag seines Schülers Karl Barth, den er am 17. April 1920 im Aarauer Großratssaal hörte, die Sache für Adolf von Harnack so schlimm? Und wieso hatte Barth sich theologisch so weit von Harnack entfernt? Hatte er nicht als Berliner Student noch, um sich auf das Seminar des verehrten Professors recht vorbereiten zu können, es gerne »fast völlig versäumt ..., von den mannigfaltigen Anregungen der fremden Großstadt den für ... [s]eine Allgemeinbildung nötigen Gebrauch zu machen«[1]?

Die Begeisterung für Harnack während des Studiums lag zunächst nahe. Adolf von Harnack (1851-1930) war der wichtigste damalige Vertreter der sogenannten *liberalen Theologie*. Ihr Anliegen war, von den Dogmen der Kirche zu befreien und zum ursprünglichen Christentum zurückzuführen. Adolf von Harnack hatte dazu eine epochale Dogmengeschichte vorgelegt und mit seiner Vorlesung »Das Wesen des Christentums« rechtzeitig zur Jahrhundertwende 1899/1900 die Botschaft Jesu neu herauszuarbeiten versucht: Jesus habe das Reich Gottes als »stille, mächtige Gotteskraft in den Herzen«, die Gotteskindschaft und den »unendlichen Wert der Menschenseele«[2] verkündigt. Der junge Barth verstand sich ausdrücklich als Harnacks Schüler. Und doch meinte er später, Harnack und andere Vertreter der liberalen Theologie sowie Friedrich Schleiermacher als deren gedanklichen Vater scharf kritisieren zu müssen. Barth zu verstehen heißt diese Gegnerschaft zu verstehen.

Am 10. Mai 1886 in Basel geboren, verbrachte Karl Barth seine Schulzeit in Bern. Dort begann er auch das Studium der Theologie, das er dann in Berlin, noch einmal in Bern sowie Tübingen und dann endlich

---

1. Karl Barth, Autobiographische Skizzen, in: Karl Barth – Rudolf Bultmann. Briefwechsel 1922-1966, hg. von B. Jaspert, Berlin 1973, 301-312, 304.
2. Adolf von Harnack, Das Wesen des Christentums. Sechzehn Vorlesungen vor Studierenden aller Fakultäten im Wintersemester 1899/1900 an der Universität Berlin gehalten von Adolf v. Harnack, hg. von C.-D. Osthövener, Tübingen 2005, 39, 43.

im lang ersehnten Marburg fortsetzte. 1911 dann reformierter Pfarrer in der Bauern- und Arbeitergemeinde Safenwil im Aargau geworden, wurde ihm zunächst »die soziale Frage und Bewegung brennend wichtig … In dem Klassengegensatz, den ich in meiner Gemeinde konkret vor Augen hatte, bin ich wohl zum ersten Male von der wirklichen Problematik des wirklichen Lebens berührt worden. Dies hatte zur Folge, daß meine Beschäftigung mit der Theologie … sich für Jahre auf die … Vorbereitung von Predigt und Unterricht reduzierte, während mein eigentliches Studium sich auf Fabrikgesetzgebung, Versicherungswesen, Gewerkschaftskunde und dgl. richtete«[3]. Barth findet in dieser Zeit Gefallen an der Ansicht der Religiösen Sozialisten, dass Jesus eine soziale Bewegung habe anstoßen wollen und seine Gegenwart heute sich in Gestalt der sozialen Bewegungen vollziehe.

Der Ausbruch des Ersten Weltkrieges bedeutete für Barth dann aber »ein doppeltes Irrewerden: einmal an der Lehre meiner sämtlichen theologischen Meister in Deutschland, die mir durch das, was ich als ihr Versagen gegenüber der Kriegsideologie empfand [die theologischen Lehrer hatten sich nahezu allesamt in einem Manifest mit der Kriegspolitik des deutschen Kaisers identifiziert – Anm. Chr. T.], rettungslos kompromittiert erschien«[4]; an diesem »ethischen Versagen« zeigte sich für Barth, »daß auch ihre exegetischen und dogmatischen Voraussetzungen nicht in Ordnung sein könnten«[5]. Ein Irrewerden »sodann am Sozialismus, von dem ich gutgläubig genug noch mehr als von der christlichen Kirche erwartet hatte, daß er sich jener Ideologie entziehen werde, und den ich nun zu meinem Entsetzen in allen Ländern das Gegenteil tun sah.«[6] Diese Enttäuschung hinderte Barth nicht daran, 1915 Mitglied der sozialdemokratischen Partei zu werden. Seine theologische Position jedoch änderte sich damals grundlegend.

Erschütternd war für Barth freilich nicht nur, dass man sich den Kriegsbestrebungen nicht widersetzte. Für Barth wie auch für viele seiner Zeitgenossen brachte die Erfahrung des Krieges den bisherigen Optimismus über die ethischen Fähigkeiten des Menschen und eine fortschreitende Erziehung der Menschheit zum Guten mit einem Mal zum Einsturz. Wo bisher von den Entwicklungsmöglichkeiten des Menschen, insbesondere in ethischer Hinsicht, fröhlich die Rede war und die Reli-

---

3. Barth, Autobiographische Skizzen (s. Anm. 1), 306.
4. Ebd.
5. Barth, Rückblick, in: Das Wort sie sollen lassen stehn. Festschrift für Albert Schädelin, hg. von H. Dürr/A. Fankhauser/W. Michaelis, Bern 1950, 1-8, 4.
6. Barth, Autobiographische Skizzen (s. Anm. 1), 306 f.

gion als die höchste dieser menschlichen Möglichkeiten gepriesen wurde – die menschliche Seele sei »so geadelt, daß sie sich mit ihm [Gott dem Vater] zusammenzuschließen vermag und zusammenschließt«, so Harnack[7] –, lag nun angesichts einer im Krieg untergegangenen Welt allzu offensichtlich vor Augen, »daß des Menschen Not zu groß sein möchte, als daß ihm der Verweis auf seine religiöse Möglichkeit ein trostvolles und Weisung gebendes Wort sein könnte«[8]. Die Situation der Menschheit ist derart verfahren, dass ihr durch die Erinnerung an ihr eigenes, sei es ethisches, sei es religiöses Potenzial nicht zu helfen ist. Hilfe für den Menschen gibt es nur bei Gott. Soll die Theologie in dieser Situation von irgendeiner Bedeutung sein, dann muss sie endlich wieder von Gott reden. Rudolf Bultmanns Kritik an der liberalen Theologie ist auch die Barths: »Der Gegenstand der Theologie ist Gott, und der Vorwurf gegen die liberale Theologie ist der, daß sie nicht von Gott, sondern von Menschen gehandelt hat.«[9] Für die liberale Theologie bedeutet an Gott zu denken nichts anderes als an den Menschen, an den religiösen, christlichen Menschen zu denken. So wird »der *Mensch* groß gemacht auf Kosten *Gottes*«[10]. Die Liberalen übergehen »die Distinktion von ›oben‹ und ›unten‹«, auf die für Barth »Alles ankommt«[11].

Einen Tag nach Barths Aarauer Vortrag kam es zu einem erneuten hitzigen Zusammentreffen zwischen Barth und Harnack. Harnack forderte von Barth, so berichtet dieser, »ich solle meine Auffassung von Gott … doch lieber für mich behalten, keinen ›Exportartikel‹ (!) daraus machen. Zuletzt wurde ich … mit der Weissagung, daß ich nach allen Erfahrungen der Kirchengeschichte eine Sekte gründen und Inspirationen empfangen werde, entlassen«[12].

1923 entspannte sich noch einmal ein deutlicher Briefwechsel zwischen beiden. Harnack verlieh darin seiner Sorge Ausdruck, dass Barths neuem theologischen Ansatz, der nicht mehr von den menschlichen

7. Adolf von Harnack, Das Wesen des Christentums, 43.
8. Barth, Die Menschlichkeit Gottes. Vortrag, gehalten an der Tagung des Schweiz. Ref. Pfarrvereins in Aarau am 25. September 1956, Zollikon/Zürich 1956, 6.
9. Rudolf Bultmann, Die liberale Theologie und die jüngste theologische Bewegung, in: Bultmann, Glauben und Verstehen, Bd. 1, Tübingen ⁹1993, 1-25, 2.
10. Barth, Die Menschlichkeit Gottes (s. Anm. 8), 5.
11. Barth an Rade am 16.10.1922, in: Karl Barth – Martin Rade. Ein Briefwechsel, hg. von Chr. Schwöbel, Gütersloh 1981, 179-181, 179.
12. Barth an Thurneysen am 20. April 1920, in: Briefwechsel Karl Barth – Eduard Thurneysen, Bd. 1: 1913-1921, hg. von E. Thurneysen, Zürich 1973, 378-381, 379.

Möglichkeiten, sondern nur noch von Gott reden wollte, menschliche Moral, Erziehung zum Guten, Kultur, Vernunft und auch wissenschaftliche Theologie zum Opfer fallen werden. Er warf Barth außerdem vor, er verwandele »den theologischen Lehrstuhl in einen Predigtstuhl«[13]. Barth schreckte dieser Vorwurf nicht. Von Gott zu reden ist nicht nur die Aufgabe des Predigers, es ist auch die Aufgabe des Theologen. Beider Reden hat das gleiche Thema.

Um dieses wieder scharf in den Blick zu bekommen, sah Barth sich zu »einem erneuten Erlernen des theologischen ABC« genötigt. Für dieses setzte er »noch einmal und besinnlicher als zuvor mit der Lektüre und Auslegung der Schriften des Alten und Neuen Testaments ein … Und siehe da: sie begannen zu uns zu reden – sehr anders, als wir sie in der Schule der damals ›modernen‹ Theologie reden hören zu müssen gemeint haben.«[14]

1. Der unendliche qualitative Unterschied

Was sagen die biblischen Schriften? Sie sprechen vom unendlichen qualitativen Unterschied zwischen Mensch und Gott. Sie machen klar: Nicht darum geht es im christlichen Glauben: das Göttliche im Menschen zu entdecken und den Menschen zu befähigen, diesem Göttlichen immer mehr Raum zu geben. Es geht vielmehr um die erschreckende, beunruhigende Einsicht, dass zwischen Mensch und Gott eine unendliche Kluft besteht. Sören Kierkegaards Rede vom »unendlichen Qualitätsunterschied« zwischen Mensch und Gott hat hier Pate gestanden. Nicht quantitativ ist der Unterschied zwischen Mensch und Gott – so als ob Gott wie ein Mensch, nur eben in allem ein wenig größer und mächtiger wäre. Der Unterschied ist qualitativ, d. h. ganz und gar. Diesen Unterschied will Barth »in seiner negativen und positiven Bedeutung möglichst beharrlich im Auge behalte[n]«, damit deutlich wird: »Gott ist im Himmel und du auf Erden«.[15]

Der Mensch kann die unendliche Kluft zwischen ihm und Gott nicht selbst überbrücken. Keine menschliche Leistung, weder kulturelle

13. Adolf von Harnack, Offener Brief an Herrn Professor K. Barth, in: Karl Barth, Theologische Fragen und Antworten. Gesammelte Vorträge, Bd. 3, Zollikon 1957, 13-17, 14.
14. Barth, Nachwort, in: Schleiermacher-Auswahl, hg. von H. Bolli, Gütersloh 1968, 290-312, 294.
15. Barth, Der Römerbrief (Zweite Fassung 1922), Zürich [15]1989, XX.

Höchstleistung noch religiöse oder moralische Bemühung, führt zu Gott. Menschliche Differenzierungsversuche zwischen Moral und Unmoral, Religion und Nicht-Religion, die das Göttliche im Menschen vom Nicht-Göttlichen im Menschen zu unterscheiden vorgeben, sind unbedeutend gegenüber dem eigentlich entscheidenden Unterschied, dem zwischen Mensch und Gott. »Was *im* Menschen und *durch* den Menschen Sein und Gestalt und Ausdehnung gewinnt, das ist immer, überall und als solches Ehrfurchtslosigkeit und Unbotmäßigkeit.«[16] Denn der Mensch verkennt die Differenz zwischen sich und Gott und versucht sich vor allem in Kultur, Religion und Moral wie ein Titan gegen den Himmel zu recken. Er traut auf seine eigene Moralität und meint, ein moralisch gutes Leben sei ein besonderes Kennzeichen des Christentums. Damit übergeht er die spezifisch christliche Perspektive auf moralische Fragen, die lautet: der Mensch hat Vergebung nötig, ist also bei Weitem nicht so vollkommen, wie er sich dünkt. Besonders heimtückisch und trügerisch ist des Menschen Religion; sie gibt vor, sich auf Gott zu richten, und wird doch immer wieder zum Selbstzweck; sie »vergißt, daß sie nur dann Daseinsberechtigung hat, wenn sie sich selbst fortwährend aufhebt. … Sie täuscht sich und die Welt über ihren wahren Charakter; sie *kann* es vermöge ihres Reichtums an sentimentalem und symbolischem Gehalt, an interessanten Seelenzuständen, an Dogma, Kult und Moral, an kirchlicher Dinglichkeit. … Sie begnügt sich nicht damit, hinzuweisen auf das x, das über Welt *und* Kirche steht. … Gottvertrauen wird der erstaunten Welt als ein durchaus erreichbares und ganz nützliches Requisit fürs Leben empfohlen«[17]. Kultur, Moral und Religion, verstanden als die menschlichen Fähigkeiten, sich zu Gott hin zu entwickeln, ignorieren, dass Gott der ganz Andere ist, der dem Menschen ganz und gar Fremde, der durch keine menschliche Bemühung erreicht werden kann. »Gott und der Mensch, der ich bin, das geht *nicht* zusammen«[18].

Die christliche Botschaft bleibt bei dieser Diagnose aber nicht stehen. Sie spricht davon, dass es dennoch eine Beziehung zwischen Mensch und Gott gibt, nämlich eine, die Gott mit dem Menschen eingeht, genauer: in Jesus Christus eingegangen ist. Jesus Christus ist für Barth nicht ein ethisch besonders konsequent lebender Mensch oder ein Mensch mit einem ungewöhnlich tiefen religiösen Gefühl. Jesus Christus ist der

---

16. Ebd., 34.
17. Barth, Biblische Fragen, Einsichten und Ausblicke, in: Barth, Das Wort Gottes und die Theologie. Gesammelte Vorträge, München 1924, 70-98, 80.
18. Barth, Der Römerbrief (1922) (s. Anm. 15), 264.

Mensch gewordene Gott. Nur durch die Menschwerdung Gottes, die Bewegung Gottes zum Menschen konnte die unendliche Kluft zwischen ihnen überwunden werden. Keine Vergottung oder Gottähnlichkeit des Menschen, Gottes Menschwerdung in Jesus Christus steht im Zentrum des christlichen Glaubens. Barths Theologie ist darum durchgängig Entfaltung dessen, was es bedeutet, dass Gott in Jesus Christus Mensch geworden ist.

2. Der »Römerbrief«

Seine neuen theologischen Gedanken hat Barth in Kommentaren zum paulinischen »Römerbrief« eindrucksvoll entfaltet. Eine erste Fassung erschien bereits 1919. Schon hier wird die Gegnerschaft deutlich: Paulus bringe eine »Botschaft von *Gott* …, keine menschliche Religionslehre«[19]. Diese Botschaft von Gott steht quer zu den menschlichen Bemühungen, während bei den theologischen Konzepten der damaligen Zeit »immer schon alles fertig [ist] ohne Gott. Gott soll … gut genug sein zur Durchführung und Krönung dessen, was die Menschen von sich aus begannen«[20]. Barths Buch wurde als so umstürzend wahrgenommen, dass dem unpromovierten Pfarrer dafür eine Honorarprofessur in Göttingen angetragen wurde, die er 1921 übernahm.

Epochal wurde dann Barths zweite, völlig neu verfasste Auslegung des Römerbriefes von 1922. Sie kann – mit reichlich unpassender Metapher – als *die* Bibel der von Barth maßgeblich geprägten neuen theologischen Richtung der »dialektischen Theologie« angesehen werden. Unpassend, denn Barth wollte mit seinem Text nur auf die Bibel verweisen und diese selbst wieder zur Sprache bringen: »… ich [habe] das Vorurteil …, die Bibel sei ein gutes Buch und es lohne sich, wenn man ihre Gedanken mindestens ebenso ernst nimmt wie seine eigenen.«[21] Dass die Bibel derart wichtig ist, ergibt sich aus Barths Grundeinsicht: Wenn Gott so anders ist, dann kann sich der Mensch das von Gott herkommende Heil nicht selbst sagen. Es muss ihm gesagt, genauer: es muss ihm von Gott selbst gesagt werden. Dem Menschen muss Gottes Wort begegnen. Und dies geschieht, wenn überhaupt, dann in der Begegnung mit der Bibel – und in der die Bibel auslegenden Verkündigung.

19. Barth, Der Römerbrief (Erste Fassung 1919), hg. von H. Schmidt, Zürich 1985, 12.
20. Ebd., 401.
21. Barth, Der Römerbrief (1922) (s. Anm. 15), XXIII.

Auffällig an Barths »Römerbrief« ist die besondere, eben »dialekti-sche« Redeweise, die zum Ausdruck bringen soll: Die »Heilsbotschaft Gottes« ist »Botschaft von einem Gott, der ganz anders ist, von dem der Mensch als Mensch nie etwas wissen noch haben wird und von dem ihm eben darum das Heil kommt«[22]. Dieser Nicht-Habbarkeit Gottes wird in einer besonderen Bildsprache Rechnung getragen: Es gibt zwar eine »Schnittlinie« von Zeit und Ewigkeit, von Mensch und Gott; aber diese sehen wir nur an einem »Punkt«, nämlich in Jesus. Und wirklich »sehen« können wir sie auch hier nicht: Von der anderen, der göttlichen, ewigen Welt erblicken wir selbst an diesem Punkt nur »Einschlagtrichter und Hohlräume«[23].

Der Nicht-Habbarkeit Gottes entspricht die Nicht-Habbarkeit des Glaubens. Der eigene Glaube an diesen Gott ist nicht vorfindlich, man kann sich nicht anhand von bestimmten psychischen Verfassheiten sei-ner vergewissern. Glaube ist »Hohlraum« im Menschen, »nie fertig, nie gegeben, nie gesichert, er ist ... immer und immer aufs neue der Sprung ins Ungewisse«.[24] Weil der Mensch an sich kein Organ für die Offen-barung hat – er hat eben keinerlei Möglichkeit für Gott –, kann Glaube nur Gottes Werk am Menschen sein; nur Gott »kann uns hörbar sagen, was *wir nicht* hören können«.[25] Damit aber ist Glaube von Religion, der letzten, höchsten Möglichkeit des Menschen, fundamental unterschie-den. Das Bewegtsein durch Gott im Glauben ist eine »Bewegung ... so-zusagen senkrecht von oben her«, »die senkrechte Linie, die durch alle unsere Frömmigkeiten und Erlebnisse hindurch- und großenteils auch daran vorbeigeht«.[26]

Barth ging es in seinem Römerbrief-Kommentar, so sagt er später, um »die *Göttlichkeit* Gottes«, »das Gott in seinem Verhältnis zum Menschen und zur Welt schlechthin Eigene – das überwältigend Hohe und Ferne, das Fremde, ja ganz Andere, mit dem es der Mensch zu tun bekommt, wenn er den Namen Gottes auf seine Lippen nimmt, wenn Gott ihm begegnet, wenn er sich mit Gott einläßt«[27].

Theologie so zu treiben, dass wirklich von Gott die Rede ist, dies ver-

22. Ebd., 4.
23. Ebd., 5.
24. Ebd., 68, 79.
25. Barth, Antwort auf Herrn Professor von Harnacks offenen Brief, in: Barth, Theologische Fragen und Antworten, 18-30, 25.
26. Barth, Der Christ in der Gesellschaft, in: Barth, Das Wort Gottes und die Theologie (s. Anm. 17), 33-69.
27. Barth, Die Menschlichkeit Gottes (s. Anm. 8), 3.

suchte Barth selbst 1925 bis 1930 als Professor in Münster, ab 1930 dann auf einem Lehrstuhl in Bonn.

3.   Die theologische Aufgabe

Nach dem Beschriebenen ist klar, dass für Barth Theologie nicht Religionswissenschaft oder religiöse Anthropologie sein kann. Theologie hat es nicht mit allgemeinen Fragen der Menschlichkeit, der Sittlichkeit und Religion zu tun, sondern mit der Frage des Menschen nach Gott. Deshalb: *»Wir sollen als Theologen von Gott reden.«*[28]

Allerdings: *»Wir sind aber Menschen und können als solche nicht von Gott reden.«*[29] Menschen können zwar »religiöse Stimmungen« äußern, aber von Gott reden, wahrhaft Gottes Wort sagen, können sie als Menschen nicht. Von Gott kann nur Gott selbst reden. Barths »dialektische« Redeweise verschreibt sich diesem Ziel. Sie will »den Weg dafür frei machen, daß das unverfügbare Ereignis möglich ist, daß Gott selbst spricht, wo von ihm gesprochen wird.«[30] Barth hat dafür ein eindrucksvolles Bild gekannt: »Es soll Klöster geben, in deren Refektorium der Ehrenplatz bei jeder Mahlzeit mit vollem Gedeck *zubereitet*, dann aber *unbesetzt* gelassen wird! Dieses Freibleiben *der* Stelle, wo das entscheidende Wort zu sprechen wäre, ist der Sinn der Dialektik in der Theologie.«[31] Doch dass sich durch die dialektische Redeweise wirklich jetzt Reden Gottes ereignet, dass der Ehrenplatz im Refektorium bei der heutigen Mahlzeit besetzt wird, lässt sich nicht erzwingen: »… die Möglichkeit, daß Gott *selbst* spricht, wo von ihm gesprochen wird, liegt nicht auf dem dialektischen Weg als solchem, sondern dort wo auch dieser Weg *abbricht*.«[32]

Daraus ergibt sich für Barth die notwendige Bescheidenheit der Theologie, auch seiner eigenen: »… es [fällt] mir gar nicht ein …, zu meinen, daß ich ›das Göttliche‹ sage oder schreibe. ›Das Göttliche‹ steht meines

---

28. Barth, Das Wort Gottes als Aufgabe der Theologie, in: Barth, Das Wort Gottes und die Theologie (s. Anm. 17), 156-178, 158.
29. Ebd.
30. Michael Beintker, Die Dialektik in der »dialektischen Theologie« Karl Barths. Studien zur Entwicklung der Barthschen Theologie und zur Vorgeschichte der »Kirchlichen Dogmatik«, München 1987, 29 f.
31. Barth, Kirche und Theologie, in: Barth, Die Theologie und die Kirche. Gesammelte Vorträge, Bd. 2, Zollikon/Zürich 1928, 302-328, 322.
32. Barth, Das Wort Gottes (s. Anm. 28), 174.

Wissens überhaupt nicht in Büchern.«[33] Nur in der Spannung des von Gott reden Sollens und des nicht von Gott reden Könnens existiert Theologie. Genau im Aushalten dieser Widersprüchlichkeit ehrt sie Gott: »*Wir sollen Beides*, unser Sollen und unser Nicht-Können, *wissen und eben damit Gott die Ehre geben*. Das ist unsre Bedrängnis. Alles Andre ist daneben Kinderspiel.«[34]

Die von Barth zusammen mit Friedrich Gogarten, Eduard Thurneysen und Georg Merz 1922 begründete Zeitschrift »Zwischen den Zeiten« und die von ihm und Eduard Thurneysen herausgegebene Schriftenreihe »Theologische Existenz heute« werden die Plattformen der neuen, »dialektischen« Theologie. Sie versteht sich als eine Theologie in Bewegung, eine Theologie derjenigen, die auf dem Weg sind (theologia viatorum). Noch in seiner letzten akademischen Vorlesung bekennt Barth, 76-jährig, dass, wer theologische Arbeit tun will, »nie mit freiem Rücken von schon erledigten Fragen, von schon erarbeiteten Resultaten, von schon gesicherten Ergebnissen herkommen ... kann, sondern darauf angewiesen ist, jeden Tag, ja zu jeder Stunde neu mit dem *Anfang* anzufangen.«[35]

Dieses Anfangen mit dem Anfang besteht für Barth vor allem darin, Gottes Selbstkundgebung in Jesus Christus immer wieder neu nachzudenken. Wenn der Mensch nicht von sich aus Gott zu erkennen, ja noch nicht einmal das Wesen des Menschen zu bestimmen vermag, dann ist er davon abhängig, dass Gott sich mitteilt, dass Gott sich dem Menschen offenbart. Weil der christliche Glaube davon ausgeht, dass dies in Jesus Christus geschehen ist, muss Theologie entsprechend mit der Selbstoffenbarung Gottes in Jesus Christus einsetzen. Gegen Harnacks Einwand: »Der Begriff der *Offenbarung* ist kein wissenschaftlicher Begriff«[36], muss Theologie darauf insistieren, dass genau in Bezug auf dieses ihr spezifisches Objekt, nämlich Gott oder Gottes Offenbarung, ihre Wissenschaftlichkeit liegt. Dieses eigentümliche Objekt wird nur dann angemessen verstanden, wenn daran erinnert wird, dass dieses Objekt »*zuvor Subjekt* gewesen ist und immer wieder werden muß«[37]. Allein deshalb kann heute von Gott geredet werden, weil Gott von sich geredet hat und immer wieder von sich reden will, indem er das Wort der Bibel oder der

33. Barth, Der Römerbrief (1922) (s. Anm. 15), XV.
34. Barth, Das Wort Gottes (s. Anm. 28), 158.
35. Barth, Einführung in die evangelische Theologie, Zürich 1962, 182.
36. Adolf von Harnack, Nachwort zu meinem offenen Brief an Herrn Professor Karl Barth, in: Barth, Theologische Fragen und Antworten, 30-31, 31.
37. Barth, Fünfzehn Antworten an Herrn Professor von Harnack, in: Barth, Theologische Fragen und Antworten, 9-13, 10.

Verkündigung für Menschen heute so lebendig werden lässt, dass sie merken: hier redet Gott zu ihnen. Analog darf wissenschaftliche Theologie nicht den Wahrheitsanspruch der biblischen Texte außer Acht lassen; sie hat ihn vielmehr zu übernehmen, indem sie davon ausgeht: in diesen Texten hat tatsächlich Gott geredet.

Dass Gott in Jesus Christus unüberbietbar und verständlich von sich geredet hat, dies ist die unhintergehbare methodische Prämisse der Theologie. Zwar kann Gott auch an anderen Orten von sich reden. Gott kann auch »durch den russischen Kommunismus, durch ein Flötenkonzert, durch einen blühenden Strauch oder durch einen toten Hund zu uns reden.«[38] Aber unzweideutig hat sich Gott nur in Jesus Christus zu erkennen gegeben. Insofern erschließen sich nur von hier aus diese anderen Redeweisen Gottes als Redeweisen *Gottes*. Aufgabe der Theologie ist, argumentativ zu entfalten, was diese Selbstkundgebung Gottes bedeutet. Insofern ist Theologie »*Nach*denken«. Sie ist ein der Selbstoffenbarung Gottes, wie sie in der Bibel bezeugt und in der Kirche geglaubt wird, Hinterher-Denken. Theologie ist »fides quaerens intellectum«, ein Glaube, der das Verstehen sucht, wie Barth im Anschluss an Anselm von Canterbury sagt.

4. Die Menschlichkeit Gottes

Bei den scharfen dialektischen Entgegensetzungen des »Römerbriefes« sollte es nicht bleiben. Barth sah sich vielmehr genötigt, noch einmal »mit dem Anfang anzufangen« – und zwar durch ein neuerliches Bedenken dessen, was Jesus Christus bedeutet. Ja, der Theologe hat die Göttlichkeit Gottes zu betonen. Aber er darf nun nicht umgekehrt Gott auf Kosten des Menschen groß machen. Barth bekennt später, er habe in den frühen Texten »doch ein bißchen arg unmenschlich«[39] geredet. Damit aber habe er nicht deutlich genug entfaltet, was Jesus Christus bedeutet: Gott geht in Jesus Christus mit dem Menschen eine Geschichte ein, in Jesus Christus kommt Gott mit dem Menschen zusammen. Von hier aus erst ist Gottes Göttlichkeit zu verstehen: »Wer Gott, und was er in seiner Göttlichkeit ist, das erweist und offenbart er nicht im leeren Raum eines göttlichen Fürsichseins, sondern authentisch gerade darin, daß er

---

38. Barth, Die Kirchliche Dogmatik, Bd. I/1, 55.
39. Barth, Die Menschlichkeit Gottes (s. Anm. 8), 8.

als des Menschen ... *Partner* existiert, redet und handelt.«[40] Diese Partnerschaft ist keine gleichrangige. Gott bleibt der schlechthin überlegene Partner darin, dass das Zusammensein zwischen Mensch und Gott nur durch Gottes Zuwendung zum Menschen möglich ist. Überlegen ist Gott auch darin, dass seine Zuwendung zum Menschen aus Freiheit geschieht. Gott wendet sich dem Menschen nicht deshalb zu, weil er es müsste, sondern weil er es will.

Dies ist nach Barths Überzeugung in Jesus Christus geschehen. In ihm ist Gott mit dem Menschen einen »Bund« eingegangen. Hier »ist ein für allemal darüber entschieden, daß Gott nicht ohne den Menschen ist. Nicht als ob Gott eines Anderen und insbesondere des Menschen bedürfte, um ... wahrhaft Gott zu sein ... Er *muß* ... nicht *für* den Menschen, ... er *müßte* vielmehr gegen ihn sein. Aber das ist das Geheimnis, in welchem er uns in der Existenz Jesu Christi begegnet: er will in seiner Freiheit tatsächlich nicht ohne den Menschen, sondern *mit* ihm ... sein.«[41] Weil Gott sich als ein derart menschenfreundlicher Gott gezeigt hat, darf die Theologie dahinter nicht zurückgehen. Auch wenn der Mensch als solcher *nicht* gut ist und deshalb zwischen Mensch und Gott ein unendlicher Abgrund klafft, Barth gesteht jetzt ein: »Den in Jesus Christus geschlossenen Abgrund wieder aufzureißen, kann nicht unsere Aufgabe sein.«[42] Denn es gibt »zwar eine Gottlosigkeit des Menschen, es gibt aber laut des Wortes von der Versöhnung keine Menschenlosigkeit Gottes«[43].

Ohne dass die Dialektik ganz verschwindet, tritt nun mehr und mehr bei Barth die Figur der Analogie, der Entsprechung, in den Vordergrund: Weil Gott von sich geredet hat, wird es auch für Menschen möglich, Gott entsprechend von Gott zu reden, d. h. von Gott zu reden, ohne ihn zu verfehlen. Weil Gott sich in einer bestimmten, eben menschenfreundlichen Weise auf jeden Menschen bezieht, ist von uns gefordert, uns ebenfalls menschenfreundlich auf den anderen Menschen zu beziehen. Auch des Menschen Menschlichkeit, seine Leiblichkeit, sein Denken, seine Verantwortlichkeit werden jetzt von Barth neu bewertet – nicht weil sie von sich selbst aus irgendwie göttlich wären, sondern weil Gott den derart beschaffenen Menschen zum Bund mit ihm bestimmt hat. Hatte Barth in früheren Texten menschliche Leistungen kritisch gesehen, so kann er nun das menschliche Wirken, insbesondere in seiner kulturellen

40. Ebd., 10.
41. Ebd., 14.
42. Ebd., 22.
43. Barth, Die Kirchliche Dogmatik, Bd. IV/3, Zollikon/Zürich 1959, 133.

Form, positiv beschreiben. Zwar gibt die Kultur immer wieder ein Zeugnis davon, dass der Mensch »*nicht* gut, sondern weithin geradezu ein Ungeheuer ist«. Aber weil der darin handelnde Mensch »das Gott interessierende Wesen ist«, lässt es Gott in der Kultur »je und je auch zu *Gleichnissen* seines eigenen ewig guten Wollens und Tuns kommen«[44].

Unter diesen kulturellen Gleichnissen hat es Barth selbst namentlich die Musik Wolfgang Amadeus Mozarts angetan. Barth hörte nicht nur jeden Morgen zuerst Mozart, bevor er sich an seine Arbeit setzte, er bekannte auch, er »sei nicht schlechthin sicher, ob die Engel, wenn sie im Lobe Gottes begriffen sind, gerade Bach spielen«, er »sei aber sicher, daß sie, wenn sie unter sich sind, Mozart spielen«[45].

5. »Kirchliche Dogmatik«

In zahlreichen kleineren Schriften und Vorträgen hat Karl Barth seine theologischen Ideen entfaltet, in Predigten hat er sie jenseits der akademischen Theologie ausgeführt. Literarisch herausragend geworden ist indessen sein Opus Magnum die »Kirchliche Dogmatik« (KD), ein auf fünf große Abteilungen angelegtes theologisches Vermächtnis, dessen erster Band I/1 1932 erschien. Barth hat bis zum Ende seines Lebens daran gearbeitet, doch war es ihm nicht mehr vergönnt es zu vollenden; den für die Eschatologie, die Lehre von den letzten Dingen, von Tod, Auferstehung, ewigem Leben und Jüngstem Gericht, anvisierten Band V konnte er nicht mehr schreiben. Insgesamt umfasst das Werk dreizehn große Teilbände, die wegen ihres Umfanges und des weißen Einbandes als »der weiße Wal« in den theologischen Bildungskanon eingegangen sind.

Der Titel ist Programm: Es geht Barth darum, dass Theologie »nicht auf den privaten Leuchttürmen irgendwelcher bloß persönlicher Entdeckungen und Ansichten getrieben werden« kann; sie muss »kirchlich sein«[46]. Denn sie ist »eine an den Raum der Kirche gebundene, da und nur da mögliche und sinnvolle Wissenschaft«[47]. Weil die Botschaft, um die sich die Kirche versammelt, aber eine ist, die sich an alle Menschen richtet, ist in der Theologie immer auch die ganze Welt im Blick.

Inhaltlich zeichnet sich Barths Kirchliche Dogmatik durch ihre strikte

---

44. Barth, Die Menschlichkeit Gottes (s. Anm. 8), 17 f.
45. Wolfgang Amadeus Mozart 1756/1956, Zürich 1956, 12.
46. Barth, Die Menschlichkeit Gottes (s. Anm. 8), 26.
47. Barth, Die Kirchliche Dogmatik, Bd. I/1, Zollikon/Zürich 1932, VIII.

christologische Orientierung aus. Alle theologischen Themen werden von der Christologie her entfaltet. Immer wieder wird durchbuchstabiert: Wer Gott ist, erschließt sich uns nur von Jesus Christus, dem Mensch gewordenen *Gott*, her. Und auch was das Wesen des Menschen ist, ist nur an Jesus Christus, dem *Mensch* gewordenen Gott, abzulesen.

Diese auf den ersten Blick monoton wirkende Methode führt zu geradezu aufregenden Neuinterpretationen traditioneller christlicher Lehrstücke. Besonders eindrücklich ist hier Barths Neuansatz in der sogenannten Prädestinationslehre. Sie gilt als eines der zentralen Themen reformierter Theologie, weshalb sie in das eigene theologische System zu integrieren für den reformierten Theologen unumgänglich ist. Barth gelingt dies durch eine völlige Umgestaltung.

Die traditionelle reformierte Prädestinationslehre ist eine Konsequenz aus der in der Reformation betonten Einsicht, dass zwischen Mensch und Gott alles von Gottes Gnade bestimmt wird. Es sind nicht die Werke eines Menschen, die den Menschen vor Gott angenehm machen, sondern dies, ob er an Gott glaubt oder nicht. Der Gefahr, dass so der Glaube des Menschen die vom Menschen zu erbringende Leistung wird, die über sein Verhältnis zu Gott entscheidet, wehrt die Lehre von der Prädestination. Sie besagt nämlich, dass es Gottes freie Entscheidung ist, wenn ein Mensch zu glauben beginnt. Der Mensch kann für sein Heil nichts tun. Er kann nicht nur keine guten Werke tun, um Gott zu beeindrucken; er kann sich auch nicht dazu entschließen, an Gott zu glauben. Dass er an Gott glaubt, ist Geschenk Gottes. Dies heißt Prädestination: Gott hat den einzelnen Menschen dazu vorherbestimmt, hat ihn dazu »erwählt«, an ihn zu glauben. Sowohl Luther als auch Calvin haben dieser Vorstellung viel abgewinnen können, weil sie die umfassende Abhängigkeit des Menschen von Gottes Gnade zum Ausdruck bringt. Im Unterschied zu Luther hat Calvin allerdings eine »doppelte Prädestination« vertreten: Gott bestimmt nicht nur, wer an ihn glaubt; er bestimmt auch, wer nicht an ihn glaubt. Weil mit dem Glauben und Nicht-Glauben für Calvin schon die Frage nach dem Leben nach dem Tod beantwortet ist, bestimmt Gott damit auch, wer nach dem Tod mit Gott lebt und wer dem ewigen Verderben anheimgegeben wird. Gott erwählt nicht nur zum ewigen Leben, er verwirft auch zum ewigen Tod. Die derart verstandene, traditionelle reformierte Prädestinationslehre wirft dann aber einen dunklen Schatten auf Gottes gnadenhafte Zuwendung in Jesus Christus. Und genau dies ist Barths Kritik. Denn Gottes heilsame Zuwendung in Jesus Christus gilt *allen* Menschen. Die Prädestinationslehre muss deshalb anders und zwar so entfaltet werden, dass sie diese liebevolle Zuwendung zu allen Menschen nicht problematisiert. Deshalb Barths Neuansatz: Gottes Erwählungshandeln richtet sich nicht darauf, die Menschheit in zwei Gruppen zu teilen: eine Gruppe der Erwählten und eine Gruppe der Verworfenen. Gottes Erwählungs- und Verwerfungshandeln richtet sich vielmehr auf Jesus Christus: Er ist der Erwählte, und er ist der Verworfene. Das klingt widersprüchlich, ist aber vor allem ganz und gar asymmetrisch: Denn während in Jesu Christi Erwählung *alle* Menschen erwählt sind, ist er der *einzige* Verworfene. Sein Erwähltsein bezieht alle Menschen mit ein; seine Verwerfung jedoch schließt alle Menschen aus: außer ihm ist keiner verworfen. Prädestination, so verstanden, ist tatsächlich »die Summe des Evangeliums«[48]. Auf die Frage hin, ob mit einer solchen Konzeption nicht letztlich »Allversöhnung«[49] gelehrt und die Sündhaftigkeit der Menschen nicht mehr wirklich ernst genommen werde, hat Barth geantwortet, er lehre Allversöhnung »nicht, aber auch nicht nicht«[50]; denn es gebe »kein theologisches Recht …, der in Jesus Christus erschienenen Menschenfreundlichkeit Gottes unsererseits irgendwelche Grenzen zu setzen«[51].

6. »Nein« zu früheren Weggefährten

Neben Thurneysen gehörten zu den frühen Mitstreitern in der Bewegung der »dialektischen Theologie« auch Rudolf Bultmann, Emil Brunner und Friedrich Gogarten. Alle drei waren anfangs wichtige Gesprächspartner Barths. Doch nach einigen gemeinsamen theologischen Jahren sah er sich genötigt, sich gegen sie abzugrenzen, weil sie in seinen Augen die liberale Theologie nicht konsequent genug hinter sich ließen.

Mit Gogarten und Bultmann führte Barth einen intensiven Streit über die Frage, inwiefern die Theologie der Philosophie (bei Gogarten in Gestalt der personalistischen Anthropologie der Ich-Du-Philosophie, bei Bultmann in Form der Existentialphilosophie Martin Heideggers) bedürfe, um das Wesen des Menschen zunächst unabhängig von theologischen Einsichten zu erhellen. Spezifisch in Bezug auf Bultmann formuliert: Inwiefern muss das Wesen des Menschen erst einmal durch philosophische Analyse beschrieben werden, damit man dann innerhalb dieses Men-

48. Barth, Die Kirchliche Dogmatik, Bd. II/2, Zürich ³1948, 11.
49. D.h., alle Menschen sind am Ende mit Gott versöhnt und bei Gott.
50. Mündlich, zitiert nach Eberhard Jüngel, Einführung in Leben und Werk Karl Barths, in: Jüngel, Barth-Studien, Zürich/Köln/Gütersloh 1982, 22-60, 51.
51. Barth, Die Menschlichkeit Gottes (s. Anm. 8), 24.

schenbildes die Möglichkeit für den Glauben aufzeigen kann? Bultmann behauptete, solches könne – und müsse man. Denn man dürfe nicht übersehen, dass es der Mensch ist, der zu glauben beginnt. Insofern müsse doch in seinem Menschsein zumindest prinzipiell die Möglichkeit zum Glauben gegeben sein, wenn es denn wirklich der Mensch ist, der dann glaubt: »... das *gläubige* Dasein ist doch jedenfalls *Dasein*; auch der *Glaubende* existiert als *Mensch*«[52]. In der Analyse dieses Menschseins dürfe die Theologie auf philosophische Beschreibungen dieses menschlichen Daseins zurückgreifen. Barth entgegnete, wenn der Glaube »aufs neue ... als eine menschliche Möglichkeit oder ... als begründet in einer menschlichen Möglichkeit« verstanden werde, geschehe »eine großartige Rückkehr zu den Fleischtöpfen Ägyptens«. So werde »die Theologie aufs neue der Philosophie in die Hände«[53] geliefert. Es werde hier die Theologie in den Rahmen eines untheologisch gewonnenen Vorverständnisses eingezeichnet und damit ihre Notwendigkeit, allein von Gottes Selbstoffenbarung auszugehen, ignoriert.

Strenger noch ist Karl Barths Abgrenzung von Emil Brunner ausgefallen. Mit einem scharfen »Nein!«[54] reagiert Barth 1934 auf Brunners Schrift »Natur und Gnade«, in der dieser davon spricht, dass es einen »Anknüpfungspunkt« beim Menschen für das verkündigte Wort geben müsse. Nicht nur werde dadurch hinter Gottes bereits geschehenes Reden zurückgegangen und der Mensch unabhängig davon analysiert. Wenn man wie Brunner behauptet, dass der Mensch in der *Schöpfung* irgendwie Gottes Willen erkennen könne,[55] Gotteserkenntnis also von Gottes Selbstoffenbarung in Christus ablöst, dann lasse sich letztlich alles als göttlich oder gottgewollt behaupten, auch Volkszusammenhang, Blut und Rasse. Und genau dagegen galt es in diesen Tagen auch als Theologe deutlich Stellung zu beziehen.

---

52. Rudolf Bultmann, Die Geschichtlichkeit des Daseins und der Glaube, in: Heidegger und die Theologie. Beginn und Fortgang der Diskussion, hg. von G. Noller, München 1967, 72-94, 75.
53. Barth an Bultmann vom 5. 2. 1930, in: Karl Barth – Rudolf Bultmann, Briefwechsel 1922-1966 (s. Anm. 1), 100-102.
54. Barth, Nein! Antwort an Emil Brunner, München 1934.
55. Vgl. Emil Brunner, Natur und Gnade. Zum Gespräch mit Karl Barth, Tübingen 1934, 12.

7. Jesus Christus als das alleinige Wort Gottes – Die Barmer Theologische Erklärung

Barths Verständnis der politischen Aufgabe von Theologie wäre missverstanden, wollte man seine programmatische Aussage aus dem prekären Jahr 1933, er bemühe sich »hier in Bonn mit … [s]einen Studenten in Vorlesungen und Übungen nach wie vor und als wäre nichts geschehen … Theologie und nur Theologie zu treiben«,[56] als Desinteresse und theologische Verantwortungslosigkeit gegenüber den damaligen politischen Ereignissen verstehen. Das Gegenteil ist der Fall. Barth hat sich intensiv mit den politischen Geschehnissen seiner Zeit auseinandergesetzt und immer wieder deutlich Stellung bezogen, nicht nur im Rahmen der kirchlichen Opposition im Dritten Reich, sondern auch in der Nachkriegszeit, z. B. mit Verlautbarungen gegen die deutsche Wiederbewaffnung. Nur tat er dies eben immer aus theologischer Perspektive, weil nur so verhindert werde, dass »theologische ›Leidenschaft‹« mit der »politischen schlechterdings identisch«[57] wird – was erstere ihrer Eigentümlichkeit berauben würde. Theologische Leidenschaft aber hat immer politische Implikationen, insbesondere, weil sie immer dafür wird sorgen wollen, dass Gottes Wort verkündigt werden kann. Sie wird gegen den Staat dort kämpfen, wo dieser solches verhindern will. Deshalb »kann die Kirche, kann die Theologie auch im totalen Staat keinen Winterschlaf antreten, kein Moratorium und auch keine Gleichschaltung sich gefallen lassen. Sie ist die naturgemäße Grenze jedes, auch des totalen Staates. Denn das Volk lebt auch im totalen Staat vom Worte Gottes«[58].

Das entscheidende Dokument dieser Grenzziehung von Gliedern der evangelischen Kirche gegenüber der nationalsozialistischen Ideologie, die sogenannte Barmer Theologische Erklärung vom Mai 1934, ist maßgeblich von Karl Barth entworfen worden. In sechs Thesen (die aus einem biblischen Leitwort, einer bejahenden Lehraussage, d. h. der These im eigentlichen Sinn, und einem verneinenden Verwerfungssatz bestehen) werden die Grundsätze der sogenannten »Bekennenden Kirche« festgeklopft und die Ideologie der die Nationalsozialisten unterstützenden Deutschen Christen strikt zurückgewiesen. In der berühmten 1. These heißt es:

---

56. Barth, Theologische Existenz heute!, München 1933, 3.
57. Barth, Offener Brief an Emanuel Hirsch vom 17. April 1932, in: Barth, Offene Briefe 1909-1935, hg. von D. Koch, Zürich 2001, 197-203, 201 f.
58. Barth, Theologische Existenz heute! (s. Anm. 56), 40.

»Jesus Christus, wie er uns in der Heiligen Schrift bezeugt wird, ist das eine Wort Gottes, das wir zu hören, dem wir im Leben und im Sterben zu vertrauen und zu gehorchen haben. Wir verwerfen die falsche Lehre, als könne und müsse die Kirche als Quelle ihrer Verkündigung außer und neben diesem einen Worte Gottes auch noch andere Ereignisse und Mächte, Gestalten und Wahrheiten als Gottes Offenbarung anerkennen.«[59]

Welche ideologiekritischen Konsequenzen diese klare und alleinige Ausrichtung an Jesus Christus hat, wird sofort deutlich, wenn man die Rengsdorfer Thesen vom Oktober 1933[60] gegenüberstellt, die das Christentum auch an anderen Größen orientiert sein lassen wollen:

»2. Ein ›allgemeines Christentum‹ gibt es nicht. Christentum an sich ist wirklichkeitsferne Abstraktion. Für den deutschen Menschen kann es nur ein im deutschen Volkstum verwurzeltes Christentum geben. 3. Eine vorbehaltlose Stellung zum Evangelium einerseits und eine ebenso vorbehaltlose Stellung zum deutschen Volkstum andererseits (= nationalsozialistischer Staat) birgt keinen Gegensatz in sich. … 5. Die nationalsozialistische Revolution hat im deutschen Menschen eine einheitliche Haltung geprägt, die dem Glauben und dem Volkstum in gleicher Weise gerecht wird. 6. Die Volksgemeinschaft gründet sich auf die Güter, für die der deutsche Mensch sein Leben einsetzt. Diese Güter sind ein gesundes Familienleben, Blut und Boden, Treue gegen Volk und Staat und in allem Gehorsamstellung Gott gegenüber.«

Gegen ein solches Nebeneinander von Christentum und Volkstum, dessen nationalistische Ideale verherrlichende Konsequenzen offensichtlich sind, stellt Barth die alleinige Orientierung an Jesus Christus. Auf seine politischen Folgen hin durchbuchstabiert wird nun, was der cantus firmus seiner Kritik an der liberalen Theologie war.

Barths politisches Engagement gegen die nationalsozialistische Ideologie und seine Verweigerung, den Treueid auf Adolf Hitler abzulegen, endeten damit, dass er 1935 aus der Bonner Professur in den Ruhestand versetzt wurde. Noch im selben Jahr erreichte ihn ein Ruf an die Universität Basel, wo er bis zu seiner Emeritierung 1962 lehrte. Am 10. 12. 1968 starb er in seiner Geburtsstadt.

59. Die Barmer Theologische Erklärung. Einführung und Dokumentation, hg. von A. Burgsmüller/R. Weth, Neukirchen-Vluyn ⁶1998, 36.
60. Aufgestellt auf einer Konferenz von 10 Geistlichen und Laien, die vom Bischof Köln-Aachen nach Rengsdorf einberufen wurde. Die Thesen wurden an alle evangelischen Pfarrer im Rheinland versandt. Zu finden in: Die Bekenntnisse und grundsätzlichen Äußerungen zur Kirchenfrage des Jahres 1933, hg. von K. D. Schmidt, Göttingen 1934, 90-91, Zitate 90.

8. Der »alte Freund-Feind Schleiermacher«[61]

Alle Grundmotive seines eigenen theologischen Denkens lassen sich an Barths Auseinandersetzung mit Friedrich Schleiermacher wiederentdecken, die sich wie ein roter Faden durch sein ganzes Leben zieht. 1922 heißt es bereits: »Ich halte Schleiermacher … darum vorläufig für *keinen* guten theologischen Lehrer, weil es bei ihm, soweit ich sehe, in der verhängnisvollsten Weise unklar bleibt, daß der Mensch als Mensch sich in *Not* und zwar in rettungsloser Not befindet, unklar, daß auch der ganze Bestand der sogenannten Religion, und wenn es die christliche Religion wäre, an dieser Not *teilnimmt*, unklar darum auch, daß von Gott reden etwas *Anderes* heißt als in etwas erhöhtem Ton vom Menschen reden.«[62] Seine Vorlesung über Schleiermacher 1923/24 schließt mit der lapidaren Bemerkung, wenn Schleiermachers Theologie tatsächlich »der normale und legitime Fortgang der Reformation« sei (was Barth freilich bestreitet), dann würde er es »für richtig halten, wieder katholisch zu werden«[63]. Gleichwohl hat er sich durchgängig an Schleiermacher abgearbeitet. Noch im Jahre seines Todes bekennt Barth, er sei »bis auf diesen Tag nicht einfach fertig mit ihm«[64].

Schleiermachers Bestimmung von Religion als einem »Sinn und Geschmack fürs Unendliche«, als einem »Gefühl schlechthinniger Abhängigkeit«, das beim einen mehr, beim anderen weniger ausgeprägt, aber grundsätzlich bei allen Menschen vorhanden ist und das ihnen zeigt, dass sie nicht von sich selbst her in dieser Welt sind, hat Barth allerdings immer wieder kritisiert. Denn damit wird die unendliche Kluft zwischen Mensch und Gott, die allein von Gott hat überbrückt werden können, negiert. Stattdessen wird Religion gefeiert als »die erwünschte und mit Ehren zu begehende Brücke zwischen Himmel und Erde«[65].

Gleichwohl, der Mensch Schleiermacher nötigt Barth gehörigen Respekt ab, nicht nur, weil Schleiermacher wusste, was Freundschaft und Liebe ist, selbstkritisch war und über sich selber lachen konnte. Sondern doch auch, weil er »vom ›Gefühl schlechthinniger Abhängigkeit‹ nicht nur geredet, sondern … dieses Gefühl [hatte] – vielmehr: es hat ihn ge-

61. Barth, Nachwort (s. Anm. 14), 300.
62. Barth, Das Wort Gottes (s. Anm. 28), 164.
63. Barth, Die Theologie Schleiermachers. Vorlesung Göttingen Wintersemester 1923/24, hg. von D. Ritschl, Zürich 1978, 462.
64. Barth, Nachwort (s. Anm. 14), 307.
65. Barth, Das Wort Gottes (s. Anm. 28), 164.

habt«[66]. Wusste dann nicht letztlich auch Schleiermacher, dass nicht der Mensch Religion »hat«, sondern Gott den Menschen mit Beschlag belegt?

9. Eine Theologie für ein vergangenes Jahrhundert?

Barths Theologie war schon zu Lebzeiten heftig umstritten. Man warf ihm Neuorthodoxie, Supranaturalismus und Offenbarungspositivismus vor. Doch für Generationen von Theologen und Pfarrer war sein Denken prägend und wegweisend, weil es ihnen die Klarheit der christlichen Botschaft vor Augen stellte und die Bedeutung ihres Auftrages zurückgab – und weil es mutig und nie langweilig war.

In den letzten Jahren wird freilich immer wieder erleichtert das Ende einer »Periode der Barth-Hegemonie«[67] konstatiert. Theologie wird nun vermehrt als Religionstheorie entworfen. Karl Barths Ansatz erscheint autoritär und der postmodernen Zeit unangemessen, weil er von Gott spricht, während wir nur von menschlichen Selbstdeutungen in Bezug auf das Unbedingte reden können. Wie kann man meinen, man könnte, wie Barth dies tat, so von Gott reden, dass man ihm quasi ins Wohnzimmer schaut?

Karl Barths Theologie mag unzeitgemäß wirken. Doch bringt sie zur Geltung, dass aus christlicher Perspektive nicht der Mensch sich seinen Gott zurechtmacht und anhand einer Gottesvorstellung versucht, seiner Welt Sinn zu verleihen. Gott ist nicht etwas, was der Mensch ausprobieren kann, um seine Welt zu deuten. »Erkenntnis Gottes ist nicht eine Möglichkeit, mit der wir es zur Deutung des Weltgeschehens versuchen oder allenfalls auch *nicht* versuchen können, sondern die Voraussetzung, von der wir … immer schon *her*kommen bei all unsern Deutungsversuchen.«[68] Gott hat den Menschen bereits angesprochen; er hat sich ihm bereits zugewandt. Davon lebt der christliche Glaube – und davon auch die christliche Theologie.

---

66. Barth, Nachwort (s. Anm. 14), 305.
67. So z. B. Stephen J. Grabill, Rediscovering the Natural Law in Reformed Theological Ethics, Grand Rapids/Cambridge 2006, 21.
68. Barth, Biblische Fragen, Einsichten und Ausblicke (s. Anm. 17), 71.

Literaturempfehlungen

Beintker, Michael/Link, Christian/Trowitsch, Michael (Hg.), Karl Barth in Deutschland (1921-1935). Aufbruch – Klärung – Widerstand, Zürich 2005.

Busch, Eberhard, Die große Leidenschaft. Einführung in die Theologie Karl Barths, Gütersloh 1998.

Busch, Eberhard, Karl Barths Lebenslauf. Nach seinen Briefen und autobiographischen Texten, München 1975.

Jüngel, Eberhard, Einführung in Leben und Werk Karl Barths, in: Jüngel, Barth-Studien, Zürich/Köln/Gütersloh 1982, 22-60.

Gottes Wort verstehen – Rudolf Bultmann und die *hermeneutische Theologie*

Walter Schmithals

Rudolf Bultmann war mit und neben Karl Barth der einflussreichste Theologe des 20. Jahrhunderts. Beide waren etwa gleich alt; Bultmann ist 1884, Barth 2 Jahre später geboren. Beide wuchsen in einem Pfarrhaus auf. Beide sind im biblischen Alter gestorben, so dass sie die Entwicklung der europäischen Verhältnisse nach dem 2. Weltkrieg noch lebhaft verfolgt und begleitet haben. Beide haben etwa gleichzeitig in Tübingen, in Berlin und in Marburg bei denselben Lehrern studiert, namentlich bei Adolf von Harnack und bei Wilhelm Herrmann. Beide waren nach dem 1. Weltkrieg in den von Friedrich Gogarten und von Barths Römerbrief-Kommentar maßgeblich initiierten theologischen Aufbruch der sogenannten ›dialektischen‹ oder ›Wort-Gottes-Theologie‹ involviert, die im Hinblick auf das mit den Schrecken des Krieges in die Kritik geratenen Fortschrittsdenkens des 19. Jahrhunderts auch ›Theologie der Krise‹ genannt wurde. Beide waren nach 1933 in der ›Bekennenden Kirche‹ aktiv. Für beide bildeten Schriftauslegung und systematische bzw. dogmatische Theologie eine Einheit. Ihr nach 1922 zeitweilig lebhaft geführter Briefwechsel gibt aus erster Hand Auskunft über ihre Konvergenzen und ihre Differenzen, wobei Barth die Differenzen, Bultmann die Konvergenzen herauszustellen pflegte. Darin zeigt sich zugleich ein bemerkenswerter Mentalitätsunterschied beider Theologen. Während man Barth kaum Unrecht tut, wenn man ihm eine gewisse Arroganz nicht abspricht, begegnet man in Bultmann einem Menschen von ausgesprochener Bescheidenheit. Eine Bemerkung Bultmanns in einem Brief an den etwas jüngeren Barth – »Ich bin Ihnen gegenüber der Empfangende, der Schüler«[1] – wäre im Munde Barths gegenüber wem auch immer nicht denkbar. Nicht ohne Grund hat man bemerkt, dass sich Barth *Jünger*, Bultmann aber *Schüler* wünschte, und in der Tat gibt es wohl keinen Schüler Bultmanns – ich nenne beispielhaft Hans Jonas und Heinrich Schlier, Ernst Käsemann und Dorothee Sölle –, der nicht seine eigenen Wege gegangen

---

1. Rudolf Bultmann, Brief vom 8.6.1928, in: Bernd Jaspert (Hg.), Karl Barth – Rudolf Bultmann, Briefwechsel 1922-1966, Zürich 1971, 82.

wäre, die aber stets Wege des freien wissenschaftlichen Denkens in der Schule Bultmanns geblieben sind. Bultmanns Großvater war Missionar in Sierra Leone gewesen; die Familie erzählt gerne, dass die Missionsgesellschaft für ihn eine ihm völlig unbekannte Frau ausgesucht und ihm auf das Missionsfeld zugeschickt habe. Sein Vater wurde Pfarrer im damaligen Großherzogtum Oldenburg und war in dem Oldenburgischen Luthertum heimisch. Bultmanns Mutter stammte aus einem Pfarrhaus im Badischen und war vom dortigen Pietismus geprägt. Beides, das Luthertum des Vaters und der Pietismus der Mutter, bestimmten die geistliche Atmosphäre in Bultmanns Elternhaus und vermutlich auch seinen Entschluss, Theologie zu studieren. Als er 1903 in Tübingen sein Studium begann, herrschte an den theologischen Fakultäten aber der Geist der sogenannten ›liberalen Theologie‹, die mit wissenschaftlichem Ernst nach Jesus fragte und den ›historischen Jesus‹ als Beispiel der religiösen menschlichen Persönlichkeit verstehen lehrte, den zu verkündigen als Inbegriff der christlichen Botschaft und nach dessen Vorbild sich zu bilden als höchstes Ziel des christlichen Glaubens angesehen wurde. Während Bultmann studierte, wandte sich sein lutherisch geprägter Vater dieser liberalen Theologie zu, und zwar offensichtlich in der Überzeugung, auf diesem Wege den Zeitgenossen die christliche Botschaft am besten nahebringen zu können. Dies führte zu einer nachhaltigen Entfremdung zwischen ihm und seiner pietistischen Frau, und diese Entwicklung im Elternhaus hat Bultmann tief getroffen. Ich lasse dahingestellt, wie weit die familiäre Erfahrung Bultmanns eigenen Weg maßgeblich bestimmt hat. Bultmann selbst würde solche biographisch-psychologische Verankerung seines Denkens für wenig hilfreich halten, weil es, wie er unermüdlich betonte, stets um die Sache selbst und als solche gehe und nicht um die Treppe, über die man zu ihr findet. Indessen kann und darf man seinen Weg mit gutem Grund unter den Stichworten ›liberale Theologie‹, ›Pietismus‹ und ›Luthertum‹, die jene familiäre Erfahrung bestimmten, nachzeichnen, zumal diese theologischen Richtungen, die in seinem Elternhaus neben und auch gegeneinander standen, in seiner eigenen Theologie durch eine versöhnliche Synthese miteinander verbunden sind. Freilich wird auch bei diesem Zugang zu Bultmanns Denken zwar Wesentliches, aber nicht das Ganze seines Werkes sichtbar, weshalb es auch wegen des begrenzten Raums unvermeidlich ist, Schwerpunkte zu setzen und Lücken in Kauf zu nehmen.

1. Liberalismus

Beginnen wir mit der ›liberalen Theologie‹, der Bultmann sich in seinem Studium verbunden fühlte. Auf Dauer gesehen ist Bultmanns Stellung zu ihr indessen zwiespältig, besser gesagt, zweigipflig gewesen, wie es auch der Begriff ›liberal‹ selbst ist. Dieser Begriff bezeichnet im Bereich der Wissenschaft einmal die kritische Freiheit, mit der sich die Wissenschaft ihrem Gegenstand nähert. In solcher Freiheit wandte sich die liberale Theologie als historische Wissenschaft den biblischen Schriften zu, und zwar, nachdem in der Mitte des 19. Jahrhunderts das Markusevangelium als das älteste Evangelium erkannt worden war, vor allem dem historischen Jesus, nämlich, wie bereits gesagt, dem ›Leben Jesu‹ bzw. speziell der ›Persönlichkeit Jesus‹, die man vor allem an Hand des Markusevangeliums rekonstruierte. Bultmann urteilt 1924: »Wir, die wir von der liberalen Theologie herkommen, hätten keine Theologen werden oder bleiben können, wenn uns in der liberalen Theologie nicht der Ernst der radikalen Wahrhaftigkeit begegnet wäre.«[2] Von dieser »Erziehung ... zur Freiheit und Wahrhaftigkeit«[3] hat Bultmann sich zeitlebens leiten lassen, ohne sich von mancher Gegnerschaft, die er sich dadurch zuzog, je irritieren zu lassen.

›Liberal‹ steht aber auch für die freie Entwicklung und Entfaltung der Persönlichkeit und für das in der 2. Hälfte des 19. Jahrhunderts virulente Bildungsprogramm, das solche Persönlichkeiten erziehen und erzielen sollte. Gott offenbart sich in den großen Persönlichkeiten. Für die liberale Theologie bedeutete das, wie schon gesagt, die Entwicklung der religiösen Persönlichkeit Jesu und seiner Botschaft nachzuzeichnen und ihn schließlich als die absolute sittliche Persönlichkeit vorzustellen, nach deren Maß und Vorbild Verkündigung und Unterweisung sich auszurichten haben. Als Adolf von Harnack im Jahre 1900 an der Friedrich-Wilhelm-Universität zu Berlin (der späteren Humboldt-Universität) seine eindrückliche und nach wie vor lesenswerte Vorlesung über ›Das Wesen des Christentums‹ hielt, fasste dieser bedeutende Lehrer zusammen, was eine Generation liberaler Theologen als theologisch wesentlich gelehrt hatte. Schon als 20-jähriger Student konnte Bultmann ein gewisses Unbehagen an dieser Theologie seiner Lehrer nicht verleugnen. Er schreibt, nachdem er das Jesus-Buch von Wilhelm Bousset gelesen hatte, 1904 an

---

2. Rudolf Bultmann, Die liberale Theologie und die jüngste theologische Bewegung, in: Bultmann, Glauben und Verstehen, Bd. 1, Tübingen ²1954, 2.
3. Ebd.

seinen Freund: »Ich fürchte, wenn wir dem Volke nicht mehr von Jesus geben können, so wird es bald mit ihm zu Ende sein.« Ein Jahr später heißt es: »Ich sehe das Höchste des Christentums nicht in seiner Sittlichkeit …, sondern in seiner Religion«, und 1907 im Blick auf seine ersten eigenen Predigten: »Es ist so furchtbar schwer, über die Religion zu reden, oder besser ausgedrückt: aus Religion zu reden.«

Es würde zu weit gehen, von solchen Äußerungen ausgehend, die den Einfluss der um die Jahrhundertwende neu entstehenden ›Religionsgeschichtlichen Schule‹ und seines hoch verehrten Lehrers Gunkel nicht verleugnen, Bultmanns Weg auf der Suche nach ihn überzeugenden Glaubensgedanken im Einzelnen zu verfolgen. Es muss genügen, darauf hinzuweisen, dass dieser von der liberalen Theologie wegführende Weg sein Ziel fand, als Bultmann nach den Schrecken des Ersten Weltkrieges sich an jenem theologischen Neuaufbruch beteiligte, der ursprunghaft mit den Namen Friedrich Gogarten und Karl Barth, beide damals im Pfarramt stehend, verbunden ist. Während aber Barth diesen Aufbruch mit den apokalyptischen Erfahrungen des Krieges in Verbindung brachte, hat Bultmann immer Wert darauf gelegt, dass er im Weiterdenken mit Einzelnen seiner Lehrer, namentlich mit Wilhelm Herrmann, das schon »längst vor dem Kriege« im Gange war[4], zu jener theologischen Position gefunden hat, die er bis an sein Lebensende festgehalten hat.

Nunmehr urteilt Bultmann mit Barth und Gogarten resolut: »Der Gegenstand der Theologie ist Gott, und der Vorwurf gegen die liberale Theologie ist der, daß sie nicht von Gott, sondern vom Menschen gehandelt hat.«[5] Wo die Theologie von ›Persönlichkeit‹, ›Religion‹, ›Kultur‹ und ›Sittlichkeit‹ redet, transzendiert sie das Menschliche nicht, während doch »christlicher Glaube die Antwort auf das Wort des transzendenten Gottes ist, der dem Menschen begegnet«[6]. »Gott bedeutet die radikale Verneinung und Aufhebung des Menschen; die Theologie, deren Gegenstand Gott ist, kann deshalb nur das *logos tou staurou* (Wort vom Kreuz) zu ihrem Inhalt haben; dieses aber ist ein *skandalon* (Ärgernis) für den

---

4. Zit. nach Walter Schmithals, Ein Brief Rudolf Bultmanns an Erich Foerster, in: Bernd Jaspert (Hg.), Rudolf Bultmanns Werk und Wirkung, Darmstadt 1984, 73 f.

5. Ebd.
6. Rudolf Bultmann, Autobiografiscche Bemerkungen Rudolf Bultmanns, in: Bernd Jaspert (Hg.), (s. Anm. 1), 320.

Gottes Wort verstehen – Rudolf Bultmann und die hermeneutische Theologie | 199

Menschen. Und so ist der Vorwurf gegen die liberale Theologie der, daß sie sich diesem Ärgernis zu entziehen oder es zu erweichen suchte.«[7]

2. Pietismus

Mit solchen Sätzen ist Bultmann freilich nicht originell, sondern er ordnet sich mit ihnen nur in den bereits erwähnten theologischen Aufbruch der frühen 20er Jahre des vorigen Jahrhunderts ein, in die ›Theologie des Wortes Gottes‹. Seine Originalität gewinnt er durch seine besonderen Fragestellungen bzw. seine besonderen Antworten auf solche Fragestellungen, die ihm übrigens zunehmend heftige Kritik von Seiten Karl Barths eintrugen. Mit der ersten dieser Fragestellungen dürften wir auf das eingangs genannte pietistische Erbe Bultmanns stoßen. Es handelt sich um das Problem der ›Glaubensgewißheit‹, von dem Bultmann schon als Student umgetrieben war, als ihn der Versuch der liberalen Theologen, durch die historische Jesus-Forschung solche Gewissheit zu vermitteln, unbefriedigt ließ. 1929 hielt er einen Vortrag mit dem bezeichnenden Titel ›Wahrheit und Gewißheit‹, und nicht von ungefähr hat Hans Jonas sein ›Gedenken an Rudolf Bultmann‹ nach dessen Tod 1976 unter die Überschrift gestellt ›Im Kampf um die Möglichkeit des Glaubens‹[8].

Die Frage nach der Glaubensgewissheit ist natürlich keine nur für Bultmann kennzeichnende Frage. Sie ist für den Menschen in der Neuzeit überhaupt charakteristisch. Mit der kopernikanischen Wende verlor der Mensch seine Stelle in der Mitte des Geschaffenen und damit seinen festen Halt. »Seit Kopernikus scheint der Mensch auf eine schiefe Ebene geraten – er rollt immer schneller nunmehr aus dem Mittelpunkte weg – wohin? in's Nichts? in's ›durchbohrende Gefühl seines Nichts‹?«[9], schreibt Nietzsche. Dazu machte das Zeitalter der Entdeckungen das Abendland mit einer Fülle fremder Religionen bekannt, eine Begegnung, die eine Vergewisserung der eigenen Glaubensüberzeugung verlangte. Schon im

7. Bultmann, Die liberale Theologie und die jüngste theologische Bewegung (s. Anm. 2), 2.
8. Vgl. Hans Jonas, Im Kampf um die Möglichkeit des Glaubens. Erinnerungen an Rudolf Bultmann und Betrachtungen zum philosophischen Aspekt seines Werkes, in: Otto Kaiser (Hg.), Gedenken an Rudolf Bultmann, Tübingen 1977, 41 ff.
9. Friedrich Nietzsche, Zur Genealogie der Moral. Eine Streitschrift, München 1983, 141.

17. Jahrhundert war die Frage nach der Gewissheit, sei es des überkommenen Bekenntnisses, sei es einer neu zu gewinnenden und zu begründenden Glaubenswahrheit, ein Grundproblem der Gebildeten.

Während die katholische Kirche ihre *Tradition* als unerschütterlichen Fels den Geistesstürmen der Zeit entgegenstellte, entfaltete die protestantische Orthodoxie eine schroffe *Inspirationslehre* der Heiligen Schrift, die auf solche Weise als unerschütterliches Fundament des Glaubens dessen Gewissheit sichern sollte. Aufklärung und Rationalismus waren sodann bemüht, mit Hilfe der *Vernunft* entweder den überlieferten Glauben abzusichern oder wenigstens eine allen Menschen einleuchtende Urreligion – Gott; Freiheit; Unsterblichkeit – gewiss zu machen. Und schließlich war der Historismus bemüht, aus einer besonderen Heilsgeschichte, aus dem Gang der Religionsgeschichte überhaupt oder aus dem Lauf der Weltgeschichte insgesamt Gewissheit über Gottes Wirken zu gewinnen; auch die liberale Leben-Jesu-Theologie ist ein Kind des Historismus gewesen. In jedem Fall sollte Glaubensgewissheit auf eine *objektive*, auf vorfindliche Gegebenheiten gestützte Weise gewonnen werden, sozusagen von außerhalb des Glaubens bzw. *vor* dem Glaubensakt selbst.

Bultmann hat den theologischen Aufbruch nach dem 1. Weltkrieg auch als Abkehr von allen solchen Versuchen verstanden, die Wahrheit des Glaubens *objektiv* zugänglich, wissenschaftlich fassbar, unmittelbar sichtbar zu machen. Er wirft seinen ›liberalen‹ Lehrern vor, das Handeln Gottes objektivierend aus der Geschichte ablesen zu wollen. Die Geschichtsforschung, auch die Frage nach der Persönlichkeit des historischen Jesus, komme immer nur zu anfechtbaren Ergebnissen. Die historische Forschung bringe vielmehr zur Geltung, »daß die Welt, die der Glaube erfassen will, mit Hilfe der wissenschaftlichen Erkenntnis überhaupt nicht erfaßbar wird«[10]. Mit solcher Kritik aber steht Bultmann in der pietistischen Tradition seines Elternhauses.

Der Pietismus war eine Frömmigkeitsströmung, die sich seit der Mitte des 17. Jahrhunderts gegen den toten Buchstabenglauben der herrschenden protestantischen Orthodoxie wandte, also gegen das Fürwahrhalten von objektiv gegebenen Glaubenssätzen, deren Anerkennung in den Lehrstreitigkeiten jener Zeit als heilsnotwendig und zugleich als heilvoll ausgegeben wurde. Gegen diese tote Rechtgläubigkeit, die Glaubens-

---

10. Bultmann, Die liberale Theologie und die jüngste theologische Bewegung (s. Anm. 2), 4.

gewissheit bringen sollte, setzte der Pietismus die innere Wiedergeburt. Und während die gleichzeitige Aufklärung gegenüber der Lehrgewissheit der Orthodoxie beim Zweifel ansetzte, um ihn mit der objektiven Vernunft zu überwinden, entspringt der Pietismus der subjektiven Verzweiflung, aus der nicht die Beobachtung objektiver Gesetzmäßigkeiten in Schöpfung oder Geschichte führt, sondern Einsichten des Herzens. Nicht zuletzt dem Pietismus gebührt das Verdienst, den neuzeitlichen Verlust objektiver, weltanschaulicher Glaubensgewissheit durch die Konstituierung einer existenziellen Vergewisserung aufgefangen zu haben. In diesem Sinn wurde der französische Philosoph und Mathematiker Pascal (1623-1662) zum Gewährsmann des Pietismus, den dessen Vater, Philipp August Spener (1635-1705), gerne zitiert. Pascal schreibt: »Es ist das Herz, das Gott spürt, und nicht die Vernunft. Das ist der Glaube: Gott spürbar im Herzen und nicht in der Vernunft.«[11] »Das Herz hat seine Einsichten, welche die Vernunft nicht kennt.«[12] »Gott Abrahams, Gott Israels, Gott Jakobs – nicht der Philosophen und Gelehrten. Gewißheit, Gewißheit, Empfinden! Freude. Friede ... Größe der menschlichen Seele.«[13] Mit solchen Gedanken wusste sich der Pietismus nicht ohne Grund mit dem Urchristentum und mit Luther verbunden, den auch Bultmann in diesem Zusammenhang gerne zitiert, wenn auch erst der Pietismus, der gewandelten Zeit entsprechend, diese persönliche Glaubensvergewisserung gleichsam zum Programm erhoben hat, damit dem neuzeitlichen Individualismus, dem Vorrang des ›Ich‹, den Weg bereitend. Auf diesem Weg folgten z. B. Johann Salomo Semler (1725-1791), der Vater der historischen Bibelwissenschaft: »Der einzige Beweis, der einem aufrichtigen Leser ein ganzes Genüge tut, ist die innere Überzeugung durch Wahrheiten, welche in der Heiligen Schrift ... angetroffen werden.«[14] Lessing verfasst 1777 die Schrift »Über den Beweis des Geistes und der Kraft«. Der Philosoph Friedrich Heinrich Jacobi, Goethes Zeitgenosse und zeitweiliger Freund, erklärt: »Es gibt keine Gewißheit über der Gewißheit *in* diesem Glauben.« Friedrich Schleiermacher (1768-1834), der sich selbst einen Pietisten höherer Ordnung genannt hat, bezeichnet den Glauben als ›Gefühl schlechthinniger Abhängigkeit‹. Und der nach dem 1. Welt-

---

11. Blaise Pascal, Über die Religion. Und über einige andere Gegenstände, Frankfurt/M., 1987, 141.
12. Ebd.
13. Reinhold Schneider (Hg.), Pascal. Ausgewählte Schriften, Frankfurt/M., 1954, 122.
14. Johann Salomo Semler, Abhandlung von freier Untersuchung des Kanon, Bd. 2, Halle 1772, 39.

krieg einflussreich gewordene dänische Religionsphilosoph Kierkegaard (1813-1855) schreibt:»Des Glaubens Schluß ist nicht Schluß, sondern Entschluß, und daher ist der Zweifel ausgeschlossen«. An ihn wie auch an Schleiermacher knüpft Bultmann ebenso unmittelbar an wie an seinen Marburger Lehrer Wilhelm Herrmann, der bei Luther zu Hause war und den Bultmann immer wieder mit dem Satz zitiert:»Von Gott können wir nur sagen, was er an uns tut«, worin die doppelte Aussage liegt, dass Gott *an sich* uns verborgen bleibt und dass sein Handeln von *uns selbst* erfahren werden muss.

Bultmann selbst schreibt:»Der Mensch, der an seinen Gott glauben will, muss wissen, dass er nichts in der Hand hat, woraufhin er glauben könnte, daß er gleichsam in die Luft gestellt ist und keinen Ausweis für die Wahrheit des ihn anredenden Wortes verlangen kann«[15], denn »Grund und Gegenstand des Glaubens sind identisch«[16]. Den Ausdruck ›Dialektische Theologie‹ deutet er in diesem Sinn, weil die Dialektik der glaubenden Existenz darin bestehe, dass ich der Wahrheit der Offenbarung Gottes nur gewiss werden kann, wenn ich selbst in dieser Offenbarung meine Wahrheit finde. Was Gnade Gottes ist, weiß ich nur,»wenn er *mir* wirklich gnädig *ist*«[17].

Schon als Student war Bultmann fasziniert von dem autobiographischen Roman ›Anton Reiser‹, dessen mit Goethe befreundeter Verfasser Karl Philipp Moritz (1756-1793) angesichts der verbreiteten und selbst durchlittenen Glaubenskrise»den Blick der Seele in sich selber schärfen« und »ihm sein individuelles Dasein wichtiger« machen will, wie es in der 1785 erschienenen Vorrede zu dieser Autobiographie heißt, die als eine solche für den Geist des Pietismus charakteristisch ist. Und schon 1908 schrieb Bultmann dementsprechend seinem Freund:»Die religiöse Überzeugung trägt ihre Gewissheit in sich selbst.«

In Bultmanns frühen Äußerungen zu dieser Problematik wechseln die Begriffe. Er gebraucht häufig ›Erlebnis‹ und ›Erleben‹, Modeworte der beiden ersten Jahrzehnte des vorigen Jahrhunderts, ›religiöses Erlebnis‹, ›innere Erfahrung‹, ›pneumatisches Erleben‹ oder einfach ›Leben‹ und

---

15. Bultmann, Zum Problem der Entmythologisierung, in: Hans-Werner Bartsch, Kerygma und Mythos, Bd. 2, Hamburg 1952, 179-208, hier: 207.
16. Ebd.
17. Bultmann, Die Bedeutung der »dialektischen Theologie« für die neutestamentliche Wissenschaft, in: Bultmann, Glauben und Verstehen (s. Anm. 2), 117.

›Religion‹[18], die er mit Schleiermacher definiert: »… das Erlebnis *schlechthinniger Abhängigkeit, der freien Selbsthingabe, ist die Geburtsstunde der Religion.*«[19] Seine Besprechung von Barths Kommentar zum Römerbrief, dem Markstein der theologischen Wende jener Jahre, beginnt Bultmann 1922 mit dem Ausdruck der Überzeugung, Barth wolle, Schleiermacher vergleichbar, »*die Selbständigkeit und Absolutheit der Religion* erweisen«[20].

Analog dazu gebraucht Bultmann den Begriff ›Mystik‹, und zwar bezeichnet ›Mystik‹ für ihn die »innere Erfahrung«, in der sich der Glaubende »des Heils versichert«[21]. In einem Vorschlag zur Neuausrichtung der Zeitschrift ›Christliche Welt‹, einem Organ der liberalen Theologie, formuliert er 1921, es müsse zwar bei der »Ablehnung aller Mystik als einer Methode, das Göttliche durch eigene Anstrengung und Seelenleitung zu erfassen«, bleiben, aber »wir freuen uns ihrer als der Andacht, die sich in das gottgeschenkte Leben versenkt und ihm Ausdruck verleiht«[22].

Bald darauf verschwindet nach Bultmanns Begegnung mit Martin Heidegger, von der gleich noch die Rede sein wird, diese ganze Begrifflichkeit zugunsten der auf Kierkegaard zurückgehenden Rede von der *existenziellen* Vergewisserung des Glaubensgegenstandes. »Die Rede vom handelnden Gott schließt die Geschehnisse der eigenen Existenz ein.«[23] Die Erkenntnis des göttlichen Heilshandelns vollzieht sich allein als Anerkenntnis. »Verstehen ist … immer zugleich Entschluß, Entscheidung.«[24] Glaube ist seinem Wesen nach Wagnis, und er würde »als existentieller Vorgang der Begegnung«[25] sich selbst und die Unverfügbarkeit Gottes missverstehen, wolle er sich gegen den Vorwurf, Illusion zu sein, objektivierend verteidigen. An dieser Begrifflichkeit hält Bultmann nunmehr fest; sie gehört, wenn man so will, zum Jargon Bultmanns.

---

18. Vgl. Rudolf Bultmann, Religion und Kultur, in: Christliche Welt (34/1920), 417–421; 435–439; 450–453.
19. Ebd., 451.
20. Rudolf Bultmann, Karl Barths Römerbrief in zweiter Auflage, in: ChrW 36 (1922), 320.
21. Bultmann, Ethische und mystische Religion im Urchristentum, (s. Anm. 18), 731.
22. Brief an Heinrich v. Soden vom 30.10.1921, zit. nach Martin Evang, Rudolf Bultmann in seiner Frühzeit, Tübingen, 1988, 87.
23. Bultmann, Jesus Christus und die Mythologie, Hamburg 1964, 79.
24. Bultmann, Die Bedeutung der »dialektischen Theologie« (s. Anm. 17), 127.
25. Bultmann, Zum Problem der Entmythologisierung (s. Anm. 15), 199.

3. Luthertum

Karl Barth hat diesen ›pietistischen‹ Weg Bultmanns mit Misstrauen
beobachtet und, wenn auch unter dem Vorbehalt »bis auf bessere Beleh-
rung«[26], befürchtet, Bultmann nehme es mit der ›Theologie des Wortes
Gottes‹ doch nicht wirklich ernst, sondern stelle wieder den Menschen in
das Zentrum, wenn er so sehr auf die existenzielle Glaubensgewissheit
abhebe. Indessen war Barth mit solcher Bedenklichkeit eher eigensinnig
als kritisch. Zwar hatte der klassische Pietismus in der Tat eine offene
Flanke zu einem Spiritualismus hin, wenn er die Gewissheit des Glaubens
im frommen menschlichen Herzen fand, zumal er auch den Heiligen
Geist in diesem Herzen suchte, während Luther ihn mit dem Wort Gottes
verbunden sah. Aber Bultmann war ein zu guter Lutheraner, als dass er
diese Flanke offen gelassen hätte. Für ihn hat nie ein Zweifel daran bestanden, dass der Glaube als christlicher Glaube einen *Gegenstand* hat,
dass er Glaube an Gottes Heilstat ist und nicht einfach innerseelische
Zustände widerspiegeln darf. Mit anderen Worten: Das Erlebnis des
Glaubens beruht auf Offenbarung, und diese Offenbarung trägt den Namen ›Jesus Christus‹. Christliche Theologie ist darum fundamental biblische Theologie, und Bultmanns Lebenswerk besteht wesentlich in der
Auslegung der Botschaft des Neuen Testaments. Darum bedarf der Glaube auch der Kirche, die diese Botschaft ausrichtet und vor Verfälschungen
bewahrt, eine Überzeugung, die Bultmann gelegentlich sogar den unbe-
rechtigten Vorwurf katholisierender Tendenzen eingetragen hat. Luthers
Satz: ›Das Wort sie sollen lassen stahn …‹ hat für Bultmann nie in Frage
gestanden, und dass ›die Rechtfertigung des Gottlosen‹ das Zentrum des
biblischen Wortes ist, hat er mit Luther stets herausgestellt. Mit anderen
Worten: Das Luthertum seines Elternhauses ist – verbunden mit liberaler
Offenheit und mit der auf den Pietismus zurückgehenden existenziellen
Glaubenserkenntnis – allezeit die Grundlage der Theologie Bultmanns
geblieben.

Damit aber stoßen wir auf ein weiteres Charakteristikum der Theologie Bultmanns bzw. auf eine für Bultmann spezifische Fragestellung
im Rahmen der ›Wort-Gottes-Theologie‹, eine Fragestellung, die mit
dem Begriff der ›Hermeneutik‹ angemessen bezeichnet und beschrieben
ist, wie sich denn auch die vor Jahren gegründete Bultmann-Gesellschaft
›Gesellschaft für hermeneutische Theologie‹ nennt.

---

26. Karl Barth, Kirchliche Dogmatik I/1, Zürich 1932, 404.

4. Hermeneutik

Der Begriff ›Hermeneutik‹ wird zumal in der neueren Philosophie nicht eindeutig verwendet, doch ist für die Bibelwissenschaft jene Definition maßgebend, mit der Wilhelm Dilthey, dem Bultmann während seines Studiums in Berlin begegnet sein dürfte und der im Jahre 1900 ein Buch über ›Die Entstehung der Hermeneutik‹ veröffentlicht hatte, diese mit den Worten charakterisierte: Hermeneutik sei die ›Kunstlehre des Verstehens schriftlich fixierter Lebensäußerungen‹; das griechische Wort *hermeneuein* bedeutet ›auslegen‹, ›verstehen‹, ›dolmetschen‹. Für Bultmann ist das Neue Testament jene schriftlich fixierte Lebensäußerung, die es als für den Glauben maßgeblich zu verstehen gilt. Nun gehört schon seit der Antike zur Kunstlehre des Verstehens eine Reihe von Regeln, mit deren Hilfe man einen Text aus ferner Zeit oder fremder Kultur – damals vor allem die Epen Homers – in die Sprache und das Denken der eigenen Zeit übersetzen kann, so dass sich sein Sinn dem jeweils gegenwärtigen Leser oder Hörer erschließt. Bultmanns Hermeneutik setzt diese Regeln als gegeben voraus. Sein eigenes hermeneutisches Interesse richtet sich nicht auf allgemeine Regeln, sondern auf die Eigenart des Textes, den zu verstehen lehren die Aufgabe des Theologen ist, also des Neuen Testaments. Diese Sammlung frühchristlicher Schriften will als Gottes heilsame Anrede an den Menschen verstanden werden, und zwar Bultmann zufolge gemäß dem bekannten Wort Melanchthons: ›*Hoc est Christum cognoscere benificia eius cognoscere*‹ (Das heißt Christus erkennen – seine Wohltaten erkennen), bzw. dem schon zitierten Dictum von Wilhelm Herrmann: ›Von Gott können wir nur sagen, was er an uns tut.‹ Das Neue Testament verstehen bedeutet also in dessen eigenem Sinn, dem Menschen verständlich zu machen, wie er sich unter der Anrede des Wortes Gottes selbst zu verstehen hat bzw. verstehen darf, und es ist der Anspruch des Neuen Testaments, dass ihm auf diesem Wege ein neues bzw. das wahre Selbstverständnis eröffnet bzw. geschenkt wird. Weit über die technischen Regeln einer Kunstlehre des Verstehens hinaus geht es Bultmann also um das Verstehen und Verständlichmachen der im Wort des Neuen Testaments begegnenden Botschaft der Offenbarung Gottes, wobei er immer wieder betont, dass das *eigentliche* Verstehen, nämlich das *Einverständnis* mit dem verständlich Gemachten – biblisch gesprochen: der Glaube bzw. die Gewissheit des Glaubens –, nicht mehr Sache des Auslegers und der hermeneutischen Kunst, sondern des Heiligen Geistes ist.

Der Ausleger aber hat das Wort Gottes, wie es im Neuen Testament überliefert wird, *verständlich* zu machen, und da dieses Wort den Menschen anredet und ihn zu einem neuen Selbstverständnis führen will, muss der Ausleger in angemessener Weise vom Menschen reden, zu dem er redet. Bultmann ist überzeugt, dass ihm eine solche angemessene Weise, vom Menschen zu reden, in seiner Begegnung mit Martin Heidegger vermittelt wurde. Nachdem Heidegger, der fünf Jahre jünger als Bultmann war, den Weg von der katholischen Theologie zur Philosophie gegangen war, wurde er zum Wintersemester 1923/24 als Philosoph nach Marburg berufen. Er besuchte sogleich Bultmann, der seit zwei Jahren in Marburg wirkte, und nahm an dessen Seminar teil, in dem er im Februar 1924 über das Problem der Sünde bei Luther referierte. Wie Bultmann einem befreundeten Kollegen schrieb, habe Heidegger Luther besser verstanden als sein evangelischer Korreferent. In den folgenden Jahren kommt es in Marburg zu einem intensiven Gedankenaustausch zwischen Heidegger und Bultmann, wobei vor allem die Beschäftigung mit Augustin, Luther, Kierkegaard und Wilhelm Herrmann dies Gespräch befruchtet. 1927 erscheint als Ertrag dieser Marburger Jahre Heideggers Buch ›Sein und Zeit‹, eine Analyse des menschlichen Daseins unter dem Aspekt von dessen Zeitlichkeit – der Mensch ist nicht gegeben, sondern er ist sich aufgegeben; er ist ›seine eigene Möglichkeit‹ –, und Bultmann hat sich in seiner Hermeneutik an diese Daseinsanalyse angeschlossen, wo immer er den von Gott angeredeten Menschen in den Blick nahm. In der Einleitung zu Bultmanns 1926 erschienenem Jesus-Buch heißt es, das Gespräch mit Heidegger deutlich widerspiegelnd, dass sein Buch Jesu Gedanken versteht und verstehen lehrt »als die Auslegung der eigenen, in der Bewegung, in der Ungesichertheit, in der Entscheidung befindlichen Existenz; als der Ausdruck für eine Möglichkeit, diese Existenz zu erfassen; als der Versuch, über die Möglichkeiten und Notwendigkeiten des eigenen Daseins klarzuwerden«[27].

5. Entmythologisierung

Man könnte nun eine Darstellung von Bultmanns ganzem hermeneutisch-theologischen Denken an diesen Gesichtspunkt anschließen, der das umfangreiche Werk Bultmanns seit der Mitte der 20er Jahre des vorigen Jahrhunderts bestimmt. Wir beschränken uns indessen auf einen Ausschnitt dieses Denkens, nämlich auf jenen Ausschnitt, der mit dem Stichwort ›Entmythologisierung‹ verbunden ist, ein Stichwort, das Bult-

27. Bultmann, Jesus [1926], Tübingen 1951, 14.

manns Namen weit über den Kreis der theologisch Interessierten bekannt gemacht und inzwischen auch in Büchmanns geflügelten Worten Aufnahme gefunden hat. Worum geht es?

Bultmann nennt ›mythologisch‹ eine »Vorstellungsweise, in der das Unweltliche, Göttliche als Weltliches, Menschliches, das Jenseitige als Diesseitiges erscheint«[28]. Das göttliche Wirken wird also nach Analogie des menschlichen, irdischen Wirkens vorgestellt, und Gottes Macht und Wirken ist in den unerklärlichen Ereignissen von Geschichte und Natur konstatierbar. »Die jenseitige Kausalität ist in die Kausalkette der weltlichen Ereignisse eingefügt … Der Mythos redet von Göttern wie von Menschen, von ihren Handlungen wie von menschlichen Aktionen, nur daß er die Götter als mit übermenschlicher Macht begabt vorstellt und ihre Handlungen als unberechenbar und als fähig, den natürlichen Lauf der Dinge zu durchbrechen.«[29] Das Übernatürliche ist überlegen Natürliches. Gottes Jenseitigkeit wird dementsprechend als räumliche Ferne vorgestellt, weshalb das antike Weltbild eng mit dem Mythos zusammenhängt: Die Welt ist in drei Stockwerke eingeteilt; die Erde liegt zwischen Himmel und Unterwelt; göttliche und dämonische Mächte machen die Erde zum Schauplatz ihres Wirkens.

Bultmann beginnt seinen berühmt-berüchtigten Entmythologisierungsaufsatz mit dem Satz: »*Das Weltbild des Neuen Testaments ist ein mythisches.*« Unser Denken dagegen ist, so legt er dar, von der Wissenschaft derart geprägt, dass jeder weltliche Vorgang aus dem weltlichen Geschehen selbst zu begründen ist. Und »mit dem modernen Denken, wie es uns durch unsere Geschichte überkommen ist, ist die *Kritik am neutestamentlichen Weltbild gegeben.*«[30] Denn es geht nicht an, für seinen Glauben ein Weltbild zu bejahen, das wir im Übrigen verneinen. Damit aber stellt sich für Bultmann das *hermeneutische* Problem, wie wir angesichts der Tatsache, dass unser Weltbild von der modernen Wissenschaft geprägt ist, die mythischen Aussagen des Neuen Testaments zu *verstehen* haben.

Bevor wir dieser Frage nachgehen, ist es sinnvoll und hilfreich, auf die Umstände zu achten, unter denen Bultmann seinen Aufsatz schrieb, vor-

---

28. Rudolf Bultmann, Neues Testament und Mythologie, in: Hans Werner Bartsch (Hg.), Kerygma und Mythos, Bd. 1 (³1954) 22 (Fußnote 2).
29. Rudolf Bultmann, Neues Testament und Mythologie, in: Hans Werner Bartsch (Hg.), Kerygma und Mythos, Bd. 2 (³1954) 183.
30. Bultmann, Neues Testament und Mythologie (s. Anm. 28), 17.

trug und unter dem Titel veröffentlichte: *Neues Testament und Mytholo-*
gie. Das Problem der Entmythologisierung der neutestamentlichen Verkün-
digung. Am 7./8. Februar 1940 hatten sich in Berlin etwa 35 Theologen
und theologisch interessierte Gemeindeglieder, alle Glieder der Bekennenden Kirche, zur Gründung einer ›Gesellschaft für Evangelische Theologie‹ zusammengefunden. Ihrer Satzung zufolge sollte diese Gesellschaft
eine lebendige Beziehung zwischen der theologischen Wissenschaft und
der christlichen Verkündigung pflegen und damit den Anspruch der
Theologie auf Wissenschaftlichkeit demonstrieren. Hitler stand zu dieser
Zeit auf dem Höhepunkt seiner Macht und seines Ansehens. Er brauchte
die Kirche, auch die ihm nahe stehenden ›Deutschen Christen‹ nicht
mehr, und der Kampf gegen das Christentum war voll entbrannt. Eine
Austrittswelle hatte die Eintrittswelle von 1933 abgelöst. In dieser Situation sollte die ›Gesellschaft für Evangelische Theologie‹ die Bedeutung
der wissenschaftlichen Theologie für die Abwehr der weltanschaulichen
Angriffe gegen den christlichen Glauben sichtbar machen.

Zu Jahresbeginn 1942 reflektiert Bultmann in einem Grußwort für die
im Felde stehenden Glieder der Marburger Studentengemeinde über den
letzten Weihnachtsgottesdienst, aus dem er »tief enttäuscht und depri-
miert« nach Hause gegangen war. »Wohl hatte ich eine in der Form treff-
liche und in ihrem Inhalt dogmatisch höchst korrekte Predigt gehört.
Aber es war keine wirkliche Predigt gewesen ... Wer nicht das Evangelium so in die Sprache der Gegenwart übersetzen kann, daß der Hörer der
Predigt dessen innewird: *tua res agitur*, der verkündigt das Evangelium
überhaupt nicht, mag er noch so dogmatisch korrekt reden.«[31] Mit diesen Überlegungen hat er deutlich das Problem des Vortrags ›Neues Testament und Mythologie‹ angesprochen, den er im Jahr zuvor auf zwei
Tagungen der ›Gesellschaft für Evangelische Theologie‹ gehalten hatte
und in dem es im Hinblick auf die neutestamentliche Mythologie, die
einer vergangenen Zeit und Vorstellungswelt angehöre, heißt, dass, wer
auch immer das Festhalten an dieser Mythologie »für die Haltung des
christlichen Glaubens erklärt, damit die christliche Verkündigung in der
Gegenwart unverständlich und unmöglich macht«[32]. Bultmann gelang es
noch im selben Jahr 1941, seinen Vortrag mit einem anderen über ›Die

31. Bultmann, Grußwort im Marburger Rundbrief zum Jahresbeginn Januar
    1941, in: Erika Dinkler-von Schubert (Hg.), Feldpost. Zeugnis und Ver-
    mächtnis. Briefe und Texte aus dem Kreis der evangelischen Studenten-
    gemeinde Marburg 1939-1945, Göttingen 1993, 143, 145.
32. Bultmann, Neues Testament und Mythologie (s. Anm. 28), 18.

Frage der natürlichen Theologie‹ zu veröffentlichen. Während dieser Vortrag Gottes Offenbarung im Wort der Heiligen Schrift gegen die Versuche zur Geltung bringt, aus geschichtlichen Entwicklungen und Ereignissen wie den Erfolgen Hitlers Gottes Willen abzulesen, wie es bei den ›Deutschen Christen‹ der Fall war, wendet sich der Entmythologisierungs-Aufsatz gegen die in den eigenen Reihen, nämlich in der Bekennenden Kirche virulente Gefahr, den Kontakt zur modernen Welt zu verlieren und den weltanschaulichen Angriffen auf den christlichen Glauben nicht gewachsen zu sein. Während der folgenden Kriegsjahre blieb die Resonanz auf diese Veröffentlichung freilich gering, um bald nach dem Krieg die heftige Entmythologisierungs-Debatte auszulösen.

Von Anfang an spielte dabei das durch den Begriff ›Entmythologisierung‹ nahe gelegte Missverständnis eine Rolle, Bultmann wolle die mythologischen Aussagen des Neuen Testaments und damit zentrale christliche Glaubenswahrheiten eliminieren. Dies war aber keineswegs die Absicht seines Entmythologisierungs-Programms. Er sah sich vielmehr vor die hermeneutische Aufgabe gestellt, diese Aussagen so zu *interpretieren*, dass sie unter den Voraussetzungen des modernen wissenschaftlichen Denkens verständlich werden, was ja auch selbst eine wissenschaftliche Aufgabe ist.

Er löst diese Aufgabe durch die *existenziale Interpretation* des Mythischen. Schon die ›mythische Schule‹, die gegen Ende des 18. Jahrhunderts den Mythos-Begriff in die Bibelwissenschaft zunächst des Alten Testaments – der ›Schöpfungsmythos‹ – einführte, war der Überzeugung, dass den einzelnen Mythen ein *Logos* zugrunde liege, also ein geistiger Sinn, der eine Interpretation des Mythos zu einem sinnvollen Unternehmen machte. Und auch Schopenhauer nennt die Rationalisten, die alles Mythische als unvernünftig verachteten, »platte Gesellen, die vom tiefen Sinn des neutestamentlichen Mythos keine Ahnung haben«; die Mythologie sei »das Vehikel wichtiger tiefer Wahrheiten, welche dem Verständniß des großen Haufens nahe zu bringen auf anderem Wege nicht möglich wäre«[33]. Und Otto Pfleiderer, einer von Bultmanns Berliner Lehrern, hält den Mythos für den hermeneutisch angemessenen Ausdruck des Evangeliums in urchristlicher Zeit, den wir, wollen wir das Evangelium nicht verlieren, nicht abstreifen dürfen, ohne seinem »Idealgehalt«[34]

---

33. Arthur Schopenhauer, Parerga und Paralipomena, Bd. 2, Berlin 1851, 422 f. (§ 181).
34. Otto Pfleiderer, Das Christusbild des urchristlichen Glaubens in religionsgeschichtlicher Beleuchtung, Berlin 1903, 114.

einen neuen Ausdruck verliehen zu haben, indem wir nämlich »die alte animistisch-mythische in die heutige psychologisch-begriffliche Sprache« übersetzen.[35] Dies ist nicht Bultmanns Sprache, aber sein aus dem Gespräch mit Heidegger aufgenommener Begriff ›existentiale‹ Interpretation des Mythos dürfte in der Sache nicht weit von dem entfernt liegen, was sein Lehrer Pfleiderer sagte.

Existenzial heißt: Auf die Existenz des Menschen bezogen. »Der eigentliche Sinn des Mythos ist nicht der, ein objektives Weltbild zu geben; vielmehr spricht sich in ihm aus, wie sich der Mensch selbst in seiner Welt versteht.«[36] Und zwar kennt der Mythos »eine andere Wirklichkeit als die Weltwirklichkeit, die die Wissenschaft in den Blick faßt. Er weiß, daß die Welt und das menschliche Leben ihren Grund und ihre Grenze haben in einer Macht, die jenseits alles dessen liegt, was sich im Bereich menschlicher Berechnung und Verfügung befindet.«[37] Existenzial interpretieren heißt, diese andere Wirklichkeit inmitten des menschlichen Daseins sichtbar zu machen.

Was das konkret bedeutet, machen wir uns zum Schluss an einem *Beispiel* deutlich, das Bultmann gelegentlich selbst als solches ausdrücklich empfohlen hat. 1951 wurde er auf dem Höhepunkt der Entmythologisierungsdebatte von liberalen Schweizer Theologen gebeten, ihnen Auskunft zu geben, ob das Bekenntnis des ökumenischen Rates der Kirchen eigentlich dem Neuen Testament entspricht. Dies Bekenntnis lautete damals; ›Der ökumenische Rat der Kirchen setzt sich zusammen aus Kirchen, die Jesus Christus als Gott und Heiland anerkennen.‹ Die Frage war: Kann man Jesus Christus als Gott bezeichnen?

Nun gibt es eine – allerdings nur eine und zudem sehr späte – Stelle im Neuen Testament, an der das mit Sicherheit geschieht, nämlich Joh 20,28, wo Thomas sagt: ›Mein Herr und mein Gott.‹ Aber Jesus erscheint ja darüber hinaus im ganzen Neuen Testament als von göttlicher Art, von göttlicher Kraft, als Abglanz göttlichen Wesens, als Gottes Sohn, als himmlischer Herr. Die Frage, die sich angesichts dieser Hoheitsbezeichnungen Jesu, der ja dem betrachtenden Blick als Mensch unter Menschen erscheint, aufdrängt, lautet, ob diese zweifellos mythologische Rede von Jesu Göttlichkeit etwas über seine Natur, sein ›An-sich-sein‹ aussagen will oder aber etwas über sein ›Für-uns-sein‹, also eine existenziale Bedeutung hat. Ist er hellenistisch-substanzhaft oder biblisch-dynamisch zu

35. Ebd., 111.
36. Bultmann, Jesus Christus und die Mythologie (s. Anm. 23), 16.
37. Ebd., 18.

verstehen. Man kann auch so formulieren: Hilft mir Jesus, weil er immer schon im mythologischen Sinn der ›natürliche‹ Sohn Gottes ist, oder bekenne ich ihn als Gottes Sohn, weil er mir hilft? Bultmann antwortet, dass für das Neue Testament – jedenfalls hinsichtlich ihrer wesentlichen Seite – die Aussagen über Jesu Göttlichkeit »nicht seine Natur, sondern seine Bedeutsamkeit zum Ausdruck bringen wollen«; es sind »Aussagen, die bekennen, dass das, was er sagt, und das, was er ist, nicht innerweltlichen Ursprungs ist, nicht menschliche Gedanken, nicht weltliche Geschehnisse sind, sondern daß darin Gott zu uns redet, an uns und für uns handelt. Christus ist Gottes Kraft und Weisheit, er ward uns zur Weisheit von Gott, zur Gerechtigkeit und Heiligung und Erlösung (1 Kor 1,30)[38].«

Diese Behauptung macht Bultmann dann an einigen Beispielen deutlich, etwa daran, dass neben Gott, der selbstverständlich im Neuen Testament der Weltenrichter ist, bei Paulus auch Jesus als Weltenrichter erscheint. Es dürfte doch klar sein, meint er, dass Paulus nicht gemeint hat, wir hätten uns vor zwei Instanzen oder auch nur vor zwei Personen zu verantworten, vielmehr sei unsere Verantwortung vor Christus identisch mit unserer Verantwortung vor Gott. »Gott als der Richter wird konkret in Christus, in ihm erscheint der Richter der Welt als unser Richter.«[39]

Zusammenfassend urteilt Bultmann, »daß die Göttlichkeit oder Gottheit Christi sich in dem Geschehen erweist, in das wir dadurch gestellt sind, daß die Predigt erklingt, die ihn als die uns erschienene Gnade Gottes verkündigt. Umgekehrt ausgedrückt: die Tatsache, daß diese Predigt als das den Glauben fordernde, uns zur Verantwortung rufende und damit über uns entscheidende Wort an uns herantritt, findet ihren Ausdruck in den Christus beigelegten Attributen; sie besagen also in Wahrheit, daß Gott in ihm und nur in ihm begegnet.«[40] Bultmann hält es dabei für angemessen, statt ›Jesus ist Gott‹ gleich das damit ›existential‹ Gemeinte zu sagen: ›Jesus ist Gottes Wort an uns‹, damit der Anstoß vermieden wird, den der wissenschaftlich geprägte Mensch mit gutem Grund an der Sprache und Vorstellungswelt des Mythos nimmt. Vermeidet man diesen falschen Anstoß, wird der echte Anstoß des Evangeliums freige-

---

38. Bultmann, Rudolf Bultmann, Das christologische Bekenntnis des Ökumenischen Rates, in: Bultmann, Glauben und Verstehen, Bd. 2, Tübingen 1952, 253.
39. Ebd., 255.
40. Ebd., 256.

legt, den Bultmann z. B. in den Worten Eichendorffs angemessen ausgedrückt findet:

Du bist's, der, was wir bauen,
Mild über uns zerbricht,
Daß wir in den Himmel schauen –
Darum klag ich nicht;

und den Paulus in die knappe Sentenz fasste: ›Wenn ich schwach bin,
dann bin ich stark‹ (2 Kor 12,10). Dieser Anstoß bedeutet, dass der glaubende Mensch nicht sein Weltbild, sondern sich selbst preisgeben soll;
nicht seine wissenschaftlichen Begriffe und Vorstellungen, sondern er
selbst wird durch das Wort von Christus in Frage gestellt.

Es ist deutlich, dass sich in Bultmanns Programm der existenzialen
Interpretation des Mythos die liberale Wahrhaftigkeit und das lutherische Bekenntnis zum biblischen Gotteswort treffen, so dass wir am
Schluss nur noch zeigen müssen, wie in dies Gefüge von Bultmanns auch
sein pietistisches Erbe eingebracht wird.

Die existenziale Interpretation leitet zum Verstehen des Mythos an,
aber dies Verstehen ist im Blick auf das *eigentliche* Verstehen nur ein Vorverständnis. Denn es zielt ja auf mein *Einverständnis*, auf mein *glaubendes* Verstehen. Das *existenziale* Verstehen soll zu einem *existenziellen* Verstehen führen. Die existenziale Interpretation ist ein wissenschaftliches
Unterfangen, das existenzielle Verstehen dagegen ein glaubender Lebensvollzug, der zu einem neuen Selbstverständnis führt. Ich zitiere Bultmann zum letzten Mal: »Das Handeln Gottes bezieht sich nicht auf ein
Geschehen, das ich bemerken kann, ohne selbst in das Handeln hineingezogen zu sein als in Gottes Handeln, ohne daß ich selbst daran teilhabe
als der, an dem gehandelt wird. Mit anderen Worten, die Rede vom handelnden Gott schließt die Geschehnisse der eigenen Existenz ein.«[41] Für
Bultmann ist diese Unterscheidung von *existenzial* und *existenziell*, von
bloß intellektuellem und von glaubendem Verstehen immer sehr wichtig
gewesen. Karl Barth ist ihr stets mit Unwillen begegnet, weil sie das subjektiv-pietistische Element von Bultmanns theologischem Denken unmissverständlich zur Geltung bringt.

Uns führt sie indessen zum Anfang unserer Überlegungen zurück und
bestätigt, dass es Bultmann, wie immer man seine theologische Leistung
im Übrigen einschätzen mag, gelingt, die widerstreitenden Erfahrungen

---

41. Bultmann, Jesus Christus und die Mythologie (s. Anm. 23), 79.

seines Elternhauses und seiner Studienzeit zu versöhnen: Die pietistische Subjektivität, das lutherische Bekenntnis und die liberale Wahrhaftigkeit.

Literaturempfehlungen

Jaspert, Bernd (Hg.), Rudolf Bultmanns Werk und Wirkung, Darmstadt 1984.

Körtner, Ulrich H. J. (Hg.), Glauben und Verstehen. Perspektiven hermeneutischer Theologie (Neukirchen-Vluyn 2000).

Schmithals, Walter, Die Theologie Rudolf Bultmanns, Tübingen 1966 (engl. 1968).

Gott in einer *religionslosen Zeit* – Dietrich Bonhoeffer und die Theologie des Lebens

Ralf K. Wüstenberg

Es ist überwältigend, wenn Dietrich Bonhoeffer nach über einem Jahr der Inhaftierung im Wehrmachtsuntersuchungsgefängnis von Berlin-Tegel an seinen Freund und späteren Biografen Eberhard Bethge schreibt: »Einen Bruch haben wir in unserem Leben eigentlich nicht erfahren.«[1] Überwältigend, denn so sah das Leben für Bonhoeffer während der Untersuchungshaft 1943/44 aus: Ständige Verhöre, die seine Verstrickung zur Deutschen Widerstandsbewegung aufdecken sollten, aufkommende Hoffnung auf eine baldige Entlassung, zugleich tiefe Ungewissheit über die Zukunft und das Ganze in einer zwei mal drei Meter messenden Einzelzelle. »Man kann sich hier mit trocken Brot morgens satt essen«, beruhigt Bonhoeffer seine Eltern.[2] Kein »Bruch im Leben«? Weshalb Bonhoeffer dennoch diese Aussage treffen kann, wird deutlich, wenn man sich vor Augen führt, wie das Leben Dietrich Bonhoeffers vorher aussah.

1. Bildungsbürger seiner Zeit

Geboren als Sohn des Psychiaters und späteren Geheimen Medizinalrates Professor Karl Bonhoeffer wuchs Dietrich Bonhoeffer hinein in die Bildungselite der ausgehenden Wilhelminischen Ära. Zur feinen Gesellschaft im Berliner Stadtteil Grunewald, die bei den Bonhoeffers ein- und ausging, zählten Namen, die vielen Zeitgenossen nur aus dem Lexikon bekannt waren. Kurz: Man wusste, woher man kam und wer man war.

Das Lebensmotto des Vaters lautete: Die Wirklichkeit erkennen und vernünftig bewältigen. In diesem Lebensprogramm deutet sich bereits ein Konflikt an, der den Sohn Zeit seines Lebens beschäftigen soll: Wie gehen Wirklichkeit und Gott zusammen? Wie Vernunft und Religion? Wie moderne Wissenschaft und Theologie? Im Unterschied zu seinen

---

1. Brief Dietrich Bonhoeffers an Eberhard Bethge vom 22.4.1944, zitiert nach: Widerstand und Ergebung, Dietrich Bonhoeffer Werke Bd. 8 (im Folgenden DBW 8), 397.
2. DBW 8, 44.

älteren Brüdern, die den Weg in die Naturwissenschaft gegangen waren, musste der junge Dietrich Bonhoeffer immer um die Anerkennung des Vaters ringen. Der Entschluss des Sohnes, das Theologiestudium auf-zunehmen, überraschte denn auch den Geheimen Medizinalrat und Lei-ter der Berliner Charité. Doch auch dieses gehörte zu den bildungsbür-gerlichen Tugenden: Toleranz. War der Entschluss einmal gefasst, wurde er auch respektiert. Und Bonhoeffer, tat er sich leicht mit seinem Ent-schluss? Rot soll er geworden sein, als man ihn in der Prima fragte, was er studieren wolle und leise antwortete: »Theologie«. Nein, Theologie passte nicht recht in die Welt der Bonhoeffers, allenfalls die ›akademische Variante‹. Bereits während seines Studiums, das er der Familientradition folgend in Tübingen aufnahm, fasste er seine Doktorarbeit ab. Solche akademischen Ambitionen entsprachen zumindest äußerlich den Fami-liengepflogenheiten.

Überhaupt war der Theologe Bonhoeffer ›äußerlich‹ ganz Bildungsbür-ger seiner Zeit. Er liebte Theater- und Konzertbesuche, gutes Essen und schöne Kleidung. Im Innern war er damit beschäftigt, dem Geheimnis der Kirche auf die Spur zu kommen. Bei einem Italienbesuch im Jahr 1924 entdeckte er einen Begriff wieder, der für die Katholiken alles und für die Protestanten so wenig bedeutet: »Ich fange an, glaube ich, den Begriff ›Kirche‹ zu verstehen.«[3] In seiner Dissertation ›Sanctorum Com-munio‹[4] fragte er sich 1927, wie die Kirche Jesu Christi als ›Gemeinschaft der Heiligen‹ zu begreifen sei, eine Frage, die er um der intellektuellen Redlichkeit willen nicht vorschnell in frömmlerischer Weise beantworten mochte. Das führte ihn für damalige Zeiten zu beachtlichen soziologi-schen Studien. Sein Motto war, ganz Schüler seines Vater, hier wie später: Aus dem Phrasenhaften in das Wirkliche.

2. Amerika, die »neue« Welt

Das Motto des Vaters leitete wohl auch Bonhoeffer, als er nach seiner zweiten akademischen Qualifikationsleistung, der Habilitation[5], als Sti-pendiat des Lutherischen Weltbundes für ein Studienjahr ans Union

---

3. Bonhoeffer, Italienisches Tagebuch, in: Jugend und Studium, DBW 9, 89.
4. Vgl. Bonhoeffer, Sanctorum Communio. Eine dogmatische Untersuchung zur Soziologie der Kirche, DBW 1.
5. Vgl. Bonhoeffer, Akt und Sein. Transzendentalphilosophie und Ontologie in der Systematischen Theologie, DBW 2.

Theological Seminary in New York City ging. Am 5. September 1930 schiffte er sich nach Amerika ein und war wie alle Neuankömmlinge beim Eintreffen in New York überwältigt vom Steingebirge Lower Manhattans. »Als er die Wolkenkratzer und Steinschluchten hinter sich hat, kam die zweite Überraschung. Das Union Theological Seminary ist ein Neu-Altbau im englisch-gotischen Stil. Gleich nebenan liegt Harlem, das schwarze Ghetto.«[6] Das Union Seminary steht ethisch in der Tradition des *social gospel*. Der Grundgedanke ist, dass das Evangelium eine soziale Gestalt hat, die sich auch außerhalb der Kirche in der sozialen und politischen Praxis zeigt. Bonhoeffer, der sich eben noch mit einem dogmatischen Thema habilitiert hatte, schrieb zu Beginn seines Amerikaaufenthaltes nach Hause: »Eine Theologie gibt es hier nicht!«[7] Am Ende seines Studienjahres hat er das anders gesehen. Der theologische Kontext hatte ihm neue ethische Einsichten vermittelt. »Der Eindruck, den ich von heutigen Vertretern des social gospel empfangen habe, wird für mich auf lange Zeit hinaus bestimmend sein.« Was war geschehen? Biographisch gesehen traf Bonhoeffer in den USA auf Menschen, die ein soziales und politisches Christentum verkörpern. Ihn erschreckte die strikte Rassentrennung in der amerikanischen Gesellschaft, die von der Mehrzahl der weißen Kirchen übernommen wurde. Paul Lehmann, der mit ihm am Union Seminary forschte, zeigte Bonhoeffer das ›andere Amerika‹, zu dem das politische und soziale Engagement einer Kirche ›von unten‹ mitten im Massenelend der wirtschaftlichen Depression gehört. Renate Wind kommentiert: »In dieser Szenerie, die man teilweise später in der amerikanischen Bürgerrechtsbewegung wieder finden wird, entstehen auch erste Ansätze zur Überwindung der Rassentrennung. Reinhold Niebuhr empfiehlt seinen Studenten die Lektüre schwarzer amerikanischer Literatur.«[8] Bonhoeffer wird später als Leiter des Predigerseminars in Finkenwalde seine Vikare mit der Literatur und Musik des schwarzen Amerika vertraut machen. Schließlich lernt Bonhoeffer über die Freundschaft zu dem schwarzen Kommilitonen Frank Fisher das Ghetto aus nächster Nähe kennen. Auch ist er fast jeden Sonntag in der

---

6. Renate Wind, Dem Rad in die Speichen fallen. Die Lebensgeschichte des Dietrich Bonhoeffer, Weinheim 1990, 65.
7. Eberhard Bethge/Renate Bethge/Christian Gremmels (Hg.), Dietrich Bonhoeffer. Bilder aus seinem Leben, München 1983, 74. Nachfolgendes Zitat: ebd.
8. Wind, Dem Rad in die Speichen fallen (s. Anm. 6), 68.

Abessynian Baptist Church in Harlem und schreibt prägnant: »Ich habe in den Negerkirchen das Evangelium predigen gehört.«[9]

Es spricht einiges dafür anzunehmen, dass diese Begegnungen in Harlem bei Bonhoeffer die Einsicht förderte, »wie sehr die Sanctorum Communio in seinem Kopf immer noch die Kirche seiner eigenen bürgerlichen Herkunft ist. Und er ahnt, dass die soziale Sprengkraft des Evangeliums selbst die bürgerliche Kirchlichkeit noch ganz anders in Frage stellt als die dialektische Theologie.«[10]

Der Einfluss des *social gospel* wird Bonhoeffer weder zum religiösen Sozialisten noch zum Befreiungstheologen machen, aber die Begegnung mit dem Kontext Amerika setzt ethisch einen Prozess in Gang, den er später in die schlichten Sätze kleiden wird: »Ich kam zum ersten Mal zur Bibel (...) Ich hatte schon oft gepredigt, ich hatte schon viel von der Kirche gesehen, darüber geredet und geschrieben – und ich war noch kein Christ geworden, sondern ganz wild und unbändig mein eigener Herr (...) Ich war bei aller Verlassenheit ganz froh an mir selbst. Daraus hat mich die Bibel befreit und insbesondere die Bergpredigt.«[11]

3. Berlin, London, Finkenwalde

Nach seiner Rückkehr aus den USA und sensibilisiert für Fragen sozialer Gerechtigkeit und des Rassismus wirkte Bonhoeffer für einige Zeit als Pfarrer im Berliner Arbeiterbezirk Prenzlauer Berg. Daneben nahm er seine Lehrtätigkeit als Privatdozent an der Friedrich-Wilhelm-Universität zu Berlin, der späteren Humboldt-Universität, auf. Er hielt Vorlesungen über Kirche, Ethik und Jesus Christus. In dieser Zeit wurde Bonhoeffer auch zu einem der frühen Kritiker des Nationalsozialismus und der beginnenden ›Gleichschaltung‹ der Kirche. In einem Vortrag beschäftigt er sich mit der *Kirche vor der Judenfrage*[12]. Er empfand die Situation in einer Kirche ›unerträglich‹, die den Arierparagraphen in ihren eignen Reihen einführte. Bonhoeffer verließ resigniert Berlin und wurde 1933 Auslandspfarrer in London. Gleichwohl sah er, dass dem status con-

---

9. Bethge/Bethge/Gremmels (Hg.), Bonhoeffer (s. Anm. 7), 76.
10. Wind, Dem Rad in die Speichen fallen (s. Anm. 6), 69.
11. Bonhoeffer, Brief an eine Bekannte vom 27.01.1936, zit. n. Eberhard Bethge, Dietrich Bonhoeffer. Christ, Theologe, Zeitgenosse. Eine Biographie, Gütersloh ⁹2005, 249.
12. Vgl. DBW 12, 349f.

fessionis – einer Situation des Bekennens – in Deutschland nicht auszuweichen war. Karl Barth schrieb Bonhoeffer nach London, um ihn zur Rückkehr zu bewegen: Er solle »auf seinen Berliner Posten zurückkehren«[13], weil er hier gebraucht werde. Und er wurde dringend gebraucht als Stimme der *Bekennenden Kirche* und als Leiter des illegalen Predigerseminars im pommerschen Finkenwalde. Seine Erfahrungen mit den Vikaren, die er in Opposition zur Hitler-treuen Reichskirche in Pommern ausbilden sollte, fanden ihren Niederschlag in zwei Abhandlungen: *Gemeinsames Leben*[14] (1937) und *Nachfolge*[15] (1939). Anfang der 1940er Jahre nahm Bonhoeffer über seine Familie Kontakt zum politischen Widerstand gegen Hitler auf. Freund und Gesprächspartner war Hans von Dohnanyi, der Ehemann seiner Schwester Christine, der im Referat der Abwehr unter Oberst Canaris arbeitete. Bonhoeffer befand sich im unmittelbaren Kreis der Verschwörer gegen Hitler. Den Entschluss, sich dem politischen Widerstand anzuschließen, erläuterte Bonhoeffer in einem Bild: Wenn ein Wahnsinniger mit seinem Auto auf dem Kurfürstendamm über den Bürgersteig steuere, dann könne seine Aufgabe als Pfarrer nicht nur darin bestehen, die überfahrenen Passanten zu beerdigen. Nein, er müsse hinzuspringen und den Fahrer vom Steuer reißen, wenn er an dieser Stelle steht. Hitler war für Bonhoeffer dieser Wahnsinnige. Wer daher nicht bereit ist, Hitler zu töten, wird – ob er will oder nicht – mitschuldig am Massenmord. Während der Zeit der Konspiration dachte Bonhoeffer immer wieder darüber nach, wie verantwortliches Handeln in seiner Zeit möglich ist, ja wie unausweichlich es zu einem Schuldigwerden in »den vorletzten Dingen« kommen kann.[16] Die Frucht seiner Gedanken ist der Nachwelt in den Ethikfragmenten[17] überliefert, die zwischen 1940 und 1943 entstanden. Am 5. April 1943 wurde Dietrich Bonhoeffer von der Gestapo im Haus seiner Eltern verhaftet. Ein bewegtes Leben fand äußerlich einen Abbruch.

13. Vgl. Karl Barth, Brief vom 30.11.1933 an Dietrich Bonhoeffer, DBW 13, 31.
14. Vgl. DBW 4.
15. Vgl. DBW 5.
16. Vgl. das Ethik-Manuskript »Die letzten und die vorletzten Dinge«, DBW 6, 137-162. Bonhoeffer unterscheidet die »letzten Dinge« (das ist für ihn, was die Reformatoren die Rechtfertigung des Sünders aus Gnade allein nannten, der Abbruch alles »Vorletzten«) von den sogenannten »vorletzten Dingen« (das meint für Bonhoeffer alle Vorgänge ›in der Zeit‹, die der Rechtfertigung bedürfen, eben auch ein ›Schuldigwerden‹).
17. Vgl. DBW 6.

4. Gefängniszelle von Berlin-Tegel

Wie kann ein Mensch unter den Umständen einer würdelosen Inhaftierung so ruhig formulieren und annehmen, dass es einen »Bruch« in seinem Leben nicht gegeben habe? Wie kann er noch im Angesicht der bevorstehenden Exekution im Morgengrauen des 9. April 1945 gelassen bekennen, dass dies nicht das Ende, sondern der Beginn des Lebens sei? Alles Psychologisieren kommt hier zu einem Ende. Bonhoeffer konnte einen »Bruch« in seinem Leben bis in den Tod hinein verneinen, weil er sein Leben in einem Deutehorizont sah, der alles Äußere radikal relativierte. Eine *Theologie des Lebens* kündigt sich an, die das Leben ganz vom Glauben her bestimmt sein lässt, ja in dem sich der Glaube geradezu in das Leben hinein ›übersetzt‹ und im Ritual Halt findet. Jetzt erwächst ›Lebensqualität‹ nicht aufgrund der Ausstattung des Zimmers (Gefängniszelle!), noch aufgrund der Qualität der Mahlzeit (trocken Brot!). Vielmehr gibt ein klarer Tagesablauf mit regelmäßigen Gebetszeiten seinem Leben Halt auch in der Gefängniszelle des Wehrmachtsuntersuchungsgefängnisses. Dabei konnte Bonhoeffer auf frühere Erfahrungen zurückgreifen. Dass der Tag einen festen, ja liturgischen Rahmen haben sollte, hatte er bei Besuchen von Klöstern in England kennen gelernt und später in seinem Predigerseminar eingeführt: Das christliche Leben ist ein Leben, bestimmt durch feste Andachtszeiten, Gebet, Dank und Gotteslob. Hieraus erwuchs ihm die Kraft zur täglichen Lebensbewältigung. Seine Theologie war eingebettet in eine tiefe Frömmigkeit, und (nur) so wurde seine Theologie eine Theologie für das Leben. Die ergebene Achtung des Heiligen, seine Hinwendung zu Stille und Anbetung muss mitbedacht werden, will man verstehen, was den Theologen und Widerstandskämpfer nach seinem Tod berühmt gemacht und sein Lebenswerk überdauert hat.

5. Religion, Religionslosigkeit und »nicht-religiöse« Interpretation

Im Mai 1944 schreibt Dietrich Bonhoeffer an seinen Freund Bethge: »Ich denke augenblicklich darüber nach, wie die Begriffe Buße, Glaube, Rechtfertigung, Wiedergeburt, Heiligung ›weltlich‹ – im alttestamentlichen Sinne und im Sinne von Joh. 1,14 – umzuinterpretieren sind. Ich werde Dir weiter darüber schreiben!«[18] In der anschließenden theologi-

---

18. DBW 8, 416. Interessanterweise geht Bonhoeffer in diesem Zusammenhang

schen Korrespondenz finden sich die berühmten Formulierungen von der »religionslosen Zeit«, der wir entgegengehen und von der »mündigen Welt«, die auch ohne den »Vormund Gott« existieren kann. Mit diesen Formulierungen möchte Bonhoeffer eine Interpretationsform schaffen, in der Christus wirklich wieder *Herr der Welt* wird. Diese Form der Interpretation, nach der Religion nicht mehr zur Vorbedingung des Heils werden soll, nennt Bonhoeffer eine »weltliche« oder auch »nichtreligiöse« Interpretation. Damit ist keine abstrakte Interpretationsform gemeint; vielmehr hat Bonhoeffer die nichtreligiöse Interpretation der *biblischen Begriffe* vor Augen.

Bonhoeffer meint, dass die bisherige ›Religion‹ es nicht vermocht habe, dem modernen Menschen in seinem täglichen Leben mit all seinen Problemen zu begegnen. ›Religion‹ habe von einem jenseitigen Gott geredet, der mit dem modernen Leben der Menschen aber gar nichts mehr zu tun hat. Von einem jenseitigen Gott zu reden, sei überdies ein Widerspruch zur Bibel. Denn hier will Gott gerade ein diesseitiger Gott sein, der mit den konkreten Problemen der Menschen zu tun hat: »Gott ist mitten in unserem Leben jenseitig. Die Kirche steht nicht dort, wo das menschliche Vermögen versagt, an den Grenzen, sondern mitten im Dorf. So ist es alttestamentlich, und in diesem Sinne lesen wir das N.T. noch viel zu wenig vom Alten her.«[19] Bonhoeffer möchte dazu einladen, die Bibel neu zu lesen – ohne ›Religion‹, aber mit Glauben. Er sucht eine Antwort auf die Frage, »was das Christentum oder auch wer Christus heute für uns eigentlich ist«[20]. In den zahlreichen Briefen, die uns aus der Tegeler Zelle überliefert sind, besser bekannt unter dem Bestseller-Titel »Widerstand und Ergebung«[21], ringt Bonhoeffer mit dieser Frage. Was wollte er aber? Viele Interpretationen seiner Gedanken sind in Kirche und Theo-

auch auf Rudolf Bultmanns »Entmythologisierungsprogramm« ein. Gegenüber Bethge meint er: »Du erinnerst Dich wohl des Bultmann'schen Aufsatzes über ›Entmythologisierung des Neuen Testaments‹. Meine Meinung dazu würde heute die sein, daß er nicht zu weit, wie die meisten meinen, sondern zu wenig weit gegangen ist. Nicht nur ›mythologische‹ Begriffe wie Wunder, Himmelfahrt etc. (…), sondern die ›religiösen‹ Begriffe schlechthin sind problematisch. Man kann nicht Gott und Wunder voneinander trennen (wie Bultmann meint), aber man muß beide ›nicht-religiös‹ interpretieren und verkündigen können« (DBW 8, 414).
19. DBW 8, 408.
20. Vgl. Bonhoeffer, Brief vom 30. 4. 1944, in: DBW 8, 401–408, Zitat 402.
21. Vgl. DBW 8. Der deutsche Titel »Widerstand und Ergebung« geht auf das gleich lautende Wortpaar im Brief Bonhoeffers an Bethge vom 21. 2. 1944 zu-

logie versucht worden. Die meisten sagen allerdings mehr über die Interpreten aus als über Bonhoeffer. So wird Bonhoeffer, der eine religionslose Zeit voraussagt, von den einen als ›Atheist‹[22] oder als ›Säkularer‹[23] bezeichnet, um von anderen als ›religiöse Natur‹[24] tituliert zu werden; wieder andere haben in ihm den ›Vater-der-Gott-ist-tot-Theologie‹ gesehen[25]. Oder war er ein ›Gnostiker‹[26], ein ›Sprachanalytiker‹[27], ein ›Hermeneutiker‹[28], ein ›Konservativer‹[29] oder bloß ein ›Rezipient‹[30]? Redet er gar der »Selbstsäkularisierung des Protestantismus«[31] das Wort?

Bonhoeffers Theologie hat wegen ihres fragmentarischen Bestandes zu Fehldeutungen geradezu eingeladen. Die meisten Bonhoeffer-Interpreten gingen bislang von ihrem eigenen religiösen oder eben weltlichen Verständnis von Gott aus und fanden das dann bei Bonhoeffer bestätigt oder nicht bestätigt. Dabei sind solche zweifelhaften Interpretationsversuche zu vermeiden, wenn man sich der Mühe unterzieht, Bonhoeffer von seinen eigenen Voraussetzungen her zu verstehen. Bonhoeffer entwickelt seine Ideen zur ›nicht‹- religiösen oder ›weltlichen‹ Interpretation ja

rück (vgl. DBW 8, 334). Im Englischen werden die Briefe unter dem Titel »Letters and Papers from Prison« publiziert.

22. Vgl. Alasdair MacIntyre, God and the Theologians, in: Encounter 21, Nov 1963, 3- 10, Beleg 3.
23. Vgl. Arnold E. Loen, Säkularisation. Von der wahren Voraussetzung und angeblichen Gottlosigkeit der Wissenschaft, 1965, 205 ff. (engl.: Secularization. Science without God?, London 1967, 188 ff.).
24. Vgl. John Macquarie, God and Secularity, New Directions in Theology Today III, 1968, 72 ff.
25. Vgl. William Hamilton, A secular Theology for a World come of Age, in: Theology Today 18, 1962, Beleg 440; vgl. auch John A. T. Robinson, Honest to God, London 1963 ([22]1991).
26. Vgl. C. B. Armstrong, Christianity without religion, in: CQR 165, 1964, 175-184; M. D. Hunnex, Religionless Christianity: Is it a New Form of Gnosticism?, in: Christianity 10, 6, Jan 7, 1966, 7-9.
27. Vgl. Paul van Buren, The secular meaning of the Gospel. Based on an analysis of its language, London 1963.
28. Vgl. Klaus-Michael Kodalle, Dietrich Bonhoeffer. Zur Kritik seiner Theologie, Gütersloh 1991.
29. Vgl. E. C. Bianchi, Bonhoeffer and the Church's prophetic mission, in: Theological Studies (Baltimore) 28, 1967, 801-811.
30. Vgl. Gerhard Krause, Art. ›Bonhoeffer, Dietrich‹, in: TRE 7, 198l, 55-66, weist wiederholt Begriffe Bonhoeffers als bloß aus anderen Quellen übernommen und sekundär aus, vgl. etwa art. cit. 64, Anm. 1 und 6.
31. Diese Meinung gibt Christian Gremmels, Religionslosigkeit?, in: Bonhoeffer-Rundbrief 76 (2005), 24 wieder.

nicht im luftleeren Raum. Er war beeinflusst von seinem sozialen Umfeld, von seiner theologischen Prägung – zunächst durch die *liberale*, dann durch die *dialektische Theologie* – und von einer immensen Gabe, immer neue Impulse aufzunehmen. So bewältigte er während seiner Tegeler Haftzeit ein riesiges Lesepensum. Ihm war später auch erlaubt, Bücher in seine Gefangniszelle zu bestellen und er machte davon ausgiebig Gebrauch.

6. Eine ›Theologie des Lebens‹

Dietrich Bonhoeffer las u. a. Schriften des spanischen Kultur- und Lebensphilosophen Ortega y Gasset (1883-1955); über mehrere Monate studierte er Bände des deutschen Philosophen Wilhelm Diltheys (1833-1911). Für beide Denker war die entscheidende Frage: Wie können wir den geistesgeschichtlichen Prozess verstehen, der seit der Renaissance und Reformation dem Menschen Mündigkeit und Autonomie gebracht hat? Ihre Antwort lautete: Indem wir uns vergegenwärtigen, dass die Menschen sich von der Metaphysik abwendeten, d.h. von allen jenseitigen Erklärungsmodellen, auch von einem jenseitigen Gottesverständnis, und begannen, sich aus sich selbst heraus, d.h. aus ihrem Leben heraus, zu begreifen. Da der Begriff des Lebens eine zentrale Rolle im Denken dieser philosophischen Strömung einnimmt, nennt man sie auch ›Lebensphilosophie‹.

Liest man nun die Briefe, die Bonhoeffer in zeitlicher Nähe zu seiner philosophischen Lektüre geschrieben hat, so stellen sich faszinierende Parallelen ein. Bonhoeffer teilt die Analyse der Philosophie! Die Autonomie der Welt, der Menschen und des Lebens werden von ihm positiv beurteilt, die Mündigkeit wird bejaht. Den Diltheyschen Grundsatz, »hinter das Leben kann das Erkennen nicht zurückgehen«[32], kann Bonhoeffer bereits bei Ortega y Gasset kennen lernen. Bonhoeffer spricht in Anlehnung an die Lebensphilosophie auch von der Bedeutung der »Polyphonie des Lebens«[33]. Das Besondere der Bonhoefferschen Rezeption der

32. Etwa Wilhelm Dilthey, Gesammelte Schriften Bd. 8, 180. In Anlehnung an Dilthey möchte Ortega y Gasset nicht dem subjektiven Zug einer begriffslosen Lebensphilosophie erliegen und gewinnt in der Geschichte den objektiven Maßstab zur Betrachtung des Lebens: »Was der Mensch sei, sagt ihm die Geschichte« (Dilthey, Ges. Schr. 8, 224).
33. Etwa DBW 8, 440. Die Rede von der »Polyphonie« ist Dietrich Bonhoeffer aus der Musiktheorie wichtig geworden; vgl. hierzu etwa Andreas Pangritz,

Lebensphilosophie liegt in der Bezogenheit auf die Theologie: Er teilt die philosophische Analyse, wendet sie dann aber auf einen bestimmten Gottesbegriff an. Die Lebensphilosophie habe darin recht, dass sie sich von einem jenseitigen »Gott« verabschiede. Es ist der »Gott« der Religion (bei Bonhoeffer stets in Anführungszeichen). Die philosophische Analyse macht geradezu den Weg frei für ein echtes Gottesverständnis, nach dem Gott »teilnimmt am Leiden der Welt« und die Christen aufgefordert sind, »im diesseitigen Leben Gottes Leiden mitzuleiden«[34]. Darin spiegelt sich der Gegensatz zur Religion. Bonhoeffer spitzt zu: »Jesus ruft nicht zu einer neuen Religion auf, sondern zum Leben.«[35] Es geht ihm um die konkrete Diesseitigkeit des Glaubens im wirklichen Leben. So mahnt er dazu, »Gott in unserem *Leben* und in dem, was er uns an Gutem gibt«[36], zu lieben. Auf den »Gott« der Jenseitsvertröstung können wir verzichten – wir können »ohne« ihn leben. Bonhoeffer erkennt unter Zitation Diltheys, »daß wir in einer Welt leben müssen – etsi deus non daretur«[37] (als wenn es keinen Gott gäbe). Am 21. Juli 1944 – einen Tag nach dem fehlgeschlagenen Attentat auf Hitler! – schreibt Bonhoeffer aus seiner Gefängniszelle, »daß man erst in der vollen Diesseitigkeit des Lebens glauben lernt.«[38] Der Lebensbegriff, den Bonhoeffer von Dilthey übernimmt, wird in bestimmter Weise qualifiziert. Er meint nicht »die platte und banale Diesseitigkeit der Aufgeklärten, der Betriebsamen, der Bequemen oder der Lasziven, sondern die tiefe Diesseitigkeit, die voller Zucht ist, und in der die Erkenntnis des Todes und der Auferstehung immer gegenwärtig ist«[39]. So unterscheidet sich Bonhoeffer von der Lebensphilosophie und interpretiert das Leben christlich. Philosophisch betrachtet ist das Leben mehrdeutig; eindeutig wird es erst im Blick auf Jesus Christus. Leben ist nun nicht mehr nur Genießen, sondern schließt das Mit-

Polyphonie des Lebens. Zu Dietrich Bonhoeffers ›Theologie der Musik‹, Berlin 1994. Ich habe in meinem Buch (s. Literaturempfehlung unten) zu zeigen versucht, dass mit der Rede von der ›Polyphonie des Lebens‹ ein Zusammenhang zu Diltheys ›Von Deutscher Dichtung und Musik‹ besteht, einer Aufsatzsammlung, die Bonhoeffer zu seinem Geburtstag am 4.2.1944 von seinem Bruder Klaus bekommen hat (vgl. Hinweis in DBW 8, 319).
34. DBW 8, 542.
35. DBW 8, 537.
36. DBW 8, 244. Bonhoeffer fährt pointiert fort: Dass »ein Mensch in den Armen seiner Frau sich nach dem Jenseits sehnen soll, das ist milde gesagt eine Geschmacklosigkeit und jedenfalls nicht Gottes Wille.« (ebd.)
37. DBW 8, 533 (bei Dilthey, Ges. Schr. Bd. 2, 280).
38. DBW 8, 542.
39. DBW 8, 541.

leiden ein. Leben meint die Teilnahme am Leiden Gottes in der Welt. Bonhoeffer ruft dazu auf, »im diesseitigen Leben Gottes Leiden« mit zu leiden. Dieser mitleidende Gott will aber geglaubt werden; er ist weder in der Welt damals nachweisbar, noch in unserer Welt. Er ist überhaupt keine »Arbeitshypothese«. Daher gilt: »Vor und mit Gott leben wir ohne Gott.«[40]

7. Religionsboom, religiöser Pluralismus und »nichtreligiöse Interpretation«

Nichtreligiöse Interpretation beinhaltet nach dem Ausgeführten eine Interpretationsform, die mündig gewordenes Leben und Jesus Christus konstruktiv zueinander in Beziehung setzt – und dies *ohne* Religion als Bindemittel oder ›Kitt‹. Wenn diese Deutung zutreffend ist, dann muss aus Sicht des 21. Jahrhunderts gefragt werden, ob die Forderung einer nichtreligiösen Interpretation angesichts eines nicht zu leugnenden religiösen Booms das Lebenswerk Bonhoeffers überdauert hat. Ist der Theologe und Widerstandskämpfer nicht zumindest empirisch widerlegt? Hat er sich mit der Vorhersage der Religionslosigkeit geirrt? In der Tat: Es spricht Einiges dafür, dass die These von der Religionslosigkeit angesichts der Rückkehr von Religion auch in Kirche und Theologie nicht mehr selbstredend ist. »Es ist an der Zeit«, so der bedeutende Bonhoeffer-Interpret Christian Gremmels, »diese Debatte neu zu eröffnen.«[41]

Wo zu dieser Debatte vom Ergebnis der vorangegangenen Ausführungen beigetragen wird, muss bedacht werden, dass »Religion« im theologischen Entwurf Bonhoeffers kein tragendes Konzept ist. Nicht Religion, und schon gar nicht eine geschlossene Theorie der Religion – wie sie vor ihm Karl Barth und nach ihm Paul Tillich vorlegen wird – geben die entscheidende Richtung vor. Stattdessen liegt im Lebensbegriff die Stoßrichtung der sog. nichtreligiösen Interpretation; und hier müsste m. E. eine weiterführende Debatte in Theologie und Kirche ansetzen. Auf zwei Implikationen einer nichtreligiösen Interpretation möchte ich hinweisen:

---

40. DBW 8, 534.
41. Gremmels, Religionslosigkeit? (s. Anm. 31), 24.

7.1 Die politische Dimension der »nichtreligiösen« Interpretation – oder: Keine religiöse Überhöhung des Politischen

Es zeigte sich: Im Diesseits, gerade auch im Leiden soll von Gott gesprochen werden. Nichtreligiöse Interpretation hat mit dem Diesseits, dem gelebten Leben und dem Leiden zu tun, das die Heilsbedeutung aus dem Leiden, Sterben und Auferstehen Jesu von Nazareth gewinnt. Eine religiöse Interpretation hat dagegen für Bonhoeffer allein mit dem Jenseits zu tun und damit der Verweigerung von realem Leiden in der Zeit als zentrale Dimension des christlichen Lebens. In der skizzierten theologischen Ausrichtung bleibt das Unternehmen »nicht-religiöse« Interpretation auch für die politische Ethik bedeutend: Die religiöse Überhöhung des Politischen scheidet nämlich aus. Alles Politische gehört immer zu den »vorletzten Dingen«. Bonhoeffer trägt mit seinem Entwurf einer nichtreligiösen Interpretation zur qualitativen Schärfung jeder neuen Rede von der Religion bei, auch der politischen. Es sollte keiner Verabsolutierung alles Irdischen und damit »Vorletzten« zugearbeitet werden, noch die religiöse Aufladung des Politischen theologisch legitimiert – ob im nationalsozialistischen Kontext oder danach.

Die bleibende Bedeutung der nichtreligiösen Interpretation liegt in der doppelten Würdigung der »vorletzten Dinge«:
– kein vorschnelles Überspringen der »vorletzten Dinge«, also keine Jenseitsvertröstung, die das Leiden aus dem Blickfeld verlöre;
– keine religiöse Überhöhung der »vorletzten Dinge«, etwa des Politischen durch religiöse Aufladung (wie z. B. in der Rede von der »Achse des Bösen« oder vom »heiligen Krieg«)[42].

7.2 Die religionstheoretische Dimension – oder: Glauben und Religion sind keine Gegensätze mehr

Verwirrend ist die Vokabel »Religion« in Bonhoeffers Tegeler Theologie als Gegenstück seiner Theologie des Lebens. So bleibt die kritische Rückfrage, ob und wenn ja, welche Aussagekraft die nichtreligiöse Interpretation angesichts der Rückkehr des Religiösen haben kann.

Um in dieser zentralen Frage nicht vorschnell zu urteilen, sollte auf der Grundlage der vorangegangenen Diskussion zweierlei bedacht werden:

---

42. Als ich 2002 – im Jahr der Wiederwahl von George W. Bush als US-Präsident – ein Seminar über Dietrich Bonhoeffer am Union Theological Seminary in New York hielt, spielte diese aktualisierende Dimension der Religionskritik Bonhoeffers im amerikanischen Kontext eine zentrale Rolle.

Religionslosigkeit bedeutete für Bonhoeffer die Theorielosigkeit von Religion, weniger ein totales Verschwinden von Religion im Sinne eines losen Verweisungszusammenhangs.

Religion stand für Bonhoeffer im Gegensatz zu Leben, weil Religion, wie er sie vor Augen hatte, auf die Vertröstung auf das Jenseits oder die Innerlichkeit abzielte.

Wenn auch »Religion« nicht aus dem Vokabular verschwunden ist, so bleibt als Gegenfrage zu prüfen, ob wir der Zeit von geschlossenen Religionskonzeptionen entgegengehen. Gibt es heute *eine* Religion, von der alle Facetten unserer Lebenswirklichkeit abhängen? Kann *ein* Religionsentwurf heute als archimedischer Punkt in Kirche und Theologie gelten? Fragen wie diese zu stellen, heißt sie zu verneinen. Weiter darf mit einigem Recht gefragt werden, ob Bonhoeffers Prognose einer Religion, die ihren angestammten Ort verloren hat (›Ortslosigkeit von Religion‹), nicht zumindest da zutrifft, wo man religiöse Strömungen außerhalb von Theologie und Kirche vor Augen hat. Wer wollte behaupten, dass Strömungen wie »New Age« geschlossene Konzeptionen darstellten, die Entwürfen des 19. Jahrhunderts, namentlich Friedrich Daniel Schleiermachers, vergleichbar wären? Was schließlich den innerkirchlichen Diskurs angeht, wäre zu prüfen, ob eine latente Renaissance des Wortes Religion tatsächlich wieder zur Theoriebildung von Religion führt. »Nicht die Religion hat sich als Illusion erwiesen, sondern die Religionstheorie«, postulierte Hermann Lübbe[43] schon vor über 20 Jahren. Wenn das zutrifft, dann war Bonhoeffer mit seiner Absage an die Religionstheorie seiner Zeit voraus gewesen. Wir gehen einer »völlig religionslosen Zeit entgegen« heißt dann: *Wir gehen einer Zeit entgegen, in der nicht mehr alle Deutungen des Lebens von* einem *Religionskonzept abhängen.* Trotz latenter Rückkehr des Religiösen gibt es wohl nicht mehr die *eine* Religion mit theoretischer Grundlage und absolutem Wahrheitsanspruch. Statt einen Religionsbegriff auszubilden, sollte im Sinne Bonhoeffers der konstruktive Impuls der Religionskritik lebendig bleiben, ja auch und gerade, wo Religion eine Renaissance erlebt.

Vielleicht ist unsere Zeit in manchem Diltheys und Ortega y Gassets innerer Verbindung von Leben und Religion näher; jedenfalls erscheint Religion nicht im Zusammenhang von lebensfremd: »Religion« und »Fülle des Lebens« sind keine Gegensätze mehr. Überhaupt scheint Religion

---

43. Hermann Lübbe, Religion nach der Aufklärung, Darmstadt 1986, 14.

heute kaum mehr geeignet, eine Wirklichkeit zu beschreiben, die jenseits des gelebten Lebens steht. Mit der Religion kehrt zumindest nicht der Glaube an einen Gott der Jenseitsvertröstung oder der reinen Innerlichkeit zurück. Könnte man argumentieren, dass Bonhoeffers Impuls ›Religion als Metaphysik oder Innerlichkeit‹ zu kritisieren in Theologie und Kirche längst verarbeitet ist? Die Frage zu stellen, bedeutet sie zu bejahen.[44] Es spricht Vieles dafür, dass der kritische Grundtenor heute geteilt wird; nur: am Wort Religion wird wieder festgehalten. Wir gehen einer »völlig religionslosen Zeit entgegen« hieße dann: *Wir gehen einer Zeit entgegen, in der von Gott nicht mehr an den Rändern des Lebens oder der reinen Innerlichkeit gesprochen wird.* Wer wollte bestreiten, dass das so ist? Die Wiederkehr von Religion in Theologie und Kirche steht daher nicht im Widerspruch zur Tegeler Theologie. Im Gegenteil: Bonhoeffers religionskritischer Impuls könnte zur qualitativen Schärfung der neuen Rede von der Religion beitragen. Und so verstehe ich Dietrich Bonhoeffers Entwurf als Ermutigung, auf dem »Markt der Möglichkeiten«, dem sogenannten Pluralismus, die Stimme der Kirche selbstbewusst einzubringen, nicht dominierend, aber hörbar; eine Stimme, die erklingt aus der »Polyphonie« des christlichen Lebens: sie kommt aus dem anbetenden Schweigen vor dem Heiligen einerseits und dem nichtreligiösen Bekennen vor der Welt andererseits. Vieles deutet darauf hin, dass es auf diese Stimme im 21. Jahrhundert wieder neu ankommen wird.

Literaturempfehlungen

Biografien

Bethge, Eberhard, Dietrich Bonhoeffer. Christ, Theologe, Zeitgenosse. Eine Biographie, Gütersloh ⁹2005.
Wind, Renate, Dem Rad in die Speichen fallen. Die Lebensgeschichte des Dietrich Bonhoeffer, Weinheim/Basel 1994.

Theologische Darstellungen

Feil, Ernst, Die Theologie Dietrich Bonhoeffers. Hermeneutik, Christologie, Weltverständnis, Münster ⁵2006 (engl. 1985).
Dramm, Sabine, Dietrich Bonhoeffer. Eine Einführung in sein Denken, Gütersloh 2001.

44. Vielleicht wäre es im Sinne der Gegenprobe lohnenswert, gegenwärtige religionspädagogische oder homiletische Entwürfe daraufhin durchzusehen, ob dort ein Religionskonzept der Innerlichkeit oder Metaphysik vertreten wird.

Plant, Stephen, Bonhoeffer, London 2001.

Wüstenberg, Ralf K., Eine Theologie des Lebens. Dietrich Bonhoeffers »nichtreligiöse Interpretation biblischer Begriffe«, Leipzig 2006 (engl. 1998).

Von Gott unter den Bedingungen des 20. Jahrhunderts reden – Paul Tillich und die Theologie der Kultur

Christoph Schwöbel

1. Über die Idee einer Theologie der Kultur

Am 16. April 1919 hielt der damalige Stadtvikar und Privatdozent an der Theologischen Fakultät der Berliner Universität, Paul Tillich, vor dem Berliner Kapitel der Kant-Gesellschaft einen Vortrag mit dem programmatischen Titel: »Über die Idee einer Theologie der Kultur«[1]. In diesem Vortrag legte Tillich die Sicht der Aufgabe der Theologie im 20. Jahrhundert vor, die seine theologische Arbeit unter vielfach veränderten Bedingungen und in mannigfaltigen Variationen bis zu seinem Tod am 22. Oktober 1965 prägen sollte. Der Vortrag fasst die Einsichten zusammen, die Tillich aus der Erfahrung des Ersten Weltkriegs gewonnen hatte, und präsentiert die Grundorientierungen, die er für den Neuaufbruch der Weimarer Republik in Kultur und Gesellschaft für richtungweisend hielt. Den Ersten Weltkrieg hatte Tillich an seinem Ende als Zusammenbruch der bisherigen Ordnung der Kultur erlebt. Die aufgewühlten Anfangsjahre der Weimarer Republik verstand er als »Kairos«, als radikale Unterbrechung des kontinuierlichen Zeitverlaufs der Geschichte, als Chance zum radikalen Neuanfang, zur Neugestaltung des gesamten Kulturlebens, als einen nach dem Gottesgericht des Krieges geschenkten Moment der Gnade, als Aufruf an die Theologie, aus den Begrenzungen einer Kirchentheologie auszubrechen und zur Theologie der Kultur zu werden.

So beginnt der Vortrag mit einer neuen Aufgabenbeschreibung der Theologie. Theologie ist für Tillich »konkret-normative Religionswissenschaft«[2]. Anders als die Erfahrungswissenschaften, in denen der konkrete Standpunkt, von dem aus sie betrieben werden, überwunden werden muss, gehört in den systematischen Kulturwissenschaften »der Standpunkt des Systematikers zur Sache selbst«[3]. Darum ist in den Kulturwis-

---

1. Paul Tillich, Über die Idee einer Theologie der Kultur (1919), in: Paul Tillich, Main Works/Hauptwerke 2: Writings in the Philosophy of Culture – Kulturphilosophische Schriften, hg. von M. Palmer, Berlin/New York 1990, 69-85.
2. Ebd., 70.
3. Ebd., 71.

senschaften jeder Allgemeinbegriff »ein verhüllter Normbegriff«[4]. Die Begriffe der Kulturwissenschaft – und dazu gehört nach Tillich auch die Theologie – versuchen also nicht, das, was ist, auf den Begriff zu bringen, sondern entwerfen ein normatives System, das zwar auf den allgemeinen Kategorien der Wirklichkeitserfassung aufruht, diese aber an den konkreten Phänomenen aufzuspüren versucht und sie normativ-systematisch verbindet. Vor diesem Hintergrund kann dann die Aufgabe der Theologie so definiert werden: »Aufgabe der Theologie ist demnach, von einem konkreten Standpunkt aus auf Grund der religionsphilosophischen Kategorien und unter Einbettung des individuellen Standpunkts in den konfessionellen und der allgemein religionsgeschichtlichen und den geistesgeschichtlichen überhaupt ein normatives Religionssystem zu entwerfen.«[5] Die Theologie hat demnach weder einen besonderen Gegenstand neben anderen Gegenständen, der Gott genannt wird, noch ist sie die Entfaltung einer besonderen Offenbarung, die im Gegensatz zu den allgemeinen Erkenntnisformen stehen würde. Vielmehr kann Gott theologisch nur so erfasst werden, wie er sich in der Wirklichkeit erweist, so dass die Erkenntnis Gottes nicht eine besondere Erkenntnisform ist, sondern nur im Zusammenhang der allgemeinen Erkenntnisformen bestimmt werden kann. Deswegen redet Tillich in seinem Vortrag nicht von Gott, sondern von der Religion, bestimmt aber die Religion durch die Erfahrung des Unbedingten – eine Umschreibung des Gottesbegriffs, die deutlich machen soll, dass Gott nicht ein Gegenstand neben anderen ist, sondern das Unbedingte gegenüber allen Bedingtheiten.

Nun soll die Theologie als normative Kulturwissenschaft die Kultur nicht nur beschreiben, sondern durch normativ-systematische Reflexion zu ihrer Gestaltung beitragen. In der Situation nach dem Ersten Weltkrieg, der als die Aufdeckung der verlorenen Einheit und Ordnung der Kultur verstanden wurde, kann die Theologie nur zur Kulturgestaltung beitragen, indem sie versucht, die Einheit der Kultur neu zu erfassen. Die Theologie der Kultur muss in dieser Situation die Aufgabe übernehmen, die früher, als die Kirche noch die übergreifende Kulturgemeinschaft war, der theologischen Ethik zugewiesen wurde: konkrete Orientierung zur Gestaltung des Lebens in allen Lebensbereichen zu geben. Wie diese Aufgabe wahrgenommen werden kann, zeigt für Tillich nicht mehr die Kirche, die zu einer Spezialinstitution in der Gesellschaft geworden ist, sondern die Religion. Die Religion bringt das Absolute zum Ausdruck und

---

4. Ebd., 70.
5. Ebd., 71.

verspricht darum in allen Bereichen der Kultur absolute Orientierung. Sie tut das aber nicht als ein besonderer Kulturbereich, sondern so, dass sie alle Funktionen des Geistes, die in ihrer Gesamtheit der Kultur zugrunde liegen, in Anspruch nimmt – theoretische wie praktische. Tillich setzt voraus, dass die einzelnen Kulturbereiche, die Wissenschaft, die Kunst, das Recht, das Ethos, autonom geworden sind, indem sie sich von allen Fremdbestimmungen befreit haben und das Prinzip ihrer Unabhängigkeit in einer eigenen kulturellen Form gefunden haben. Die Religion kann nun, wenn sie ihrem Charakter als Ausdruck des Absoluten treu bleiben will, nicht einen Kulturbereich neben den anderen für sich reklamieren wie z. B. die Kirche, oder auf einer religiösen Prägung der Wissenschaft, der Kunst, des Rechtes oder des Ethos neben ihrer autonomen Gestaltung beharren. Das Religiöse muss seinem Wesen getreu nicht *neben* den Kulturbereichen, sondern *in* allen Kulturbereichen zur Geltung gebracht werden. Tillich begründet das durch den Religionsbegriff selbst:

»Religion ist Erfahrung des Unbedingten und das heißt Erfahrung schlechthinniger Realität auf Grund der Erfahrung schlechthinniger Nichtigkeit; es wird erfahren die Nichtigkeit des Seienden, die Nichtigkeit der Werte, die Nichtigkeit des persönlichen Lebens; wo jene Erfahrung zum absoluten, radikalen Nein geführt hat, da schlägt sie um in eine ebenso absolute Erfahrung der Realität, in ein radikales Ja.«[6]

Mit diesem Durchbruch des Unbedingten in allen Kulturbereichen gibt es für Tillich keine besondere Kultursphäre der Religion mehr. Die Autonomie der Kulturbereiche wird nicht angetastet. Es gibt keine Überfremdung der Kultur durch ein fremdes religiöses Gesetz. Aber in allen Kulturbereichen bricht das Unbedingte hervor als radikale Verneinung und als radikale Bejahung. Diesen Hereinbruch des Unbedingten nennt Tillich »Theonomie«. Sie ist nicht die Herrschaft über die Autonomie der Kulturwerte durch ein fremdes Gesetz, sondern wirkt durch ihre Autonomie hindurch. Insofern gilt in Bezug auf die Kulturwerte die Formel: »Je mehr Form, desto mehr Autonomie, je mehr Gehalt, desto mehr Theonomie.«[7] Wenn der Gehalt durchbricht, dann wird durch die überschäumende Fülle des Unbedingten die Form des Bedingten zerbrochen, und doch vollzieht sich der Durchbruch selbst noch in der Form. Tillich sieht die Aufgabe der Theologie der Kultur darin, eine allgemeine religiöse Analyse der Kultur vorzulegen, sie dann geschichtsphilosophisch zu

6. Ebd., 74.
7. Ebd., 75.

typologisieren und schließlich »von ihrem konkreten religiösen Standpunkt aus den idealen Entwurf einer religiös erfüllten Kultur«[8] zu schaffen. Dabei ist die Theologie der Kultur nicht selbst kulturschöpferisch. Das wäre ein Rückfall in die Heteronomie, die Schaffung einer religiösen Parallelkultur zu den autonomen Kultursphären. Vielmehr wird das religiöse Kultursystem vom Kulturtheologen »durch Ausscheidung und Vereinigung nach Maßgabe seines theologischen Prinzips«[9] entworfen. So wird vom Gehalt her die Einheit der Kultur durch die Autonomie der Kulturfunktionen hindurch sichtbar gemacht.

Wie hat man sich das konkret vorzustellen? Tillich unterscheidet zwischen dem Inhalt, der konkreten Bestimmtheit des Gegenstandes und dem Gehalt, der wesentlichen Sinnwirklichkeit, die der Form ihre Bedeutung gibt. Nehmen wir als Beispiel das 1893 vollendete und in vier Versionen existierende Bild »Der Schrei« des norwegischen Malers Edvard Munch (1863-1944), das vielfach als das erste expressionistische Bild verstanden wird. Der Inhalt ist eine Szene auf einer Brücke, die vom Vordergrund in den Hintergrund verläuft. Im Vordergrund ist ein Mensch zu sehen, der sich mit beiden Händen an den Kopf fasst und den Mund zum Schrei geöffnet hat. Im Hintergrund sieht man zwei männliche Gestalten. Der Gehalt ist die Intensität des Schreis, der auf den Betrachter wie ein Angstschrei wirkt, nicht Ausdruck einer bestimmten Furcht, sondern der nackten Existenzangst, die Angst der Erfahrung absoluter Nichtigkeit. Hier wird, so scheint es, erfahren, was Tillich von Schelling zitiert und was er in den Bildern der Expressionisten wiederfindet: »Auf dem Grund alles Lebendigen wohnt das Grauen«[10]. Die Form, die künstlerische Gestaltung des Malers, bringt in der Darstellung des Inhalts, der schreienden Figur, der Brücke, des Himmels und des Wassers die Durchbrechung der Form durch den Gehalt zum Ausdruck. Die wild bewegten groben Kreidelinien, mit denen Meer und Himmel dargestellt werden, die (in den vier Versionen des Bildes variierte) orange-rote Farbgebung des Himmels, das mit dem kühlen Grüngrau der Erde kontrastiert, all das dient der Darstellung eines namenlosen Entsetzens. Der Inhalt wird gleichsam zum Anlass für die Darstellung des Gehalts, der die Form in Verwaltung nimmt und im Zerbrechen der Form, der konventionellen, gleichsam akademischen Darstellung eines Manns auf einer Brücke, noch immer Form ist, jetzt aber in der intendierten Prägnanz, die für den Ge-

8. Ebd., 76.
9. Ebd., 77.
10. Ebd., 78.

halt ausschlaggebend ist. Zeigt sich hier schon das Umschlagen in das radikale Ja?

Die Beispiele, die Tillich in seinem Vortrag gibt, bleiben relativ unbestimmt, ob er die Wissenschaftstheorie, die Individualethik oder die Sozialethik zum Thema macht. Konkrete Orientierungskraft, etwa zum Aufbau der Weimarer Demokratie, haben sie nicht. Aber sie alle dokumentieren ein ungestümes Drängen nach vorn, eine Krise, aus der es keinen Weg zurück mehr gibt, sondern nur den vom Gehalt gewiesenen, aber noch unbestimmten Weg nach vorn. Allerdings stellt sich der Kulturtheologe Tillich doch die für den Herrn Stadtvikar wohl auch notwendige Frage: Wie verhält sich diese Kulturtheologie zur Kirchentheologie? Weder der katholische Weg ist für ihn gangbar, der die »Welt« dem in der Kirche realisierten »Reich Gottes« gegenüberstellt, noch der »altprotestantische«, der alle Sphären der Kultur in die Autonomie entlässt, aber für das religiöse Erkennen einen durch übernatürliche Offenbarung begründeten Sonderweg offen hält. Tillichs Auffassung ist, dass Absolutheit nur dem religiösen Prinzip zuerkannt werden kann, aber keinem einzelnen Element der religiösen Kultur. Trotzdem hat die Kirche eine entscheidende Funktion: Sie sorgt für die Konkretheit und geschichtliche Kontinuität des Kulturideals. Damit kann die Kulturtheologie in ein Verhältnis der konstruktiven Ergänzung zur Kirchentheologie treten. Tillich geht sogar so weit, wie einst die Pietistengemeinschaften in der Kirche, der Kirche die Rolle der ecclesiola in ecclesia, des Kirchleins in der Kirche der Kulturgemeinschaft zuzuschreiben, die dafür sorgt, dass die religiösen Elemente konzentriert in die Gesamtkultur hineingetragen werden.

2. »… daß auch unser Denken gebrochen ist und der ›Rechtfertigung‹ bedarf«

Wie ist Tillich zu dieser Vision einer Theologie der Kultur gekommen? Paul Johannes Tillich wurde am 20. August 1886 in Starzeddel (Kreis Guben) in Brandenburg geboren. 1900 wurde sein Vater als lutherischer Pfarrer in das Königliche Konsistorium berufen. Die Familie zog um. 1904 bis 1909 studierte Tillich in Berlin, Tübingen und Halle Theologie. Die Stimmung und Umstände seines Theologiestudiums sind uns aus einem Brief gut bekannt, den Tillich 1944 an Thomas Mann schrieb. Thomas Mann hatte ihn gefragt, ob er ihn nicht an der Arbeit an seinem Roman »Doktor Faustus« dadurch unterstützen könne, dass er ihm den normalen Werdegang eines Theologiestudenten in der Zeit vor dem Ersten Weltkrieg beschrieb. Der »deutsche Tonsetzer Adrian Leverkühn«, der Held des »Doktor Faustus«, studierte ja zuerst Theologie, bevor er sich ganz der Musik zuwandte. Tillich antwortete mit einem autobiographischen Essay, in dem er vor allem seinen Lehrer Martin Kähler (1835-1912) porträtierte, der seit 1867 in Halle lehrte. Tillichs Skizze zu Kähler ging dann mit vielen Details in die Beschreibung des Theologieprofessors Ehrenfried Kumpf im »Doktor Faustus« ein, dessen Theologie und Persönlichkeit im Roman – abgesehen von den Tillich-Zitaten – nur noch wenig mit dem historischen Martin Kähler zu tun hatten. Tillich beschreibt in diesem Brief, dass die liberale Theologie, wie sie von Adolf von Harnack in Berlin und Wilhelm Herrmann in Marburg vertreten wurde, die Hallenser Theologiestudenten wenig beeindruckte: »Es fehlte uns in ihr die Einsicht in den ›dämonischen‹ Charakter der menschlichen Existenz«[11]. Zudem kritisiert Tillich in diesem Brief, dass der »liberalen« Theologie »eine weitgehende Anpassung an die Ideale der bürgerlichen Gesellschaft«[12] vorzuwerfen sei. Bei Kähler als Vertreter der konservativen Vermittlungstheologie lernte Tillich vor allem, die christliche Lehre von ihrem Zentralartikel, dem Artikel von der Rechtfertigung des Sünders her zu entfalten. So hatte schon Martin Kähler die gesamte christliche Apologetik, die evangelische Dogmatik und die theologische Ethik in seiner »Wissenschaft der christlichen Lehre« »von dem evangelischen Grundartikel aus« dargestellt[13]. Kähler schreibt Tillich auch die »Einsicht« zu, »daß auch unser Denken gebrochen ist und der Rechtfertigung bedarf, und daß darum der Dogmatismus die intellektuelle Form des Pharisäismus ist«[14]. Damit ist das theologische Grundmotiv der gesamten Theologie Paul Tillichs genannt. Es ist die Struktur der Rechtfertigung des Gottlosen, die Vernichtung der Sünde in Gottes Gericht und die radikale Lebendigmachung durch Gottes Gnade, die Tillich in vielfältigen Variationen auf alle Gebiete des Lebens anwendet, nicht zuletzt auf die Erkenntnis selbst, so dass er die Rechtfertigung des Sünders auf die Rechtfertigung des Zweiflers ausdehnen konnte. Das Nein lebt vom Ja, das aber nur im Durchgang durch das Nein gesprochen werden kann.

---

11. Brief Tillichs an Thomas Mann, 23.5.1944, in: Paul Tillich, Impressionen und Reflexionen. Ein Lebensbild in Aufsätzen, Reden und Stellungnahmen, Gesammelte Werke, Bd. 8, Stuttgart 1972, 22-27, 24.
12. Ebd., 25.
13. Martin Kähler, Die Wissenschaft der christlichen Lehre von dem evangelischen Grundartikel aus im Abrisse dargestellt, (1883) 3. Aufl. Leipzig 1905, Nachdruck: Neukirchen-Vluyn 1966.
14. Ebd., 24.

Der Widerspruch lebt aus der Einheit mit dem Wesen, das durch den Widerspruch als Einheit des Getrennten erscheint, und erst darin, dass es den Widerspruch in sich aufnimmt, sein Wesen verwirklicht und sich als das wahre Absolute erweist. Diese Gedanken trieben schon den Studenten Tillich um, der wegen seiner Neigung zur Spekulation von seinen Kommilitonen »das Absolute« genannt wurde.

Vor dem Hintergrund dieser Inspirationen hatte die Spätphilosophie Schellings für Tillich eine besondere Faszination. Er widmet ihr seine philosophische Dissertation über »Die religionsgeschichtliche Konstruktion in Schellings positiver Philosophie«, die er 1910 in Breslau einreichte, und seine theologische Lizentiatendissertation über »Mystik und Schuldbewußtsein in Schellings philosophischer Entwicklung«, die 1912 an der theologischen Fakultät in Halle vorgelegt wurde. Die akademische Qualifikation wird 1915, als Tillich schon Feldprediger war, mit einer Habilitationsschrift über den »Begriff des Übernatürlichen« abgeschlossen. »Supranaturalismus« – das bleibt für Tillich ein theologischer Problembegriff, insofern Gott hier der Welt nur gegenübergestellt wird, dem fragenden Menschen und seiner Welt mit ihren Fraglichkeiten aber stets äußerlich bleibt.

Zum Theologiestudium gehörte aber nicht nur die intensive Auseinandersetzung mit der Rechtfertigungslehre, sondern auch die Studentenverbindung »Wingolf«, wo er im Sommersemester 1907 sogar »1er Chargierter« wurde, wodurch diese Zeit ihm noch im Brief an Thomas Mann 1944 »bis heute als der größte Abschnitt meines Lebens erscheint«[15]. Die grundsätzlichen Debatten unter den Studenten, oft auf Wanderungen und nach Mitternacht geführt, über Gott und die Welt, die Zukunft der Gesellschaft und das Ziel des persönlichen Lebens – Thomas Mann hat ihnen im »Scheunengespräch« des »Doktor Faustus« ein Denkmal gesetzt – greifen auf vieles vor, was Tillich nach 1918 als reale Möglichkeit der Gesellschaftsentwicklung sah.

Sich den Fragen der Gegenwart im Horizont des christlichen Glaubens mit uneingeschränktem Wahrheitswillen zu stellen, war auch das Ziel der Gemeindearbeit Tillichs in Berlin-Moabit. Er lud zu »Vernunft-Abenden« ein, in der die Verteidigung des Christentums nicht als Rückzugsgefecht, sondern im Rahmen einer »Theologie des Angriffs« traktiert wurde. Mit dem Ausbruch des Ersten Weltkriegs meldete sich Tillich als Feldgeistlicher. Kurz zuvor heiratete er Greti Wever. Seine ersten Feldpredigten spiegeln den Ton nationaler Begeisterung, der damals die große

15. Tillich an Thomas Mann (s. Anm. 11), 26.

Mehrzahl deutscher Kriegspredigten prägte und der Karl Barth im schweizerischen Safenwil dazu bewog, in Distanz zu seinen theologischen Lehrern in Deutschland zu gehen. 1916 aber war der wahre Charakter des Krieges, die radikale Infragestellung aller bisherigen Gewissheiten, klar geworden. »Zerbrochen ist unser Glaube an die Welt, zerbrochen unser Glaube an die Kultur, zerbrochen unser Glaube an die Menschheit.«[16] Der Widerspruch, das Nein, das Tillich zuvor im idealistischen System Schellings reflektiert hatte, wird hier in seinem ganzen existenzbedrohenden Grauen klar. Schelling bleibt Tillichs Philosoph, weil er bei ihm – anders als bei Hegel – ein Bewusstsein für das Grauen, die Gebrochenheit, den Abgrund im Grunde der Wirklichkeit bewahrt findet. Darum interpretiert ihn Tillich später im Zusammenhang der Anfänge des existenzialistischen Protestes gegen die abstrakten Synthesen einer Philosophie des Geistes, die der konkreten Konfrontation mit dem Nichts ausweicht. Hier musste sich nun die Wahrheit des Kählerschen Prinzips erweisen, dass »unser Denken gebrochen ist und der ›Rechtfertigung‹ bedarf«.

Der Bruch, den der Erste Weltkrieg offenbar hatte werden lassen, zeigt sich für Tillich nicht nur im Zerfall der Strukturen der Vorkriegsgesellschaft, sondern ebenso in seinem persönlichen Leben. Seine Ehe war zerbrochen, seine Frau erwartete das Kind seines Freundes. Tillich tauchte tief ein in das Leben der Nachkriegsjahre in Berlin, in den Tanz auf den Trümmern der alten Ordnung, mit dem Lebenshunger, der aus der Übersättigung mit Todeserfahrungen erwuchs. Bälle, Kostümfeste, erotische Abenteuer, endlose Gespräche mit Freunden und Freundinnen, rastlose Auseinandersetzungen mit allen kulturellen Strömungen, allen voran der expressionistischen Malerei, die Tillich durch seinen Freund Eckart von Sydow kennenlernte[17]. Das alles schien das schöpferische Zerbrechen der Formen zu dokumentieren, durch das sich ein neuer Gehalt ankündigte. Tillich gehörte dem »Kairos-Kreis« an, einer religiös-sozialistischen Arbeitsgemeinschaft, die an den Prinzipien des neuen Aufbaus arbeitete – allerdings rein theoretisch, ohne Einfluss auf die neuen Konstellationen der Politik. Die erfahrene Zerstörung, der Zerfall der bisherigen Ordnungen hatte – davon war man im Kairos-Kreis überzeugt – einen Wendepunkt in der Geschichte gebracht, einen Kairos, der eine neue Ordnung,

16. E VII, 498. [*Fußnote unklar!]
17. Vgl. Eckart von Sydow, Die deutsche expressionistische Kultur und Malerei, Berlin 1920. Vgl. dazu Tillichs Besprechung: Religiöser Stil und religiöser Stoff in der bildenden Kunst, in: Paul Tillich, Main Works/Hauptwerke 2 (s. Anm. 1), 87-99.

eine theonome Ordnung im Zeichen des Unbedingten aus sich heraus-
setzen würde. Auch in seinem persönlichen Leben geht Tillich einen
qualvollen Weg. Nach seiner Scheidung im Jahr 1921 trifft er auf dem
Faschingsball der Akademie der Künste Hannah Werner und verliebt sich
in sie. Sie ist mit einem anderen Mann verlobt, den sie auch heiratet,
verlässt ihn aber schließlich, um mit Tillich zusammenleben zu können.
Erst nach ihrer Scheidung kann Tillich sie 1924 heiraten. Beruflich hat er
als Stadtvikar und – nach seiner Umhabilitierung – als Privatdozent an
der Berliner Universität ein Auskommen gefunden. Die engen Grenzen
seines Lehrauftrags für »Geschichte der Religionsphilosophie« an der
Berliner Theologischen Fakultät stehen in deutlichem Widerspruch zu
den weit ausgreifenden theoretischen Projekten, die Tillich auf sich
nimmt. Seine erste große systematische Arbeit »Das System der Wissenschaften« spiegelt die Grundsätzlichkeit von Tillichs Strukturierungsver-
suchen in der Welt des Geistes.

3. »War nicht doch alles Romantik, Rausch, Utopie?«

1924 erhält Tillich einen Ruf als außerordentlicher Professor für Systematische Theologie an die Universität Marburg. Allerdings erschien ihm
das Universitätsstädtchen an der Lahn als eng und provinziell. Schon
1925 nahm er einen Ruf auf eine Professur für Religionswissenschaft an
der Technischen Universität Dresden an, der 1927 um eine Honorarprofessur für Religionsphilosophie und Kulturphilosophie erweitert wurde.
Das Programm seiner Kulturtheologie verpflichtete Tillich, den Veränderungen der Zeitsituation mit unbedingter Aufmerksamkeit zu folgen, um
in ihnen die Spur des Unbedingten aufzufinden. Die religiöse Analyse der
Gegenwart ist darum für ihn ein unentbehrlicher Teil der kulturtheologischen Arbeit. Allerdings offenbarte diese Analyse, wie er sie in seiner
Schrift »Die religiöse Lage der Gegenwart« (1926) ausarbeitete und in
dem Sammelband »Kairos. Zur Geisteslage und Geisteswendung« vorlegte, eine tiefgreifende Veränderung. Die Interpretation des Kairos in den
ersten Nachkriegsjahren, so wird jetzt, angesichts der Stabilisierung der
Gesellschaft in den restaurierten alten Ordnungen im neuen System
deutlich, war irreführend. Der utopische Aufbruch führte nicht in eine
neue Kultursynthese, in eine Umformung der Kunst, der Gesellschaft, der
Kirche durch die Erfahrung des Unbedingten, sondern in eine neue Phase der Stabilisierung der bürgerlichen Gesellschaft, ihrer Wirtschafts-
und Herrschaftsordnungen. Von der Kulturtheologie ist darum etwas an-

deres gefragt, als utopische Programme einer religiösen Kulturrevolution zu entfalten. Das würde bedeuten, die Erfahrung des Unbedingten in diesen Wandlungen der Kultursituation zu übergehen. Tillich kommentiert die Veränderung so:

»Es ist als ob ein Reif gefallen wäre auf alle Dinge ... heißen sie Jugendbewegung oder Lebensphilosophie, heißen sie Expressionismus oder religiöser Sozialismus! War nicht doch alles Romantik, Rausch, Utopie? Eins ist sicher: Es vollzieht sich an all dem, und das heißt an uns, an den Schicksalserfülltesten wieder einmal das Gericht. Was nicht Realität war an dem, was wir taten und dachten, wird verbrannt. Ein Realismus, hart und brutal, tritt hervor ... Es ist der Durchbruch zum Wesen darin, zum Dämonischen, das durchschaut, zum Göttlichen, das geglaubt wird. Es ist nicht der Realismus der in sich ruhenden Endlichkeit, sondern es ist ein Realismus, der offen ist für das Ewige. Es ist *gläubiger Realismus*.«[18]

Die glühende Begeisterung hat sich abgekühlt. Jugendbewegung, Lebensphilosophie, Expressionismus und religiöser Sozialismus erweisen sich in den Formen, in denen sie sich 1919 präsentierten, sieben Jahre später als realitätsferne Aufschwünge der Begeisterung. Kulturtheologie erfährt jetzt nicht mehr ihren Abschluss im »idealen Entwurf einer religiös erfüllten Kultur«[19], sondern im »gläubigen Realismus«. Der Kairos ist nicht mehr das ungestüme Drängen nach vorn in eine neue, jetzt noch utopische Wirklichkeit, sondern das »Hereinbrechen der Ewigkeit in die Zeit«[20], so dass das Handeln im Bewusstsein des Kairos Handeln in Richtung auf das »wesenhaft Wirkliche«[21] ist. Der Begriff des Realismus wird zum Leitbegriff, und aus dieser Perspektive kann Tillich auch seine eigenen idealistischen Entwürfe aus den Nachkriegsjahren kritisch integrieren. Den vier Haltungen der »Oberflächengebundenheit«, des »ungläubigen Realismus«, des »Idealismus« und des »gläubigen Realismus« entsprechen in der Kunst die dekorativ abbildende Kunst, die Umbildung, die nur den tragischen Charakter des Wirklichen erfasst, die Expression, »die das Wirkliche vergewaltigt, um das Unbedingt-Wirkliche aufzuweisen« und schließlich »das Durchschauen-lassen: die Berührung

18. Tillich, Kairos. Ideen zur Geisteslage der Gegenwart (1928), in: Paul Tillich, Main Works/Hauptwerke 4, Religionsphilosophische Schriften, hg. von John Clayton, Berlin/New York 1987, 171-181.
19. Tillich, Über die Idee einer Theologie der Kultur (s. Anm. 1), 76.
20. Tillich, Kairos (s. Anm. 18), 176.
21. Ebd.

der tiefsten Schichten als Hinweis auf das Unbedingt-Wirkliche«[22]. Hier zeigt sich analog zur Distanzierung vom Idealismus Tillichs Distanzierung vom Expressionismus und seine Hinwendung zur »neuen Sachlichkeit«. Wie in der Kunst so auch in der Politik. Auch hier wiederholen sich die vier Typen als »Zufallspolitik«, »ungläubige Realpolitik«, »utopische Politik« und »hinweisende Politik«[23]. Entscheidend ist für Tillich, dass Glaube und Romantik ebenso wie Glaube und Idealismus zueinander in Spannung stehen. Der Glaube kann sich dem Unbedingt-Wirklichen in der aufmerksamen Zuwendung zur Konkretheit der bestimmten, hier und jetzt bestehenden Situation zuwenden. Romantik und Idealismus erscheinen als Fluchtbewegung, die sich dem historischen Schicksal nicht stellt. Auch der Kultus gewinnt eine neue Bedeutung, denn er ist »Hinweis« auf das Unbedingt-Wirkliche im Hier und Jetzt. Es sind neue Koalitionen, die Tillich hier mit seiner Kulturtheologie eingeht. Sie ist nicht mehr eine Verbündete der sozialistischen Revolution, ebenso wie sie nicht mehr als religiöse Form des Expressionismus erscheint. Die neue Sachlichkeit, ja sogar die Architektur des Bauhaus, dessen Dessauer Zentrum von Dresden nicht allzu weit entfernt war, sind die neuen Verbündeten des gläubigen Realismus.

Seit seiner Professur in Dresden ist Tillich ein Theologe, der vorzugsweise in nicht-theologischen Kontexten arbeitet, wie es ja einem Kulturtheologen, der dem Unbedingten in allen Bereichen der Kultur nachspürt, auch gut zu Gesicht steht. Zum 1. April 1929 wechselt Tillich auf den Lehrstuhl für Philosophie und Soziologie einschließlich Sozialpädagogik an der Universität Frankfurt. Die späteren Schulhäupter der »Frankfurter Schule« gehören hier zu seinen Mitarbeitern: Max Horkheimer und Theodor W. Adorno. In Frankfurt, wo er seine Antrittsvorlesung unter dem Titel »Philosophie und Schicksal« hält, die sowohl die Weisung an den geschichtlichen Moment als auch die Voraussetzung eines unbedingten und unverfügbaren Sinns als Ermöglichungsgrund und Grenze des Denkens betont, nahm Tillich auch das Engagement für den religiösen Sozialismus wieder auf. Seit 1930 war er zusammen mit Eduard Heimann Herausgeber der »Neuen Blätter für den religiösen Sozialismus«, die mit der »Machtergreifung« der Nationalsozialisten sofort verboten wurden. Sein Buch »Die sozialistische Entscheidung« fasst diese Einsichten zusammen. Sofort nach seinem Erscheinen zu Jahresbeginn

---

22. Tillich, Gläubiger Realismus (1927), in: MainWorks/Hauptwerke 4 (s. Anm. 18), 183-192, 190.
23. Ebd.

1933 wurde es verboten und gehörte zu den Werken, die bei der Bücherverbrennung am 10. Mai 1933 verbrannt wurden.

Das Ende der Weimarer Republik bestätigte Tillichs Thesen von der Gefährlichkeit der politischen Romantik, die sich aus dem gegebenen Hier und Jetzt und den Aufgaben, die dadurch gestellt sind, wegstiehlt – entweder in eine gloriose Vergangenheit oder in eine Zukunft, in der alle Widerstände überwunden sind, sei es in der klassenlosen Gesellschaft oder im Dritten Reich. Die Weimarer Republik scheiterte daran, dass sie zu einer Republik ohne demokratische Republikaner wurde und so zwischen den utopischen Eskapismen von rechts und links zerrieben wurde. Tillich wurde mit dem Inkrafttreten des »Gesetzes zur Wiederherstellung des Berufsbeamtentums« am 13. April 1933 zunächst »beurlaubt«. Von Freunden gewarnt, dass er das Land verlassen müsse, zog Tillich sich im Sommer mit der Familie auf die Inseln Rügen und Spiekeroog zurück. Dort erreichte ihn die Einladung zu einer zweijährigen Gastprofessur am Union Theological Seminary in New York. Nach einigem Zögern nahm er sie an und betrat am 1. November 1933 mit seiner Frau Hannah und ihrer Tochter Erdmuthe amerikanischen Boden.

4. Die Erfahrung der Leere und der Mut zum Sein

Es ist wohl keine Übertreibung zu sagen, dass der deutsche Theologe Paul Tillich *der* amerikanische Theologe des 20. Jahrhunderts geworden ist. Die Auswanderung aus Deutschland und die Einwanderung in die Vereinigten Staaten waren allerdings ein schwieriger Prozess. Tillich tat sich anfangs schwer mit der englischen Sprache, verlor nie seinen deutschen Akzent und blieb in gewisser Hinsicht unangepasst in der amerikanischen Gesellschaft. Auch nachdem er im Englischen ein Meister der freien Rede geworden war, benutzte er eine ganze Reihe von Ausdrücken, die als »Tillich terms«, seine eigenen Sprachschöpfungen, in die Sprache der amerikanischen Theologie eingegangen sind. Die ersten Übersetzungen seiner deutschen Schriften ins Amerikanische wie der Band »On the Interpretation of History« (1936) fanden nur mäßiges Echo. Die Gastprofessur wurde verlängert. Erst 1940 erhielt Tillich einen regulären Lehrstuhl für philosophische Theologie am Union Theological Seminary. Mehr und mehr aber wurde Tillich zum Interpreten der Philosophie Europas im intellektuellen Leben Amerikas. Die Existenzphilosophie wurde in Amerika zuerst in der Interpretation Tillichs bekannt. Vor allem aber drängte sich die politische Lage in den Vordergrund. Tillich, der schon

1934 scharfe Kritik an seinem Freund Emanuel Hirsch geübt hatte, weil dieser den Kairos mit der »nationalen Revolution« zu identifizieren schien und die Kirche der Weltanschauung des totalen Staates auslieferte, nahm auf einer Protestveranstaltung am 21. 11. 1938 zur Judenverfolgung angesichts der Reichspogromnacht mit Entschiedenheit gegen den menschenverachtenden Antisemitismus Stellung. Die praktische Arbeit zur Unterstützung der aus Deutschland Vertriebenen drängte sich seit Mitte der dreißiger Jahre in den Vordergrund. Tillich wurde Vorsitzender der Vereinigung »Selfhelp for Emigrees from Central Europe«.

Nach dem Kriegseintritt Amerikas wandte sich Tillich mit 109 über die Voice of America in Deutschland ausgestrahlten Rundfunkansprachen an »Meine deutschen Freunde!« – so die Einleitung jeder Rede. Schließlich wurde er sogar am 3. Mai 1944 zum Vorsitzenden des »Council for a Democratic Germany« gewählt. Thomas Mann, dem der Vorsitz zunächst angetragen worden war, distanzierte sich von jeder Art von »Emigrantenpatriotismus«. Schließlich konnte Bert Brecht Tillich für die Aufgabe gewinnen. Mitten in diesen Verhandlungen wurde sein Aufsatz »Existential Philosophy« publiziert, der u. a. Heidegger in Amerika vorstellte.

Nach dem Kriegsende und dem Zurücktreten der praktisch-politischen Aufgaben war es Zeit, einen Schritt zurückzutun, Abstand zu gewinnen und Bilanz zu ziehen. Was war aus dem Projekt einer Theologie der Kultur geworden? Von dem »idealen Entwurf einer religiös erfüllten Kultur« konnte nach den Zerstörungen des Krieges, angesichts der Gräuel der Ermordung jüdischer Menschen keine Rede mehr sein. Das Programm des religiösen Sozialismus wieder aufzunehmen, war angesichts des sich aufbauenden Kalten Krieges zwischen einer in zwei Blöcke zerfallenen Welt eine eher makabre Option. Selbst ein »gläubiger Realismus« schien dem nicht gewachsen, was ihm an Realität zugemutet wurde. War das Programm also gescheitert? Tillich baute angesichts dieser Situation seine Kulturtheologie noch einmal um. Was sich auszubreiten schien, erschien ihm als eine Situation der Leere, eine Kultur, die nur noch im Vergehen zu begreifen ist, ein spirituelles Vakuum, in dem keine Atmosphäre für Kulturideale mehr bestand. Aber sollte das wirklich eine Situation sein, in dem das Unbedingte gar nicht mehr zu erfassen ist, noch nicht einmal mehr im Entzug des Sinns?

Das Zerbrechen des geistigen Zentrums beginnt für Tillich schon im 19. Jahrhundert mit der Unterwerfung der Vernunft unter das, was jeweils »positiv gegeben« ist und setzt sich im Zerfall des einen die Gesellschaft zusammenhaltenden Gemeininteresses fort. Im persönlichen Leben wachsen Neurosen und Psychosen. Es gibt keine integrativen Symbole mehr, die in der Gesellschaft für jedes Gesellschaftsmitglied ihre Sinnorientierung vergegenwärtigten. Falsche Zentren treten an die Stelle des verlorenen Sinnzentrums – das ist für Tillich die Geschichte des 20. Jahrhunderts. Was bleibt zu tun?

»Wir müssen zunächst einmal im Schweigen anerkennen, daß wir leer geworden sind. Alle erkennen das in der ökonomischen und politischen Sphäre an, in der Sphäre der menschlichen Beziehungen mit ihren so unendlichen Leiden. Man muß es auch im Geistigen anerkennen. Wenn wir dahin gekommen sind, dann glaube ich, werden in dieses Vakuum hinein die Kräfte des Grundes zu strömen beginnen und aus diesen Kräften werden Symbole entstehen, die genau den Charakter haben, das Geheimnis des Grundes zum Ausdruck zu bringen und damit ein neues geistiges Zentrum zu geben.«[24]

Woher könnten in dieser Situation neue Symbole entstehen? Gibt es überhaupt eine Alternative zum Nihilismus? Wiederum orientiert sich Tillich an der Struktur des Rechtfertigungsglaubens. Sollte es nicht auch hier die Erfahrung schlechthinniger Realität aufgrund der Erfahrung schlechthinniger Nichtigkeit geben? Wie würde sich das im persönlichen Leben zeigen? Tillichs Antwort ist sein Buch »The Courage to Be«, »Der Mut zum Sein«, das 1952 erscheint und zu einem theologischen Bestseller wird. Im Gespräch mit der zeitgenössischen Belletristik und Dichtung, der psychotherapeutischen Literatur und existenzphilosophischen Werken arbeitet Tillich hier die Struktur des Rechtfertigungsglaubens noch einmal aus. Erst in der Situation des völligen Sinnverlustes, in der der Glaube an »etwas« in der Angst untergegangen ist, manifestiert sich die »Macht des Seins« als dasjenige Angenommensein, das selbst die tiefste Verzweiflung noch trägt. Tillich nennt die Form, in der sich die Macht des Seins manifestiert, den »absoluten Glauben«, der sowohl die mystische Erfahrung mit ihrem Aufstieg zur Einung mit dem Seinsgrund als auch die personale Begegnung mit Gott transzendiert und dadurch ein elementares Bejahtsein erfährt, das den Mut zum Sein begründet: »Der Mut zum Sein gründet in dem Gott, der erscheint, wenn Gott in der Angst des Zweifels untergegangen ist.«[25] Diesen Gott nennt Tillich auch den »Gott über Gott«, um deutlich zu machen, dass in dieser Erfahrung auch die konkreten Inhalte des Gottesbegriffs transzendiert werden müssen, um die Unbedingtheit der Bejahung deutlich zu machen, die

---

24. Tillich, Das geistige Vakuum (1948), in: Manfred Baumotte, Tillich-Auswahl, Band 3: Der Sinn der Geschichte, Gütersloh 1980, 230-236.
25. Tillich, Gesammelte Werke XI, Stuttgart 1969, 139.

dem Menschen im existenziellen Zweifel widerfährt. Damit formuliert Tillich die radikalste Konsequenz des Rechtfertigungsglaubens. Radikales Bejahtsein geschieht in der Situation, in der es auf Seiten des Menschen keine »Gründe« für seine Bejahung mehr gibt, die Situation der Erfahrung des Nichts. Diese Erfahrung macht das »gratis«, die Unbedingtheit der Rechtfertigung deutlich, in der der Mensch Nichts ist und Gott Alles, die reine Macht des Seins, jenseits aller Eigenschaften, die Gott beigelegt werden können.

5. Systematische Theologie: Gott als das Sein selbst und die Methode der Korrelation

Paul Tillich ist ein durch und durch systematischer Denker. Alles, was er schreibt, sortiert er in eine systematische Struktur, deren Grundelemente, wie die Beziehung zwischen Unbedingtem und Bedingtem, in unterschiedlichen Begrifflichkeiten systematisch erfasst werden kann. Jede Arbeit zu einer konkreten Fragestellung, gerade in Tillichs kulturtheologischen Studien zur Kunst, zur Architektur, zum Ausdruckstanz und wie immer seine Themen heißen mögen, ist darum ein Ausschnitt aus dem Gesamtsystem, ein Mikrokosmos des Makrokosmos des Gesamtsystems. Innerhalb dieses systematischen Grundmusters gibt es viele Variationen und Anpassungen an neue Kontexte, aber alle Korrekturen und Modifikationen erfolgen stets als Umbauten am Gesamtsystem. Schon 1913 entwickelte Tillich seine erste systematische Theologie, in Anlehnung an seinen Lehrer Martin Kähler entfaltet in den drei Teilen der Apologetik, der Dogmatik und der Ethik. In seinen Dogmatik-Vorlesungen in Marburg, Dresden und Leipzig baute er in den Jahren von 1925 bis 1927 weiter an seiner systematischen Theologie, die dann 1928 unter dem Titel »Die Gestalt der religiösen Erkenntnis (Dogmatik)« neu konzipiert wurde. In der »Systematic Theology«, die in drei Bänden 1951, 1957 und 1963 erschien, gewann dann Tillichs systematische Theologie ihre maßgebliche Gestalt, obwohl auch hier noch in der Architektur des Systems »Umbauten« und »Anbauten« vorgenommen werden. Das formale Grundgerüst ist die »Methode der Korrelation«, die Tillich an den beiden Grundbedürfnissen eines theologischen Systems ausrichtet.

»Theologie steht in der Spannung zwischen zwei Polen: der ewigen Wahrheit ihres Fundamentes und der Zeitsituation, in der diese Wahrheit aufgenommen werden soll. Die meisten Theologien genügen nur einer von diesen beiden Grundbedingungen. Entweder opfern sie Teile der Wahrheit, oder sie reden an der Zeit vorbei.«[26]

Die grundlegende formale Korrelation von Botschaft und Situation wird von Tillich in der Dialektik von Frage und Antwort formuliert, in der der Einheit von Abhängigkeit und Unabhängigkeit Gerechtigkeit widerfahren soll. Frage und Antwort sind voneinander unabhängig, weil die theologische Antwort in ihrem Gehalt nicht aus der Frage abgeleitet werden kann, weil Gott nur durch Gott offenbar wird und das Unbedingte nicht aus den Bedingtheiten abgeleitet werden kann. Zugleich aber sind sie voneinander abhängig, weil die Antwort nur dann Antwort sein kann, wenn sie auf wirkliche Fragen antwortet. Der Theologe, der die Antworten der christlichen Botschaft formuliert, muss darum auch in der Zeitsituation stehen und ganz an ihr teilnehmen, um die Antwort der biblischen Botschaft auch als Antwort auf die Fragen der Zeitsituation formulieren zu können. Dies aber ist nur dann möglich, wenn die Fragen bis zu dem Punkt vertieft werden, wo sie als ontologische Fragen deutlich werden, als Fragen, bei denen es um Sein oder Nichtsein geht. Die Einheit von Abhängigkeit und Unabhängigkeit ist in der ontologischen Fundierung des Systems begründet, die Tillich in dem Satz zusammenfasst: »Das Sein Gottes ist das Sein-Selbst«, das Tillich auch als »Seinsmächtigkeit« bezeichnen kann, als »Macht, dem Nichtsein Widerstand zu leisten«[27]. Auf dieser Grundlage ist sowohl die relative Unabhängigkeit als auch die relative Abhängigkeit denkbar, die der Methode der Korrelation zugrunde liegt.

»Das folgende System ist ein Versuch, mit Hilfe der ›Methode der Korrelation‹ Botschaft und Situation zu vereinigen. Es sucht die Fragen, die in der Situation enthalten sind, mit den Antworten, die in der Botschaft enthalten sind, in Korrelation zu bringen.«[28]

Der Kern des Systems ist trinitarisch aufgebaut. Die Teile »Sein und Gott«, »Die Existenz und der Christus« und »Das Leben und der Geist« sind die Grundelemente, die dem christlichen Grundbekenntnis zu Gott dem Vater, dem Sohn und dem Geist folgen. Zugleich aber spiegelt sich darin die dynamische Struktur von Tillichs Ontologie: »Sein verwirklicht sich als Leben und erfüllt sich als Geist«[29], und dabei geht das mensch-

---

26. Tillich, Systematische Theologie (1951), Stuttgart 1956, 9.
27. Ebd., 273.
28. Ebd., 15.
29. Ebd., 288.

liche Dasein durch die Entfremdung von seiner Essenz hindurch, die nur durch die Erscheinung des Neuen Seins in Jesus als dem Christus unter den Bedingungen der existenziellen Entfremdung überwunden werden kann. Aus diesen drei großen Systemteilen ist die erste Korrelation »Vernunft und Offenbarung« aus der Korrelation von »Sein und Gott« aus Gründen der Übersichtlichkeit der Darstellung ausgegliedert, ebenso wie der fünfte Teil »Die Geschichte und das Reich Gottes« nach dem Teil »Das Leben und der Geist« dargestellt wird, obwohl er zu diesem in der trinitarischen Struktur dem Geist gewidmeten Systemteil gehört.

Paul Tillichs »Systematische Theologie« gehört zu den großen Werken der Theologie des 20. Jahrhunderts. Ihre Stärke liegt darin, dass er die Vielfalt der Phänomene, die sich den existenziellen Fragen stellen, in ihrer Beziehung zu Gott als dem Sein-Selbst zu erfassen sucht, und zugleich die christliche Botschaft in dieser ontologischen Form als Antwort auf die in den Phänomenen des Lebens aufgeworfenen Fragen expliziert. Die in der Vernunft aufbrechenden Konflikte, das Oszillieren zwischen Autonomie und Heteronomie, zwischen Relativismus und Absolutismus, Formalismus und Emotionalismus, werden so durch die Offenbarung beantwortet, indem in der letztgültigen Offenbarung die Konflikte des Vernunftgebrauchs überwunden werden können. Die in den Strukturen des Seienden angelegten Elemente, Individualisation und Partizipation, Dynamik und Form, Freiheit und Schicksal, die immer wieder in Konflikt miteinander geraten, werden in ihrer Beziehung zu Gott als dem Sein-Selbst aufgedeckt, und in der Beziehung zu Gott können die Spannungen zwischen Selbstbeziehung und Weltbeziehung überwunden werden. Die ontologischen Elemente, die das geschöpfliche Dasein charakterisieren, werden im Zustand der Sünde, der Entfremdung des Menschen von seinem Seinsgrund noch einmal verschärft, so dass aus der Erfahrung der Entfremdung die Frage nach ihrer Überwindung erwächst. Tillich verwendet dabei tiefenpsychologische Begrifflichkeiten, um die Erfahrung der Entfremdung konkret auszulegen. Die Entfremdung der Existenz wird durch die Erscheinung des Neuen Seins in Jesus als dem Christus unter den Bedingungen der existenziellen Entfremdung überwunden. Gottes Teilnahme am Leiden der Welt in ihrer existenziellen Entfremdung ermöglicht die Teilnahme der Menschen am Neuen Sein, das als Sein Jesu als des Christus die Überwindung der Entfremdung ist, die Macht der Erlösung. Von den ontologischen Grundstrukturen, die Tillich in der Korrelation Sein und Gott behandelt, geht er über zum Zwiespalt zwischen Essenz und Existenz, der wahren Bestimmung des Menschen und seiner Verfehlung im wirklichen Menschsein. Dieser

Zwiespalt wird in Jesus als dem Christus versöhnt. Aber auch die existenzielle Entfremdung und ihre Überwindung wird noch einmal konkretisiert in der Analyse des Lebens, das in seiner Zweideutigkeit die Suche nach dem unzweideutigen Leben aufbrechen lässt, das als Leben im Geist gewonnen werden kann. Die geschichtliche Dimension des Lebens, die Fragen, die Tillich unter dem Stichwort des »Kairos« bearbeitet hatte, werden in der Beziehung zwischen Geschichte und Reich Gottes analysiert.

Die »Systematische Theologie« bietet so die Grundstrukturen, in die die Probleme einer Theologie der Kultur eingeordnet und so bearbeitet werden können. Es geht noch immer um die »Erfahrung schlechthinniger Realität auf Grund der Erfahrung schlechthinniger Nichtigkeit«, wie es Tillich 1919 formuliert hatte. Nun aber wird diese Beziehung in der Beziehung alles Seienden, in seiner permanenten Bedrohung durch das Nichtsein, zu Gott als dem Sein-Selbst expliziert. Tillich vertieft seine Beschreibung der Situation, bis in ihr die Frage nach dem Sein-Selbst, das der Bedrohung durch das Nicht-Sein standhalten kann, erkennbar wird. Zugleich entfaltet er die christliche Botschaft so, dass sie als Botschaft der Befreiung aus der Erfahrung der Bedrohung erkennbar wird, weil sie aufdeckt, wie Gott, das Sein-Selbst, die von ihm geschaffene Welt von ihrer Entfremdung befreit und zur Erlösung führt. Jede andere Antwort, die nicht auf die ontologische Frage der Bedrohung durch das Nichtsein antwortet, würde der Tiefe und Tragweite der Botschaft nicht gerecht. Die Beziehung der Antworten der Botschaft auf die Fragen der Situation geschieht durch die Auslegung der Symbole des christlichen Glaubens, die für Tillich darin ihre Symbolkraft erweisen, dass sie an der Wirklichkeit teilhaben, die sie repräsentieren, und so die erlösende und vollendende Beziehung Gottes als des Sein-Selbst wirkungsvoll darstellen.

Die »Systematische Theologie« bietet eine Auslegung der Botschaft des christlichen Glaubens als ein umfassendes Wirklichkeitsverständnis, das alle Bereiche der Kultur umfasst. Sie erreicht das, indem sie Fragen wie Antworten in ihrer Beziehung auf das Sein-Selbst entfaltet. Tillichs Theologie ist immer wieder vorgeworfen worden, dass sie zu abstrakt sei, dass sie die konkreten Inhalte der christlichen Botschaft auf abstrakte ontologische Strukturen reduziere. Man könnte auf diese Vorwürfe antworten, dass die Inhalte des christlichen Glaubens nur dann in ihrem eigentlichen Gehalt zur Sprache kommen, wenn ihre Beziehung zum Sein-Selbst ersichtlich wird, und sie dadurch auf die Bedrohung durch das Nichtsein in allen ihren konkreten Formen antworten kann. Der Gehalt kommt in den Inhalten zum Tragen, indem diese symbolisch gedeutet werden und so auf die Wirklichkeit hinweisen, die sie repräsentieren. Darüber hinaus hat Tillich immer wieder in vielen kleinen Arbeiten gezeigt, wie die Grundstrukturen der »Systematischen Theologie« auf die konkreten Probleme, die sich in unterschiedlichen Lebensbereichen stellen, bezogen werden können.

Tillich hatte dazu besondere Gelegenheit, als er am 1. Juli 1955 am Union Theological Seminary pensioniert wurde und zum »University Professor« an der Harvard University ernannt wurde. Als direkt dem Präsidenten unterstellte Professoren können die University Professors in allen unterschiedlichen Fakultäten lehren. Tillich hat das ausgiebig genutzt, um an der berühmten Harvard Law School zum Beispiel über das Verhältnis von moralischer Verantwortung und Strafrecht zu reden, an der Medical School über das moderne Problem der Einsamkeit[30], und an unterschiedlichen Fakultäten der Universität über die moderne Kunst und ihre religiöse Bedeutung[31]. In Amerika erreichte er in diesen Jahren den Zenit seiner Wirksamkeit: Der deutsche Theologe wurde zum Interpreten der amerikanischen Kultur. Zugleich folgt er vielen Einladungen ins Ausland. Er hielt die berühmten Gifford Lectures der Universität Edinburgh und erhielt den Hansischen Goethepreis der Stadt Hamburg. 1961 wurde er mit dem Friedenspreis des Deutschen Buchhandels ausgezeichnet.

6. Die Religion des konkreten Geistes und die Wirklichkeit der Religionen

Nach dem Abschied von Harvard am 24. Mai 1962 nahm Tillich noch einmal eine Professur an, diesmal als John Nuveen Professor of Theology an der Universität von Chicago. Hier bot sich für ihn die Möglichkeit, mit dem Religionsgeschichtler Mircea Eliade zusammen Lehrveranstaltungen im Gespräch zwischen Religionsgeschichte und Theologie durchzuführen. Die Religionen traten wieder verstärkt in das Zentrum von Tillichs Interesse. Besonders seine dreimonatige Reise nach Japan im Frühsommer des Jahres 1960 hatte in ihm das Interesse geweckt, an den konkreten und vielfältigen Religionen zu arbeiten. Bisher hatte Tillich ausschließlich mit einem religionsphilosophischen Religionsbegriff gear-

---

30. Vgl. Tillich, The Meaning of Health. Essays in Existentialism, Psychoanalysis, and Religion, hg. von P. Le Fevre, Chicago 1984.
31. Vgl. Tillich, On Art and Architecture, hg. von J. Dillenberger, New York 1987.

beitet, der für seine Kulturtheologie sehr wichtig war, sich aber kaum als anschlussfähig für die Religionsgeschichte erwies.

In seinem letzten Vortrag mit dem Titel »Die Bedeutung der Religionsgeschichte für den systematischen Theologen«[32], elf Tage vor seinem Tod, brach Tillich noch einmal zu neuen Ufern auf. Er vertrat hier das Programm einer Theologie der Religionsgeschichte, die die religionsgeschichtliche Arbeitsweise für die Theologie nutzbar macht. Dazu muss sich die Theologie sowohl von der orthodox-exklusiven Haltung, die nur die eigene Religion als wahre betrachten kann, ebenso verabschieden wie von der säkular-ablehnenden Haltung den Religionen gegenüber, »weil der göttliche Geist der Verkörperung bedarf, um wirklich und wirksam zu sein«[33]. So muss die Theologie in ihrer Betrachtung von fünf Voraussetzungen ausgehen: 1. Offenbarungen sind universal menschlich. 2. In ihrem Empfang und ihrer Aneignung unter konkreten biologischen, psychologischen und sozialen Bedingungen wird die Offenbarung entstellt. Die Aneignungsform der Offenbarung wird mit ihrem Gehalt verwechselt. 3. Diese Entstellung der Offenbarung wird zum Gegenstand der Kritik, sei sie mystischer, prophetischer oder profaner Art. Dadurch kommt es zu einem Offenbarungsprozess. 4. In der Religionsgeschichte kann es ein zentrales Ereignis geben, das die positiven Entwicklungen in der Religionsgeschichte in sich vereinigt. 5. Die Geschichte der Religionen ist keine separate Parallelgeschichte zur Geschichte der Kultur. »Das Heilige liegt nicht außerhalb des Profanen, sondern in seiner Tiefe; es ist der schöpferische Grund des Profanen und zugleich das kritische Urteil über das Profane.«[34] Von diesen Voraussetzungen her entwirft Tillich nun seine dynamisch-typologische Methode der Religionsgeschichte. Sie unterscheidet drei Elemente. Erstens: die sakramentale Grundlage der Religion, »die Erfahrung des Heiligen innerhalb des Endlichen«[35]. Das zweite Element ist »der kritische Widerstand gegen die Dämonisierung des Sakramentalen, die das Heilige in ein Objekt verwandelt, das gehandhabt werden kann«[36]. Das dritte Element ist die prophetische und moralische Kritik der sakramentalen Religion. Diese drei Elemente werden nun – das ist Tillichs neue Anschauung im Prozess der Religionsgeschichte – zu-

---

32. Tillich, Die Bedeutung der Religionsgeschichte für den systematischen Theologen, in: Werk und Wirken Paul Tillichs. Ein Gedenkbuch, Stuttgart 1967, 187-203.
33. Ebd., 189.
34. Ebd., 188.
35. Ebd., 194.
36. Ebd., 194.

sammengefasst. In ihnen aber spiegelt sich auch »der Kampf Gottes gegen die Religion innerhalb der Religion«[37]. Wie kann man diese Formulierung verstehen? Doch wohl nur so, dass in der Religionsgeschichte Gott wirksam ist als der, der die Vergegenständlichung des Sakramentalen oder die Verselbstständigung des mystischen Elements oder die Entleerung des Sakramentalen durch die prophetische Kritik verhindert, indem er das Gegenüber und der Brennpunkt des menschlichen Religion-habens ist. Für Tillich ist kein Zweifel, dass der entscheidende Sieg in diesem Kampf schon in Jesus Christus vollzogen ist. Von diesem Kairos her lassen sich in der gesamten Religionsgeschichte Kairoi auffinden, in denen das, was in Christi Kreuz symbolisch geschah, auch an anderen Orten geschieht. Die Bedeutung des Kreuzes aber ist »die Überwindung aller dämonischen Ansprüche«, die überall dort erhoben werden, wo die Gegenwart des Heiligen gegenständlich in seiner Verkörperung gesehen wird. Worauf läuft nun die Religionsgeschichte hinaus? Tillich bezeichnet das Ziel der Religionsgeschichte wieder mit seinem alten Begriff der »Theonomie«, in der Gott die alles bestimmende Wirklichkeit geworden ist. Die Realisierung der Theonomie vollzieht sich in der Religion des konkreten Geistes.

»Theonomie erscheint in dem, was ich die Religion des konkreten Geistes genannt habe, fragmentarisch aber niemals vollkommen. Ihre Erfüllung ist eschatologisch, ihre Erwartung liegt jenseits der Zeit im Ewigen. Dieses theonome Element in der Beziehung von Heiligem und Säkularem oder Profanem ist ein Element in der Religion des konkreten Geistes.«[38]

Dieses Ziel der Religionsgeschichte muss aber identisch sein mit dem Ziel der gesamten Kultur. Insofern ist das Ziel der Religionsgeschichte das Ziel der Kultur. »Wenn die autonomen Kräfte der Erkenntnis, der Kunst des Rechts und der Moralität zu dem letzten Sinn des Lebens hinführen, dann haben wir Theonomie.«[39]

Was ist nun neu an diesem Ansatz einer Theologie der Religionsgeschichte? Durch die Zusammenarbeit mit Mircea Eliade ist Tillich darauf aufmerksam geworden, dass die Religion nur in den Religionen wirklich ist. Er wiederholt damit Schleiermachers Einsicht aus der fünften Rede »Über die Religion«: »… in den Religionen sollt Ihr die Religion entdeken (sic)«[40]. Das führt nun zu einer neuen Betonung des Partikula-

37. Ebd., 196.
38. Ebd., 198 f.
39. Ebd., 198.
40. Friedrich Schleiermacher, Über die Religion. Reden an die Gebildeten unter

ren in der Religionsgeschichte, den Besonderheiten der einzelnen Religionen, weil nur durch sie, aber nicht an ihnen vorbei das Universale ansichtig wird, und nur dadurch mündet die Religionsgeschichte in die Religion des konkreten Geistes. Die Religionen sind damit nicht mehr auf die Religion, als ein in allen Reden gleiches Wesen der Religion, reduzierbar, und so muss die Systematische Theologie religionsgeschichtlich arbeiten lernen, eine Aufgabe, der seine »Systematische Theologie« nicht gerecht geworden ist, wie Tillich sagt. Am Ende von Paul Tillichs Lebensweg steht also ein neuer Aufbruch – und das ist vielleicht ganz angemessen für einen Theologen, der die Kontinuität seiner theologischen Arbeit bewahrt, indem er immer wieder neu aufbricht.

7. Von Gott unter den Bedingungen des 21. Jahrhunderts reden – Inspirationen der Theologie Paul Tillichs

Man kann Paul Tillichs Theologie als Theologie verstehen, die sich immer wieder neu auf die Bedingungen des 20. Jahrhunderts eingelassen hat und die wegen ihrer gewollten Bindung an eine bestimmte geistige und kulturelle Situation aus ihrer Beziehung zur Zeit heraus verstanden werden will. Umgekehrt kann man auch das 20. Jahrhundert in seinen ersten beiden Dritteln durch die Theologie Tillichs lesen, weil seine theologischen Arbeiten durch die Ausrichtung der Botschaft an der Situation auch diese Situation immer reflektieren. Trotzdem waren für ihn die Bedingungen des 20. Jahrhunderts immer wieder neu relativiert durch den Durchbruch des Unbedingten, das Aufscheinen letzten Sinns. Das ist die Größe der Theologie Paul Tillichs. Aber kann man von Tillich etwas für das 21. Jahrhundert lernen?

Tillichs Theologie lässt sich nicht kopieren. Jeder Versuch der Imitation würde die eminente Situationsgebundenheit der Theologie Tillichs aufheben und eine konstruktive Situationsbeziehung der eigenen Theologie unmöglich machen. Allerdings: inspirieren kann die Theologie Paul Tillichs sehr wohl, und zwar dazu, dass wir unsere Zeitsituation, gerade in ihren Veränderungen gegenüber der Zeit Paul Tillichs, kritisch ins Auge zu fassen versuchen. Einen guten Fingerzeig bietet Tillichs letzte Vorlesung, wo er selbstkritisch sagt, dass seine »Systematische Theologie« der »apologetischen Aussprache gegen das Säkulare und mit dem Säkula-

ihren Verächtern (1799), hg. von Günter Meckenstock, Berlin/New York 1999, 162.

ren«[41] hätte dienen wollen und darüber die Religionsgeschichte vernachlässigt habe. Am Anfang des 21. Jahrhunderts steht angesichts der vielfältigen Renaissance des religiösen Interesses nicht primär die Auseinandersetzung mit dem Säkularen im Vordergrund. Wir leben in der Situation des religiösen und weltanschaulichen Pluralismus, in der unterschiedliche religiöse und weltanschauliche Basisorientierungen, darunter auch ein sich zunehmend offensiv atheistisch profilierender Säkularismus, in einem Verhältnis der Konkurrenz miteinander stehen. Religion begegnet uns nicht als ein religionsphilosophisches Abstraktum, sondern in der Vielfalt der Religionen, post-säkularen Religiositäten und (von Tillich wahrscheinlich als quasi-religiös eingestuften) Weltanschauungen. Da gilt es, mit Tillichs Einsicht Ernst zu machen, dass in den Kulturwissenschaften»der Standpunkt des Systematikers zur Sache selbst«[42] gehört. In der Situation des religiös-weltanschaulichen Pluralismus gilt, dass alle Wirklichkeitsdeutung perspektivisch ist. Das heißt für die christliche Theologie, dass sie nicht einfach von »der« Religion reden kann, sondern aus der bestimmten Perspektive der christlichen Religion die anderen Religionen und Weltanschauungen in den Blick nehmen muss. Die Einsicht, die Tillich in seiner letzten Vorlesung formuliert, dass Religion nur in den Religionen wirklich ist, verpflichtet zur inhaltlichen Bestimmtheit. Trotz dieser perspektivischen Bindung kann christliche Theologie aber nicht darauf verzichten – auch das ist eine bleibende Inspiration der Theologie Tillichs – ein umfassendes Wirklichkeitsverständnis zu formulieren. Das darf sich keinesfalls auf einen religiösen Sonderbereich beziehen, sondern muss der Einsicht Tillichs Rechnung tragen: »... das Religiöse ist aktuell in allen Provinzen des Geistigen«[43]. Die Einsicht Paul Tillichs, dass alle Kultur ein religiöses Element beinhaltet, auf einen Kultus bezogen ist, macht die Aufgabe einer christlichen Theologie der Kultur damit zu einer unabweisbaren Forderung auch für unsere Gegenwart.[44] Auf Grund des Wahrheitsanspruches der christlichen Botschaft und auf Grund der Beziehung aller Sphären der Kultur

---

41. Ebd., 200.
42. Tillich, Über die Idee einer Theologie der Kultur (s. Anm. 1), 71.
43. Ebd., 73.
44. Vgl. Christoph Schwöbel, Glaube und Kultur. Gedanken zur Idee einer Theologie der Kultur, in: NZSTh 38 (1996), 137-154; ausführlicher auch in: Schwöbel, Christlicher Glaube im Pluralismus, Tübingen 2004, 245-276, und: Wiederverzauberung der Welt? Die Transzendenzen der Kultur und die Transzendenz Gottes, in: Chr. Gestrich/T. Wabel (Hg.), Gott in der Kultur. Moderne Transzendenzerfahrungen und die Theologie, Berlin 2006, 58-86.

auf ein religiöses Sinnprinzip, hat die christliche Theologie darum einen undelegierbaren Interpretationsauftrag für die religiöse Prägung der Kultur, und muss deshalb Interpretationskompetenz für die Religion in der Kultur und die Kultur in der Religion entwickeln. Es gehört zu den großen Inspirationen von Tillichs Kulturtheologie, dass christliche Theologie das auch kann, indem sie Beschreibungsgenauigkeit im Blick auf die Phänomene der Kultur entwickelt. Stärker als es in Tillichs Zeitsituation der Fall war, fordert die Situation des religiös-weltanschaulichen Pluralismus, dass die christlich-theologische Deutung der Kultur sich im Dialog mit anderen Kulturdeutungen bewähren muss. Dass Tillich in seinen Kulturdeutungen – etwa in seiner Kritik an der politischen Romantik – nicht der Auffassung war, dass hier eine Interpretation neben der anderen stehe und man hoffnungslos in das Netz der Deutungen verstrickt sei, sondern an einem robusten Realismus festhielt, ist nicht nur eine Inspiration, sondern auch eine Provokation. Sie erinnert allerdings daran, dass auch im Dialog der Kulturdeutungen nur ein Festhalten an der Wahrheitsverpflichtung des Dialogs möglich macht, dass die in der Zeitsituation sich stellenden Fragen so Ernst genommen werden. Nur so kann Theologie die Forderung erfüllen, die Tillich an alle gute Theologie gestellt sah, dass sie »antwortende Theologie«[45] ist.

Literaturempfehlungen

Gesamtdarstellungen:
Albrecht, Renate/Schüßler, Werner (Hg.), Paul Tillich – Sein Werk, Düsseldorf 1986.
Schüßler, Werner/Sturm, Erdmann, Paul Tillich. Leben – Werk – Wirkung, Darmstadt 2007.

Biographisches:
Albrecht, Renate/Schüßler, Werner, Paul Tillich – Sein Leben, Frankfurt/M 1993.
Pauck, Wilhelm und Marion, Paul Tillich – sein Leben und Denken, Bd. I: Leben, Stuttgart 1978.
Ratschow, Carl Heinz, Paul Tillich. Ein biographisches Bild seiner Gedanken, in: Tillich-Auswahl, hg. von Manfred Baumotte, Bd. 1, Gütersloh 1980, 11-104.

---

45. Paul Tillich, Systematische Theologie, Bd. 1, Stuttgart 1951, 12.

Provokationen Gottes? – Dorothee Sölle und die Anfänge der politischen Theologie im 20. Jahrhundert

Renate Wind

1. Compañera Dorothee Sölle presente!

Es war wohl das letzte große Ereignis in ihrem Leben – der 70. Geburtstag, der allein öffentlich an drei verschiedenen Orten gefeiert wurde, um alle Freundinnen und Freunde unterzubringen: die befreiungstheologisch und die feministisch orientierten Frauen aus Lateinamerika und Europa, die Comrades aus den nordamerikanischen Graswurzelbewegungen, Theologinnen und Theologen aus Ost und West, Aktivisten und Aktivistinnen der Friedensbewegung, Christinnen und Christen für den Sozialismus und Vertreter einer neuen mystischen Bewegung – sie alle feierten eine Frau, die, stark und zerbrechlich zugleich, die neuen theologischen Ansätze der zweiten Hälfte des 20. Jh. gleichsam verkörperte.

Damit ist nun gleich am Anfang schon eines deutlich: Dorothee Sölle kann nicht als Vertreterin einer abstrakt formulierten Theologie vorgestellt und wahrgenommen werden. Alles, was sie als Theologin gedacht und geschrieben hat, ist aus lebendigen Lebensvollzügen und Beziehungen heraus entstanden, hat eine sinnliche und körperliche Dimension, kann nicht getrennt werden von ihrer gelebten und oft auch erlittenen Zeitgenossinnenschaft. Sie hat von Gott nicht in statischen Begriffen geredet, sondern in Tätigkeiten: Gott denken, Gott suchen, Gott lieben. Mit dieser Art, Theologie zu treiben, sinnlich, poetisch, kämpferisch hat sie bewegt und provoziert. Provokationen Gottes – das hat mehrere Dimensionen. Ihre Rede von Gott hat provoziert – die Machthaber, die Kirche der Männer und Mächtigen. Sie hat aber auch Gott selbst provoziert und sich von ihm provozieren lassen, in einer Beziehung der Gegenseitigkeit, die sie schon früh mit den Mystikerinnen und Mystikern früherer Zeiten verbindet. Sie war ein so lebendiges Zeugnis einer spannungsvollen Liebe zu Gott und zur Welt, dass sich viele ihrer Freunde an sie erinnern, als wäre sie noch unter ihnen. Für ein entrücktes Denkmal ist sie jedenfalls immer noch nicht tot genug. In den lateinamerikanischen Basisgemeinden gibt es die Praxis, in der Versammlung die verstorbenen oder gewaltsam zu Tode gekommenen Schwestern und Brüder beim Namen zu rufen in der Erwartung, dass einige der Anwesenden an ihrer Stelle antworten: Presente! Hier bin ich!

Das ist mehr als das uns Vertraute: ihr Geist lebt weiter – es bedeutet, dass die Praxis derer, die nicht mehr unmittelbar bei uns sind, fortgeführt wird von denen, die in ihrem Sinne weiter leben und handeln. In diesem Sinne soll auch an Dorothee Sölle erinnert werden in dem, was wir zu ihrem Gedächtnis von ihr mitnehmen und weiter treiben.

Dieser Ansatz entspricht dem, was sie in ihrem letzten Buch »Mystik und Widerstand« gleich zu Anfang programmatisch erklärt. Sie weist darauf hin, dass mystische Erfahrung nicht zu trennen ist von den sozialen Beziehungen, dass sie vermittelt wird durch Menschen und sich ereignen muss im politischen Geschehen.

»Mit dem Wort Mystik versuche ich einen Prozess zu benennen, in dem ich mich in einem doppelten Sinn befinde: die Entdeckung mystischer Traditionen und ihre Aneignung. Sich etwas zu eigen zu machen bedeutet, es auch er-innern zu können. Wenn ich lese, wie Mystiker gedacht, geträumt, gesprochen und gelebt haben, so wird mir auch das eigene Leben immer mystischer, immer wunderlicher; es ist, als wüchsen mir andere Ohren, ein drittes Auge, Flügel der Morgenröte. Ich verstehe mich selber besser, weil ich durch diese Brüder und Schwestern vom freien Geist eine Sprache lerne, die mir die eigenen Erfahrungen näher bringt und deutlicher glänzen macht. [...] Die mystischen Texte zu lesen bedeutet, sich selber, dieses verschüttete Wesen, wiederzuerkennen. [...] Mein Interesse ist nicht, die Mystiker zu bewundern, sondern mich von ihnen er-innern zu lassen und das Innere Licht täglich so deutlich wie nur möglich zu sehen: Es ist auch in mir versteckt.«[1]

In dieser Weise möchte ich Dorothee Sölle, die Theologin, die Mystikerin, die Zeitgenossin präsent sein lassen, als eine »gefährliche und befreiende Erinnerung«. Denn sie ist für Frauen und Männer meiner Generation aus der religiösen und politischen Sozialisation kaum wegzudenken. Sie war Avantgarde und Fanal, Symbol- und Identifikationsfigur. Sie hat für das politische Nachtgebet ebenso gestanden wie für die Blockadeaktionen vor Raketenstützpunkten. Sie hat Wegzeichen der Hoffnung gesetzt für alle, die aufbrechen wollten in das gelobte Land der Freiheit, Gleichheit und Geschwisterlichkeit und die sich stattdessen oft genug in der Wüste wiederfanden. Sie hat unsere Befreiungs- und Emanzipationsprozesse in ihrer Widersprüchlichkeit begleitet und dem Widerstand gegen die Strukturen der Gewalt eine spirituelle Dimension gegeben, die über die Erfolge und Niederlagen des Tages hinausreicht. Sie ist mit uns ausgezo-

1. Dorothee Sölle, Mystik und Widerstand, München 1999, 17 und 19 f.

gen aus der Kirche der Macht und hat uns neue Lesarten biblischer Texte nahegebracht. Wer sie gehört hat bei Kundgebungen und Diskussionen, auf Kirchentagen und Demonstrationen, wird die Entschiedenheit ihrer Rede und die mitreißende Kraft ihrer Worte in Erinnerung haben. Zeugin der Anklage und Anwältin der Befreiung ist sie gewesen, und wer sie in dieser Rolle erlebte, wird weder ihre Plädoyers gegen Männermacht und Bombenlogik vergessen noch ihre Aufrufe zur Solidarität mit den demonstrierenden Müttern der Verschwundenen in Chile und den Männern und Frauen aus der Märtyrerkirche El Salvadors.

Und doch scheint es mir wichtig, sie auch anders wahrzunehmen als nur den Inbegriff von Frauenpower und charismatischer Militanz, als einen Menschen, der um die eigene Zwiespältigkeit wusste und dessen Leben eine einzige große Suche gewesen ist: nach Identität, nach Gerechtigkeit, nach Sinn und Zukunft, nach dem Unbedingten, nach Gott und seinem Reich des Schalom. Sie selbst hat in ihren Erinnerungen diese Suchbewegung beschrieben, und damit zugleich unsere Hoffnungen und Kämpfe, unsere Fragen und unsere Zerrissenheit. In den unzähligen Texten, die sie hinterlassen hat, spiegeln sich die Aufbrüche, die Hoffnungen und Träume, die Enttäuschungen und Zweifel, mithin der Geist des Widerstands einer ganzen Epoche. Denn die Theologin Dorothee Sölle ist untrennbar verbunden mit der Zeitgenossin Dorothee Sölle, die ernst gemacht hat mit der Forderung Karl Barths, dass Christen jeden Morgen mit der einen Hand die Bibel und mit der anderen Hand die Zeitung aufschlagen müssten. Die Bibel hat sie gelehrt, von Gott zu reden. Die Zeitung hat sie konfrontiert mit einer Welt der Gewalt, in der sich die Rede von Gott zu bewähren hat. Die mystische »Achtsamkeit« auf das, was ist, ist schließlich die Voraussetzung auch für das Reden von dem, was darin verborgen ist, für die spirituelle Dimension des Alltäglichen und Weltlichen, von Gott hinter und in allen Dingen. Und sie führt schließlich zu der immer noch aktuellen Einsicht der Rosa Luxemburg, dass die erste und entscheidende revolutionäre Tat darin besteht: das laut zu sagen, was ist!

2. Von Gott reden?

Wie kann man in einer Welt der Gewalt von Gott reden? Über diese Frage hat, mitten in einer Welt der Gewalt und selbst in vielfacher Weise in die Gewaltgeschichte verstrickt, Dietrich Bonhoeffer nachgedacht. In einer Taufansprache aus dem Gefängnis formuliert er 1944:

»[W]ir selbst sind wieder ganz auf die Anfänge des Verstehens [der christlichen Verkündigung – Anm. R. W.] zurückgeworfen. Was Versöhnung und Erlösung, was Wiedergeburt und Heiliger Geist, was Feindesliebe, Kreuz und Auferstehung, was Leben in Christus und Nachfolge Christi heißt, das alles ist so schwer und so fern, dass wir es kaum mehr wagen, davon zu sprechen. In den überlieferten Worten und Handlungen ahnen wir etwas ganz Neues und Umwälzendes, ohne es noch fassen und aussprechen zu können. Das ist unsere eigene Schuld. Unsere Kirche, die in diesen Jahren nur um ihre Selbsterhaltung gekämpft hat, als wäre sie ein Selbstzweck, ist unfähig, Träger des versöhnenden und erlösenden Wortes für die Menschen und die Welt zu sein. Darum müssen die früheren Worte kraftlos werden und verstummen, und unser Christsein wird heute nur in zweierlei bestehen: im Beten und im Tun des Gerechten unter den Menschen. Alles Denken, Reden und Organisieren in den Dingen des Christentums muss neugeboren werden aus diesem Beten und aus diesem Tun [...] Es ist nicht unsere Sache, den Tag vorauszusagen – aber der Tag wird kommen –, an dem wieder Menschen berufen werden, das Wort Gottes so auszusprechen, dass sich die Welt darunter verändert und erneuert. Es wird eine neue Sprache sein, vielleicht ganz unreligiös, aber befreiend und erlösend [...], die Sprache einer neuen Gerechtigkeit und Wahrheit, die Sprache, die den Frieden Gottes mit den Menschen und das Nahen seines Reiches verkündigt.«[2]

Dorothee Sölle gehört zu den Menschen, die das Wort Gottes in einer neuen Sprache zu verkündigen verstanden. Zeit ihres Lebens ist sie freischaffende »Theologiearbeiterin« – so hat sie sich selbst genannt – gewesen, für die es in unserem Land und unserer Kirche kein Predigt- und Lehramt gab, die sich aber einen unübersehbaren LeserInnen- und HörerInnenkreis außerhalb der Institutionen von Kirche und Universität geschaffen hat. Viele Menschen, die sich von der traditionellen Kirche, ihrer Erscheinung und Sprache abgewandt haben, finden in ihren Texten und Reden ebenso neue Hoffnung und Erkenntnis, wie diejenigen Christinnen und Christen, die ihrer Kirche ein offenes, der Welt und den Menschen zugewandtes Gesicht geben wollen. In Verbindung mit ihrem Interesse für Kunst und Literatur und mit ihrer eigenen literarischen Begabung hat sie eine Sprachform geschaffen, mit der die Rede von Gott in eine säkularisierte Gesellschaft hinein neu gestaltet werden konnte und die von Anfang an Elemente der Mystik enthielt, weil, wie sie sagt, »das Klingeln einer Straßenbahn etwas sein kann, was uns unbedingt angeht!«

---

2. Dietrich Bonhoeffer, Widerstand und Ergebung, in: Bonhoeffer, DBW 8 (1998), 435 f.

In ihren 1971 verfassten »Thesen über die Kriterien des theologischen Interesses an Literatur« heißt es:

»Die Theologie findet in der Sprache der Kunst eine nicht-religiöse Interpretation der theologischen Begriffe.

Theologische Begriffe sind solche, die den Menschen in seiner Totalität aussprechen und die ihn auf sein ewiges, d. h. authentisches Leben beziehen, z. B. Sünde, Gnade, Sterben, Auferstehen, Gerechtigkeit, Frieden.

Das Entdecken der nicht-religiösen Interpretation, das die Theologie leisten soll, ist nicht mit der Reduktion auf eine theologische Nomenklatur abgegolten oder mit der vagen Parallelisierung dichterischer und theologischer Darstellungen. Entdeckt will gerade der Gehalt der in der religiösen Nomenklatur erstarrten Begriffe werden, gefunden ihre gegenwärtige Konkretion. ›Sünde‹ oder ›Gnade‹ sind theologische Leerformeln, deren einziger Wert darin liegt, dass sie uns zu einer Fragestellung verhelfen, auf die erst nicht-religiöse, weltliche Konkretion antwortet. Erst die Prädikate sagen, was das Subjekt sei.

Theologisch relevant ist, was uns öffnet, was ›ein neues Organ in uns aufschließt‹ (Goethe), was uns aus der Versicherung des Gewussten herausnimmt, was uns mit den eigenen Klischees konfrontiert, was uns entlarvt, was unser Verhältnis zur Welt und damit uns selber ändert.«[3]

Dass Dorothee Sölle glaubhaft von Gott reden konnte in einer Welt der Gewalt, hat mit dieser Bereitschaft, das Verhältnis zur Welt und damit sich selbst zu ändern, zu tun, damit, dass dieses Reden dem Protest gegen die Welt der Gewalt entsprungen und mit dem Tun des Gerechten unter den Menschen verbunden war.

Sie selbst hat immer wieder darauf hingewiesen, dass erst aus einer neuen persönlichen und politischen Praxis neue Worte für das alte Evangelium gefunden werden. Der Vorrang der Orthopraxie vor der Orthodoxie, den die Theologie der Befreiung betont, hat in ihrem Denken und Handeln Gestalt angenommen, in dem Wissen darum, dass die Praxis selbst immer wieder zum Ort der Erkenntnis wird: Man kann nicht denken, was man nicht tut! Der von Gustavo Gutiérrez formulierte erste und zweite Akt der Auslegung des Evangeliums wird so zum Charakteristikum theologischer Existenz heute: erst im bewussten Leben für die und mit den anderen, in Parteilichkeit und Solidarität wird sich in einem zweiten Akt der Auslegung der Sinn der Schrift, des Evangeliums, neu erschließen, und es werden sich neue Wege und Worte der Verkündigung einstellen. Auf dieses Experiment hat sich Dorothee Sölle in wachsender

3.   Sölle, in: Almanach für Literatur und Theologie, Wuppertal 1970, 206 f.

Konsequenz und mit ihrer ganzen Existenz eingelassen. Das hat ihr Reden von Gott glaubwürdig gemacht.

3. Von Gott reden nach dem »Tode Gottes«

Wie aber kann man von Gott reden in einer Zeit der Verborgenheit Gottes, der Erfahrung seiner scheinbaren Nichtexistenz? Mit dieser Frage beginnt der Denkprozess, der in die politische Theologie Dorothee Sölles münden wird, der aber selbst zunächst eher noch ein Reflex auf die politische Realität gewesen ist, eine Reaktion auf die Katastrophe des Faschismus und des Krieges. Der älteste Bruder Carl stirbt auf dem Transport, der ihn aus russischer Kriegsgefangenschaft nach Hause bringen sollte: »Als wir das kurz vor Totensonntag 1945 erfuhren, wusste ich, dass es keine Weihnacht und auch keinen ›lieben Gott‹ gäbe«[4], schreibt Dorothee Sölle in ihren Erinnerungen. Und sie berichtet in ihren autobiographischen Aufzeichnungen über ihre eigene jugendliche Orientierungslosigkeit angesichts des Zusammenbruchs von Werten, an die sie selber gerne geglaubt hätte. Erst allmählich »lichtete sich das Dunkel einer deutschen, romantischen, bildungsbürgerlichen Jugend« und der »Nebel eines tragisch irrationalistischen Deutschtums«[5], doch damit wurde die Frage nach Sinn und Neuorientierung noch nicht beantwortet. Im Gegenteil, die Aufklärung über den wahren Charakter des Faschismus, die Bilder von unüberbietbaren Verbrechen gegen die Menschlichkeit verschärften noch das Empfinden einer bedrohlichen Fremdheit in einem Land, in dem so etwas möglich war. Das Land, das einmal Heimat war, wurde zu einem Ort der Heimatlosigkeit, zum Land der Täter, die sich, nach Krieg und Kriegsgefangenschaft, Hunger und Bomben vor allem als Opfer sahen und nur selten bereit waren, Verantwortung zu übernehmen für das, was geschehen war. Es gab wohl auch keine einfache Antwort auf die Frage, wie denn angesichts christlicher und gutbürgerlicher Erziehung alle ethischen Maßstäbe so vollkommen außer Kraft gesetzt werden konnten, wie die »große Maskerade des Bösen«[6], die Dietrich Bonhoeffer 1942 beschrieb, alle überkommenen ethischen Begriffe fraglich machen und relativieren konnte. Für Dorothee Sölle führten diese Frage und die Erfah-

---

4. Sölle, Publik-Forum Extra: Dorothee Sölle. Eine feurige Wolke in der Nacht (2004), 6.
5. Ebd.
6. Bonhoeffer, Widerstand und Ergebung (s. Anm. 2), 20.

rung der Verborgenheit eines »lieben Gottes« zum Studium der Theologie, zum Experiment des Glaubens, zur Frage nach eben diesem Gott. Für die Tochter aus gutem Hause, die nicht durch kirchliche Sozialisation geprägt wurde, war die Entscheidung für die Theologie verbunden mit der Notwendigkeit, eine Antwort zu finden auf die Frage, wie Auschwitz geschehen konnte und welche Konsequenzen aus dem Geschehen für die Frage nach der Verantwortlichkeit des Menschen für sein Handeln zu ziehen seien. Existenzialismus und Nihilismus gaben erste Identifikationsmöglichkeiten, Nietzsche, Heidegger, Sartre und schließlich Kierkegaard, durch dessen Schriften sie ermutigt wurde, den »Sprung« zu wagen »in die Leidenschaft für das Unbedingte, in das Reich Gottes.«[7]

Wie sehr dieser Sprung mit der Suche nach neuer Identität und neuer Heimat verbunden gewesen ist, zeigen die einleitenden Sätze ihres ersten Buches, »Stellvertretung, ein Kapitel Theologie nach dem ›Tode Gottes‹«, das 1965 erschien:

»Dieses Buch geht von der Frage aus, wie ein Mensch mit sich selber identisch werden könne, und es versucht, sie in Beziehung zu setzen zu der anderen, was Christus für unser Leben bedeute. Wer bin ich? Wie komme ich zu mir selber? Wie lebe ich so, dass ich es bin, der dieses Leben lebt? Wie erlange ich Identität? So fragt nicht nur die vor allem um sich selbst bekümmerte Subjektivität, sondern der Mensch in der Gesellschaft, die ihn bindet und formt, beschädigt und entstellt. Geblendet von den Rückschritten der Aufklärung in diesem Jahrhundert, jenem ungeheuren Rückgang in die selbstverschuldete Unmündigkeit, betroffen von den immer neuen und sich vervielfältigenden Formen der Versagung jeder möglichen Identität, geängstet von den Neurosen, mit denen Zivilisation sich erkauft und nicht hält, was sie verspricht: Humanisierung – fragen wir nach einer Welt, in der es vielleicht einfacher sein möchte, mit sich identisch zu werden. Aber jede Vision einer heimatlicheren Erde muss sich messen an der größten der Visionen, die wir kennen: am Reich Gottes.«[8]

Hält das Studium der Theologie, hält die Kirche in der Bundesrepublik der 1950er und 1960er Jahre, was sich diese Heimatsucherin verspricht? Das Studium der Theologie, insbesondere Rudolf Bultmann und sein theologisches Programm der »Entmythologisierung« ermöglichen neue, existenzielle Zugänge zur biblischen Botschaft, ohne jedoch die Dimension der politischen und sozialen Realität angemessen zu berücksichti-

---

7. Sölle, Gegenwind, München 1999, 31.
8. Sölle, Stellvertretung. Ein Kapitel Theologie nach dem »Tode Gottes«, Stuttgart 1965, 7 f.

gen. Für die Kirche in der Bundesrepublik Deutschland gilt in den 1950er und 1960er Jahren wohl am ehesten die vorausschauende Kritik Dietrich Bonhoeffers aus der schon erwähnten Taufansprache aus dem Gefängnis: »Jeder Versuch, ihr vorzeitig zu neuer organisatorischer Machtentfaltung zu verhelfen, wird nur eine Verzögerung ihrer Umkehr und Läuterung sein.«[9] Für Menschen, die nach einer neuen Identität und Gewissheit suchten, reichte es nicht, dass die Kirchen ihre Gebäude und ihre Strukturen restaurierten. Die von Bonhoeffer angemahnte Läuterung und Umkehr, die Konfrontation mit dem eigenen Versagen gegenüber einer verbrecherischen Diktatur wurde ebenso wenig eingelöst wie die Forderung, »Kirche für andere zu sein«, »an den weltlichen Aufgaben des menschlichen Gemeinschaftslebens teil(zu)nehmen, nicht herrschend, sondern helfend und dienend.«[10] Dorothee Sölle erinnert sich:

»Mich persönlich hat weder die Kirche, die ich eher als Stiefmutter erlebte, noch das geistige Abenteuer einer nachaufklärerischen Theologie zu dem lebenslangen Versuch, Gott zu denken, verlockt. [...] Es ist das mystische Element, das mich nicht los läßt. Es ist [...] die Gottesliebe, die ich leben, verstehen, verbreiten will. Sie scheint mir in den beiden genannten Institutionen wenig gefragt; was innerhalb der evangelischen Theologie und Predigt abgekürzt ›Evangelium‹ genannt wird, artikuliert bestenfalls, dass Gott *uns* liebt, beschützt, neu macht, errettet. Daß dieser Vorgang nur dann real erfahrbar ist, wenn diese Liebe gegenseitig ist, ist selten zu hören. Daß Menschen Gott lieben, beschützen, neu machen und erretten, klingt den meisten größenwahnsinnig oder verrückt. Es ist aber gerade diese Verrücktheit der Liebe, von der die Mystiker leben.«[11]

Für eine wachsende Zahl von Menschen, das hatte bereits Bonhoeffer konstatiert, konnte die Kirche in ihrer traditionellen Form die Erfahrung der Nichtexistenz Gottes nicht beseitigen. Es bleibt vielmehr, so Sölle, die »Erfahrung vom Ende einer objektiven, allgemeinen, oder auch subjektiven, privaten, jedenfalls aber unmittelbaren Gewissheit«, theologisch gesprochen: es bleibt die Erfahrung vom »Tode Gottes«[12]. Diese Erfahrung kann nur dadurch aufgehoben werden, dass Christus diese Leerstelle besetzt: als Stellvertreter Gottes vor den Menschen und als Stellvertreter der Menschen vor Gott. In einem späteren Kommentar zu diesem ersten »Kapitel Theologie nach dem Tode Gottes« schreibt Sölle:

9. Bonhoeffer, Widerstand und Ergebung (s. Anm. 2), 436.
10. Ebd., 560.
11. Sölle, Mystik und Widerstand (s. Anm. 1), 15 f.
12. Sölle, Stellvertretung (s. Anm. 8), 11.

»Die Antworten, die hier gesucht werden, hängen mit Jesus von Nazareth zusammen, dem ›Menschen-für-andere‹, wie Bonhoeffer ihn genannt hat. Damit vollziehe ich die ›christologische Reduktion‹, die für die Theologie unseres Jahrhunderts charakteristisch ist. Nicht mehr kann Gott als Gewissheit des Herzens, als sozial repräsentiert in der Kirche vorausgesetzt werden … Wir fangen vielmehr am gottlosen Nullpunkt, den die entwickelte bürgerliche Gesellschaft darstellt, an, und nehmen wahr, dass Einer, der uns in vielen Brüdern und Schwestern begegnet, anders lebte als wir: Jesus, der mir verständliche und doch entfernte Bruder, mit dem ich mich ohne eine unvermittelte Gottesnaivität auf den Weg machen kann … Wenn es für mich eine theologisch-politische Kontinuität gibt, dann liegt sie in diesem Anfang bei dem Machtlosen, dem Leidenden und dem Hiesigen. Es ist klar, dass aus diesem Ansatz nicht gerade eine Siegerchristologie entstehen kann. Nicht: er hat's geschafft, darum auch wir, sondern: er wird gekreuzigt, jeden Tag. Mit ihm sein, sein Bild im Herzen tragen, ihm folgen heißt, sich eine Lebensperspektive zu eigen zu machen, die im wesentlichen, unüberbrückbaren Konflikt zur Gesellschaft, in der wir leben, steht.«[13]

Entsprechend heißt es in dem von Dorothee Sölle formulierten Glaubensbekenntnis[14] aus dem Jahr 1969:

Ich glaube an Jesus Christus,
der recht hatte, als er,
»ein einzelner der nichts machen kann«
genau wie wir,
an der Veränderung aller Zustände
arbeitete und darüber zugrunde ging.
An ihm messend erkenne ich,
wie unsere Intelligenz verkrüppelt,
unsere Phantasie erstickt,
unsere Anstrengung vertan ist,
weil wir nicht leben, wie er lebte.
Jeden Tag habe ich Angst,
dass er umsonst gestorben ist,
weil er in unseren Kirchen verscharrt ist,
weil wir seine Revolution verraten haben
in Gehorsam und Angst vor den Behörden.
Ich glaube an Jesus Christus,
der aufersteht in unser Leben,
dass wir frei werden
von Vorurteilen und Anmaßung,

13. Ebd., 179.
14. Gegenwind, (s. Anm. 7), 78 f.

von Angst und Hass
und seine Revolution weitertreiben
auf sein Reich hin.

4. Politisches Nachtgebet

Dieses ganz auf Christus bezogene Glaubensbekenntnis, dieser Wunsch, »jesusgleich« und »christusförmig« zu werden, ist der eigentliche Kern einer widerständigen Mystik. Der Text wurde für eine Aktion geschrieben, die Ernst machen wollte mit dem »Beten und Tun des Gerechten unter den Menschen«[15], Anfang 1968 gründeten evangelische und katholische Christinnen und Christen in Köln die »Initiative Politisches Nachtgebet«, die zum Vorbild wurde für weitere Gruppen und Aktionen ähnlicher Art. Spätestens mit dieser deutlich auf Gesellschaftsveränderung ausgerichteten Aktivität wurde Dorothee Sölle zu einer bekannten und umstrittenen Persönlichkeit in Kirche und Gesellschaft. Für alle, die die Trennung von Evangelium und Politik überwinden wollten, wurde das Politische Nachtgebet zur Initialzündung für ein neues christliches Selbstverständnis.

Das Schlagwort in diesen Jahren lautete »politische Theologie«, die aber im Grunde »als Geburtsstunde einer Befreiungstheologie im Kontext Deutschland anzusehen [ist]«, wie Luise Schottroff in ihrem Vortrag zu Dorothee Sölles 70. Geburtstag ausführte. Nach dem Dreischritt »Sehen – Urteilen – Handeln« wurden Gebete und Bibeltexte in die Analyse aktueller gesellschaftlicher Probleme einbezogen, auf diesem Hintergrund meditiert und in konkrete politische Aktion umgesetzt.

So zog kurz nach der Entstehung der Initiative Politisches Nachtgebet und von ihr verantwortet im April 1968 eine Gruppe von Demonstranten durch die Kölner Innenstadt, die gegen den Krieg in Vietnam protestierte. Das Transparent, das sie vor sich her trugen, sorgte für Aufsehen und Aufregung: »*Vietnam ist Golgatha!*« Dorothee Sölle erinnert sich:

»Ich glaubte zu wissen, was es heißt, wenn ich sagte, ich bin Christin. Ich drückte damit eine Beziehung zu einem Menschen aus, der vor zweitausend Jahren gelebt und die Wahrheit gesagt hatte. Ich versuchte, diesen Mann ernst zu nehmen, weil ich dachte, dass seine Geschichte Folgen hat bis heute. Ich konnte keinen nennenswerten Unterschied finden zwischen einer Dornen-

---

15. Bonhoeffer, Widerstand und Ergebung (s. Anm. 2), 435.

krone und diesen Tränengasderivaten, die bei ungünstiger Windteilung nicht nur zum Weinen und Sichübergeben führten, sondern zum Ersticken. Ich konnte keinen nennenswerten Unterschied finden zwischen den neu ausprobierten Geschossen und Giften und der älteren Art, Menschen durch Annageln an ein Kreuz umzubringen. Für meine Generation hat der Vietnamkrieg zwei Dinge getan: Er hat den Kapitalismus so entlarvt wie nichts zuvor. Und gleichzeitig hat das vietnamesische Volk uns – stellvertretend für andere Völker – eine neue Vision von Leben, von zukünftigem Leben geschenkt.«[16]

Dass der Gekreuzigte in Vietnam zu finden ist und nicht im sakralen Abseits unserer Kirchen, war die Botschaft des politischen Nachtgebets und eine Erkenntnis, die in den Kämpfen dieser Zeit immer mehr Christen in vielen Ländern der Erde ergriffen hatte. Camilo Torres, kolumbianischer Priester und Soziologe, wurde der Sprecher einer Massenbewegung gegen Hunger und Gewalt. »Die Revolution ist ein christliches Gebot«, sagt er bereits 1964 auf der Konferenz »Pro Mundi Vita« in Löwen, und »was streiten sich die Christen mit den Kommunisten darüber, ob die Seele sterblich ist oder unsterblich, wo wir wissen: der Hunger ist sterblich.«[17] Kurze Zeit später wurde die kolumbianische Volkseinheitsbewegung zerschlagen, Camilo Torres, der sich zur Guerilla in die Berge geflüchtet hat, von einer Einheit des kolumbianischen Militärs erschossen. In seinem Aufruf an die Christen hatte er geschrieben:

»Ich habe auf die Rechte des Klerus verzichtet, aber ich habe nicht aufgehört, Priester zu sein. Ich glaube, dass ich mich aus Liebe für die Revolution entschieden habe. Wenn mein Bruder nichts mehr gegen mich hat, wenn die Revolution verwirklicht ist, will ich wieder die Messe feiern, wenn es Gott erlaubt.«[18]

Dass Gott ein parteilicher Gott ist, Anwalt der Schwachen und Unterdrückten, dass die Option für die Armen Teil der Botschaft des Evangeliums ist, wurde Christinnen und Christen in den Solidaritätsbewegungen deutlich. Die Gestalt des gekreuzigten Christus wurde konkret in den gekreuzigten Campesinos, den Opfern des Militärs und der Todesschwadrone. Mit dem Kreuz als Heilsereignis, das so fraglos eingemeindet wird in die bürgerliche Lebenswelt unserer Kirchen, hatte dieses Kreuz nichts mehr zu tun. In der Begegnung mit den Ausgegrenzten, mit denen, die in der Peripherie der Armut leben, die von den reichen Zentren erzeugt

16. Sölle, Gegenwind (s. Anm. 7), 92 f.
17. Camilo Torres, in: Renate Wind, Bis zur letzten Konsequenz, Die Lebensgeschichte des Camilo Torres, Weinheim/Basel 1994, 70.
18. Ebd., 85.

wird, hatte das Christsein eine andere Dimension erhalten. Die Entdeckung, dass die entscheidenden biblischen Texte selbst nicht in den Zentren der Macht entstanden waren, sondern in der Peripherie, in den Hütten der Fremdarbeiter im Schatten der Prestigeprojekte der Megakulturen, führte zu einer neuen biblischen Perspektive. Der ermordete und auferstandene Jesus Messias verkörperte nun in seiner Ohnmacht die Leiden, aber auch die Kraft der Schwachen. Ernesto Cardenal schrieb an Monsignore Casaldàliga, den Vater der von Ausrottung bedrohten Amazonas-Indianer: »Wir wissen: dort, wo die Hubschrauber kreisen, ist der Leib Christi.« Dorothee Sölle, die in den Solidaritätsbewegungen insbesondere für Lateinamerika und in den Basisgemeinden dieser Länder selbst engagiert war, schreibt rückblickend:

»Die Theologie der Befreiung lehrte mich, die Bibel nicht nur als einen Ruf zu verstehen, Gottes Willen in einer Welt der Ungerechtigkeit zu tun, sondern sogar als den Ruf, auch Diskriminierungen, Schwierigkeiten und das Martyrium in Kauf zu nehmen. ›Wer sein Leben behalten will, der wird es verlieren‹ heißt, das Risiko des Widerstands bewusst einzugehen … Gegen die Art, wie unsere Lebensgrundlagen zerstört, die Armen dem Tod ausgeliefert und ein sogenannter Friede auf der Herrschaft des Wahnsinns aufgebaut wird, ist Widerstand notwendig. Man kann eigentlich nur Christ werden, in Christus hineinwachsen, indem man in eine Bewegung des Widerstands hineinwächst.«[19]

In den Texten Dorothee Sölles spiegelt sich der Geist der 1970er Jahre in vielfacher Weise wider. Heute ist kaum noch vermittelbar, mit wie viel Hoffnung auf Veränderung und mit wie viel revolutionärer Begeisterung diese Jahre verbunden waren, aber auch mit wie viel Gewalt die lateinamerikanischen Befreiungsbewegungen verfolgt und zerschlagen wurden. Das Schicksal der Märtyrerkirche in El Salvador und ihres Bischofs Oscar Arnulfo Romero, der »schmutzige Krieg« in Kolumbien und Guatemala, all das findet seinen Niederschlag in den Gedichten, Reportagen und »Heiligenlegenden«, mit denen Dorothee Sölle ihre Verbundenheit mit den Menschen dieses Kontinents zum Ausdruck brachte. In diesen Texten wird der leidende und gekreuzigte Christus noch einmal neu entdeckt; zugleich wird aber auch ein neuer Aspekt der Christologie entwickelt. An die Stelle der Stellvertretungschristologie tritt die Solidaritätchristologie, in der Christus der solidarisch Mitleidende wird, aber auch selbst Solidarität braucht und erhofft. In dieser Solidarität mit

19. Sölle, Publik-Forum Extra (s. Anm. 4), 19.

dem leidenden Messias wird Nachfolge neu definiert. Schon Bonhoeffer hatte in der Gefängniszelle von Tegel geschrieben:

»›Könnt ihr nicht eine Stunde mit mir wachen?‹ fragt Jesus in Gethsemane. Das ist die Umkehrung von allem, was sich der religiöse Mensch von Gott erwartet. […] Nicht der religiöse Akt macht den Christen, sondern das Teilnehmen am Leiden Gottes im weltlichen Leben.«[20]

Dieses Gethsemane-Motiv wird von Dorothee Sölle nun neu entdeckt. Als im Jahre 1977 Elisabeth Käsemann wie Tausende andere in den Folterzentren der argentinischen Militärjunta verschwand und elend umkam, schrieb Dorothee Sölle in ihrem Gedicht »Bericht aus Argentinien«[21]:

D sagt es ist eine Regel im Untergrund
Dass du zwei Tage schweigst unter der Folter
Das gibt den Genossen Zeit

Zwei Tage frage ich heißt das
Auch zwei Nächte
Ja sagt sie, sie arbeiten Schicht

O Jesus sag ich wenn wir zusammen sind
Du warst Donnerstag und Freitag unter der Folter
Du hast keinen Namen preisgegeben –

Und was tun wir frage ich mich
Zwei Tage und zwei Nächte
In Gethsemane – und was tun wir

Erneut werden das Motiv des Leidens und die Notwendigkeit einer Sinngebung in diesem Leiden aufgegriffen und weiter gedacht. In der Begegnung mit der Theologie der Befreiung kommt aber auch die Frage neu auf, was Auferstehung bedeuten könnte. Noch sehr vorsichtig wird ein Gedanke daran in dem Gedicht »Argumente gegen die Ohnmacht« formuliert:

Wir haben den längeren Atem
Wir brauchen die bessere Zukunft
zu uns gehören die Leute mit den schlimmeren Schmerzen
die Opfer des Kapitals

20. Bonhoeffer, Widerstand und Ergebung (s. Anm. 2), 535.
21. Brigitte Kahl/Volker Kahl (Hg.), Aufgestanden gegen den Tod, Berlin/DDR 1984, 154, aus: Fietnau Anthologien.

bei uns hat schon mal einer Brot verteilt
das reichte für alle
Wir haben den längeren Atem
wir bauen die menschliche Stadt
mit uns sind Verbündete der Rechtlosen in den Anstalten
und die Landlosen in den Städten
zu uns gehören die Toten des Zweiten Weltkriegs
die endlich zu essen haben wollen Gerechtigkeit
bei uns ist schon mal einer aufgestanden
von den Toten[22]

Die politische Theologie der 1968er Jahre mündet hier in den breiten Strom der neu entstehenden befreiungstheologischen Spiritualität. Es gibt keinen Dualismus von Diesseits und Jenseits in der Auferstehungshoffnung. Auferstehung ins Leben ist möglich, aber nicht nur als eine individuelle Erfahrung, sondern als Überwindung todbringender ökonomischer und gesellschaftlicher Strukturen. Auf der anderen Seite ist Sünde mehr als eine individuelle Verfehlung, sondern ein strukturelles Problem: »Wir verstehen unter Sünde weder individuelle Einzelfragen noch jenes globale protestantische Ohnmachtsgefühl, dass mit unserer Macht ja doch nichts getan sei … Wir sind Kollaborateure der Sünde, schon indem wir zu der nördlichen reichen Welt gehören.«[23]

Was aber heißt in diesem Kontext Auferstehung?

Ach, frag nicht nach der Auferstehung …
Ich richte mich ein
Auf die langsame Gewöhnung ans Totsein
In der geheizten Wohnung
Den großen Stein vor der Tür
Ach, frag mich nach der Auferstehung
Ach hör nicht auf mich zu fragen[24]

»Wenn wir tief genug in unsere eigene Situation eintauchen, werden wir einen Punkt erreichen, an dem theologische Reflexion nötig wird«, schreibt Dorothee Sölle, »der einzige Weg, um diesen Punkt zu erreichen, an dem wir aufmerksam werden auf unser Verlangen nach Gebet, nach Hoffnung, nach Geschichten von Menschen, die befreit worden sind, ist es, tief genug in unseren eigenen sozialgeschichtlichen Kontext einzudringen … Wir müssen diesen Punkt, von dem es kein Zurück gibt,

22. Ebd., 104.
23. Zitiert in: Luise Schottroff, Vortrag zum 70. Geb.
24. Kahl (s. Anm. 21), 35.

erreichen, an dem wir neu wissen, dass wir Gott brauchen. Dies ist die Basis für Theologie.«[25]

5. Der Gott der Befreiung

Die Begegnung mit der Theologie der Befreiung hat die politische Theologie Dorothee Sölles noch in einer weiteren Hinsicht verändert. Überwogen bisher die systematischen Überlegungen zu einer neuen Christologie und war ihr theologisches Denken weitgehend auf diese Christologie reduziert, so kam durch die »relectura«, die Neulektüre der Schrift, die Bibel als Ganze wieder in den Blick. Hatte sie in dem theologischen Ansatz der »Stellvertretung« die Bedeutung Gottes radikal zugunsten der »christologischen Reduktion« relativiert, so kam jetzt der Gott Israels und die mit dem Glauben an ihn verbundenen befreienden Traditionen beider Testamente neu zu Wort. Das hat auch damit zu tun, dass aus der Friedens- und Solidaritätsbewegung und den neuen sozialen Bewegungen in den westlichen Ländern neue theologische Perspektiven erwuchsen. Die feministische und sozialgeschichtliche Exegese führte auf die Spur der verschütteten Frauengeschichte und machte den Blick frei für den »Gott der kleinen Leute«. In dieser Zeit wird Dorothee Sölle erst eigentlich zur Bibelarbeiterin; zusammen mit der Freundin Luise Schottroff, der profilierten und engagierten Exegetin, beginnt eine über Jahre dauernde schöpferische Bibelauslegung, mit der die beiden Frauen bis zuletzt die großen Kirchentagshallen gefüllt haben. »Die Erde gehört Gott« war das Thema ihrer Bibelarbeit beim Düsseldorfer Kirchentag 1985, und das setzte bereits einen anderen Akzent als das offizielle Kirchentagsmotto »Die Erde ist des Herrn«. »Die Erde gehört Gott« geriet zu einer biblisch-theologischen Manifestation für den dort auf den Weg gebrachten konziliaren Prozess für Gerechtigkeit, Frieden und Bewahrung der Schöpfung. Im Vorwort zur ersten Ausgabe dieser Bibelarbeiten heißt es in einem gemeinsamen Text:

»Es gehört zur befreiungstheologischen Hermeneutik, die Situation der Menschen von damals ebenso ernst zu nehmen, die in der Bibel vorkommen, wie die der Menschen von heute, die aus der Bibel lernen, was es heißt, dass der Glaube an Gott und Christus Berge versetzen kann. Sie geht also sozialgeschichtlich vor, um sich und anderen Rechenschaft über die eigene gesellschaftliche Situation abzulegen ... Die biblischen Texte sind Testimonien,

25. Ebd.

Zeugnisse Betroffener, die die ungeschminkte Wahrheit über ihre eigene Situation aussprechen und deutlich machen, was der Glaube und die Hoffnung auf Gott praktisch bedeuten, welche Schritte der Befreiung im Alltag mit dem Glauben verbunden sind.«[26]

Wie sehen die politischen und sozialen Verhältnisse in diesen Jahren aus? Vordringlich wurde in dieser Phase die Sorge um den Frieden und die Sicherheit in Europa. In der Friedensbewegung der 80er Jahre kamen unzählige Menschen zusammen, die sich in den Jahren davor noch voneinander abgegrenzt hatten. Linke unterschiedlicher Schattierungen verbanden sich miteinander, Christen und Sozialisten, Solidaritäts-, Friedens- und Ökologiebewegung gingen erstmals ein Bündnis ein. Anlass war der sogenannte Nato-Doppelbeschluss zur Aufstellung einer neuen Generation von Mittelstreckenraketen, die den atomaren Schlagabtausch zwischen den Supermächten für die USA gewinnbar machen sollten. Damit wurde nicht nur eine neue Runde in der atomaren Hochrüstung eingeläutet, sondern auch die Existenz Europas als dem atomaren Schlachtfeld von amerikanischen Militärstrategen bewusst aufs Spiel gesetzt. Offen wurde in den Strategiepapieren des Pentagon die Zielsetzung formuliert: der gezielte atomare Schlag gegen das »Reich des Bösen« war in den Bereich des Möglichen gerückt. Zugleich wurde deutlich, dass die neue Runde des Wettrüstens dazu dienen sollte, die Sowjetunion endgültig »tot zu rüsten«. Als weitere Eskalationsstufe wurde der »Krieg der Sterne« in die amerikanische Militärstrategie mit einbezogen.

Dorothee Sölle gehörte zu denen, die in der Zeit des kalten Zorns und der drohenden Resignation die Stimme der Hoffnung und des Widerstands verkörperte. Untrennbar mit ihr ist die Aktualisierung des Wortes aus dem Buch der Sprüche Salomos verbunden: Ein Volk ohne Visionen geht zugrunde! Gegenüber denjenigen Politikern und Kirchenführern, die die atomare Rüstung und den Zustand der Welt theologisch mit der Sündenverfallenheit der Welt zu erklären versuchten, behauptete sie ein anderes Gottes- und Menschenverständnis:

»Gott, der einen neuen Anfang setzt trotz der Sünde, wird gar nicht ernst genommen, auch wenn sein Name gelegentlich auftaucht. Gott ist hier bereits zum Schicksal geworden. Diese Theologie, die uns weithin beherrscht, ist eine Theologie des Todes ohne Gott. Ihr wichtigster Inhalt ist die subjektive Sünde und die objektive Ohnmacht des Menschen, und ihre wichtigste Praxis ist die Anpassung an die Sünde, ob mit oder ohne Waffen, ob mit oder ohne Rüstungsexport, ob mit oder ohne Rüstungsprofit. Der Gott der Bibel ist

26. Dorothee Sölle/Luise Schottroff, Die Erde gehört Gott, Hamburg 1985, 8 f.

aber die Macht des Lebens, die unser Herz verwandelt … Dieser Gott erscheint in der Theologie des Todes gar nicht.«[27]

Ebenso wie in der Friedensfrage nimmt Dorothee Sölle nun auch in der Frage der sozialen Gerechtigkeit unmittelbar Bezug auf die biblischen Traditionen:

»Niemand kann uns erzählen, unsere Tradition bestünde aus lauter schönen utopischen Träumen, die die Theologen dann gern eschatologisch nennen, das heißt: auf das Ende aller Zeiten bezogen. Als seien die großen Visionen der Bibel wie Freilassung der Schuldsklaven, Land den Landlosen, Schwerter zu Pflugscharen, als seien die Gesetzesbestimmungen und Bilder ohne Realitätsbezug. Es sind konkrete sozialgeschichtliche Entwürfe einer besseren Ordnung …«[28]

6. Mystik und Widerstand

Dorothee Sölle schreibt in ihrem letzten Buch »Mystik und Widerstand«:

»Wir leben seit 1989 in einer vereinheitlichten globalisierten Wirtschaftsordnung der Technokratie, die eine absolute Verfügung über Raum, Zeit, Schöpfung beansprucht und herstellt. Die Maschine, getrieben von dem Zwang, mehr zu produzieren, läuft, von technologischen Erfolgen unvorstellbaren Ausmaßes bestätigt. Sie ist auf ein Mehr von Schnelligkeit, Produktivität, Verbrauch und Gewinn für etwa 20 % der Menschheit programmiert. Dieses Programm ist effektiver und gewalttätiger als alle historischen Großreiche mit ihren babylonischen Türmen.«[29]

Die Gewalttätigkeit dieses Systems des globalisierten Kapitalismus zeigt sich vor allem dort, wo ganze Gruppen von Menschen und Ländern ausgegrenzt werden und »überflüssig« zu werden drohen. Beispiele dafür finden sich genug und auch dafür, dass es kein Ende der Gewalt ohne die Herstellung von Gerechtigkeit geben wird. Angesichts dieser Realität stellt sich nicht nur die Frage nach veränderten Formen des Widerstands, sondern auch nach neuen Kraftquellen und Motivationen. Der Lyriker und Brecht- Schüler Heinz Kahlau, bekennender Atheist, schrieb in den Jahren der allmählich untergehenden DDR:

27. Ebd., 39.
28. Ebd., 64.
29. Sölle, Mystik und Widerstand (s. Anm. 1), 241.

Weh
wenn die Erfahrungen
über die Hoffnungen siegen
Ohne Hoffnungen
keine Erfahrungen mehr
Und
wo die Erfahrungen enden
beginnt der Glaube

Aber genau das ist die Stelle
an der auch
die Zukunft beginnt.[30]

Ein solcher Glaube ist unverzichtbar geworden, aber er ist nicht mehr konfessionell gebunden. Er richtet sich darauf, dass die glorreichen Mächte und ihre babylonischen Türme zusammenbrechen werden, dass von ihnen, wie beim Turmbau zu Babel, nur noch Ruinen bleiben, dass aber die Seufzer und Schreie derer, die geschunden wurden beim Bau der Pyramiden und in den Steinbrüchen von Flossenbürg und Mauthausen zum Himmel dringen und Gott zum Eingreifen bewegen. In diesem Glauben weiter zu leben und zu handeln hieße, nicht aufzuhören zu beschreiben, was Utopie und Vision, Suche nach Heimat und Sehnsucht nach Frieden heute bedeuten, auch wenn diese Begriffe als ideologieverdächtig denunziert werden. Nichts fürchten die Eliten der »global players« mehr als die erneute Suche nach anderen Lebensmöglichkeiten für alle, den Zweifel daran, dass diese Welt die beste aller Welten oder zumindest die einzig mögliche sei. Erich Fried schrieb in einem seiner letzten Gedichte[31]:

Noch einmal sprechen
von der Wärme des Lebens
damit doch einige wissen
Es ist nicht warm
aber es könnte warm sein

Bevor ich sterbe
noch einmal sprechen von der Liebe
damit doch einige sagen
Das gab es
das muß es geben

30. Heinz Kahlau, Flugbrett für Engel, Berlin/Weimar 1974.
31. Erich Fried, Bevor ich sterbe, in: Lebensschatten, Berlin 1981, 24.

Noch einmal sprechen
von dem Glück der Hoffnung auf Glück
damit doch einige fragen
Was war das
wann kommt es wieder?

Dorothee Sölle war in besonderem Maße dazu berufen, von dem zu sprechen, was uns am Hoffen und am Leben hält. Sie hat über viele Jahre unsere Träume und unsere Trauer begleitet, sie fragte mit uns, was geworden ist aus dem Aufbruch des konziliaren Prozesses für Gerechtigkeit, Frieden und Bewahrung der Schöpfung. In einer Welt, die sich abzufinden droht mit dem Recht des Stärkeren in Wirtschaft und Gesellschaft erinnerte sie daran, dass ein Volk ohne die Vision von Gerechtigkeit zugrunde geht. Dieses prophetische Wort hat sie begleitet in der kompromisslosen Frage nach Wegen der Befreiung für die ganze Menschengemeinschaft. Es steht in direktem Zusammenhang mit der Verheißung, dass die unaufhörliche und leidenschaftliche Suche nach Gott Teil dieses Befreiungsweges ist, der einmal ans Ziel kommen soll: »So ihr mich von ganzem Herzen suchen werdet, werde ich mich von euch finden lassen.« (Jer 29,13 f.)

Ein letztes Mal wird sie am Ende ihres Lebens nach dem Sinn des Leidens, nach Christus und dem »fernnahen Gott« suchen. Diese Sätze gehören zu ihrem Vermächtnis:

»Leiden trennt nicht notwendigerweise von Gott, sondern vermag uns gerade in Beziehung zu dem Geheimnis der Wirklichkeit zu setzen. Christus nachzufolgen bedeutet teilzunehmen an seinem Leiden. [...] Mitleiden in diesem Sinne, *compassio* [...] entsteht angesichts der realen Situation anderer unschuldig Leidender aus Solidarität mit ihnen. [...] Ohne *compassio* keine Auferstehung [...] Es ist nicht Dolorismus, der Leiden sucht und sich auswählt, sondern ein mystischer Umgang mit der Realität, die aus dem passiven überwältigt Werden zu einer freiwilligen Anteilnahme am Leiden der Erniedrigten und Beleidigten kommt. [...] Annahme entreißt der eisigen Sinnlosigkeit ihre Macht, weil sie an der Wärme Gottes ›auch im Leide‹ festhält. ›Opfer‹ bedeutet in diesem Zusammenhang nicht, daß [...] dem Leiden in sich eine Heilsqualität zukäme; wohl aber spricht der Begriff die Partizipation der Menschen aus, die sich nicht abfinden, sondern in einem mystischen Trotz mitleidend darauf bestehen, daß nichts verloren geht.«[32]

32. Sölle, Mystik und Widerstand (s. Anm. 1), 180, 181 f., 184, 193. Johann Baptist Metz wies in seinem Vortrag bei der Internationalen Bonhoeffer-Konferenz 2000 in Berlin darauf hin, dass der Begriff »Compassio« auch die Praxis und Theologie Dietrich Bonhoeffers umfassend beschreibt.

An dieser Stelle wird schließlich deutlich, was für sie am Ende die entscheidende Quelle der Inspiration und der Kraft gewesen ist. Es ist zum einen das »Trotz alledem!« des jüdischen Glaubens, das die Widerstandstradition beider Testamente begründet. In dem endlich aufgenommenen jüdisch-christlichen Dialog, in dem Versuch, von Gott zu reden »nach Auschwitz«, hat sie den befreienden Gott Israels ebenso wieder entdeckt wie Jesus, den »jüdischen Proletarier«, der als messianischer Prophet und Lehrer der Gerechtigkeit Opfer des römischen Imperiums wurde. Damit verbunden ist die Neuentdeckung und das Festhalten an der Weisung Gottes, der Tora, die durch die Jahrhunderte mitgenommen wurde in die Verbannung und ins Exil, die gerettet wurde aus den Flammen des Warschauer Ghetto und mitgebracht werden wird ins gelobte Land. Sie ist das Besondere, das wir einbringen können in den Menschheitstraum von einem neuen Morgen. Die andere, neu zu entdeckende Tradition ist die der widerständischen Mystik, die über die biblische Tradition hinausgeht und die uns verbindet mit den Gottsuchern, Wahrheitssuchern und Heimatsuchern in allen Völkern und Kulturen. Das Erlebnis, unter dem Sternenhimmel ebenso wie in einer großen Demonstration geborgen zu sein in einem Ganzen, dem keine Macht der Welt etwas anhaben kann, in einem Ganzen, in dem der einzelne Mensch unendlich wichtig ist, aber zugleich auch aufgeht in diesem größeren Ganzen und in sich selbst nicht zu Ende ist. Vielleicht ist dies das eigentliche Geheimnis der Bewegung, die sich auf den Messias Jesus beruft: Der Abschied von der idealistischen Vorstellung, dass das Heil der Welt von dem Einzelnen und seiner Aktivität abhängt. Dass es vielmehr darauf ankommt, Teil einer Jahrhunderte alten Bewegung zu sein, die die Vision des messianischen Schalom nicht aufgibt, die die Perspektive der Opfer wahrnimmt und die den Mund auftut für die Stummen. Die nicht an der Umverteilung von Macht und Privilegien interessiert ist, sondern in der Nachfolge Jesu Abgrenzungen durchbricht und Ausgrenzungen aufhebt. In der das Tun der Gerechten geborgen und aufgehoben ist, das Handeln all derer, die wir überlebten: der Elisabeth Käsemann und des Märtyrerbischofs Oscar Arnulfo Romero, des Dietrich Bonhoeffer und der Rosa Luxemburg, der Sophie Scholl von der Weißen Rose und der Hilde Coppi von der Roten Kapelle. Ihr gewaltsamer Tod und das Leiden unzähliger ungenannter Opfer von Unrecht und Gewalt kann nicht sein ohne die Hoffnung, dass die Träume unserer Toten zu neuem Leben erwachen werden. Eine solche Hoffnung hat nichts zu tun mit dem Rückzug in die Innerlichkeit, in die religiöse warme Ecke, die wir so gerne hätten in einer kalt gewordenen Welt. Sie verbindet sich vielmehr mit der Bereitschaft, umzukehren an die Ränder

dieser Erde und wahrzunehmen, dass der Jesus Messias, den wir bekennen, zu den Ausgegrenzten gehört und nicht zu den Markt- und Mei-
nungsführern. Eine solche Bewegung kann nur herrschaftskritisch sein
in einer Welt, die auf Macht und Privilegien setzt. Aber nur sie bewahrt
etwas von der messianischen Hoffnung, dass, mit den Worten von Pablo
Neruda, »die Völker einer großen Zärtlichkeit entgegengehen. Diese
Hoffnung ist unerbittlich!«

Mystik hat mit dieser Hoffnung und mit dieser Unerbittlichkeit zu
tun. »Mystik ist die Erfahrung der Einheit und der Ganzheit des Lebens«,
schreibt Fulbert Steffensky.

»Mystische Lebenswahrnehmung, mystische Schau ist dann auch die uner-
bittliche Wahrnehmung der Zersplitterung des Lebens. Leiden an der Zersplitterung und sie unerträglich finden, das gehört zur Mystik. Gott zersplittert zu finden in arm und reich, in oben und unten, in krank und gesund, in
schwach und mächtig, das ist das Leiden der Mystiker. Der Widerstand [...]
wächst aus der Wahrnehmung der Schönheit. Und das ist der langfristigste
und der gefährlichste Widerstand, der aus der Schönheit geboren ist.«[33]

– und aus dem Protest gegen ihre Verletzung und Gefährdung. Er wird
entfacht von jenem Licht, von dem es im Johannesevangelium heißt, dass
es in die Finsternis kam und trotz allem von der Finsternis nicht überwältigt werden konnte. Zu Menschen, in denen dieses Licht brennt, gehört der rasende Zorn über die Mächte der Dunkelheit und die trotzige
Entschlossenheit, die Finsternis niemals Herr werden zu lassen über das
Licht. Mystik hat nichts mit religiöser Wellness zu tun, sondern mit heiligem Zorn und Raserei. »Her life was a raging against the dying of the
light«[34], erinnert sich Dorothee Sölles amerikanische Freundin Beverly
Harrison, ihr Leben war ein Rasen gegen das Sterben des Lichts. Der Gedanke stammt aus einem Gedicht von Dylan Thomas: »Do not go gentle
into that dark night – *rage, rage against the dying of the light!*«

33. Dorothee Sölle/Fulbert Steffensky, Vorwort. Ein Gespräch, in: Sölle, Mystik
und Widerstand (s. Anm. 1), 14
34. Erinnerungen von Professor Dr. Beverly Harrison anlässlich des Podiums »In
Memory of Dorothee Sölle« bei der Jahrestagung der AAR 2003 in Atlanta/
USA.

7. Mystik des Todes

Die Gegenseitigkeit, die in der Beziehung zwischen Gott und den Menschen besteht, führt am Ende zu jener Provokation Gottes, die sich schon in den biblischen Texten findet, zu den großen Fragen und Klagen und Anrufungen: Sei nicht zersplittert, Gott, werde heil und zeige dich endlich! Wie lange noch, Gott, bleibst du verborgen? Mein Gott, warum hast du mich verlassen? Dennoch halte ich stets an dir fest und spreche: du bist mein Gott!

Solange die Welt nicht heil ist, ist auch Gott nicht heil, sondern zersplittert und verborgen, immer wieder auch selbst ein Opfer der Gewalt. Was bleibt? »Christen stehen bei Gott in seinem Leiden«, hatte Dietrich Bonhoeffer geschrieben. Und Paul Gerhard dichtete in seinem Passionslied über das Leiden Jesu:

»Ich will hier bei dir stehen, verachte mich doch nicht, von dir will ich nicht gehen, wenn dir dein Herze bricht, wenn dein Haupt wird erblassen im letzten Todesstoß, alsdann will ich dich fassen in meinen Arm und Schoß.«[35]

Die Gegenseitigkeit der Gottesbeziehung führt zuletzt zu der Erkenntnis, dass Gott zum Heilwerden unsere Hilfe braucht wie wir seine. Dorothee Sölle, die Gott provozierte und liebte und von ganzem Herzen suchte, fand ihn am Ende in der Umarmung des gekreuzigten Bruders, eine Umarmung, die immer eine gegenseitige ist: »Wenn ich einmal soll scheiden, dann scheide nicht von mir.«

Am Ende steht keine Antwort auf die Frage nach Gott, sondern eine Umarmung.

Literaturempfehlungen

Kuhlmann, Helga, Eher eine Kunst als eine Wissenschaft. Resonanzen der Theologie Dorothee Sölles, Stuttgart 2007.
Wind, Renate, Dorothee Sölle. Rebellin und Mystikerin. Die Biographie, Stuttgart 2008.

---

35. EG 85,6.

Kirche als *global player* – religiöser Pluralismus und Theologie der Ökumene

Ulrike Link-Wieczorek

»Jetzt, da man mit einem erwachten Asien zu rechnen hatte, begannen die internationalen christlichen Organisationen junge Asiaten in ihren Mitarbeiterstab zu holen. C. W. Li und Ivy Khan waren dies im CVJM und CVJF auf Weltebene. An einigen Sonntagen im März trafen wir uns, tranken indischen oder chinesischen Tee, gingen spazieren und redeten. Das gab uns asiatische Luft zum Atmen. An einem Sonntag waren Ivy und ich eingeladen zu einem chinesischen Mittagessen und Tee mit C. W. Li, seiner Frau und den zwei kleinen Kindern, die sie damals hatten, einem Jungen und einem Mädchen. Weil es ein schöner Tag war, machten wir einen langen Spaziergang am Ufer des (Genfer) Sees. Die Gruppe mit Frau Li und den Kindern in ihrer chinesischen Kleidung und Ivy in ihrem indischen Saree zog große Aufmerksamkeit auf sich. Die Leute blieben einfach stehen und starrten uns an. Ich glaube, es war Herr Li, der schließlich vorschlug, einen Hut herumgehen zu lassen.«[1]

So beschreibt der indische christliche Laientheologe Madathilparampil Mammen – kurz: M. M. – Thomas seine ersten Wochen in Genf im Jahr 1947, wohin man den 31-Jährigen für ein gutes Jahr zur Mitarbeit in den Stab des Studentenweltbundes berufen hatte. Dafür hatte er Frau und Kinder in Indien zurückgelassen; ein Sohn wurde sogar gerade während seiner Reise nach Europa geboren.[2] »Ich musste viele meiner Gewohnheiten ändern. Manche Veränderungen waren ziemlich unangenehm, vor allem einen schweren Anzug, Mantel, Handschuhe und Hut zu tragen. Letzterer fiel mir oft vom Kopf. Und ich musste mich mit einem Leben ohne mein tägliches Travancorer Bad arrangieren! Man musste zahlen für ein Bad in der Pension! Das Essen war gut. Ich hatte ja schon Erfahrung durch den Aufenthalt bei den Keithahns in Bangalore, wo ich Gerichte ohne Gewürze gegessen (und zehn Pfund zugenommen) hatte. So war die Gewöhnung an die neuen Essgewohnheiten jetzt nicht schwierig.«[3] Im Zuge dieses Aufenthaltes in Genf war Thomas schließlich mitbeteiligt an der Vorbereitung der Gründungsversammlung des Ökume-

---

1. M. M. Thomas, My Ecumenical Journey, The Ecumenical Press, Trivandrum 1990, 6 (Übers. U. L.-W.).
2. Vgl. ebd., 3-4.
3. Ebd., 5.

nischen Rates der Kirchen (ÖRK) 1948 in Amsterdam. Die Studienkommissionen des späteren ÖRK trafen sich in Bossey bei Genf und luden Thomas mit dazu ein, vor allem wenn es um sein Spezialgebiet ging: das Verhältnis von Christentum und Gesellschaft und Politik, das er sehr engagiert in asiatischer Perspektive und vor dem Hintergrund der damaligen gesellschaftlichen Umbrüche in den Ländern der Dritten Welt einbrachte: »Soweit ich mich erinnern kann«, schreibt er 1990, »war ich der einzige nicht-westliche Teilnehmer (dieser Vorbereitungs-Sitzungen, U. L.-W.).«[4] Das muss uns heute geradezu unglaublich vorkommen.[5] Heute sind die Kommissionen des ÖRK mindestens zur Hälfte mit Vertretern und Vertreterinnen von Kirchen aus Ländern der Dritten Welt besetzt. M. M. Thomas hatte nach absolviertem Chemiestudium Sozialethik studiert – ein Jahr lang auch am Union Theological Seminary in New York.[6] Zur Ökumene kam er schon in Indien, wo er Direktor des Christlichen Instituts für Kirche und Gesellschaft der Christlichen Konferenz Asiens wurde. Er gehörte der Syrischen Mar-Thoma-Kirche von Malabar an und repräsentierte jetzt in Genf damit nicht nur die asiatische Christenheit gegenüber der überwältigenden abendländischen Mehrheit, sondern zudem noch eine Kirche mit konfessionskundlich gesehen äußerst bewegter Geschichte:[7] Ursprünglich eine altorientalische orthodoxe Kirche mit westsyrischem Ritus, die sich in ihrer Gründung auf den Apostel Thomas zurückführt, erlebten die Thomaschristen bei der Kolonisierung der südindischen Stadt und Region Kerala durch die Portugiesen seit 1498 eine Hinwendung zur römisch-katholischen Kirche, deren Freiwilligkeit den damaligen politischen Verhältnissen entsprechend nicht ganz eindeutig ist und die zu einem bewegten Hin und Her von Spaltungen führte. Im 17. Jahrhundert wurden die Portugiesen aus M. M. Thomas' Heimatort Travancore von den Holländern vertrieben. Starke Teile der Thomaschristen warben daraufhin um Metropoliten aus der ostsyrischen Kirche und provozierten damit wiederum Spaltungen. Im 19. Jahrhundert gab es unter nunmehr britischer Kolonialherrschaft und dem Einfluss der Missionare der Church Missionary Society

---

4. Ebd., 21.
5. Thomas schreibt selbst, ebd. 20: »It may seem incredible now, that in 1947, WCC events went on without the participation of non-westerners. Perhaps the idea was that the Missions represented the younger churches.«
6. Zur Biographie vgl. Walter Müller-Römheld, Art. Thomas M. M., in: Ökumene-Lexikon, hg. von Hanfried Krüger u. a., Frankfurt 1983, 1169-1170.
7. Vgl. zum Folgenden gründlich erläuternd und übersichtlich: Heinzgerd Brakmann, Art. Thomaschristen, in: LThK[3], Bd. 10, 2-5.

eine Hinwendung zu reformatorischem Glaubensgut, was wiederum zu Spaltungen führte, aus der schließlich die Mar-Thoma-Kirche hervorging, die heute als orthodoxe Kirche in Glaubens- und Kommuniongemeinschaft mit der Anglikanischen Kirche steht. Es gibt inzwischen seit 1952 als Ergebnis einer von zahlreichen weiteren Abspaltungen von dieser Kirche auch die »St. Thomas Evangelical Church of India«, deren protestantische Ausrichtung noch größer ist. Dieser nur oberflächliche Einblick in die Geschichte der Mar-Thoma-Kirche zeigt: Über Einheit und Vielfalt christlicher Kirchen, über die schwierigen Verwicklungen im Zusammenhang von Kultur, Politik und konfessioneller Tradition hat man M. M. Thomas wohl ebenso wenig etwas vormachen können wie über den Einfluss der Kolonisation auf die Mission. So kann man sagen, dass mit dem einen nicht-westlichen Mann im Vorbereitungsteam der ersten ökumenischen Weltversammlung sich all das vorsichtig ankündigte, was in den folgenden Jahrzehnten die christliche Ökumene auf Trapp halten sollte: Der Dialog über konfessionelle Differenzen, die eine kirchliche Einheit verhinderten, über sozial-ethische Probleme im Ringen um menschenwürdige gesellschaftliche Verhältnisse in der Welt, die sozialen und politischen Unterschiede der Perspektive von Christen und Christinnen aus Ländern des Nordens und Ländern des Südens, die unterschiedlichen Sicht- und Erfahrungsweisen der »alten« Kirchen und der jungen Missionskirchen. M. M. Thomas schildert in seinen Erinnerungen die Diskussionen mit Vertretern aus Ländern des damaligen sozialistischen Osteuropa über Kooperationsmöglichkeiten mit kommunistischen Regimen, über amerikanischen »Antikommunismus« und eine immer noch spürbare nationalistische Prägung der jungen deutschen Studierenden. Er selbst kam 1947 aus der Atmosphäre beginnender indischer nationalistischer Unabhängigkeitsbewegungen nach Genf, in der in der suchenden Neuorientierung auch sozialistische Konzepte erwogen wurden und Nationalismus nicht mit Totalitarismus und Faschismus identifiziert werden sollte. M. M. Thomas selbst suchte dabei immer eine an demokratischen Strukturen orientierte Vision für die neue Gesellschaft Indiens, aber in seiner schließlich Jahrzehnte währenden Mitarbeit im Ökumenischen Rat der Kirchen – 1968 z. B. wurde er zum Vorsitzenden des Zentral- und Exekutivausschusses gewählt – gab es diesbezüglich auch inner-indische Differenzen zu bewältigen. 1975 und 1976 gab es zwei unterschiedliche öffentliche Reaktionen gegen ein Gesetz Indira Gandhis, das Arrestierungen von politischen Gegnern ohne vorherige juristische Prüfung erlaubte: eine unterstützende des indischen ebenfalls thomaschristlichen Metropoliten Paulos Mar Gregorios und ein kritisches von M. M. Thomas.[8] In der Theologie suchte Thomas nach Anknüpfungspunkten an moderne hinduistische Bewegungen, in denen er den »unbekannten Christus« zu entdecken meinte, und die politischen Veränderungen seiner Zeit versuchte er auf das verändernde schöpferische Wirken Gottes zurückführen zu können.[9] Die Diskussionen der ökumenischen Weltkonferenzen der 70er und 80er Jahre waren von diesen Themen geprägt: Kann man von den Befreiungsbewegungen der Dritten Welt herkommend legitimerweise von Gott in der Geschichte reden, so dass die Kirchen mit anders-religiösen oder säkularen politisch agierenden Bewegungen kooperieren sollten?[10] Wie sehr es schon in dieser Frage auf den historischen und situativen Kontext ankommt, das lernte M. M. Thomas schon 1947 in seinen Diskussionen mit den Menschen aus westlichen Ländern, die er in Genf traf und die gerade den Zweiten Weltkrieg hinter sich hatten. In den folgenden Jahrzehnten kamen weitere ähnliche Erfahrungen dazu: der Streit um das Antirassismusprogramm des ÖRK, Probleme der Ökologie und Bioethik, der Situation von Frauen oder der Überwindung von Gewalt.

Ökumene, so lässt sich allein am Beispiel des Engagements des Inders M. M. Thomas als eines der Mit-Gründer der ökumenischen Bewegung sehen, meint mehr als das Ringen um die gemeinsame Eucharistie von evangelischen und katholischen Christen und Christinnen. So wichtig dieses Thema im konkreten Glaubensleben in einer zunehmend konfessionell pluralisierten Gesellschaft ist – darauf weisen uns nicht zuletzt die konfessions»verbindenden« Ehepaare immer wieder hin –,[11] so sehr darf nicht vergessen werden, dass das Thema der Ökumene und auch der Sinn der Eucharistiegemeinschaft das gemeinsame christliche Zeugnis ein-

---

8. Vgl. M. M. Thomas, My Ecumenical Journey (s. Anm. 1), 431-434 sowie Paul Abrecht, In memoriam: M. M. Thomas; Paulos Mar Gregorios – Obituary, in: The Ecumenical Review, Jan. 1997, auch unter: http://findarticles.com/p/ articles/mi_m2065/is_n1_v49/ai_19209008/print (24.04.2008).

9. Vgl. dazu M. M. Thomas, Christus im neuen Indien. Reformhinduismus und Christentum, Göttingen 1989 (Orig.: The Acknowledged Christ of the Indian Renaissance, London 1969) sowie M. M. Thomas, Risking Christ for Christ's Sake. Towards an ecumenical theology of pluralism, Geneve 1987.

10. Zur Auseinandersetzung damit vgl. Wolfhart Pannenberg, Die westliche Christenheit in der Ökumene. Eine Antwort an M. M. Thomas, in: Ökumenische Rundschau 28 (1979), 306-316.

11. Vgl. z.B. das Rom-Papier von Vertretern der Vereinigungen, Netzwerke und Gruppen konfessionsverbindender Familien verschiedener Länder: Konfessionsverbindende Familien und die Einheit der Christen, in deutscher Übersetzung publiziert in: Ökumenische Rundschau 54, 2005/4, 498-513.

schließlich seiner lebensgestaltenden Initiative auf Weltebene ist. Nicht mehr und nicht weniger ist damit gemeint als das christliche Zeugnis auf dem gesamten bewohnten Erdkreis – der Urbedeutung des griechischen Wortes *oikoumene*.[12] Die Frage nach dem Sinn von Einheit und Vielfalt hat hier ihre Wurzeln. Im Folgenden soll diese Frage entfaltet werden anhand des Unterschiedes von innerchristlicher »kleiner« Ökumene und der sog. »großen« Ökumene der Religionen und den spezifischen theologischen Weichenstellungen, innerhalb derer sich Christen und Christinnen verschiedener Kirchen in einer gemeinsamen »christlichen Identität« wahrnehmen, die sie in der ökumenischen Bewegung in Disput und gemeinsamem Zeugnis zusammenbringt.

1. Die innerchristliche (kleine) Ökumene

Christliche Gottesrede ist schon von vornherein gekennzeichnet durch eine eigenartige Dialektik aus Einheit und Vielfalt, aus Einheit und Differenz. Man kann sagen: Christen und Christinnen sind aus ihrer religiösen Tradition heraus schon Pluralismus-erfahren. Sie sind das schon, bevor sie überhaupt einen expliziten theologischen Gedanken fassen, also schon bevor sie über die Unbegreiflichkeit Gottes, Inkarnation oder die Trinität nachdenken. Sie sind das schon allein dadurch, dass sie biblische Texte als Zeugnisse der Gotteserfahrung nehmen – vier Evangelien reden von Jesus Christus, nicht nur eines, vier, und jedes für sich ein wenig anders als die übrigen. Und doch ist man sich einig darüber, dass sie alle vier über denselben reden – über Gott und seine Verheißung, dass er mit dem Kommen von Jesus sich selbst erkennbar und erhoffbar macht für die Welt und die gesamte Menschheit.

Der Begriff der Ökumene hat hier seine Wurzel: Das griechische Wort *oikoumenein* heißt bewohnen, »hausen«, das Partizip Passiv *oikoumene* bezeichnet »die bewohnte (Erde)« bzw. »der ganze Erdkreis«. In der Antike waren damit alle gemeint, die zum bewohnten Erdkreis des griechisch-römischen Kulturkreises (lat. orbis terrarum) gehörten.[13]

Die Bedeutung von Ökumene bezieht sich heute auf die Situation der Pluralität von Konfessionskirchen, die sich inzwischen herausgebildet hat: Prozesse in diese Richtung sind vor allem im 11. Jahrhundert das

---

12. Vgl. dazu J. Georg Schütz, Art. Ökumene, in: Taschenlexikon Ökumene, Frankfurt/Paderborn 2003, 190-195, hier 190-192.
13. Ebd.

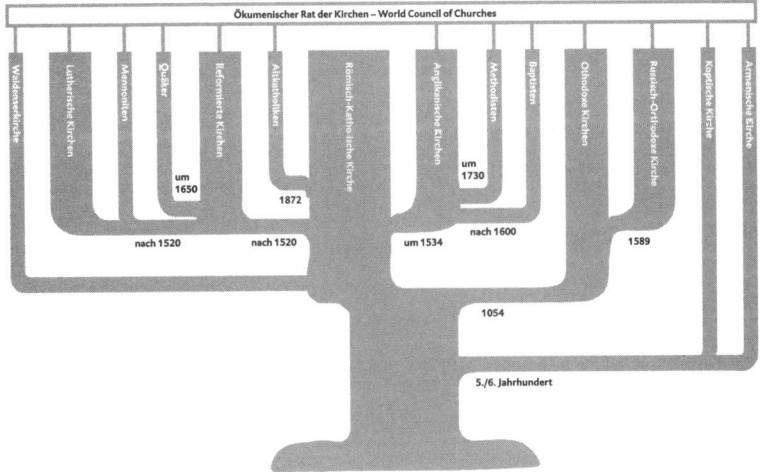

Schisma von Ost- und Westkirche, dann im 16. Jahrhundert die Reformation mit der Bildung der protestantischen Kirchen und der sich von diesen bewusst differierenden römisch-katholischen Kirche nach dem Konzil von Trient 1546, schließlich im 19. Jahrhundert die Entstehung des Baptismus' und weitgehend im 20. Jahrhundert das Erstarken der Pfingstkirchen.

Alle diese Kirchenfamilien zusammen bezeichnen wir als die »kleine Ökumene«. Häufig ist damit dann gemeint, dass diese Kirchen oder – je nach Kirchenverständnis – »kirchlichen Gemeinschaften« eigentlich alle irgendwie zusammengehören, weil sie alle christliche Kirchen seien, dass sie aber unterschiedlich viel aus dieser »eigentlichen« Zusammengehörigkeit machen. Ökumene als kleine Ökumene kann aber auch spezifischer die Gemeinschaft von konkret den Kirchen meinen, die sich bereits ausdrücklich als zusammengehörend, wenn auch noch nicht als in »Einheit« existierend verstehen und die im gemeinsamen Erstreben dieser Einheit entsprechende Einigungen in Lehre, Organisations- und Arbeitsformen zu entwickeln suchen. Diese zweite spezifischere Bedeutung findet sich schließlich bei der Gründung des Ökumenischen Rates der Kirchen 1948, dessen Sitz bis heute in Genf ist. Die römisch-katholische Kirche gehört ihm nicht an. Sie versteht sich bereits als eine bzw. die eine Kirche, die als Weltkirche die Vielfalt der Kulturen übergreift. Bis zum 2. Vatikanischen Konzil 1963 fühlte sie sich verpflichtet, sich selbst als die eine wahre Kirche zu sehen, die die übrigen Kirchen zur »Rückkehr«

einladen müsse. Dieses »Rückkehr-Ökumene«-Konzept muss inzwischen auch als innerkatholisch höchst strittig bezeichnet werden.[14] Zumindest prinzipiell akzeptiert auch die römisch-katholische Amtskirche heute die Möglichkeit einer Pluralität von Kirchen. Die im Ökumenischen Rat zusammengeschlossenen nicht-römisch-katholischen Kirchen verstehen sich ausdrücklich nicht als *numerisch eine* Kirche, sondern als eine Vielfalt von Kirchen mit unterschiedlichem kirchlichen Selbstverständnis. Man kann sagen, dass sie ihre Einheit zwar implizit im gemeinsamen Christusbezug voraussetzen wollen, aber nicht schon in der Organisation und Struktur der Kirchen wiedergegeben sehen können, die sie alle als eine Konsequenz ihres Christusglaubens gestalten. Es scheint also, als glaubten sie noch unterschiedlich an Christus, darum entspricht der inneren Einheit (noch?) keine äußere – noch haben Erwachsenentaufe und Säuglingstaufe, Priesteramt und Frauenordination kirchentrennende, weil als unterschiedliche Formen von Christusglauben identifizierte Relevanz. Die Aufgabe der Arbeit im Ökumenischen Rat ist insofern eine doppelte: Die inzwischen 347 verschiedenen Kirchen der Welt wollen zum einen im gemeinsamen Zeugnis trotz der noch kirchentrennenden Differenzen in der Welt für die Aufrichtung der Gerechtigkeit Gottes wirken. Zum anderen wollen sie die kirchentrennenden Differenzen aufheben und sich gegenseitig als vollgültige Kirchen akzeptieren.

»Ökumene« in ihrer eigentlichen, innerchristlichen Bedeutung meint also im weitesten Sinn die Beschäftigung mit der Pluralität der Kirchen und Konfessionen im Bemühen um die Form und Gestaltung ihrer Zusammengehörigkeit, ihrer Einheit. Er ist damit eindeutig ein innerchristlicher Begriff, der auf die Realität der *Pluralität der Kirchen* hinweist, wobei hier – wie schon am Beispiel des Inders M. M. Thomas deutlich

14. Vgl. dazu Aloys Klein, Art. Ökumene II, Geschichte, in: LThK, 3. Aufl., Bd. 7, 1017-1022; Dorothea Sattler, Von der als bestehend behaupteten zu der von Gott erflehten Einheit. Römisch-katholische Besinnung auf Joh 17,21, in: Wolfgang A. Bienert (Hg.), Einheit als Gabe und Verpflichtung. Eine Studie des Deutschen Ökumenischen Studienausschusses zu Johannes 17 Vers 21, Frankfurt/Paderborn 2002, 113-130; sowie die Diskussion zum vatikanischen Dokument »Dominus Jesus« aus dem Jahr 2000: Albert Franz (Hg.), Was ist heute noch katholisch?: Zum Streit um die innere Einheit und Vielfalt der Kirche, Freiburg i. Br. u. a. 2001 (Quaestiones disputatae 192) (Schriften der Europäischen Gesellschaft für Katholische Theologie 5); vgl. dazu auch www.muenster.de/~angergun/dominus.html (24.04.2008), und schließlich die Rede des Vorsitzenden der Deutschen Bischofskonferenz 2007 zur Auslegung des »subsistit« im 2. Vatikanischen Konzil, Text zugänglich unter URL: http://www.schoene-nachrichten.de/?p=5568 – 71k (24.04.2008).

wurde – Pluralität auf zwei Ebenen auftaucht: als Pluralität der kulturellen Kontexte (z. B. in den Differenzen von Nord- und Südhälfte der Erdkugel) sowie als Pluralität der Konfessionen. Die ökumenische Bewegung des 20. Jahrhunderts hat es mit beiden Pluralitäten gleichzeitig zu tun. Für die durch die Mission in der Neuzeit bzw. im 19. Jahrhundert entstandenen Kirchen der Dritten Welt ist die Verbindung von Kultur und Evangelium ein ständiges Thema, d. h., sie sind theologisch mit der Frage beschäftigt, ob nicht die abendländische Mission das Evangelium im Gewand der westlichen Kultur gebracht habe – wozu nicht selten auch die Konfessionen gezählt werden. Die oben erwähnte Geschichte der Mar-Thoma-Kirche gibt ein beredtes Beispiel dafür.

2. Die »große Ökumene« der Religionen

Abgeleitet von diesem Ökumene-Begriff hat sich eine zweite Bedeutung herausentwickelt, die in Analogie zu diesem gebildet wird:

Wer Ökumene sagt, meint heute oft eine sog. Ökumene der Religionen. »Ökumenisches Lernen« meint in der Religionspädagogik zumeist eine Art von interreligiöser Bildungsaufgabe, nicht so sehr den Umgang mit innerchristlicher Pluralität. Gegenstandsbereich der sog. »große Ökumene« der Religionen ist – entsprechend dem außerbiblischen Ökumene-Begriff – der Horizont des ganzen Erdkreises und der darauf vorfindbaren Religionen.

Aber auch die Bewegung der christlichen weltweiten Ökumene hat vor allem im letzten Drittel des 20. Jahrhunderts diese Ausweitung des Ökumene-Begriffes befördert:

Seit den Weltkirchenkonferenzen von Neu Delhi 1961 und Uppsala 1968 rückte mit dem Thema »Einheit der Kirche – Einheit der Menschheit« das Thema der weltweiten Gerechtigkeit ins Zentrum.[15] Vor allem durch die Kirchen der Dritten Welt und die sich hier ausbildende Befreiungstheologie befördert, entwickelte sich der bis heute aktuelle Schwerpunkt der ÖRK-Theologie einer Theologie des Reiches Gottes. Mindestens in der Bezeugung der Erwartung des Reiches Gottes wollten die Kirchen Konzepte entwickeln, wie im gesamtgesellschaftlichen Engagement das Haus des bewohnten Erdkreises »aufgeräumt« werden könne: durch Umkehr und Buße, und das heißt durch Aufarbeiten von histori-

---

15. Vgl. zum Folgenden: Peter Neuner, Ökumenische Theologie, Darmstadt 1997.

schen schuldhaften Verwicklungen sowie durch aufdeckende Analyse von sozialer Ungerechtigkeit. Ist die ganze Welt und die ganze Menschheit das Forum des Reiches Gottes – der eine Haushalt Gottes, die Ökumene –, so ließ sich das bald nicht mehr allein missionstheologisch verstehen. Christliches Engagement für die Einheit der Menschheit konnte sich nicht mehr in Maßnahmen zur Christianisierung erschöpfen. Auch theologische Skepsis wuchs: Sollte das Wirken Gottes tatsächlich »allein in Christus«, als allein durch das Nadelöhr der christlichen Kirchen hindurch führend denkbar sein? Oder musste man nicht seinen Geist auch in den Religionen vermuten dürfen, auch hier tätig für die Aufrichtung seiner Gerechtigkeit? Es waren gerade die sozial-ethisch Engagierten wie M. M. Thomas, die so fragten. Generell kann man sagen, dass in der innerchristlichen »kleinen Ökumene« auch über die ÖRK-Ökumene hinaus von den 60er Jahren des 20. Jahrhunderts an die Vorstellung vom Wirken des Heiligen Geistes besondere Relevanz bekommt: So etwa im Ökumenismus-Dekret des 2. Vatikanischen Konzils, in dem immerhin anerkannt wird, dass auch in Kirchen bzw. kirchlichen Gemeinschaften außerhalb der römisch-katholischen Kirche Gottes Geist wirksam gedacht werden dürfe.[16] Wenn es Gott darum geht, die gesamte Menschheit in ein Leben in seiner heilsamen Gegenwart zu holen – dürfen wir ihn dann ausschließlich im Bereich der christlichen Kirche am Werk sehen? So lautete jetzt die Frage bezüglich der Religionen. Den ÖRK bringt das zu einem gewandelten Konzept von Mission, das das Element eines Dialogs der Religionen integriert und nicht mehr eine ausschließliche Alternative dazu darstellen will.[17] Seitdem gibt es Konflikte mit evangelikalen kirchlichen Strömungen, die dieses Konzept nicht mittragen wollen, bis heute. Theologisch kontrovers ebenfalls bis heute ist die Frage, ob man die Religionen wegen der in christlicher Sicht auch in ihnen vermuteten Wirksamkeit des Geistes schon so verstehen dürfe, als seien sie von sich aus auf denselben Gott ausgerichtet, der hier nur einen anderen »Na-

---

16. Unitatis redintegratio (21.11.1964), Text s. http://konzil.stjosef.at/UR.htm oder auf der Homepage des Vatikan: http://www.vatican.va/archive/hist_councils/ii_vatican_council/documents/vat-ii_decree_19641121_unitatis-redintegratio_ge.html (24.04.2008).

17. Vgl. zum Folgenden Christine Lienemann-Perrin, Mission und interreligiöser Dialog (Ökumenische Studienhefte 11), Göttingen 1999, 88-110; Uwe Swarat, Die Religionen der Welt und der christliche Glaube, in: U. Link-Wieczorek, Ralf Miggelbrink, Dorothea Sattler, Michael Haspel, Uwe Swarat, Heinrich Bedford-Strohm, Nach Gott im Leben fragen. Ökumenische Einführung in das Christentum, Gütersloh 2004, 168-190, hier 184-189.

men« habe. Der ÖRK hat sich dieser pluralistischen Theologie der Religionen nie offiziell angeschlossen.[18] Es darf aber angenommen werden, dass sie faktisch nicht selten eine Eingangshypothese bildet für den interreligiösen Dialog unter den konkret beteiligten Gläubigen, weil sie in der Glaubensperspektive den höchsten Grad von Anerkennung des anderen bedeutet. Erst der Dialog selbst bzw. ein Stück gemeinsame Lebenserfahrung wird eine komplexere Form der Anerkennung des Anderen und Differenten hervorbringen können. Für die christliche Perspektive wird dabei die Einsicht in die Rede vom Heiligen Geist eine sehr konkrete Relevanz bekommen, die in biblischer Sicht gekennzeichnet ist von einer hohen Komplexität. Sie hat für den interreligiösen Dialog zwei entscheidende Aspekte:

Der Geist wirkt im ganz anderen – in der geschöpflichen Welt, im Geist des Menschen –, ohne auf Vereinnahmung, Identifikation aus zu sein. Er belässt das andere im anderen, der Menschengeist bleibt Menschengeist.

Der Geist wirkt im Ereignis des Verstehens, Erkennens und daraufhin Handelns der Gläubigen, und dies nicht als *Folge* seines Wirkens, sondern als die eigentliche *Weise* seines Wirkens.

Das Ereignis von Verstehen im Dialog der Religionen kann so gesehen von Christinnen und Christen bereits als Wirkung des Heiligen Geistes im anderen verstanden werden, ohne dass damit alle Religionen über den einen Kamm eines (mega)transzendenten Gottes mit vielen Namen gezogen werden müssten.

3. Die Religionen und die Geschichte der Ökumenischen Bewegung

Letztlich hat diese Frage schon an den Wurzeln der Ökumenischen Bewegung am Anfang des 20. Jahrhunderts gestanden: Nimmt man die Weltmissionskonferenz 1910 in Edinburgh für die Geburtsstunde der Ökumene, so muss man sagen, dass die Skepsis gegenüber einem christlichen Missionsoptimismus zwar noch sehr scheu und verhalten, aber doch immerhin in dieser Weise doch schon an ihrer Wiege stand.[19] Es versammelten sich erstmals 1200 Delegierte von 180 Kirchen und Mis-

---

18. Vgl. Lienemann-Perrin, Mission und interreligiöser Dialog (s. Anm. 17), 159-160.
19. Vgl. zum Folgenden: ebd., 68-88.

sionsgesellschaften, die aus den reformatorischen Konfessionen hervorgegangen und beseelt waren von den großen Erfolgen der Kolonialmission Ende des 19. Jahrhunderts. Sie wollten es unbedingt mit dem ganzen bewohnten Erdkreis zu tun haben, und sie zeigten Landkarten mit großen weißen Flecken – noch von Christus unberührtem Heidenland, um das man sich noch missionarisch zu kümmern habe. In einer konservativen politischen Grundhaltung versuchte man, bei den jeweiligen politischen Regimen nicht anzuecken.[20] Ökumene, wenn es denn diesen Begriff damals schon gegeben hätte, wäre die Ökumene der Christianisierung der Welt. Eine Differenzierung in kleine und große Ökumene sollte gar nicht erst entstehen. Und doch steht gerade sie bereits hier an der Wiege der kommenden Ökumene: Sie zeigt sich in einer aufregenden Wahrnehmung der Pluralität der kulturellen Kontexte, in denen die Mission stattfindet und angesichts derer die Einsicht in die Notwendigkeit eines einheitlichen christlichen Zeugnisses der in der Mission tätigen Konfessionen den Versammelten offenbar wie Schuppen von den Augen gefallen ist. Ökumene als kleine und große Ökumene schimmert schließlich gerade in den Berichten der Missionare auf, die in Indien arbeiten, denn die hier »einheimische« Religiosität flößt ihnen offensichtlich einen hohen auch intellektuellen Respekt ein. Es werden Bemerkungen dokumentiert, nach denen die theologischen Gründe für die Weigerung, das Christentum anzunehmen, für einsichtig gehalten und als Herausforderung genommen werden, an der von zu Hause mitgebrachten »Dogmatik« zu arbeiten.[21] Missionare plädieren für eine Verbesserung der Qualität der theologischen Bildung angesichts der Notwendigkeit, mit gebildeten Nicht-Christen in einen Diskurs treten zu müssen. Der interreligiöse und interkulturelle Kontakt ruft also nicht nur nach einheitlichem Zeugnis, sondern ausdrücklich nach theologischer Neu-Reflexion des Glaubens – ein Aspekt, den gute ökumenische Arbeit nie wieder verlieren und der ihre Dialogkompetenz weiter prägen wird. Gerade die in-

---

20. A. W. Schreiber, Die Edinburgher Welt-Missionskonferenz. Bilder und Berichte von Vertretern deutscher Missionsgesellschaften, gesammelt von A. W. Schreiber, Basel 1910, 38: »Die Mission mischt sich nicht in die Politik (…). In gutem Zutrauen zu der Obrigkeit, nicht nur der christlichen, sondern auch der heidnischen, wollen wir still unseren Weg gehen, wollen gerne schweigen und warten, solange es nur möglich ist. Wenn es not tut, wollen wir aber auch offen reden, wie im Kongostaat bei der Opium- und Brandweinfrage.« Vgl. auch den Bericht der VII. Kommission, ebd., 125-140.
21. Genannt werden vor allem Probleme in der Argumentation für die Trinitätslehre im islamischen Kontext sowie mit der Soteriologie der Stellvertretung und mit der Exklusivität Christi im Hinduistischen; vgl. ebd., 118-123; 141.

dische Missionare – schon in Edinburgh gab es vereinzelte einheimische – werden in den folgenden Weltmissionskonferenzen, vor allem auf der 1938 im indischen Tamberan, in klarer Sympathie für Gandhis Bewegung für nationale Unabhängigkeit mehr und mehr Gedanken in diese Richtung äußern.[22] Sie werden sich damit sehr nahe heranbewegen an eine grundsätzliche Skepsis gegenüber der Vorstellung, dass es am Ende der Zeiten einmal keine Religionen, vielmehr nur die eine christliche Kirche geben werde, in der alle Knie sich vor dem Herrn beugten. Man darf sich diese Skepsis, so macht auch Christine Lienemann-Perrin unmissverständlich klar, noch nicht so vorstellen, als habe sie diese frühen Konferenzen bereits geprägt. Aber das liegt nicht daran, dass sie nicht da gewesen wäre, sondern daran, dass sie von der Mehrheit der Delegierten nicht in den Schlussbericht aufgenommen wurde. Mindestens im Keim aber war schon da, dass das eschatologische Bild des Philipperhymnus (Phil 2,6-11) nicht mehr ungebrochen als eine Beschreibung der empirisch erwarteten Zukunft gedeutet werden kann. Im vor-ökumenischen Zusammenkommen beginnt die Geschichte der christlichen Würdigung der Religionen als »Schwestern« im Ringen um eine menschenwürdige Welt, als Diskurs-Partnerinnen in der Entwicklung von Konzepten im Prozess für Frieden, Gerechtigkeit und der Bewahrung der Schöpfung, wie man es später nennen wird.

Aus diesen Welt-Missionskonferenzen erwächst schließlich bekanntlich die ökumenische Bewegung, zunächst in der Form von drei Institutionen – manchmal poetisch die »Quellflüsse der ökumenischen Bewegung« genannt. Sie bilden noch heute das unsichtbare Skelett der ÖRK-Ökumene:

– Die Missionsbewegung mit der Gründung des Internationalen Missionsrates
– Die Bewegung für Life and Work / Praktisches Christentum
– Die Bewegung für Faith and Order / Glaube und Kirchenverfassung

Auf diesen drei Feldern begannen Anfang des 20. Jahrhunderts Christinnen und Christen verschiedener Konfessionen zusammenzuarbeiten und formten so den Ökumenischen Rat der Kirchen vor, der 1948 in Amsterdam gegründet wurde. Man darf ruhig sagen, dass diese Zusammen-

---

22. Vgl. Lienemann-Perrin, Mission und interreligiöser Dialog (s. Anm. 17), 76-77; Werner Ustorf, Missionswissenschaft, in: D. Ritschl/W. Ustorf, Ökumenische Theologie – Missionswissenschaft, Stuttgart u. a. 1994, 98-144, hier 127-131.

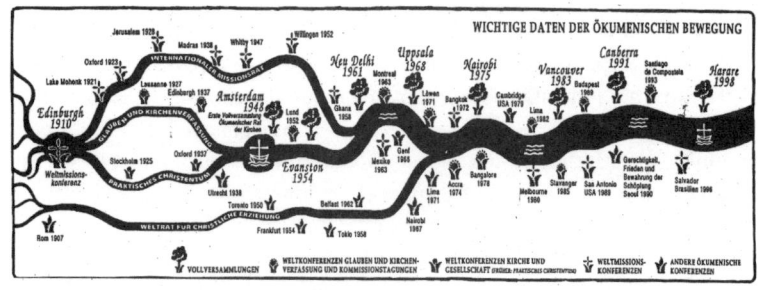

arbeit von Anfang an vom Grundzug kritischer Selbstreflexion geprägt war: Von einer inzwischen wachsenden kritischen Sicht der vergangenen Verbindung von Mission und Kolonialismus und der Suche nach Kriterien für eine »legitime Inkulturation« des Evangeliums, vom verzweifelten Bemühen um Friedensarbeit schon angesichts des drohenden Ersten Weltkrieges, von einer kritisch-realistischen Sicht auf die kleinlichen und unheilsamen Aspekte von christlichem Konfessionalismus und von Nationalismus. Dies alles wurde jedoch getragen bzw. ertragen von dem beflügelnden Erstaunen über ein hohes Maß an Gemeinsamkeiten im Glauben, die man im interkonfessionellen Dialog zu entdecken meinte, zu dem man sich genötigt fühlte, um das christliche Zeugnis in der Welt würdig und adäquat ablegen zu können. Das führte zu den enormen Fortschritten interkonfessioneller Verständigung in der zweiten Hälfte des 20. Jahrhunderts, in der man sich über vieles in einer Art von differenziertem Konsens einig ist, was uns heute selbstverständlich scheint. Diese Fortschritte sollten jedoch nicht darüber hinwegtäuschen, dass die Kirchen auch stets in der Gefahr stehen, der Realisierung der Einheit selbst im Weg zu stehen. Das kann auch dadurch passieren, dass mögliche und gefährliche Bedrohungen von Einheit nicht realistisch wahrgenommen werden, weil man zu sehr gebannt ist durch die Schwierigkeiten, zu einer Einheit in der Lehre zu kommen, die ekklesiologisch tragbar ist, die sich also auf ein gemeinsames Selbstverständnis als Kirche auswirken kann.[23] Möglicherweise ist die Einheit der Kirchen aber schon an ganz anderer Stelle viel massiver bedroht als durch die Differenzen der Lehre über Amt, Eucharistie und Taufe: Möglicherweise ist sie bedroht durch soziale Differenzen, durch die unterschiedliche Verteilung von Ar-

23. Vgl. zum Folgenden: Lukas Vischer, Ist das wirklich die »Einheit, die wir suchen«?, in: Ökumenische Rundschau 41, 1992/1, 7-24.

mut und Reichtum in der Welt, durch den Nord-Süd-Konflikt, durch ethische Differenzen wie z. B. unterschiedliche sexualethische Normen oder andere nicht-theologische Faktoren oder einfach durch das Versagen von Kirchen in bestimmten historischen Situationen, in rechter Weise Zeugnis abzulegen. All dies geht gar nicht ein in die Lehrdifferenzen und behindert doch die zwischenkirchliche Versöhnung massiv.

4. Einheit und Vielfalt als Thema der ökumenischen Theologie

Die oben dargestellte Verschränkung von kleiner und großer Ökumene, von Mission und Dialog, von Pluralität der Kulturen und der Konfessionen soll nun nach ihrer theologischen Grundlegung befragt werden. Das klassische Ziel der ökumenischen Bewegung ist die Einheit der Kirchen, folgend aus der Klage über Zerrissenheit und Spaltung, die pragmatisch aus dem Feld der Mission oder auch seelsorgerlich aus der Glaubenspraxis des interkonfessionellen Zusammenlebens erfolgen kann. Theologisch wird sie als Aufgabe der Kirchen verstanden, die in ihrem Credo bekannte Einheit als gottgewollte endlich zu verwirklichen. Sie kann dann als von Gott »vorgegeben« und in ernsthafter Wahrheitssuche herauszuarbeiten verstanden werden – die römisch-katholische und orthodoxe Sicht – oder auch als durch eine Verstärkung des gemeinsamen Dienstes im Zeugnis vor Gott künftig zu erreichen erhofft werden – die protestantische Sicht. Dabei ist unter den Konfessionen strittig, in welcher Weise die konfessionelle Vielfalt in der Einheit aufgehoben gedacht werden kann.[24]

Die gottgewollte Einheit der Kirchen wird ökumenisch-theologisch gern als Konsequenz der Einheit Gottes verstanden: Der eine Gott will, dass sein »Volk« eines sei. Nun ist es für diesen Gedankengang bemerkenswert, wie sehr gerade die implizite christliche Glaubens»logik« von einer Dialektik von Einheit und Vielfalt geprägt ist. Da ist der eine Gott, der allmächtige Schöpfer, der sich das eine, winzig kleine Volk Israel zum Bundespartner erwählte – den übrigen als Zeichen und Werkzeug, auf dass auch sie zum Zion ziehen mögen. Der Prophet Jesaja redet von dem einen Gottesknecht, der stellvertretend für alle Menschen leide. Und da ist schließlich gar der eine Sohn, der allein für die Erlösung der Welt stehen soll. Spätestens jetzt sind das eigentlich also ja schon zwei, so der

24. Vgl. dazu Harding Meyer, Ökumenische Zielvorstellungen (Ökumenische Studienhefte 4), Göttingen 1996.

Vorwurf der Muslime schon im Koran, und auch im Judentum gibt es –
ganz abgesehen von der ihm unmöglichen Anerkennung Christi als des
»Messias« – ein Unbehagen gegen die christliche Vorstellung von der
»Menschwerdung« Gottes in Jesus Christus. Wird da nicht ein Mensch
vergöttert – haben wir da nicht zwei Götter? Ist es nicht erstaunlich, dass
christliche Theologen und Theologinnen schon sehr früh, nämlich mitten in einer von hellenistischer Einheits-Philosophie geprägten Zeit und
inmitten politischer Einheitsbestrebungen der konstantinischen Herrschaft, in Christologie und schließlich sogar trinitarischer Gotteslehre
theologische Konzepte entwickelten, mit denen sie eben diese Kritik geradezu herausforderten? Hätten sie nicht weniger missverständlich von
dem einen Gott reden können? Können Christen also überhaupt von
der Einheit Gottes reden – schließlich haben sie ja zu dem für sie typi-
schen trinitarischen Reden von Gott zu Vater und Sohn auch noch den
Geist gesellt und damit einer einfachen Einheits-Assoziation im Reden
von Gott sehr deutlich einen Riegel vorgeschoben? Gerade dadurch, dass
die Personenmetaphorik im ersten Moment die Vorstellung von drei Göttern nahelegt – gegen die dann erst angedacht werden muss in der Glau-
bensreflexion – gerade mit dieser Assoziation werden doch in geradezu
provozierender Weise Einheit und Vielfalt miteinander verbunden, provozierend vor allem, wenn Einheit als uniform verstanden wird. Theologen aller Zeiten haben in der Trinität eine äußerst dynamische Einheit
gesehen – eine schaffend-kommende-und-weitertreibende Dynamik
zum Beispiel –, als die der eine Gott etwas zu tun haben wolle mit der
Vielfalt des Seienden. Die trinitarische Dynamik ist die Dynamik des lebendigen, des liebenden und des versöhnenden einen Gottes, und sie
wird als solche nicht als Widerspruch zum jüdischen Reden von Gott gesehen, sondern soll im Gegenteil gerade die Verklammerung von jüdischer und heidenchristlicher Gottesrede herstellen.[25]

In diesem Sinne lässt sich die Rede vom trinitarischen Gott auseinan-
derfalten in einzelne Handlungstypen Gottes, in denen die lebendige Dynamik deutlich wird: In der Mannigfaltigkeit der Schöpfung, der er als
ein echtes Gegenüber Raum gibt und die er zu einer mitwirkenden Ge-
schöpflichkeit einlädt, in der Erwählung Israels und Jesu, in der er sich
selbst immer stärker mit dem menschlichen Geschick und seiner Kon-

---

25. Zur Trinitätslehre als Konzeption der Lebendigkeit Gottes vgl. Ulrike Link-
Wieczorek, Warum trinitarisch von Gott reden? Zur Neuentdeckung der Tri-
nitätslehre in der heutigen Theologie, in: R. Weth (Hg.), Der lebendige Gott.
Auf den Spuren neuerer trinitarischen Denkens, Neukirchen 2005, 11-30.

textualität identifiziert, sowie schließlich im Wirken des Heiligen Geistes, der Differentes different bleiben lässt und dennoch Gottes Gegenwart vermittelt.

Der pluralistische Eindruck christlicher Gottesrede wird sogar noch eindringlicher, wenn man sich die biblische Rede vom Heiligen Geist anschaut, die ja schließlich der dritten trinitarischen »Person« zugrunde liegt. Der Geist weht nicht nur, wo er will – er scheint auch die Vielfalt geradezu als sein Lebenselixier zu wählen: zu Pfingsten kommt er über die Jüngergemeinde und lässt sie in vielen verschiedenen Sprachen kommunizieren. Aber was beim Turmbau zu Babel noch hinderlich war für die Kommunikation der Vielen, das ist es hier keineswegs mehr: die Menschen verstehen die vielen Sprachen, die der Heilige Geist sie sprechen lässt, ohne dass sie sie je gelernt hätten. Der Geist also fördert Vielfalt, und er hilft durch die Gabe des Verstehens, dass sie nicht chaotisch wird. Ja, der Geist spricht sogar für die Gläubigen – im Gebet gibt er, so Röm 8,26, die Worte, mit denen zu Gott gebetet wird – mit seinem Geist richtet Gott das menschliche Gebet aus auf seine Wirklichkeit, nimmt Bitten, Danken, Loben und Verzweifeln auf in seine heilsame Zukunft. Ist das nicht erst einmal eine merkwürdige Vorstellung? Wir beten, doch Gott selbst gibt uns die Worte, mit denen wir zu ihm sprechen? Einheit und Differenz werden hier in einer eigenartig dialektischen Weise miteinander verbunden: Indem die menschlichen Worte durch die des Heiligen Geistes ersetzt bzw. ausgerichtet werden, bleibt in eigenartiger Weise die Differenz zwischen Gott und Mensch betont – obwohl gerade das Wirken des Heiligen Geistes sie in eine Einheit bringt, in der die Worte des Betenden Gott erreichen. Gerade also mit der Rede vom Heiligen Geist wird in der christlichen Glaubensperspektive eine Unifizierung von Gott und Welt abgewehrt und gerade so von Gottes wirksamer Gegenwart gesprochen.

Für die Ökumene spielt dieses Credo von der nicht-unifizierenden Lebendigkeit Gottes eine große Rolle. Es präzisiert, was gemeint ist, wenn die Kirchen, die sich im Ökumenischen Rat und überall auf der Welt in ökumenischer Gemeinschaft zusammenfinden, sagen, ihre tragende Gemeinsamkeit sei ihr Bekenntnis zu Jesus Christus. Über diese Urerfahrung des Kommens Gottes haben Christen die Lebendigkeit Gottes erfahren gelernt. In der Theologie der Ökumene wurde dies lange gern im Motiv der Inkarnation reflektiert, in dem die Lebendigkeit Gottes in einer Bewegung der radikalen Kontextualisierung gedacht werden kann. Gottes Menschwerdung wird in der Ökumene bis in die 80er Jahre hinein unter dem Einfluss von katholischer und anglikanischer Inkarnationstheologie gern als »Inkulturation« verstanden, als ein Hereinkommen Gottes in die neue Welt der jungen nicht-abendländischen Kirchen.[26]

Gleichzeitig konnte mit einer inkarnatorischen Christologie aber auch das ökumenische Drängen auf die Einheit der Kirche begründet werden: Sie bilde den einen Leib Christi. Es erweist sich jedoch in der Folgezeit der ökumenischen Dialoge, dass gerade ein »schlicht« an einem inkarnatori-

schen Motiv orientiertes Modell von Kirche als Leib Christi dazu neigt, die Sichtbarkeit kirchlicher Strukturen wie in einer »Fortsetzung der Inkarnation« vor allem an der »Sichtbarkeit« des Priesteramtes festzumachen. Man kann sagen, dass dies bis heute der ökumenische Streitpunkt schlechthin unter den Konfessionen ist.

Es gibt ja Kirchen mit einem Amtsverständnis, in dem sie in dem Priester, der Pastorin oder dem Pfarrer weniger eine sakramental erlaubte Repräsentation Christi sehen wollen, sondern ihn/sie stattdessen eher über das Wirken des Heiligen Geistes als Zeugnis- und Verkündigungsinstanz verstehen. Vor allem die aus der Reformation hervorgegangenen Kirchen reiben sich an der »Leseanweisung« der Inkarnationsmetapher, nach einer sichtbaren »Verkörperung« zu suchen. Sie fürchten hier eine unzulässige Unifizierung, die die Differenz von Gottes Geben und menschlichem Empfangen verdunkele und die letztlich zu einer theologisch fragwürdigen »Vergöttlichung« der Kirche führen könnte. Gefürchtet wird damit letztlich ein zu sehr an griechischer Philosophie orientiertes Einheits- und Inkarnationsverständnis. Es gehört zur Ironie der kontextuellen Vielfalt, dass gerade die indischen christlichen Theologen wie der eingangs erwähnte M. M. Thomas zum Beispiel, die aus einem

---

26. Hermann Brandt, Gottes Gegenwart in Lateinamerika: Inkarnation als Leitmotiv der Befreiungstheologie. Hamburger theologische Studien 4, Hamburg 1992; Jean-Bertrand Madragule Badi, Inkarnation in der Perspektive des jüdisch-christlichen Dialogs. Mit einem Vorw. von Michael Wyschogrod. Studien zu Judentum und Christentum, Paderborn u. a. 2006.

kulturellen Kontext stammen, in dem unter Inkarnation durchaus so etwas wie eine personale Verkörperung des Göttlichen verstanden wird, mit dieser biblischen Metaphorik durchaus eine plurale Einheit verbinden. Möglicherweise weil im hinduistischen Denken von Inkarnation gerade im Plural gesprochen wird, erwarten sie den inkarnierten Christus als unbekannten Christus auch in den Religionen. An diesen unterschiedlichen Konzeptionen der Inkarnationschristologie zeigt sich eine innerchristliche Diskussion darüber, wie die Exklusivität Christi verstanden werden kann.[27] Theologisch führt sie zu einer neuen Diskussion darüber, ob man sich hier nicht stärker auf die biblischen Redeweisen vom Heiligen Geist besinnen müsste. Könnte nicht dann die steile Assoziation, Inkarnation habe etwas mit »Verkörperung« im wörtlichen Sinne zu tun, aufgelöst werden? Wäre es dann nicht leichter möglich, Einheit Gottes durch das von ihm Differente hindurch denken zu lernen? Könnten dann nicht Kirchen in ihrer sichtbaren Struktur verschieden sein, solange sie ihre Christusbezüglichkeit ernsthaft leben? Und besteht diese nicht darin, Gottes Vision für die Welt, wie sie in Jesus Christus offenbart ist, ernstund anzunehmen in der persönlichen Lebensgestaltung und im Engagement der Kirchen für ein Gott würdiges Leben aller Menschen? Die Einheit der Kirchen wäre so gesehen eine Einheit in der Vielfalt derjenigen, die sich miteinander in diesen selben Bezugshorizont des Wirkens des lebendigen Gottes gerufen sehen und ihr Leben immer wieder neu zu buchstabieren versuchen im Rahmen dessen, was sie in der Verkündigung des Evangeliums von ihm erfahren. In diesem Sinne wird seit den 1990er Jahren in der ökumenischen Theologie eine Orientierung an der Lebendigkeit Gottes versucht. Damit soll nun das komplexe, trinitarisch denkbare gemeinschaftsstiftende Beziehungswirken Gottes die Assoziation der »Verkörperung« etwas in den Schatten stellen. Es ergeht die Einladung, Gott in Schöpfung und in (Christus)Nähe, die im differenzerhaltenden Geist wirksam ist, als gemeinsamen Grundbezug der Kirchen herauszustellen, vor dem und in dem sie sich als Gemeinschaft verorten. Diese

---

27. Ausführlicher: U. Link-Wieczorek, Inkarnation oder Inspiration? Christologische Grundfragen in der Diskussion in britischer anglikanischer Theologie, Göttingen 1998, 350-366; »... und ist kein andrer Gott«. Überlegungen zur systematisch-theologischen Klärung der Rede von der Exklusivität Christi, in: U. Link-Wieczorek (Hg.), Häuser ohne Fenster. Deutsch-polnische ökumenische Beiträge zum Verständnis christlicher Exklusivitätsaussagen. Beiheft zur ÖR 77/2005, 36-61; Mit dem »solus Christus« allein unter den Religionen? Überlegungen zum christologischen Selbstverständnis im interreligiösen Dialog, in: ÖR 49, 2000/3, 302-317.

Perspektive erweitert den Blick der Kirchen tatsächlich auf den gesamten bewohnten Erdkreis.[28] Freilich muss auch hier selbstkritische Wachsamkeit geübt werden vor neuen Formen eines Triumphalismus christlicher Wirklichkeitssicht.[29] Vielmehr gilt es, die faktische Mühsal christlicher »Bezugsarbeit« aneinander ernst zu nehmen und dem Suchen nach der Wahrheit einen adäquaten Wert einzuräumen. Dazu noch ein paar Erläuterungen:

Die großen Erfolge der ökumenischen Dialoge in der zweiten Hälfte des 20. Jahrhunderts sind ja dadurch massiv abgebremst worden, dass sie selbst von den entsendenden Kirchen häufig nicht als verbindlich akzeptiert worden sind. Diese Erfahrungen lehren uns auch, dass nicht gemeinsame Lehrsätze die eigentliche Einigung der Kirchen formieren. Im Geschehen des ökumenischen Dialogs sind es denn auch nicht erst die Formulierungen am Ende, durch die die Zusammenarbeitenden aneinander »Gemeinsames« erkennen. Vielmehr geschieht dies darin, dass die Beteiligten sich gegenseitig als um ernsthafte Christusorientierung Ringende erleben. Das ist hier gemeint mit »Bezugsarbeit«. Die Gemeinsamkeit der Kirchen liegt somit zwar hinter den Differenzen ihrer Glaubenssprache, aber sie ist nur durch diese hindurch zu entdecken. Es spricht viel dafür, dass in der Ökumene das höchste Ziel nicht im sprachlich formulierbaren Konsens zu suchen ist, sondern dass die differenten kirchlichen Lehren der Konfessionen als Ausdruck einer *impliziten* Gemeinsamkeit erkannt werden, die eben nicht in eine Formulierung gefasst werden kann.[30] Die Gemeinsamkeit wird vielmehr in der Erfahrung spürbar, dass sich die Kirchen und die am konkreten Dialog beteiligten Gläubigen gegenseitig als solche erkennen, die gemeinsam unterwegs sind im Suchen nach einer Vision des Reiches Gottes. Wenn man so will, ist das die stets transzendente Einheit, von der die abendländische Philosophiegeschichte so viel zu sprechen weiß, an der die Vielfalt zu partizipieren sucht, um nicht in Beliebigkeit zu zerfallen. Für Christen und

---

28. Konrad Raiser hat diese trinitarische Erweiterung der christologischen Grundlegung der Ökumene einen Paradigmenwechsel genannt, vgl. Raiser, Ökumene im Übergang? Paradigmenwechsel in der ökumenischen Bewegung? München 1989.
29. Für kritische Anfragen an einen zu schnellen Optimismus bezüglich dieser Erweiterung vgl. Dietrich Ritschl, Ökumenische Theologie, in: D. Ritschl/ W. Ustorf, Ökumenische Theologie (s. Anm. 22), 15-19.
30. Vgl. Annemarie C. Mayer, Mit oder ohne Konsens. Methodische Erwägungen zu einer hermeneutischen Grundoption, in: Ökumenische Rundschau 52 (2003), 157-173.

Christinnen wird sie konkret in einer Sensibilität für eine sich *getragen wissende Verschiedenheit.* Sie liegt noch vor einer versöhnten Verschiedenheit und sie wird spürbar in einer Haltung, sich *mit* Gott gerade auch *vor* Gott zu wissen, in einer von Gottes Gegenwart umfassten Verantwortung vor Gott, einer Disposition, in der die immer wieder neu zu leistende konkrete Gottes-Bezugs-Arbeit stattfindet. Es ist ein Grundelixier ökumenischer Erfahrung, dass die Beteiligten sich die Mühen des Suchens und Selektierens aus Schrift und Tradition regelrecht aneinander ab-spüren, so dass es ihnen mit unter die Haut geht, wie dabei Risiken, Gefahren, Missverständnisse und Aporien in Kauf genommen werden. Eben das geschieht in der ökumenischen Begegnung auf jeder möglichen Ebene – in der Ortsgemeinde ebenso wie auf einer Konferenz auf Weltebene –, wenn sie denn Raum gibt dafür, sich gegenseitig in dieser Bezugsarbeit zu öffnen. Die Gemeinschaft der Kirchen so verstanden wäre die einer ernsthaften korrektur- und umkehrbereiten Suchgemeinschaft.

Müssen wir uns aber als Suchgemeinschaft überhaupt Gedanken um die Einheit der Kirchen machen? Können wir uns nicht einfach über die Vielfalt der Kirchen freuen? Darüber muss zum Abschluss noch nachgedacht werden.

5. Muss denn Trennung Sünde sein? Zur Frage der Relevanz der Einheit der Kirchen

Vor allem die protestantischen Kirchen haben in ihrer ökumenischen Arbeit bekanntlich ein hohes Maß an Differenzbewusstsein entwickelt, das sie gegen Konzepte einer organisch sichtbaren Einheit von Kirchenstrukturen äußerst skeptisch sein lässt. Sie betonen, dass es Pluralität im Grunde schon seit den frühchristlichen Zeiten gab, dass Kirche letztlich schon von Anfang an im Plural der sich bildenden Gemeinden entstand und dass sich im Prozess der Mühen um strukturelle Konsolidierung, der Ausbildung von Kirchenstrukturen und tragenden Bekenntnissen zeige, dass sie sich alle nicht in direkter Weise 1:1 aus den biblischen Texten ableiten lassen. Ihr Bezug zu Schrift wie zur sich ausbildenden Tradition bleibt weitgehend diskutierbar, nicht-theologische, kulturelle und historische Entwicklungen wirken mit bei der Entstehung der Situation, in der wir heute stehen: der Situation der Differenzierung der Christenheit in eine Pluralität von Kirchen. Ist dies nicht letztlich eine unvermeidbare Konsequenz der Tatsache, dass alle Kirchen in der Welt kontextuelle Suchgemeinschaften und nicht in sich schon »Container« der Wahrheit

Gottes sind? Kann ihre Trennung voneinander »Sünde« sein oder ist sie nicht letztlich sogar theologisch notwendig?[31]

Beantwortete man diese Frage mit einem Ja, so wäre das Ziel der Ökumene, auf eine Einheit der Kirche hinzuarbeiten, in der Tat sinnlos. Andererseits werden sich protestantische Kirchen weiterhin die Frage gefallen lassen müssen, ob für ihre Identität als christliche Kirchen die anderen Kirchen überhaupt eine Rolle spielen. Was sagten wir zum Beispiel zu einem Taufbewerber, bei dem sich herausstellte, dass er einzig und allein in einer bestimmten evangelischen Landeskirche getauft werden wolle? Lieber wolle er ungetauft bleiben als römisch-katholischer oder griechisch-orthodoxer Christ sein. Was sagten wir ihm?

Die protestantische Würdigung der Ortsgemeinde und der Konfession als einer christlichen Zeugnisgemeinschaft, die sich in der Geschichte herausgebildet hat, hört sich für die anderen Kirchen so an, als wäre das Ansinnen des Täuflings kein Problem für den Pfarrer oder die Pfarrerin. Sie hört sich so an, als hätte der berlin-brandenburgische Pfarrer absolutes Verständnis dafür, dass nur die Taufe in seiner Kirche als die einzig wahre empfunden werde und dass die anderen Kirchen für das Selbstverständnis des Christseins keine Rolle spielen. Ökumene aber gibt es überhaupt nur, weil eigentlich unter allen Kirchen einvernehmlich klar ist, dass eine solche Haltung nicht christlich, ja, dass sie sogar häretisch wäre. Sie offenbarte einen parochialen Exklusivismus, in dem der kritische Impuls der Differenz von Schöpfer und Geschöpf, von Gottes Werk und Menschen Werk genauso wenig relevant zu werden scheint wie in einer Interpretation der Kirche als einem »Container« der Wahrheit Gottes. Denn auch hier scheint ein Container ins Spiel gebracht zu werden: Die Ortskirche – mindestens die Konfession – bildet für sich genommen eine von anderen Kirchen in keiner Weise korrigierbare Zeugnisgestalt und insofern auch eine societas perfecta.

6. Resümee

Sobald man eine Notwendigkeit inter-kirchlicher Korrekturen in Form von Mahnungen, Einsprüchen, Anregungen und Ermutigungen anerkennt, ist man schon mitten im Arbeitsfeld der Ökumene. Sie bedeutet dann erst einmal nichts anderes, als die Verantwortung der Christen vor

---

31. Vgl. so: Friedrich W. Graf/Dietrich Korsch, Jenseits der Einheit, Hannover 2001.

Gott als eine gemeinsame zu akzeptieren, innerhalb derer jede einzelne Kirche sich von den anderen auf einem gemeinsamen Weg unterstützen ließe. In der Sprache der Groupe de Dombes können wir sagen: Jede Kirche hat die Aufgabe, die von Gott selbst zugesprochene *christliche Identität* einer Kirche zum Leuchten zu bringen, indem sie ihre *kirchliche Identität* in der Pflege von inter-kirchlicher Verbundenheit ernst nimmt und dieser die *konfessionelle Identität* unter- und einordnet.[32] In diesem Sinne kann man sagen: Ökumenischer Dialog wird geführt, damit die Kirchen überhaupt zu Kirchen werden, zu einer Unterstützungsgemeinschaft, die sich von ihrer gottgeschenkten christlichen Identität getragen weiß und diese dabei stets wieder neu entdeckt. Eben das ist gemeint mit der Vorstellung von der Einheit der Kirche und dem Bekenntnis ihrer »Katholizität«. Die Orientierung der Christen und Christinnen, dass die Kirche eine sei – so bekennen es schließlich alle im Glaubensbekenntnis –, hat so gesehen eine starke anti-exklusivistische Funktion. Es gilt gerade gegenwärtig, diese Funktion nicht nur im Dialog miteinander herauszuarbeiten, sondern sie im kirchlichen Miteinander zu demonstrieren, damit sie eine Lebensform wird und nicht nur ein Lippenbekenntnis ist. Ein komplexer Begriff des Ineinanders von christlicher, kirchlicher und konfessioneller Identität, wie ihn die Gruppe von Dombes vorschlägt, scheint mir dafür hilfreicher zu sein als die Rede von einer »Ökumene der Profile«.

Literaturempfehlungen

Heller, Dagmar/Kayales, Christina/Rudolph, Barbara/Rüppell, Gert/Schäfer, Heinrich (Hg.), »Mache Dich auf und werde licht!« Ökumenische Visionen in Zeiten des Umbruchs, FS für Konrad Raiser, Frankfurt 2008.

Möller, Christian/Schwöbel, Christoph/Markschies, Christoph/von Zedtwitz, Klaus (Hg.), Wegbereiter der Ökumene im 20. Jahrhundert, Göttingen 2005.

Nüssel, Friederike/Sattler, Dorothea, Ökumenische Theologie, Darmstadt 2008.

Schwöbel, Christoph, Christlicher Glaube im Pluralismus. Studien zu einer Theologie der Kultur, Tübingen 2003.

Thönissen, Wolfgang (Hg.), Lexikon der Ökumene und Konfessionskunde, Freiburg u. a. 2007.

32. Gruppe von Dombes, Für die Umkehr der Kirchen. Identität und Wandel im Vollzug der Kirchengemeinschaft Frankfurt 1994, 29-36 (Orig.: Groupe de Dombes, Pour la conversion des Eglises, Paris 1991).

Personenregister

Adorno, Theodor W. 240
Albertus Magnus 86, 88, 91
Anselm von Canterbury 8, 72-85, 185
Aristoteles 36, 83, 89, 93, 95, 118, 156
Athanasius 43
Augustin 7-9, 13, 31, 45-71, 73, 75 f., 78 f., 83, 90, 103, 207

Barth, Karl 8 f., 13, 68, 132, 135, 142 f., 176-196, 199 f., 204 f., 213, 219, 225, 237, 256
Basilides aus Antiochia 33
Bonhoeffer, Dietrich 8 f., 119, 215-229, 256 f., 259, 261-263, 266, 272 f., 275
Bousset, Wilhelm 198
Brunner, Emil 189 f.
Bucer, Martin 133, 135
Bultmann, Rudolf 8, 68, 176, 178, 189 f., 196, 198-214, 221, 260

Calvin, Johannes 8, 61, 126-144, 188
Cardenal, Ernesto 265
Celsus 32, 36, 39, 44
Clemens von Alexandrien 33

Dilthey, Wilhelm 206, 223 f., 227

Ebeling, Gerhard 68, 114, 125
Erasmus von Rotterdam 8, 118, 124 f.
Eusebius von Caesarea/Palaestina 34, 62

Farel, Guillaume 130 f.
Fichte, Johann Gottlieb 169
Franz von Assisi 102

Gerhardt, Paul 171
Gogarten, Friedrich 184, 189, 196, 199
Gregor von Nazianz 67
Gunkel, Hermann 199
Gutiérrez, Gustavo 258

Harnack, Adolf von 36, 65, 176, 178 f., 182, 184, 196, 198, 235

Heidegger, Martin 189 f., 204, 207, 211, 242, 260
Heimann, Eduard 240
Herrmann, Wilhelm 196, 199, 203, 206 f., 235
Hieronymus 37
Hilarius 87
Hirsch, Emmanuel 191, 242
Homer 17, 31, 206
Horkheimer, Max 240

Irenäus von Lyon 33

Jonas, Hans 196, 200

Kähler, Martin 235, 237, 244
Kant, Immanuel 146, 150 f., 155, 230
Käsemann, Ernst 196
Kierkegaard, Søren 176, 179, 203 f., 207, 260
Kopernikus, Nikolaus 200

Lanfrank von Bec 75 f.
Leonides 34
Luther, Martin 7-9, 13, 28, 70 f., 110-126, 133, 136 f., 139, 188, 202, 205, 207

Marcion 36, 41
Meister Eckhart 98-109
Melanchthon, Philipp 8, 133, 206
Merz, Georg 184

Nietzsche, Friedrich 11, 122, 200, 260

Origenes 8, 30-32, 34-44

Paulus 7, 11-29, 40 f., 48, 56-60, 66, 69, 75, 81, 90, 111 f., 115, 120, 147, 181, 212 f.
Petrus Lombardus 63, 92
Pfleiderer, Otto 210
Philo von Alexandrien 31
Platon 40 f., 52, 65 f., 78, 156, 162 f.
Plotin 56, 65
Porête, Marguerite 99

Ritschl, Dietrich 68, 193, 287, 294
Romero, Oscar 265, 273
Rufinus, Tyrannius 37, 43

Sartre, Jean-Paul 260
Schelling, Friedrich Wilhelm Joseph 233, 236 f.
Schleiermacher, Friedrich Daniel Ernst 8, 145-159, 161-176, 179, 193, 202, 204, 227, 250
Schlier, Heinrich 196
Schopenhauer, Arthur 210
Schottroff, Luise 263, 268 f.
Sölle, Dorothee 8, 196, 254-270, 272, 274 f.

Spalatin, Georg 121
Spinoza, Baruch de 156 f.
Steffensky, Fulbert 274

Thomas von Aquin 8, 83, 86, 94-97
Thurneysen, Eduard 178, 184, 189
Tillich, Paul 8 f., 225, 230-253
Torres, Camilo 264

Vinzenz von Lerin 32

Zwingli, Ulrich 8

Der Herausgeber, die Autorinnen und Autoren

Ralf Karolus Wüstenberg, geb. 1965, Dr. theol., Gastprofessor für Evangelische Theologie (Systematik) an der Freien Universität Berlin. Theologiestudium in Berlin, Cambridge (England) und Heidelberg. 1995 Promotion über Dietrich Bonhoeffer (Humboldt-Universität zu Berlin); mehrere Forschungsaufenthalte an der University of Cape Town (Südafrika); 2002/03 Dietrich-Bonhoeffer-Gastdozentur am Union Theological Seminary, New York City. 2003 Habilitation mit einer Untersuchung über die politische Dimension der Versöhnung (Ruprecht-Karls-Universität Heidelberg); von 2003-2005 Pfarrer am Berliner Dom. Forschungsschwerpunkte: Internationale Bonhoeffer-Forschung, angewandte Ethik, reformatorische Theologie.

Wilfried Härle, geb. 1941, Dr. theol., emeritierter Professor für Systematische Theologie/Ethik. Studium der Evangelischen Theologie in Heidelberg und Erlangen. Promotion Bochum 1969, Habilitation Kiel 1973. Dozent für Philosophie in Groningen, NL (1977-78); Prof. für Systematische Theologie in Marburg (1978-95) und Heidelberg (1995-2006). 2002-2005 Mitglied der Enquetekommission des Deutschen Bundestages ›Ethik und Recht der modernen Medizin‹. Vorsitzender der Kammer für Öffentliche Verantwortung der EKD.

Ulrike Link-Wieczorek, geb. 1955, Dr. theol., Professorin für Systematische Theologie am Institut für Evangelische Theologie und Religionspädagogik der Universität Oldenburg, Promotion 1989, Habilitation 1996. Forschungsschwerpunkt ökumenische Theologie; Arbeiten zur afrikanischen und koreanischen sowie zur britischen anglikanischen Theologie. Seit 2006 berufen in die Kommission »Glaube und Kirchenverfassung« (Faith and Order, Standing Commission) des ÖRK, Mitglied des Deutschen Ökumenischen Studienausschusses (DÖStA), Mitglied des Vorstandes der Societas Oecumenica. Verheiratet, zwei Töchter.

Christoph Markschies, geb. 1962, Dr. theol., Dr. h. c., Präsident der Humboldt-Universität zu Berlin (seit 2006). Studium in Marburg, Jerusalem, München und Tübingen: evangelische Theologie, klassische Philologie und Philosophie. Promotion (1991), Habilitation (1994). Ordinierter Pfarrer. Professuren für Kirchen- und Theologiegeschichte des antiken Christentums in Jena (1994-2000), Heidelberg (2000-2004) und Berlin (seit 2004). Träger des Leibniz-Preises der Deutschen Forschungsgemeinschaft (2001).

Georg Plasger, geb. 1961, Dr. theol., Professor für Systematische und Ökumenische Theologie an der Universität Siegen (seit 2005). Studium der Ev. Theologie in Wuppertal und Münster; Assistent und Vikar in Wuppertal; Pastor in Lünne/Emsland; wiss. Assistent in Göttingen; Professurvertretungen in Essen und Siegen; Promotion (1991) Wuppertal: Die Not-Wendigkeit der Gerechtigkeit. Eine Interpretation zu Anselm von Canterbury; Habilitation (1999): Die Lehre vom Bekenntnis bei Karl Barth. Forschungsschwerpunkte: Theologie Anselms von Canterbury; Reformierte Kirche und Theologie (bes. Zwingli, Calvin und Barth); Medizinethik.

Hartmut Rosenau, geb. 1957, Dr. phil., Professor für Systematische Theologie/Dogmatik und Sprecher des Zentrums für Ethik an der Universität Kiel (seit 2000). Studium der Ev. Theologie, Philosophie und Erziehungswissenschaften in Wuppertal, 1. Staatsexamen (1982), Promotion (1984), Habilitation im Fach Systematische Theologie in Marburg (1991), Professor für Systematische Theologie in Duisburg (1994-2000).

Walter Schmithals, geb. 1923, Dr. theol., Emeritus an der Humboldt-Universität zu Berlin (seit 2003). Studium der Ev. Theologie in Wuppertal, Marburg und Münster. 1953-1963 Pfarrer im Kreis Wittgenstein/Westf., Promotion (1954), Habilitation (1962). 1963-1968 Dozent an der theologischen Fakultät der Universität Marburg, 1968-1989 Professor für Neues Testament an der Kirchlichen Hochschule Berlin. Forschungsschwerpunkte: Auslegung der Evangelien und Paulusbriefe.

Jens Schröter, geb. 1961, Dr. theol., Professor für Exegese und Theologie des Neuen Testaments an der Theologischen Fakultät der Universität Leipzig (seit 2003). Promotion 1992 (Ruprecht-Karls-Universität Heidelberg), Habilitation 1996 (Humboldt-Universität zu Berlin), 1998-2003 Professor für Neues Testament am Fachbereich Theologie der Universität Hamburg. Forschungsschwerpunkte: Kanonische und außerkanonische Jesusüberlieferung; Theologie des Neuen Testaments; Antike christliche Apokryphen; Apostelgeschichte.

Christoph Schwöbel, geb. 1955, Dr. theol., Professor für Systematische Theologie und Religionsphilosophie an der Universität Tübingen, Leiter des Instituts für Hermeneutik und Dialog der Kulturen (seit 2004). Studium der Theologie in Bethel und Marburg, Promotion 1978, Habilitation 1990, 1986-93 Lecturer in Systematic Theology, King's College, University of London, Founding Director des Research Institute in Systematic Theology 1988-1993. Ordentliche Professur für Systematische Theologie an der Universität Kiel 1993-1999, Ordentliche Professur für Dogmatik und Ökumenische Theologie und Direktor des Ökumenischen Instituts an der Universität Heidelberg 1999-2004.

Notger Slenczka, geb. 1960, Dr. theol., Professor für Systematische Theologie/Dogmatik an der Humboldt-Universität zu Berlin (seit 2006). Studium der Philosophie und Theologie in Tübingen, München und Göttingen; Promotion Göttingen 1990; Habilitation Göttingen 1997; Lehrstuhl für Systematische Theologie und Sozialethik in Mainz 2000-2006; Ordinierter Pfarrer.

Christiane Tietz, geb. 1967, Dr. theol., Professorin für Systematische Theologie an der Universität Mainz. Studium der Mathematik und Evangelischen Theologie; Promotion 1999; Habilitation 2004; WS 2004 Gastdozentur am Union Theological Seminary, New York City; WS 2006/07 und SS 2007 Lehrstuhlvertretung an der Universität Mainz; WS 2007/08 Member-in-Residence am Center of Theological Inquiry, Princeton.

Michael Weinrich, geb. 1950, Dr. theol., Dr. theol. h. c., Professor für Systematische Theologie: Ökumenik und Dogmatik an der Evangelisch-Theologischen Fakultät der Ruhr-Universität Bochum (seit 2005). 1982-1996 Professor für Evangelische Theologie an der Universität Paderborn, 1996-2005 Professor für Systematische Theologie an der Freien Universität Berlin. Mitglied in diversen ökumenischen Dialogen und Gremien der EKD, auf europäischer und auf Weltebene. Forschungsschwerpunkte: reformatorische Dogmatik, Ekklesiologie und Ökumene, Jüdisch-christlicher Dialog, der Religionsdiskurs.

Saskia Wendel, geb. 1964, Dr. phil., Dr. theol. habil., Fellow für Systematische Theologie am Max-Weber-Kolleg für kultur- und sozialwissenschaftliche Studien der Universität Erfurt (seit 2007). 1984-1992 Studium der Katholischen Theologie, Philosophie und Neuen Deutschen Literaturgeschichte in Freiburg i. Br. und Fribourg (CH). Promotion (1996), Habilitation (2001), 1996-2001 wissenschaftliche Assistentin. Seminar für Philosophische Grundfragen der Theologie Universität

Münster, 2001-2003 Hochschuldozentin für Religionsphilosophie und Fundamentaltheologie an der katholisch-theologischen Fakultät der Universität Münster, 2003-2006 Professorin für Systematische Philosophie und Fundamentaltheologie an der Fakultät für Theologie und Religionswissenschaften der Universität Tilburg (NL). 2007 Gastprofessorin für Dogmatik an der katholisch-theologischen Fakultät der Universität Wien. Forschungsschwerpunkte: Begriff und Bedeutung von Religiosität und Religion in der Spätmoderne, Christliche Mystik, Gottesfrage und Transzendenzbegriff, theologische Anthropologie, Subjektivität und Leiblichkeit, Religion und »gender«.

Renate Wind, geb. 1950, Dr. theol., Professorin für Altes und Neues Testament, Biblische Theologie und Kirchengeschichte an der Evangelischen Fachhochschule Nürnberg (seit 1998). Studium der Theologie und Erziehungswissenschaft in Heidelberg. Nach Promotion, Vikariat und Gemeindepfarramt in der badischen Landeskirche zwölf Jahre Schulpfarramt an der Gesamtschule Weinheim. Von 1993-1998 Professorin am Fachbereich Religionspädagogik und Kirchliche Bildungsarbeit der Augustana-Gesamthochschule Sektion München, Veröffentlichungen und Vorträge zur sozialgeschichtlichen Exegese und Kirchengeschichte, Biographien über Dietrich Bonhoeffer, Camilo Torres und Dorothee Sölle.

Markus H. Wörner, geb. 1945, Dr. phil., Direktor des Department of Philosophy, National University of Ireland, Galway. Nach dem Studium wissenschaftliche Tätigkeiten und Dozenturen für Philosophie, Theologie und Kommunikationswissenschaften in Marburg, Bonn und Oxford sowie für mittelalterliche Philosophie an der Freien Universität Berlin. Forschungsschwerpunkte: antike Rhetorik (Aristoteles), analytische Sprachphilosophie (Austin) und Hermeneutik interreligiöser Kommunikation. Mitherausgeber und Übersetzer der *Summa contra Gentiles* des Thomas von Aquin (2001).